# 해커스
# 객관식
# 允 ⒄ 원가관리회계

해커스

# ▌이 책의 저자

## 엄윤

**학력**
홍익대학교 경영대학원 세무학 석사
서울벤처대학원대학교 경영학 박사수료

**경력**
현 | 해커스 경영아카데미 교수
전 | 나무회계사무소 대표
　　세무회계사무소 윤 대표
　　안세회계법인
　　하나금융경영연구소
　　웅지세무대학 조교수
　　한국사이버대학 겸임교수
　　목원대학교 겸임교수
　　아이파경영아카데미 회계학 교수
　　한성학원 회계학 교수
　　삼일인포마인 칼럼니스트
　　조세일보 칼럼니스트

**자격증**
한국공인회계사, 세무사

**저서**
해커스 允원가관리회계
해커스 객관식 允원가관리회계
해커스 允원가관리회계 1차 기출문제집
해커스 세무사 允원가관리회계 2차 핵심문제집
해커스 세무사 允원가관리회계연습
해커스 회계사 允원가관리회계연습
중소기업회계기준

# 머리말

본서의 기본적인 목적은 저자의 원가·관리회계에 대한 이론적인 틀과 원가 관련 실무에서의 경험을 기초로 원가·관리회계 전체를 일관된 흐름으로 이해할 수 있도록 하여 공인회계사 및 세무사 시험을 대비하는 독자들로 하여금 비교적 짧은 시간에 효율적으로 객관식 실전문제풀이 능력을 향상시키는 데에 있다.

본서의 특징은 다음과 같다.

**첫째, 전체적인 흐름과 논리적인 일관성을 유지하였다.**
본서는 원가·관리회계 전체 내용을 총 16장으로 구성하였으며, 전체적인 흐름과 논리적인 일관성을 유지하여 독자들로 하여금 원가·관리회계의 전체적인 연결고리를 쉽게 이해할 수 있도록 하였다.

**둘째, 최근 기출문제와 최신 출제경향에 맞는 문제들을 수록하였다.**
최근에는 단순 문제풀이보다는 논리적인 이론형성을 기초로 한 응용력을 테스트하는 문제들이 주로 출제되므로 수험생들로 하여금 본서를 통해서 정확한 개념을 이해하고 실전에 대비할 수 있도록 최신 출제경향에 맞는 다양한 문제들을 수록하였다.

원가·관리회계에서 가장 중요한 점은 반복적인 문제풀이보다는 논리적인 이론형성이라는 것을 수년간의 강의경험을 통하여 느낄 수 있었다. 이에 조금이나마 수험생들로 하여금 쉽고 이해하기 편리할 수 있도록 본서를 집필하였으며 객관식 시험 대비 최적서가 되길 진심으로 바란다. 공부에 왕도는 없다. 단지, 기본에 충실하고 성실하게 준비한다면 누구나 다 원하는 목표를 달성할 수 있으리라 생각한다.

또한, 이 자리를 빌려 원고의 교정과 책의 완성을 위해 노력해 주신 해커스 경영아카데미 여러분들과 한결같이 믿고 아낌없는 성원을 보내주는 가족과 지인들에게도 감사의 마음을 전하고 싶다.

엄윤

# 목차

## 제1장 제조원가의 흐름

## 제2장 개별원가계산

## 제3장 활동기준원가계산

## 제4장 종합원가계산

## 제5장 결합원가계산

## 제7장 전부/변동/초변동원가계산

## 제6장 표준원가계산

## 제8장 원가함수추정

# 목차

# 공인회계사 · 세무사 1차 시험 출제경향

공인회계사 · 세무사 1차 회계학 시험 원가관리회계 파트의 최신 15개년(2024년 ~ 2010년) 출제경향을 분석하여 출제 포인트별로 출제된 문제 수를 정리하였습니다. 출제경향을 통해 빈출 포인트를 파악하여 전략적으로 학습할 수 있습니다.

## 01 공인회계사 1차 시험 출제경향

| 구분 | 24 | 23 | 22 | 21 | 20 | 19 | 18 | 17 | 16 | 15 | 14 | 13 | 12 | 11 | 10 | 합계 |
|---|---|---|---|---|---|---|---|---|---|---|---|---|---|---|---|---|
| 제조원가의 흐름 | 1 | | 1 | 1 | | | | | | 1 | | | | | 1 | 5 |
| 개별원가계산 | 1 | 1 | | | 1 | | | | | | | 1 | 1 | 1 | 1 | 7 |
| 활동기준원가계산 | | | 1 | | 1 | | | | 1 | 1 | | 1 | | | 2 | 7 |
| 종합원가계산 | 1 | 1 | 2 | 1 | 2 | | 1 | 1 | 1 | | 2 | 1 | | 1 | 1 | 15 |
| 결합원가계산 | | | 1 | | 1 | 1 | | 1 | 1 | 1 | 1 | | 1 | 1 | | 9 |
| 표준원가계산 | 2 | 2 | 1 | 2 | 1 | 3 | 3 | 2 | | 2 | 1 | 1 | 1 | 1 | 2 | 24 |
| 전부/변동/초변동원가계산 | 1 | 1 | 1 | 1 | 1 | 1 | 1 | | 1 | | | 2 | | 1 | 1 | 12 |
| 원가함수추정 | 1 | | | | 2 | | 1 | 1 | | | | | 1 | | | 6 |
| CVP분석 | 1 | 1 | 1 | 1 | | | 1 | 1 | 1 | | | 1 | 1 | 1 | 1 | 11 |
| 관련원가분석 | 1 | 1 | 1 | 1 | | 2 | 1 | 1 | 1 | 1 | 2 | 2 | 1 | 2 | | 17 |
| 대체가격결정 | 1 | | | | | 1 | | | | | | 1 | 1 | 1 | | 5 |
| 자본예산 | | | | | | | | | | | | | | | | 0 |
| 종합예산 | | | 1 | | | | | | 1 | 1 | 1 | | | | | 4 |
| 책임회계제도 | | 1 | 1 | | | | 1 | 2 | 2 | 2 | 1 | | 2 | 1 | 1 | 14 |
| 불확실성하의 의사결정 | | 1 | | 1 | | 1 | 1 | | | | | | | 1 | | 5 |
| 전략적 원가관리 | | 1 | | 1 | 1 | 1 | | 1 | 1 | 1 | 2 | | | 1 | | 10 |
| 합계 | 10 | 10 | 10 | 10 | 10 | 10 | 10 | 10 | 10 | 10 | 10 | 10 | 9 | 12 | 10 | 151 |

## 02 세무사 1차 시험 출제경향

| 구분 | 24 | 23 | 22 | 21 | 20 | 19 | 18 | 17 | 16 | 15 | 14 | 13 | 12 | 11 | 10 | 합계 |
|---|---|---|---|---|---|---|---|---|---|---|---|---|---|---|---|---|
| 제조원가의 흐름 | 1 | 1 | 1 |  |  | 2 | 1 | 1 | 2 |  | 1 | 1 | 1 | 1 |  | 13 |
| 개별원가계산 | 1 | 1 | 1 |  | 2 |  | 1 | 1 | 1 |  |  | 1 | 1 |  |  | 10 |
| 활동기준원가계산 | 1 | 1 | 1 |  | 1 | 1 |  | 1 |  | 1 |  |  | 1 | 2 | 1 | 12 |
| 종합원가계산 | 2 | 1 | 1 | 1 | 2 | 1 | 2 | 1 | 1 | 2 | 1 | 2 | 1 | 1 | 1 | 20 |
| 결합원가계산 | 1 | 1 | 1 | 1 | 1 | 1 | 1 | 1 | 1 | 1 | 1 | 1 | 1 | 1 | 1 | 15 |
| 표준원가계산 | 2 | 2 | 3 | 3 | 2 | 2 | 2 | 2 | 1 | 2 | 2 | 2 | 2 | 1 | 2 | 30 |
| 전부/변동/초변동원가계산 | 1 | 1 |  | 2 | 1 | 1 | 2 | 1 |  | 1 | 1 |  | 2 | 1 |  | 16 |
| 원가함수추정 | 1 |  | 1 | 1 |  |  |  | 1 | 1 | 1 |  | 1 |  |  | 1 | 9 |
| CVP분석 | 1 | 3 | 2 | 1 | 1 | 2 | 3 | 2 | 4 | 2 | 1 | 2 | 1 | 1 | 3 | 29 |
| 관련원가분석 | 1 | 1 | 2 | 1 | 3 | 1 | 3 | 3 | 2 | 1 | 1 | 2 | 2 | 2 | 1 | 26 |
| 대체가격결정 |  | 1 | 1 |  |  | 1 |  |  | 1 |  | 1 |  |  |  |  | 5 |
| 자본예산 | 1 |  |  | 1 |  |  |  |  |  | 1 |  |  |  |  |  | 3 |
| 종합예산 | 1 |  | 1 | 1 | 1 |  |  | 1 | 1 | 1 | 1 | 1 | 1 | 1 | 1 | 12 |
| 책임회계제도 | 1 |  | 1 | 1 | 1 |  |  |  |  | 1 | 1 | 1 | 1 | 1 | 1 | 10 |
| 불확실성하의 의사결정 | 1 | 1 |  | 1 |  | 2 |  |  |  |  |  |  |  |  | 1 | 6 |
| 전략적 원가관리 |  | 2 |  | 2 |  | 1 |  |  |  | 1 | 1 | 1 | 1 | 3 | 1 | 13 |
| 합계 | 16 | 16 | 16 | 16 | 15 | 15 | 15 | 15 | 15 | 15 | 15 | 15 | 15 | 15 | 15 | 229 |

# 원가관리회계 필수개념 도식화

원가관리회계에서 필수적으로 학습해야 할 개념을 도식화하였으며 이를 통해 전체 흐름을 파악할 수 있습니다.

## 01 원가관리회계의 체계

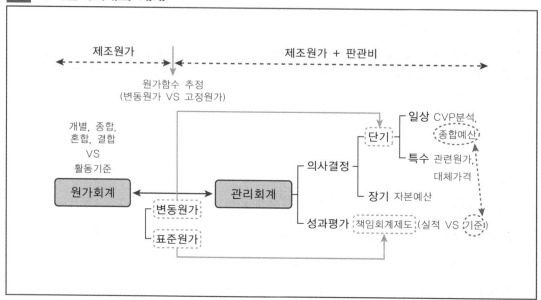

## 02 제조원가의 흐름

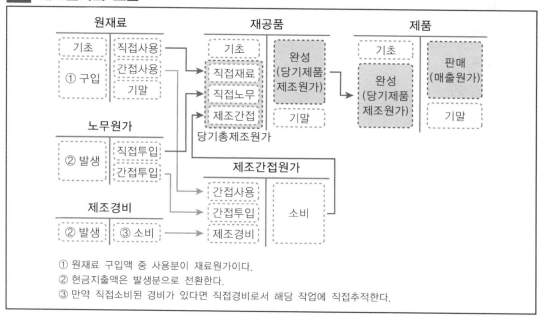

① 원재료 구입액 중 사용분이 재료원가이다.
② 현금지출액은 발생분으로 전환한다.
③ 만약 직접소비된 경비가 있다면 직접경비로서 해당 작업에 직접추적한다.

## 03 개별원가계산의 전체 흐름

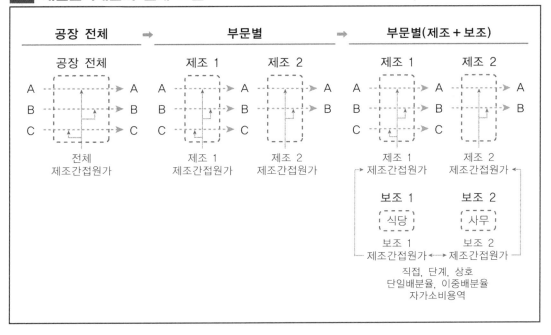

## 04 개별원가계산과 활동기준원가계산의 비교(1)

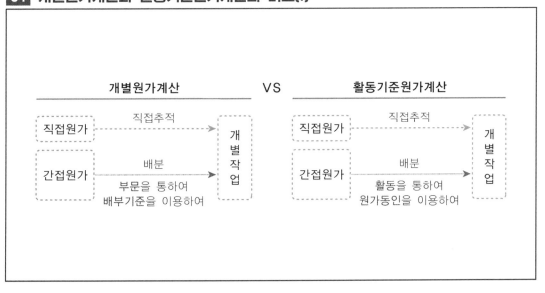

# 원가관리회계 필수개념 도식화

## 05 개별원가계산과 활동기준원가계산의 비교(2)

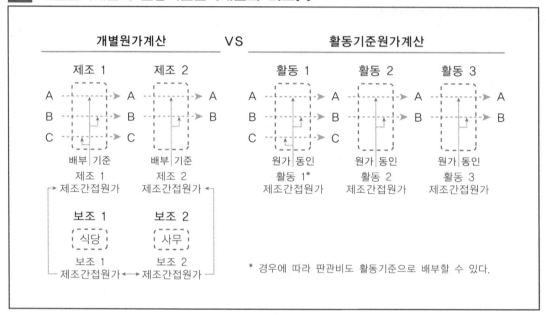

## 06 개별원가계산과 종합원가계산의 비교(1)

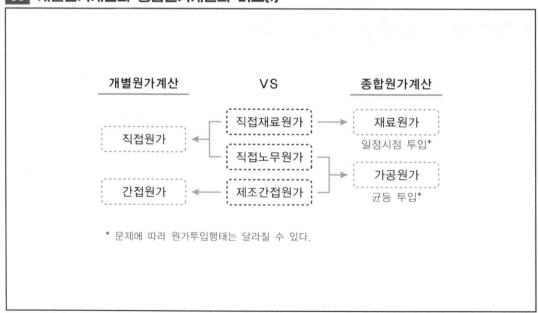

## 07 개별원가계산과 종합원가계산의 비교(2)

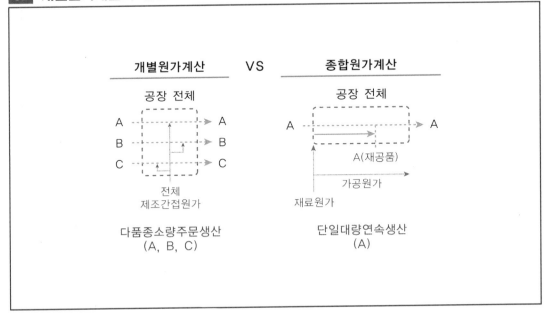

개별원가계산    VS    종합원가계산

공장 전체      공장 전체

전체
제조간접원가

A(재공품)

가공원가

재료원가

다품종소량주문생산
(A, B, C)

단일대량연속생산
(A)

## 08 개별원가계산과 종합원가계산의 비교(3)

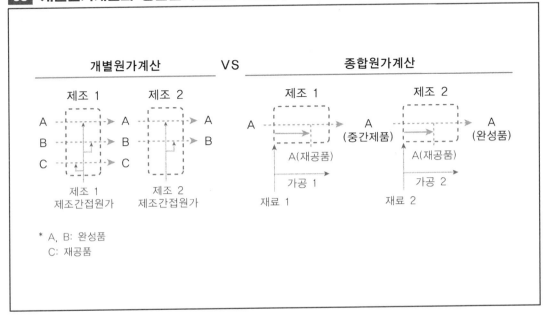

개별원가계산    VS    종합원가계산

제조 1    제조 2      제조 1    제조 2

제조 1
제조간접원가

제조 2
제조간접원가

A(재공품)

가공 1

재료 1

A(중간제품)

A(재공품)

가공 2

재료 2

A(완성품)

\* A, B: 완성품
   C: 재공품

# 원가관리회계 필수개념 도식화

## 09 개별원가계산과 종합원가계산의 비교(4)

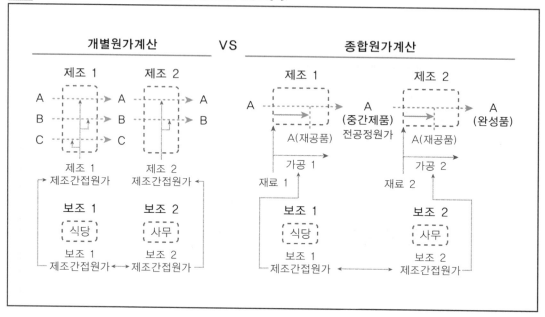

## 10 선입선출법과 가중평균법

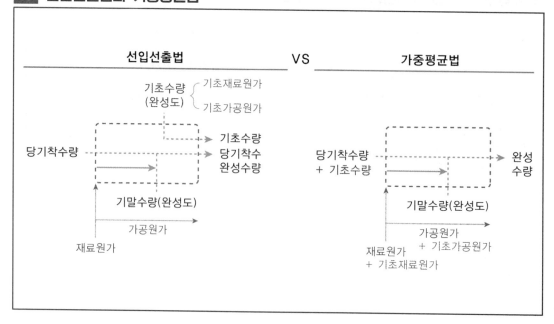

## 11 공손

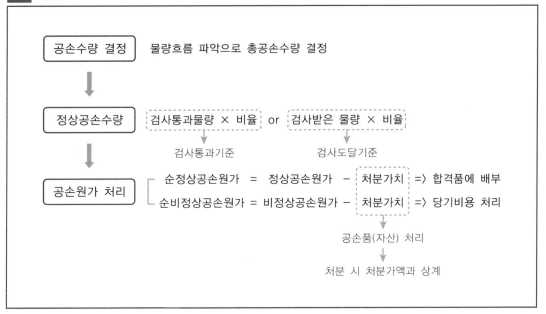

## 12 공손(기초재공품 검사 여부)

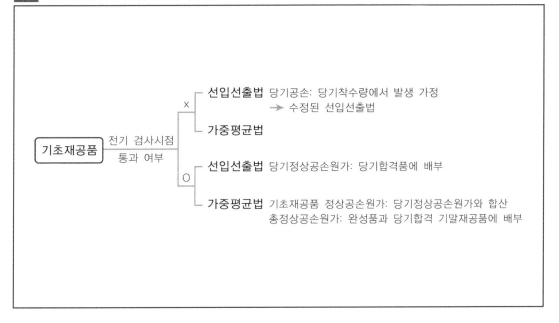

# 원가관리회계 필수개념 도식화

## 13 공손원가 처리방법

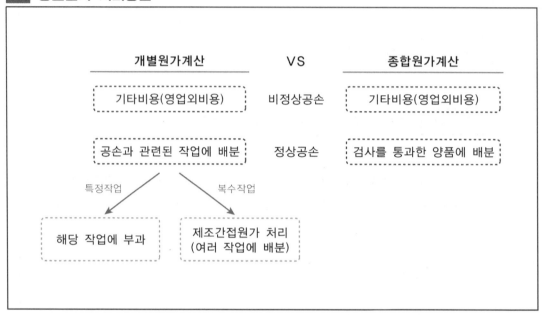

| 개별원가계산 | VS | 종합원가계산 |
|---|---|---|
| 기타비용(영업외비용) | 비정상공손 | 기타비용(영업외비용) |
| 공손과 관련된 작업에 배분 | 정상공손 | 검사를 통과한 양품에 배분 |

특정작업 → 해당 작업에 부과

복수작업 → 제조간접원가 처리 (여러 작업에 배분)

## 14 개별원가계산과 작업공정별원가계산(혼합원가계산)의 비교

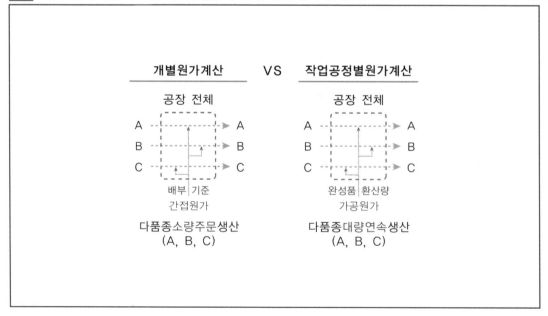

개별원가계산 VS 작업공정별원가계산

공장 전체

배부 기준 간접원가

다품종소량주문생산 (A, B, C)

공장 전체

완성품 환산량 가공원가

다품종대량연속생산 (A, B, C)

## 15 결합원가계산(연산품원가계산)

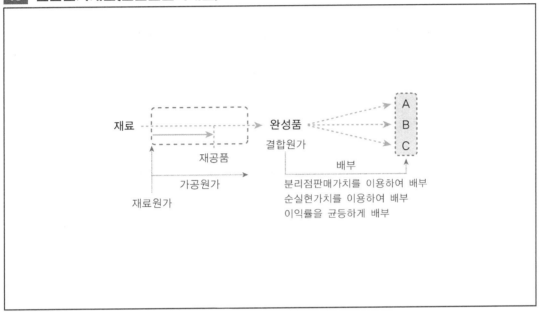

## 16 원가계산별 원가배분

|  | 개별원가계산 | 활동기준계산 | 종합원가계산 | 혼합원가계산 | 결합원가계산 |
|---|---|---|---|---|---|
| **직접원가** | 직접원가 | 직접원가 | – | 직접재료원가 | – |
| **공통원가<br>(배부할)** | 간접원가 | 간접원가 | 총원가 | 간접원가 | 결합원가 |
| **배부대상** | 각 작업 | 각 작업 | 완성품, 재공품 | 각 작업 | 결합제품 |
| **배부기준** | 배부기준*<br>조업도기준 | 원가동인*<br>다양한 기준 | 수량기준<br>완성품환산량 | 수량기준<br>완성품환산량 | 금액기준*<br>판매가치,<br>순실현가치<br>및 균등이익률 |

\* 문제 자료에서 제시됨

# 원가관리회계 필수개념 도식화

## 17 정상원가계산과 표준원가계산의 절차

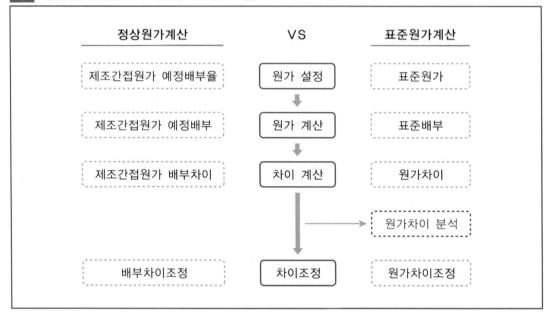

## 18 원가차이분석 기본모형

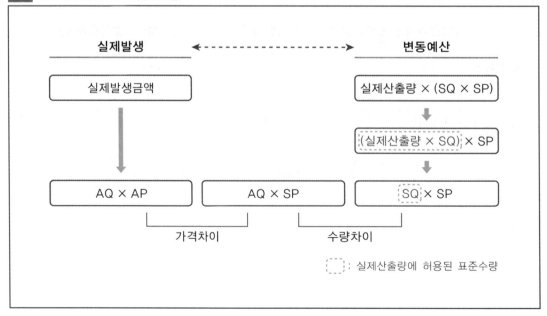

## 19 제조간접원가 차이분석

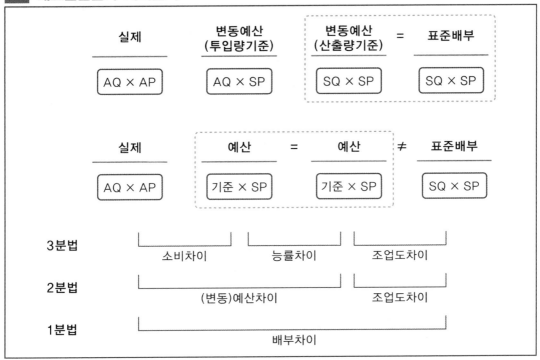

## 20 구입가격차이조정

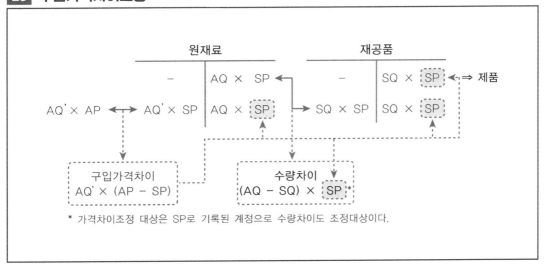

# 원가관리회계 필수개념 도식화

## 21 가격차이조정

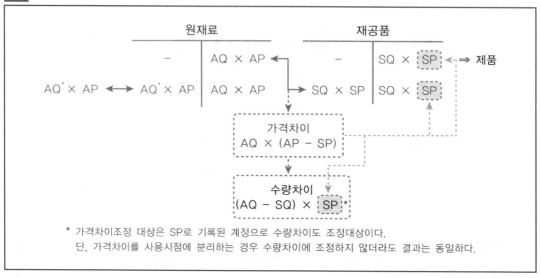

> \* 가격차이조정 대상은 SP로 기록된 계정으로 수량차이도 조정대상이다.
> 단, 가격차이를 사용시점에 분리하는 경우 수량차이에 조정하지 않더라도 결과는 동일하다.

## 22 전부원가계산과 변동원가계산의 이익차이

1. 생산량이 판매량보다 많은 경우(단, 기초재고는 없음)

   전부원가계산이익 = 변동원가계산이익 + 기말재고 에 포함된 고정제조간접원가

   제품 및 재공품 포함       실제, 정상 및 표준

   만약, 차이조정(무배분)
   예정배부 또는 표준배부금액

2. 판매량이 생산량보다 많은 경우(단, 기말재고는 없음)

   전부원가계산이익 = 변동원가계산이익 − 기초재고 에 포함된 고정제조간접원가

   제품 및 재공품 포함       실제, 정상 및 표준

   만약, 차이조정(무배분)
   예정배부 또는 표준배부금액

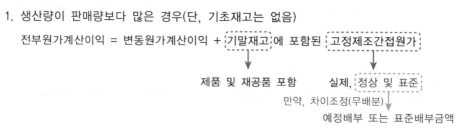

전부원가계산이익 = 변동원가계산이익 + 기말재고에 포함된 고정제조간접원가
　　　　　　　　　　　　　　　　　− 기초재고에 포함된 고정제조간접원가

## 23 선형원가함수추정

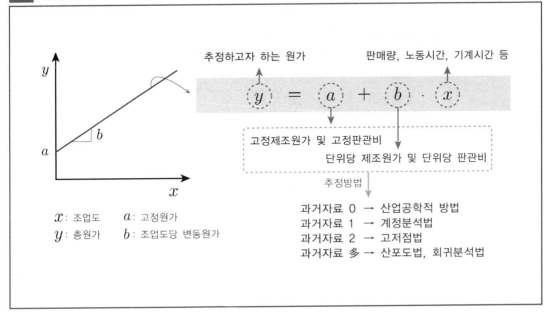

추정하고자 하는 원가   판매량, 노동시간, 기계시간 등

$$y = a + b \cdot x$$

고정제조원가 및 고정판관비
단위당 제조원가 및 단위당 판관비

추정방법

과거자료 0 → 산업공학적 방법
과거자료 1 → 계정분석법
과거자료 2 → 고저점법
과거자료 多 → 산포도법, 회귀분석법

$x$: 조업도   $a$: 고정원가
$y$: 총원가   $b$: 조업도당 변동원가

## 24 비선형원가함수추정

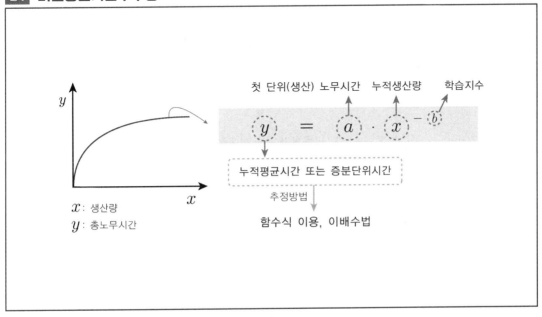

첫 단위(생산) 노무시간   누적생산량   학습지수

$$y = a \cdot x - b$$

누적평균시간 또는 증분단위시간

추정방법

함수식 이용, 이배수법

$x$: 생산량
$y$: 총노무시간

# 원가관리회계 필수개념 도식화

## 25 변동원가계산, 원가함수추정 및 CVP분석 관계

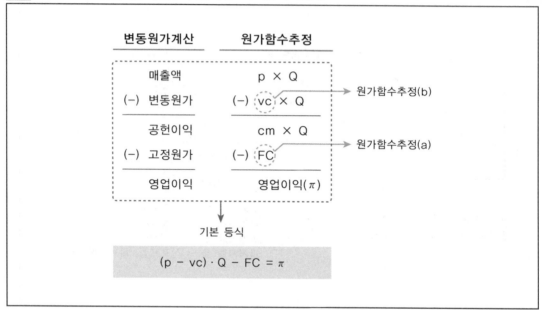

## 26 CVP 기본등식

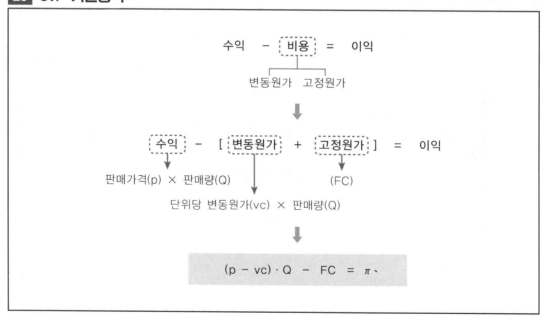

## 27 손익분기점분석

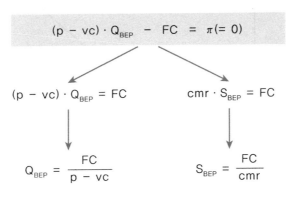

$$(p - vc) \cdot Q_{BEP} - FC = \pi (= 0)$$

$$(p - vc) \cdot Q_{BEP} = FC \qquad cmr \cdot S_{BEP} = FC$$

$$Q_{BEP} = \frac{FC}{p - vc} \qquad S_{BEP} = \frac{FC}{cmr}$$

## 28 (세후)목표이익분석

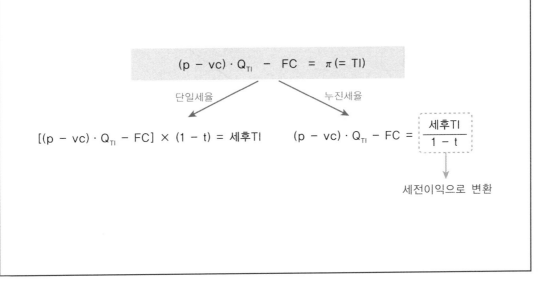

$$(p - vc) \cdot Q_{TI} - FC = \pi (= TI)$$

단일세율     누진세율

$$[(p - vc) \cdot Q_{TI} - FC] \times (1 - t) = 세후TI \qquad (p - vc) \cdot Q_{TI} - FC = \frac{세후TI}{1 - t}$$

세전이익으로 변환

# 원가관리회계 필수개념 도식화

## 29 CVP도표

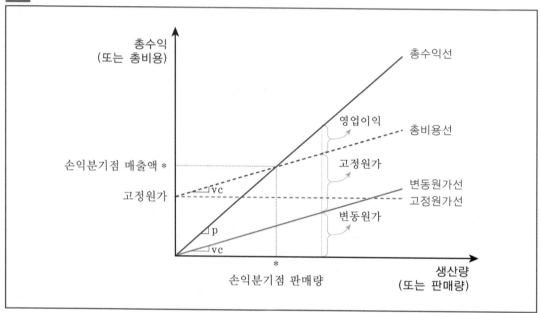

## 30 PV도표

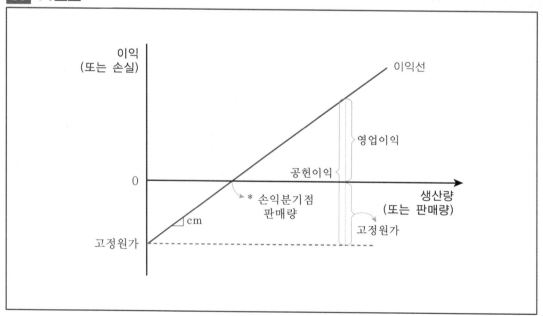

## 31 전부원가계산 CVP분석

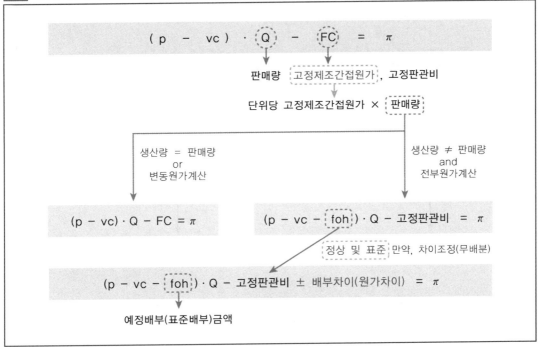

$$( p - vc ) \cdot Q - FC = \pi$$

판매량    고정제조간접원가, 고정판관비

단위당 고정제조간접원가 × 판매량

생산량 = 판매량
or
변동원가계산

생산량 ≠ 판매량
and
전부원가계산

$$(p - vc) \cdot Q - FC = \pi$$

$$(p - vc - foh) \cdot Q - 고정판관비 = \pi$$

정상 및 표준    만약, 차이조정(무배분)

$$(p - vc - foh) \cdot Q - 고정판관비 \pm 배부차이(원가차이) = \pi$$

예정배부(표준배부)금액

## 32 (세후)현금흐름분기점분석

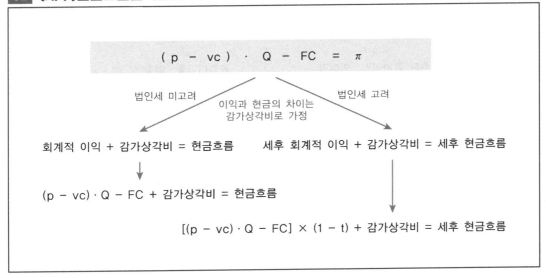

$$( p - vc ) \cdot Q - FC = \pi$$

법인세 미고려          법인세 고려

이익과 현금의 차이는
감가상각비로 가정

회계적 이익 + 감가상각비 = 현금흐름    세후 회계적 이익 + 감가상각비 = 세후 현금흐름

$$(p - vc) \cdot Q - FC + 감가상각비 = 현금흐름$$

$$[(p - vc) \cdot Q - FC] \times (1 - t) + 감가상각비 = 세후 현금흐름$$

# 원가관리회계 필수개념 도식화

## 33 활동기준원가계산 CVP분석

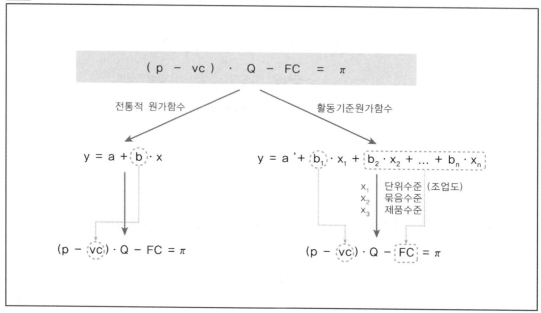

$$(p - vc) \cdot Q - FC = \pi$$

전통적 원가함수

활동기준원가함수

$$y = a + b \cdot x$$

$$y = a' + b_1 \cdot x_1 + b_2 \cdot x_2 + ... + b_n \cdot x_n$$

$x_1$   단위수준 (조업도)
$x_2$   묶음수준
$x_3$   제품수준

$$(p - vc) \cdot Q - FC = \pi$$

$$(p - vc) \cdot Q - FC = \pi$$

## 34 총공헌이익 두 가지 방법

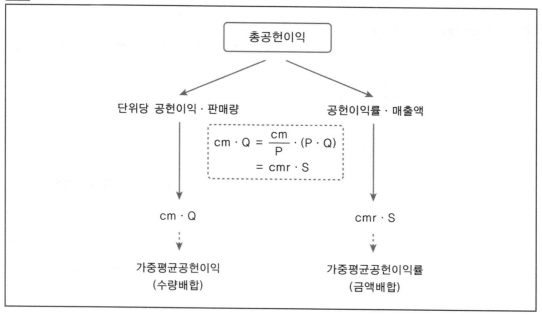

총공헌이익

단위당 공헌이익 · 판매량

공헌이익률 · 매출액

$$cm \cdot Q = \frac{cm}{P} \cdot (P \cdot Q)$$
$$= cmr \cdot S$$

$cm \cdot Q$

$cmr \cdot S$

가중평균공헌이익
(수량배합)

가중평균공헌이익률
(금액배합)

## 35 원가구조

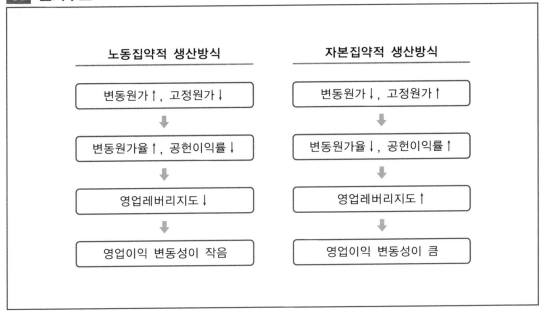

## 36 특별주문수락 의사결정

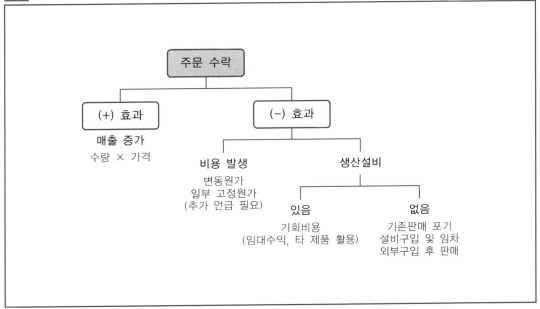

# 원가관리회계 필수개념 도식화

## 37 부품 외부구입 의사결정

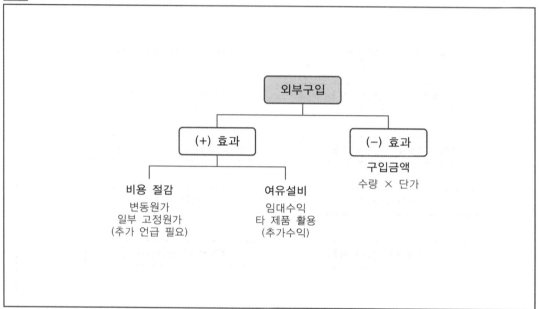

## 38 보조부문 폐쇄 의사결정

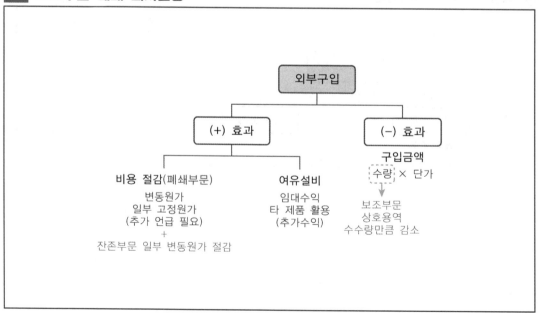

## 39 제품라인폐지 의사결정

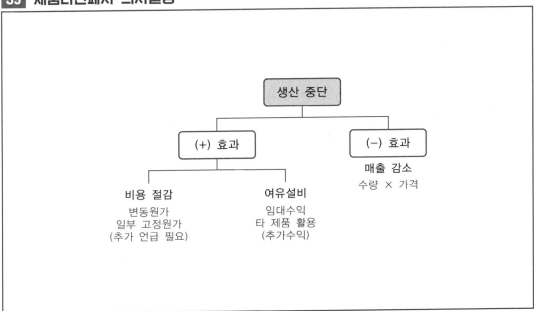

## 40 대체가격결정

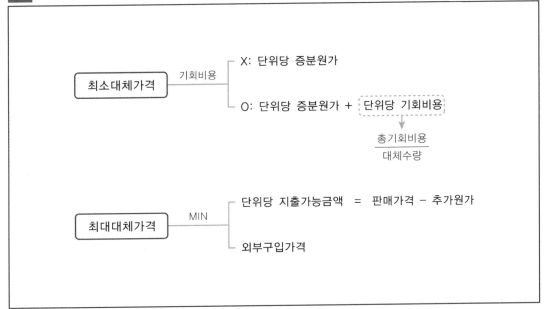

# 원가관리회계 필수개념 도식화

## 41 자본예산

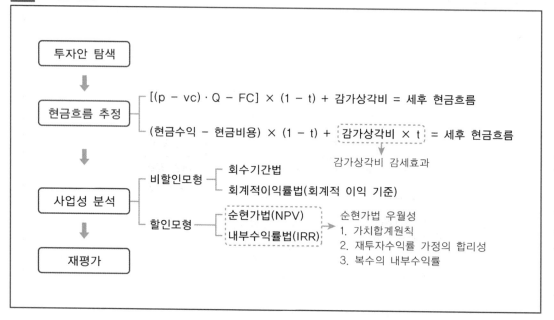

투자안 탐색

↓

현금흐름 추정

$[(p - vc) \cdot Q - FC] \times (1 - t) + 감가상각비 = 세후 현금흐름$

$(현금수익 - 현금비용) \times (1 - t) + 감가상각비 \times t = 세후 현금흐름$

감가상각비 감세효과

↓

사업성 분석 ─ 비할인모형 ─ 회수기간법

회계적이익률법(회계적 이익 기준)

할인모형 ─ 순현가법(NPV)
내부수익률법(IRR)

순현가법 우월성
1. 가치합계원칙
2. 재투자수익률 가정의 합리성
3. 복수의 내부수익률

↓

재평가

## 42 재료예산, 제조예산 및 현금예산

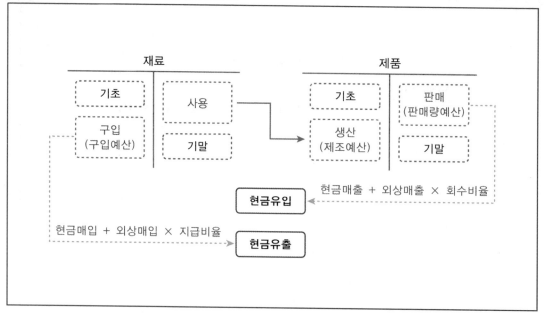

재료

| 기초 | 사용 |
| 구입 (구입예산) | 기말 |

제품

| 기초 | 판매 (판매량예산) |
| 생산 (제조예산) | 기말 |

현금유입 ← 현금매출 + 외상매출 × 회수비율

현금매입 + 외상매입 × 지급비율 → 현금유출

## 43 매출차이분석과 원가차이분석(1)

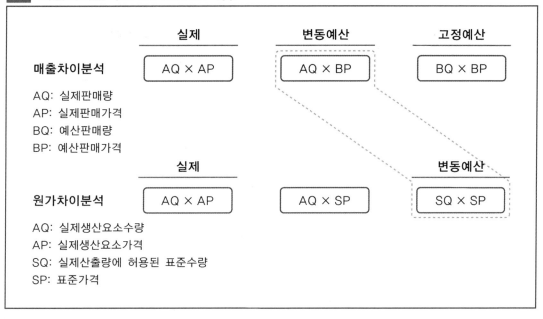

| | 실제 | 변동예산 | 고정예산 |
|---|---|---|---|
| **매출차이분석** | AQ × AP | AQ × BP | BQ × BP |

AQ: 실제판매량
AP: 실제판매가격
BQ: 예산판매량
BP: 예산판매가격

| | 실제 | | 변동예산 |
|---|---|---|---|
| **원가차이분석** | AQ × AP | AQ × SP | SQ × SP |

AQ: 실제생산요소수량
AP: 실제생산요소가격
SQ: 실제산출량에 허용된 표준수량
SP: 표준가격

# 원가관리회계 필수개념 도식화

## 44 매출차이분석과 원가차이분석(2)

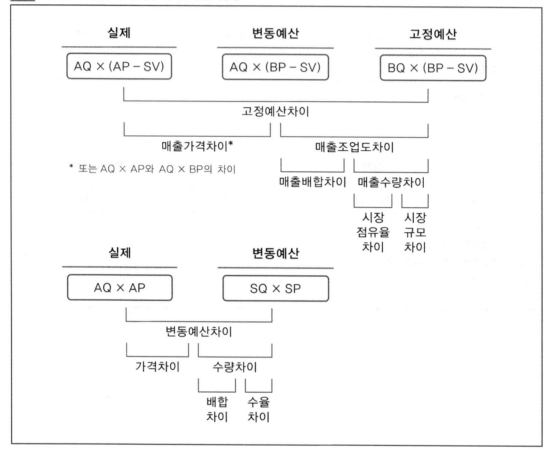

## 45 매출차이분석과 원가차이분석(3)

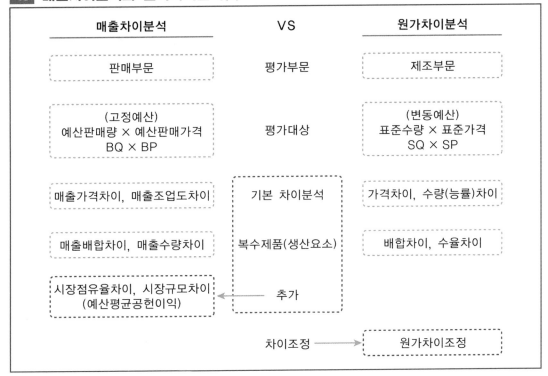

| 매출차이분석 | VS | 원가차이분석 |
|---|---|---|
| 판매부문 | 평가부문 | 제조부문 |
| (고정예산)<br>예산판매량 × 예산판매가격<br>BQ × BP | 평가대상 | (변동예산)<br>표준수량 × 표준가격<br>SQ × SP |
| 매출가격차이, 매출조업도차이 | 기본 차이분석 | 가격차이, 수량(능률)차이 |
| 매출배합차이, 매출수량차이 | 복수제품(생산요소) | 배합차이, 수율차이 |
| 시장점유율차이, 시장규모차이<br>(예산평균공헌이익) | 추가 | |
| | 차이조정 | 원가차이조정 |

# 원가관리회계 필수개념 도식화

## 46 매출차이분석 기본 모형

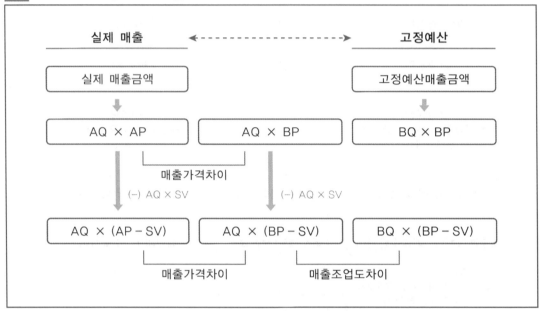

## 47 투자중심점

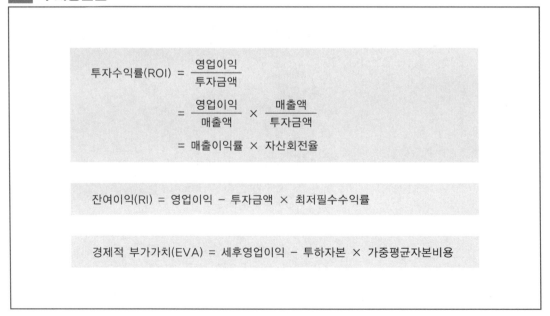

## 48 확실한 상황과 불확실한 상황의 비교

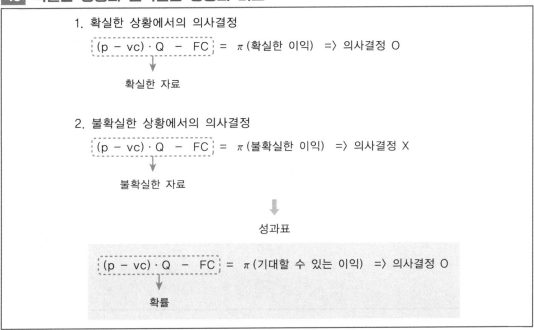

1. 확실한 상황에서의 의사결정

$(p - vc) \cdot Q - FC$ = π (확실한 이익)  =〉 의사결정 O

↓

확실한 자료

2. 불확실한 상황에서의 의사결정

$(p - vc) \cdot Q - FC$ = π (불확실한 이익)  =〉 의사결정 X

↓

불확실한 자료

⬇

성과표

$(p - vc) \cdot Q - FC$ = π (기대할 수 있는 이익)  =〉 의사결정 O

↓

확률

## 49 의사결정대상

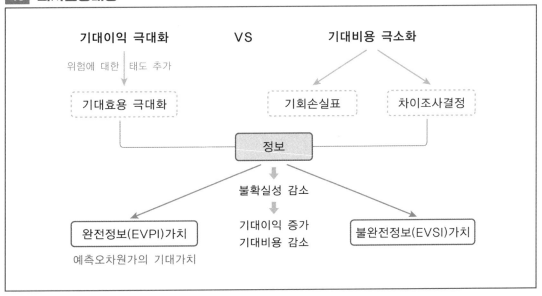

기대이익 극대화        VS        기대비용 극소화

위험에 대한 ┃ 태도 추가

기대효용 극대화        기회손실표        차이조사결정

정보

⬇

불확실성 감소

기대이익 증가
기대비용 감소

완전정보(EVPI)가치        불완전정보(EVSI)가치

예측오차원가의 기대가치

## 50  변동활동원가차이

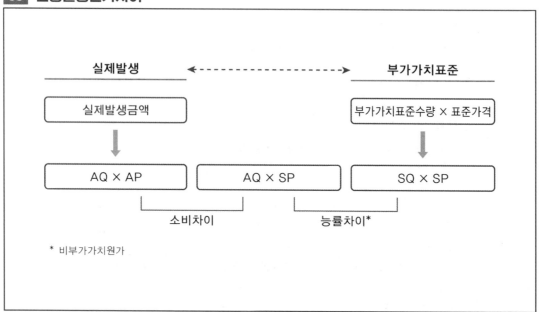

## 51 고정활동원가차이

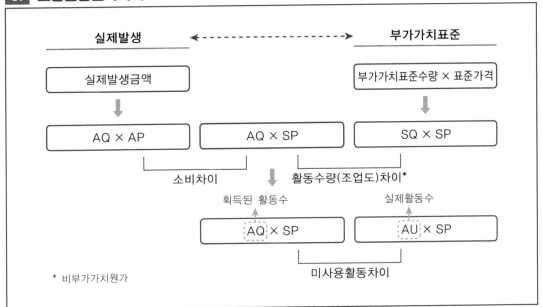

실제발생     ← - - - - - - - - - - - - - - - →     부가가치표준

실제발생금액        부가가치표준수량 × 표준가격

$AQ \times AP$      $AQ \times SP$      $SQ \times SP$

소비차이        활동수량(조업도)차이*

획득된 활동수        실제활동수

$AQ \times SP$      $AU \times SP$

미사용활동차이

\* 비부가가치원가

회계사 · 세무사 · 경영지도사 단번에 합격!
해커스 경영아카데미 cpa.Hackers.com

# 제1장

## 제조원가의 흐름

핵심 이론 요약

객관식 연습문제

정답 및 해설

# 핵심 이론 요약

## 01 재무회계와 관리회계의 차이

| 구분 | 재무회계 | 관리회계 |
|------|---------|---------|
| 목적 | 외부정보이용자에게 정보 제공 | 내부정보이용자에게 정보 제공 |
| 정보유형 | 과거정보 | 미래정보 |
| 준거기준 | 일반적으로 인정된 회계원칙 | 없음 |
| 보고서 | 재무제표(일반목적보고서) | 특수목적보고서 |
| 정보특성 | 신뢰성 | 목적적합성 |

## 02 제조원가의 구분

### (1) 추적가능성에 의한 구분

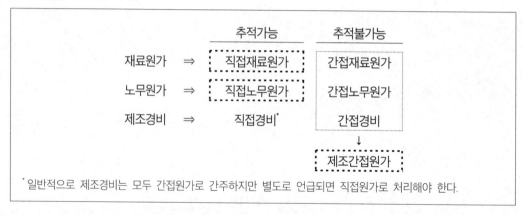

*일반적으로 제조경비는 모두 간접원가로 간주하지만 별도로 언급되면 직접원가로 처리해야 한다.

### (2) 제조원가의 3분류법과 2분류법

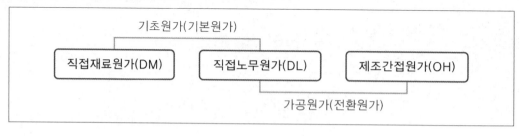

## 03 제조원가의 흐름

### (1) 재료원가 사용분

$$재료원가^{*1} = 기초원재료 + 당기매입액 - 기말원재료$$

*1 간접재료원가는 제조간접원가로 처리한다.

### (2) 노무원가 및 제조간접원가 발생분

$$노무원가^{*2}(제조간접원가) = 현금지급액 + \begin{bmatrix} 미지급액\ 증가분 \\ 선급액\ 감소분 \end{bmatrix} - \begin{bmatrix} 선급액\ 증가분 \\ 미지급액\ 감소분 \end{bmatrix} + 소득세\ 공제분$$

*2 간접노무원가는 제조간접원가로 처리한다.

### (3) 당기총제조원가

$$당기총제조원가 = 직접재료원가 + 직접노무원가 + 제조간접원가$$

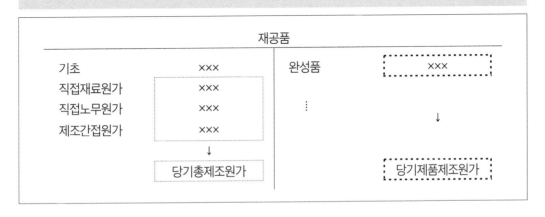

### (4) 당기제품제조원가

$$당기제품제조원가 = 기초재공품 + 당기총제조원가 - 기말재공품$$

| 재공품 | | | | |
|---|---|---|---|---|
| 기초 | ××× | 완성품 | | ××× |
| 직접재료원가 | ××× | | | |
| 직접노무원가 | ××× | | | ↓ |
| 제조간접원가 | ××× | | | |
| ↓ | | | | |
| 당기총제조원가 | | | | 당기제품제조원가 |

## (5) 매출원가

$$매출원가 = 기초제품 + 당기제품제조원가 - 기말제품$$

## (6) 제조원가의 흐름(T-계정)

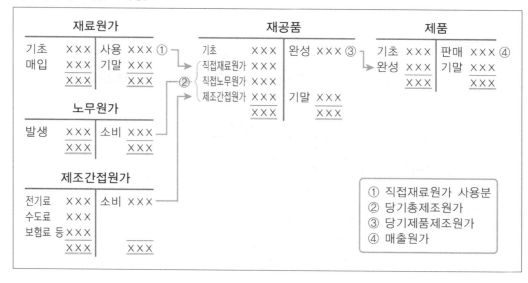

# 객관식 연습문제

★: 꼭 풀어봐야 할 필수문제
📝: 심화된 내용을 학습할 수 있는 고급문제

**01** 원가는 경영자의 의사결정목적에 따라 여러 가지로 분류할 수 있다. 다음 중 원가의 분류에 대한 설명으로 타당하지 않은 것은?

① 고정원가는 원가의 행태에 따른 분류이다.
② 간접원가는 원가의 추적가능성에 따른 분류이다.
③ 매몰원가는 의사결정과의 관련성에 따른 분류이다.
④ 제조원가는 기초원가와 가공원가의 합으로 구성된다.
⑤ 기간원가는 제조원가 포함 여부에 따른 분류이다.

★
**02** 원가배부와 관련된 다음의 설명 중에서 올바른 것은?　　　　　　　　　　　　　[세무사 01]

① 원가배부기준은 인과관계기준에 의해서만 설정해야 한다.
② 제조간접원가가 전체 제조원가에서 차지하는 비중이 증가할수록 단순한 원가배분기준을 설정해야 보다 정확한 원가계산을 할 수 있다.
③ 활동기준원가계산제도에서는 제품의 생산수량과 직접 관련이 없는 비단위기준원가동인 (ununit-based cost drivers)을 사용하지 않는다.
④ 제조간접원가의 배부가 정확하게 이루어질 수 없기 때문에 원가배부는 어떠한 경우에도 경제적 의사결정을 위한 정보를 제공하지 않는다.
⑤ 활동기준원가계산제도에서 원가배부기준으로 선택된 원가동인이 원가발생의 인과관계를 잘 반영하지 못하는 경우 제품원가계산이 왜곡될 가능성이 있다.

**03** 원가배부에 관한 설명 중 옳지 않은 것은?

① 원가배부의 기준은 가능한 한 인과관계를 충분히 반영하여야 한다.
② 분리점에서의 판매가치기준에 의한 결합원가배부는 부담능력기준에 근거한 배부방법이다.
③ 제조간접원가의 비중이 커질수록 좀 더 다양한 배부기준과 배부방법을 적용해야 한다.
④ 보조부문의 배부에 있어서 단계배부법이 직접배부법보다 항상 더 합리적인 배부결과를 가져오는 것은 아니다.
⑤ 제품의 다양화는 더욱 더 단순화된 배부기준을 요구하고 있다.

**04** 다음은 관리회계에 관한 설명이다. 옳지 않은 것은?

① 기업의 내부이해관계인에게 유용한 정보를 제공한다.
② 회계원칙의 지배를 받지 않는다.
③ 보고수단으로는 재무제표가 있다.
④ 정보의 시간적인 관점은 미래지향적이다.
⑤ 정보의 범위가 좁고 특수하다.

★
**05** 20×1년 초 대규모의 자본을 투입하여 제조를 시작한 (주)한국은 20×1년 말 현재 판매실적이 부진하여 영업부서 창고에는 완성품이, 공장창고에는 미완성품이 가득하다. 20×2년 6월에 회사의 경영자는 모든 재고를 싼 값에 처분하고 공장을 폐쇄하였다. 회사의 20×2년 원가를 큰 순서대로 나타낸 것은?

① 매출원가 > 당기제품제조원가 > 당기총제조원가
② 매출원가 > 당기제품제조원가 = 당기총제조원가
③ 매출원가 > 당기총제조원가 > 당기제품제조원가
④ 매출원가 = 당기총제조원가 = 당기제품제조원가
⑤ 당기총제조원가 > 당기제품제조원가 > 매출원가

**06** (주)경기는 직접재료를 항상 외상으로 매입하고 있으며, 당기의 직접재료에 관한 자료는 다음과 같다.

| | |
|---|---|
| 외상매입금 지급액 | ₩2,000 |
| 외상매입금계정의 감소 | 300 |
| 직접재료계정의 감소 | 500 |

(주)경기의 당기 직접재료 사용액은 얼마인가?

① ₩1,800  ② ₩2,100  ③ ₩2,300
④ ₩2,200  ⑤ ₩2,700

**07** (주)한국은 9월 중 ₩100의 원재료를 매입하였다. 9월의 당월총제조원가는 ₩200이며 전환원가가 ₩120이라면 월말원재료재고액은 얼마인가? (단, 9월 초 원재료재고액은 ₩50이다)

① ₩40　　　　　　　② ₩50　　　　　　　③ ₩60
④ ₩70　　　　　　　⑤ ₩80

**08** 아래의 자료를 이용하여 당기의 제조간접원가 발생액을 구하시오.

| 당기지급액 | ₩3,000 |
|---|---|
| 기초선급액 | 1,500 |
| 기말선급액 | 700 |
| 당기분 미지급액 | 500 |

① ₩2,700　　　　　② ₩4,100　　　　　③ ₩4,300
④ ₩3,500　　　　　⑤ ₩2,900

**09** 다음은 (주)경기의 20×1년 4월 제조 관련 자료이다. 다음의 자료를 사용하여 (주)경기의 20×1년 4월 당기제품제조원가를 구하시오.

(1) 월초 및 월말재고자산

| 재고자산 | 20×1년 4월 1일 | 20×1년 4월 30일 |
|---|---|---|
| 직접재료 | ₩50,000 | ₩70,000 |
| 재공품 | 30,000 | 40,000 |
| 제품 | 150,000 | 60,000 |

(2) 당월 중 발생원가

| | |
|---|---|
| 직접재료매입액 | ₩200,000 |
| 직접노무원가 | 400,000 |
| 직접노동시간당 임률 | 8 |
| 직접노동시간당 제조간접원가 배부율 | 5 |

① ₩850,000　　　　② ₩815,000　　　　③ ₩820,000
④ ₩735,000　　　　⑤ ₩750,000

★

**10** (주)한국의 20×1년 매출총이익 ₩1,920,000, 당기제품제조원가 ₩6,800,000, 기초재공품 ₩560,000, 기초제품 ₩900,000, 기말재공품 ₩760,000, 기말제품 ₩1,040,000이다. 이 경우 (주)한국의 20×1년 총매출액은 얼마인가?

① ₩8,380,000　　　　② ₩8,580,000　　　　③ ₩8,680,000
④ ₩8,720,000　　　　⑤ ₩8,920,000

**11** 다음은 (주)한국의 20×1년 12월 31일로 종료되는 회계연도 회계자료의 일부분이다.

| | |
|---|---|
| 원재료재고액의 증가 | ₩15,000 |
| 제품재고액의 감소 | 35,000 |
| 원재료매입액 | 430,000 |
| 직접노무원가 | 200,000 |
| 제조간접원가 | 300,000 |
| 판매비 | 45,000 |

전기 말 및 당기 말의 재공품은 없었다. (주)한국의 20×1년도 매출원가는 얼마인가?

① ₩950,000　　　　② ₩965,000　　　　③ ₩975,000
④ ₩985,000　　　　⑤ ₩995,000

★

**12** (주)세무의 20×1년도 기초 및 기말재고자산은 다음과 같다.

| 구분 | 기초잔액 | 기말잔액 |
|---|---|---|
| 원재료 | ₩34,000 | ₩10,000 |
| 재공품 | 37,000 | 20,000 |
| 제품 | 10,000 | 48,000 |

원재료의 제조공정 투입금액은 모두 직접재료원가이며, 20×1년 중에 매입한 원재료는 ₩76,000이다. 20×1년의 기본원가(prime costs)는 ₩400,000이고, 전환원가(가공원가: conversion costs)의 50%가 제조간접원가이다. (주)세무의 20×1년 매출원가는 얼마인가? [세무사 14]

① ₩679,000　　　　② ₩700,000　　　　③ ₩717,000
④ ₩727,000　　　　⑤ ₩747,000

★

**13** 다음은 (주)세무의 당기 및 전기 제조간접원가에 관련된 자료이다. 이 자료에 의할 때 (주)세무의 당기 제조간접원가 발생액은?

[세무사 19]

| 구분 | 당기 지급액 | 당기 말 잔액 | | 전기 말 잔액 | |
|---|---|---|---|---|---|
| | | 선급비용 | 미지급비용 | 미지급비용 | 선급비용 |
| 공장관리비 | ₩250,000 | ₩150,000 | - | ₩25,000 | - |
| 수도광열비 | 300,000 | - | ₩100,000 | 25,000 | - |
| 복리후생비 | 150,000 | - | 100,000 | - | ₩35,000 |

① ₩615,000  ② ₩735,000  ③ ₩765,000
④ ₩965,000  ⑤ ₩1,065,000

☑

**14** (주)한국은 선입선출법을 적용하여 재고자산을 평가하고 있다. 당기발생한 제조원가에 대한 자료는 다음과 같다.

(1) 재료원가
 • 1월 3일 매입: 1,000단위(매입단가 ₩10)
 • 1월 20일 매입: 1,000단위(매입단가 ₩14)
 • 1월 10일 사용: 1,200단위
 • 1월 26일 사용: 1,100단위
(2) 노무원가: ₩15,000
(3) 제조경비: 노무원가의 120%

회사의 월말재공품은 당월총제조원가의 10%이며 월말제품은 당월제품제조원가의 30%이다. 회사가 총평균법을 적용할 경우 당월손익에 미치는 영향을 구하시오(단, 월초재료재고는 1,000단위(단가 ₩9)이며 월초재공품과 월초제품은 없다).

① ₩1,110 증가  ② ₩1,125 증가  ③ ₩1,125 감소
④ ₩1,323 감소  ⑤ ₩1,350 감소

다음에 주어진 (주)한국제조의 손익계산서는 회계지식이 부족한 인턴직원이 작성한 것이다.

| 손익계산서 | | |
|---|---:|---:|
| (주)한국제조　　　　20×1. 1. 1. ~ 20×1. 12. 31. | | (단위: ₩) |
| • 매출액 | | 900,000 |
| • 영업비용 | | |
| 　간접노무원가 | 24,000 | |
| 　수도광열비 | 30,000 | |
| 　직접노무원가 | 140,000 | |
| 　감가상각비(공장설비) | 42,000 | |
| 　감가상각비(본사건물) | 36,000 | |
| 　당기 원재료매입액 | 330,000 | |
| 　보험료 | 8,000 | |
| 　임차료 | 100,000 | |
| 　판매 및 관리부서의 직원급여 | 64,000 | |
| 　광고선전비 | 150,000 | 924,000 |
| • 영업이익 | | (24,000) |

그러나 위의 손익계산서에 표시된 매출액 및 영업비용 내역은 모두 올바른 자료이다. 만약 당신이 (주)한국제조의 20×1년도 손익계산서를 정확하게 작성하고자 하는 경우 필요한 추가 자료는 다음과 같다.

(1) 수도광열비의 60%, 보험료의 75%와 임차료 80%는 공장설비와 관련된 것이며, 나머지는 판매 및 일반관리활동과 관련하여 발생한 것이다.
(2) 20×1년도 재고자산의 기초 및 기말잔액은 다음과 같다.

| 구분 | 기초 | 기말 |
|---|---:|---:|
| 원재료 | ₩16,000 | ₩26,000 |
| 재공품 | 32,000 | 42,000 |
| 제품 | 80,000 | 120,000 |

20×1년도 (주)한국제조의 정확한 당기제품제조원가와 영업이익은 각각 얼마인가? [회계사 15]

| | 당기제품제조원가 | 영업이익 |
|---|---|---|
| ① | ₩620,000 | ₩12,000 |
| ② | ₩620,000 | ₩24,000 |
| ③ | ₩620,000 | ₩36,000 |
| ④ | ₩630,000 | ₩24,000 |
| ⑤ | ₩630,000 | ₩36,000 |

**★**

**16** (주)원가는 기계장치를 생산·판매하는 기업으로 사업 첫해에 다음과 같은 원가가 발생했다. 이 자료를 바탕으로 원가계산을 했을 경우 (가)부터 (마)까지의 설명 중 타당하지 않은 것을 모두 고르면? (단, 기초재공품재고액은 없고, 기말재공품재고액이 ₩10 존재한다) [회계사 10]

| | | | | | |
|---|---|---|---|---|---|
| • 직접재료원가 | ₩110 | • 간접재료원가 | ₩30 | • 판매직급여 | ₩30 |
| • 직접노무원가 | 120 | • 간접노무원가 | 60 | • 관리직급여 | 70 |
| • 간접경비 | 200 | • 광고선전비 | 20 | • 이자비용 | 10 |

(가) 당기제품제조원가는 ₩510이다.
(나) 기본원가(기초원가, prime costs)는 ₩230이다.
(다) 제조간접원가에는 어떤 재료원가도 포함되지 않으므로 간접노무원가와 간접경비를 합한 ₩260이다.
(라) 당기총제조원가는 ₩520으로, 기본원가에 가공원가를 합한 금액이다.
(마) 기간원가는 ₩130으로, 재고가능원가라고 부르기도 한다.

① (가), (나)  ② (다), (라)  ③ (라), (마)
④ (나), (다), (마)  ⑤ (다), (라), (마)

**17** (주)세무의 20×1년 재고자산 및 원가자료는 다음과 같다.

(1) 재고자산

| 구분 | 원재료 | 재공품 | 제품 |
|---|---|---|---|
| 20×1. 1. 1. | ₩40,000 | ₩90,000 | ₩80,000 |
| 20×1. 12. 31. | 60,000 | 100,000 | 120,000 |

(2) 원가자료

| | | | |
|---|---|---|---|
| • 생산직근로자 급여 | ₩110,000 | • 생산설비 보험료 | ₩50,000 |
| • 생산직관리자 급여 | 30,000 | • 영업사원 급여 | 20,000 |
| • 공장건물 감가상각비 | 70,000 | • 본사건물 재산세 | 10,000 |

20×1년 매출원가가 ₩480,000일 때, 원재료 매입액은? [세무사 24]

① ₩280,000  ② ₩290,000  ③ ₩330,000
④ ₩340,000  ⑤ ₩530,000

**18** 20×1년 초에 설립된 (주)대한은 자동차를 생산, 판매하는 기업으로 20×1년 동안 다음과 같은 원가가 발생하였다.

| | |
|---|---:|
| • 직접재료원가 | ₩550 |
| • 간접재료원가 | 150 |
| • 판매직급여 | 150 |
| • 공장근로자급여 | 600 |
| • 공장감독자급여 | 300 |
| • 관리직급여 | 350 |
| • 공장감가상각비 | 1,000 |
| • 광고선전비 | 100 |

이 자료를 바탕으로 원가계산을 했을 경우, 다음 설명 중 옳은 것은? (단, 기말재공품재고액은 ₩50이며, 공장근로자급여는 직접노무원가로 처리한다) [회계사 24]

① 기본원가(prime costs)는 ₩1,050이다.
② 제조간접원가는 ₩1,500이다.
③ 재고불능원가는 ₩500이다.
④ 당기총제조원가는 ₩2,700이다.
⑤ 당기제품제조원가는 ₩2,550이다.

# 정답 및 해설

## 정답

| 01 ④ | 02 ⑤ | 03 ⑤ | 04 ③ | 05 ① | 06 ④ | 07 ④ | 08 ③ | 09 ③ | 10 ② |
|---|---|---|---|---|---|---|---|---|---|
| 11 ① | 12 ① | 13 ② | 14 ④ | 15 ③ | 16 ⑤ | 17 ② | 18 ⑤ | | |

## 해설

**01** ④  제조원가는 직접재료원가, 직접노무원가 및 제조간접원가의 합으로 구성된다.

> **point** 제조원가의 분류
>
> 1. 3분류법: 직접재료원가, 직접노무원가, 제조간접원가
>
> 2. 2분류법: 기초원가(직접재료원가, 직접노무원가), 가공원가(직접노무원가, 제조간접원가)

**02** ⑤  ① 원가배부기준은 인과관계기준뿐만 아니라 수혜기준, 부담능력기준, 공정성과 공평성기준, 증분원가기준 등이 있다.
② 제조간접원가가 전체 제조원가에서 차지하는 비중이 증가할수록 다양한 원가배분기준을 설정해야 보다 정확한 원가계산을 할 수 있다.
③ 활동기준원가계산제도에서는 제품의 생산수량과 직접 관련이 없는 비단위기준원가동인을 사용한다. 처리횟수, 소요시간 등이 이러한 예이다.
④ 제조간접원가의 배부가 정확하게 이루어진다면 경제적 의사결정을 위한 정보를 제공할 수 있다.

**03** ⑤  제품의 다양화로 인하여 더욱 더 복잡하고 세밀한 배부기준이 요구되고 있다. 활동기준원가계산은 이러한 문제점을 해결할 수 있는 원가계산방법 중 하나이다.

**04** ③  관리회계의 보고수단은 재무제표가 아닌 특수목적보고서이다.

**05** ① 20×2년 6월 초 재공품과 제품재고를 각각 ₩10이라 하고 당기총제조원가를 A, 당기제품제조원가를 B, 매출원가를 C라 한 후 정리하면 다음과 같다.

| 재공품 | | | | 제품 | | | |
|---|---|---|---|---|---|---|---|
| 기초 | ₩10 | 완성 | B | 기초 | ₩10 | 판매 | C |
| 착수 | A | 기말 | - | 완성 | B | 기말 | - |
| | ₩10 + A | | B | | ₩10 + B | | C |

$$₩10 + A = B \qquad ₩10 + B = C$$

∴ 매출원가(C) > 당기제품제조원가(B) > 당기총제조원가(A)

> **point 숫자 없는 추정의 문제**
>
> 숫자가 없는 추정의 문제는 일정 숫자를 대입해서 접근하면 실수를 줄일 수 있다.

**06** ④ 직접재료를 항상 외상으로 매입하므로 당기매입액과 외상매입금 발생액은 동일하다.

(차) 매입(원재료) ×× (대) 외상매입금 ××

따라서 다음과 같은 T-계정을 통하여 직접재료 사용액을 구할 수 있다. 또한, 직접재료와 외상매입금계 정의 기말잔액을 ₩0이라 한 후 정리하면 다음과 같다.

| 외상매입금 | | | | | 원재료 | | | |
|---|---|---|---|---|---|---|---|---|
| 지급 | ₩2,000 | 기초 | ₩300 | | 기초 | ₩500 | 사용 | ₩2,200 |
| 기말 | - | 발생 | 1,700 | = | 매입 | 1,700 | 기말 | - |
| | ₩2,000 | | ₩2,000 | | | ₩2,200 | | ₩2,200 |

> **point 재고 증감만 표시된 문제**
>
> 재고 감소액의 경우 기말재고를 ₩0으로, 재고 증가액의 경우 기초재고를 ₩0으로 설정한 후 정리 하면 쉽게 파악할 수 있다.

**07** ④ (1) 전환원가(= 직접노무원가 + 제조간접원가)가 ₩120이므로, 직접재료원가는 ₩80이다.

| 원재료 | | | | | 당월총제조원가 | |
|---|---|---|---|---|---|---|
| 월초 | ₩50 | 사용 | ₩80 | = | 직접재료원가 | ₩80 |
| 매입 | 100 | 월말 | 70 | | 직접노무원가 제조간접원가 | 120 |
| | ₩150 | | ₩150 | | 합계 | ₩200 |

(2) 직접재료원가 사용량

당월총제조원가 - 전환원가
= ₩200 - ₩120 = ₩80

(3) 월말원재료재고액

월초원재료재고액 + 당월매입액 - 당월사용액
= ₩50 + ₩100 - ₩80 = ₩70

**08** ③ 선급비용 감소분이 ₩800(= ₩1,500 - ₩700)이고 미지급비용 발생분이 ₩500이므로 위 내용을 분개로 나타내면 다음과 같다.

| (차) 제조간접원가 | 4,300 | (대) 현금 | 3,000 |
|---|---|---|---|
| | | 선급비용 | 800 |
| | | 미지급비용 | 500 |

---

**point 발생주의 vs 현금주의**

1. 현금주의는 재무회계에서 현금흐름표 작성의 이론적 근거이며 자료에서 발생주의와 현금주의를 구분하여야 한다.
   ① 발생주의: ~발생하였다.
   ② 현금주의: ~지급하였다.

2. 발생주의에서 현금주의로 전환하는 데 다음의 공식을 이용하면 간편하다.

   발생주의　--------------->　현금주의

   증가: 자산 ↓, 부채 ↑
   감소: 자산 ↑, 부채 ↓

**예** "수선비 ₩100 발생, 선급비용 ₩50 감소, 미지급비용 ₩30 증가"의 경우 현금지급액은 ₩(100) + ₩50 + ₩30 = ₩200이다. 즉, 수선비 발생액 ₩100, 선급비용 감소분 ₩50, 미지급비용 증가분 ₩30이므로 실제 현금지급액은 ₩200이다.

---

**09** ③

| | 재공품 | | |
|---|---|---|---|
| 월초 | ₩30,000 | 완성 | ₩820,000 |
| DM[*1] | 180,000 | | |
| DL | 400,000 | | |
| OH[*2] | 250,000 | 월말 | 40,000 |
| | ₩860,000 | | ₩860,000 |

[*1] 월초재고액 + 당월매입액 - 월말재고액 = ₩50,000 + ₩200,000 - ₩70,000 = ₩180,000

[*2] • 직접노동시간: ₩400,000 ÷ ₩8 = 50,000시간
　• 제조간접원가 배부액: 배부율 × 직접노동시간 = ₩5 × 50,000시간 = ₩250,000

---

**point 제조간접원가 배부**

제조간접원가는 직접원가와는 달리 총금액을 적절한 기준에 따라 배분하기 때문에 제조간접원가에 대한 자료에서 가장 먼저 찾아야 할 것은 배부기준이다.

**10** ②

| 제품 | | | | 손익계산서 | |
|---|---|---|---|---|---|
| 기초 | ₩900,000 | 판매 | ₩6,660,000 | 매출 | ₩8,580,000 |
| 완성 | 6,800,000 | 기말 | 1,040,000 | 매출원가 | 6,660,000 |
| | ₩7,700,000 | | ₩7,700,000 | 매출총이익 | ₩1,920,000 |

(1) 매출원가

기초제품 + 당기제품제조원가 - 기말제품 = ₩900,000 + ₩6,800,000 - ₩1,040,000 = ₩6,660,000

(2) 총매출액

매출원가 + 매출총이익 = ₩6,660,000 + ₩1,920,000 = ₩8,580,000

**11** ①

(1) 판매비를 제외하고 주어진 제조원가를 T-계정으로 표시하면 다음과 같다.

| 원재료 | | | | 재공품 | | | | 제품 | | | |
|---|---|---|---|---|---|---|---|---|---|---|---|
| 기초 | - | 사용 | 415,000 | 기초 | - | 완성 | 915,000 | 기초 | 35,000 | 판매 | 950,000 |
| 매입 | 430,000 | 기말 | 15,000 | DM | 415,000 | | | 완성 | 915,000 | 기말 | - |
| | 430,000 | | 430,000 | DL | 200,000 | | | | 950,000 | | 950,000 |
| | | | | OH | 300,000 | 기말 | - | | | | |
| | | | | | 915,000 | | 915,000 | | | | |

(2) 직접재료원가(DM)

기초원재료재고액 + 당기원재료매입액 - 기말원재료재고액

= 당기원재료매입액 + 기초원재료재고액 - 기말원재료재고액

= 당기원재료매입액 - 원재료재고액의 증가 = ₩430,000 - ₩15,000 = ₩415,000

(3) 당기제품제조원가

기초 및 기말재공품이 없으므로, 당기제품제조원가 = 당기총제조원가 = DM + DL + OH

⇒ ₩415,000 + ₩200,000 + ₩300,000 = ₩915,000

(4) 매출원가

기초제품재고액 + 당기제품제조원가 - 기말제품재고액

= 당기제품제조원가 + 기초제품재고액 - 기말제품재고액

= 당기제품제조원가 + 제품재고액의 감소 = ₩915,000 + ₩35,000 = ₩950,000

**12** ① (1) 재공품 T-계정

재공품

| 기초 | ₩37,000 | 완성 | ₩717,000 |
|---|---|---|---|
| 직접재료원가 | 100,000[*1] | | |
| 직접노무원가 | 300,000[*2] | | |
| 제조간접원가 | 300,000[*3] | 기말 | 20,000 |
| | ₩737,000 | | ₩737,000 |

[*1] ₩34,000 + ₩76,000 - ₩10,000 = ₩100,000

[*2] 기본원가 - 직접재료원가

= ₩400,000 - ₩100,000 = ₩300,000

[*3] 전환원가의 50%가 제조간접원가이므로, 직접노무원가와 제조간접원가금액은 같다.

(2) 매출원가

기초제품 + 당기제품제조원가 - 기말제품

= ₩10,000 + ₩717,000 - ₩48,000 = ₩679,000

**13** ② "발생주의 $\Rightarrow \dfrac{(+) \text{ 자산 감소, 부채 증가}}{(-) \text{ 자산 증가, 부채 감소}} \Rightarrow$ 현금주의"이므로, 계산하면 다음과 같다.

(1) 공장관리비

₩250,000 - ₩150,000 - ₩25,000 = ₩75,000

(2) 수도광열비

₩300,000 + ₩100,000 - ₩25,000 = ₩375,000

(3) 복리후생비

₩150,000 + ₩100,000 + ₩35,000 = ₩285,000

(4) 당기 제조간접원가 발생액

₩75,000 + ₩375,000 + ₩285,000 = ₩735,000

**14** ④ (1) 재료원가

① 사용가능 재료원가

| | | |
|---|---|---|
| 월초 | 1,000단위 × ₩9 = | ₩9,000 |
| 1월 3일 | 1,000단위 × ₩10 = | 10,000 |
| 1월 20일 | 1,000단위 × ₩14 = | 14,000 |
| | | ₩33,000 |

② 월말재료

　a. 선입선출법: 700단위[*1] × ₩14 = ₩9,800

　b. 총평균법: 700단위[*1] × $\dfrac{₩33,000}{3,000단위}$ = ₩7,700

　[*1] 3,000단위 - 1,200단위 - 1,100단위 = 700단위

③ 당월재료 사용액

　a. 선입선출법: ₩33,000 - ₩9,800 = ₩23,200

　b. 총평균법: ₩33,000 - ₩7,700 = ₩25,300

(2) 당월총제조원가

| | 선입선출법 | 평균법 |
|---|---|---|
| 재료원가 | ₩23,200 | ₩25,300 |
| 노무원가 | 15,000 | 15,000 |
| 제조경비 | 18,000[*2] | 18,000[*2] |
| | ₩56,200 | ₩58,300 |

　[*2] ₩15,000 × 120% = ₩18,000

(3) 당월제품제조원가

① 선입선출법: ₩56,200 × (1 - 10%) = ₩50,580

② 총평균법: ₩58,300 × (1 - 10%) = ₩52,470

(4) 매출원가

① 선입선출법: ₩50,580 × (1 - 30%) = ₩35,406

② 총평균법: ₩52,470 × (1 - 30%) = ₩36,729

(5) 당월손익에 미치는 영향

₩1,323(= ₩36,729 - ₩35,406)만큼 영업이익이 감소한다.

**15** ③ (1) 각 계정별 현황

원재료

| | | | |
|---|---|---|---|
| 기초 | ₩16,000 | 사용 | ₩320,000 (= ₩346,000 - ₩26,000) |
| 매입 | 330,000 | 기말 | 26,000 |
| | ₩346,000 | | ₩346,000 |

재공품

| | | | |
|---|---|---|---|
| 기초 | ₩32,000 | 완성 | ₩620,000 (= ₩662,000 - ₩42,000) |
| DM | 320,000 | | |
| DL | 140,000 | | |
| OH | 170,000[*1] | 기말 | 42,000 |
| | ₩662,000 | | ₩662,000 |

[*1] 간접노무원가 + 수도광열비 + 감가상각비(공장설비) + 보험료 + 임차료

= ₩24,000 + ₩30,000 × 60% + ₩42,000 + ₩8,000 × 75% + ₩100,000 × 80% = ₩170,000

제품

| | | | |
|---|---|---|---|
| 기초 | ₩80,000 | 판매 | ₩580,000 (= ₩700,000 - ₩120,000) |
| 완성 | 620,000 | 기말 | 120,000 |
| | ₩700,000 | | ₩700,000 |

(2) 당기제품제조원가: ₩620,000

(3) 영업이익

> 수정 전 영업이익 ± 원재료 등 재고변동분 = 수정 후 영업이익

₩(24,000) + ₩60,000[*2] = ₩36,000

[*2] 원재료재고 증가 + 재공품재고 증가 + 제품재고 증가

= ₩10,000 + ₩10,000 + ₩40,000 = ₩60,000

**16** ⑤ (가) 당기제품제조원가

(1) 당기총제조원가
직접재료원가 + 직접노무원가 + 제조간접원가
= ₩110 + ₩120 + ₩290* = ₩520
* 간접재료원가 + 간접노무원가 + 간접경비 = ₩30 + ₩60 + ₩200 = ₩290

(2) 당기제품제조원가
기초재공품원가 + 당기총제조원가 - 기말재공품원가
= ₩0 + ₩520 - ₩10 = ₩510

(나) 기본원가
직접재료원가 + 직접노무원가
= ₩110 + ₩120 = ₩230

(다) 제조간접원가에는 재료원가 중 간접재료원가가 포함된다. (틀림)

(라) 당기총제조원가는 기본원가에 제조간접원가를 합한 금액이다. (틀림)

(마) 기간원가는 재고불능원가라 불린다. (틀림)

---

**point**

간접재료원가와 간접노무원가는 제조간접원가이다. 또한, 전부원가계산하에서 제조원가는 재고가 능원가이며 판매관리비는 기간원가이다.

---

**17** ② (1) 전환원가
생산직근로자 급여를 직접노무원가로 하고, 생산직관리자 급여를 간접노무원가로 가정하면 직접노무원가와 제조간접원가는 다음과 같다.
① 직접노무원가: ₩110,000
② 제조간접원가: ₩150,000(= 생산직관리자 급여 + 공장건물 감가상각비 + 생산설비 보험료)

(2) 원재료 매입액($x$)

| 원재료 | | | 재공품 | | | 제품 | | |
|---|---|---|---|---|---|---|---|---|
| 기초 | 40,000 | 사용 270,000 | 기초 | 90,000 | 완성 520,000 | 기초 | 80,000 | 판매 480,000 |
| 매입 | $x$ | 기말 60,000 | DM | 270,000 | | 대체 | 520,000 | 기말 120,000 |
| | 330,000 | 330,000 | DL | 110,000 | | | 600,000 | 600,000 |
| | | | OH | 150,000 | 기말 100,000 | | | |
| | | | | 620,000 | 620,000 | | | |

∴ 원재료 매입액($x$) = ₩290,000

---

**point**

매출원가를 이용하여 당기제품제조원가와 당기총제조원가를 계산한 후 원재료 매입액을 역추적할 수 있다.

---

**18** ⑤ (1) 제조간접원가와 판매관리비

| | 제조간접원가 | 판매관리비 |
|---|---|---|
| 간접재료원가 | ₩150 | - |
| 판매직급여 | - | ₩150 |
| 공장감독자급여 | 300 | - |
| 관리직급여 | - | 350 |
| 공장감가상각비 | 1,000 | - |
| 광고선전비 | - | 100 |
| | ₩1,450 | ₩600 |

(2) 재공품

| 재공품 | | | |
|---|---|---|---|
| 기초 | - | 완성 | ₩2,550 |
| DM | ₩550 | | |
| DL | 600 | | |
| OH | 1,450 | 기말 | 50 |
| | ₩2,600 | | ₩2,600 |

(3) 지문 해설

① 기본원가: ₩550 + ₩600 = ₩1,150

② 제조간접원가: ₩1,450

③ 재고불능원가: ₩600

④ 당기총제조원가: ₩2,600

---

**point**

1. 공장근로자급여는 직접노무원가이며, 공장감독자급여는 제조간접원가이다.

2. 당기총제조원가에서 기말재공품을 차감하여 당기제품제조원가를 계산할 수 있다.

---

# 제2장

# 개별원가계산

핵심 이론 요약

객관식 연습문제

정답 및 해설

# 핵심 이론 요약

## 01 개별원가계산에서의 제조원가 구분

제조경비를 모두 간접원가로 간주하면 총제조원가는 직접재료원가, 직접노무원가 및 제조간접원가로 구분할 수 있다.

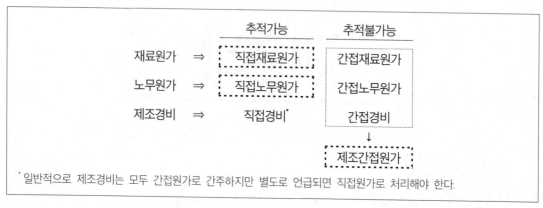

*일반적으로 제조경비는 모두 간접원가로 간주하지만 별도로 언급되면 직접원가로 처리해야 한다.

## 02 개별원가계산 절차

| 1단계 | 직접원가: 해당 제품에 직접부과 |
|---|---|
| 2단계 | 간접원가: 적정한 기준(배부기준)으로 배부 |

## 03 제조간접원가 배부

### (1) 배부율

$$제조간접원가\ 배부율 = \frac{제조간접원가}{배부기준}$$

### (2) 복수부문 제조간접원가 배부

부문별로 제조간접원가 배부율을 결정한다. → 배부율은 부문별로 존재한다.

$$부문별\ 제조간접원가\ 배부율 = \frac{부문별\ 제조간접원가}{부문별\ 배부기준}$$

### (3) 보조부문 제조간접원가 배부

① 보조부문 상호 간 용역수수관계

| 직접배부법 | 보조부문 상호 간 용역수수관계를 무시하고 제조부문에만 배부 |
|---|---|
| 단계배부법 | 보조부문 우선순위를 정하여 단계적으로 배부 |
| 상호배부법 | 보조부문 상호 간 용역수수관계를 모두 고려 후 배부(연립방정식) |

② 원가행태별 분류 여부

| 단일배부율법 | 원가행태별로 구분하지 않고 실제사용량을 기준으로 배부 |
|---|---|
| 이중배부율법 | • 고정원가: 최대사용량을 기준으로 배부<br>• 변동원가: 실제(예상)사용량을 기준으로 배부 |

③ 자가소비용역: 보조부문에서의 용역을 해당 보조부문이 직접 소비하는 것으로 자가부문 소비량을 고려하지 않고 다른 부문에만 배부함

## 04  정상개별원가계산

### (1) 실제성에 의한 원가계산분류

| | | 실제원가계산 | 정상원가계산* | 표준원가계산 |
|---|---|---|---|---|
| 실제원가 | | 직접재료원가 | 직접재료원가 | - |
| | | 직접노무원가 | 직접노무원가 | - |
| | | 변동제조간접원가 | - | - |
| | | 고정제조간접원가 | - | - |
| 예상원가 | | - | - | 직접재료원가 |
| | | - | - | 직접노무원가 |
| | | - | 변동제조간접원가 | 변동제조간접원가 |
| | | - | 고정제조간접원가 | 고정제조간접원가 |

* 주요내용
• 제조직접원가: 개별작업에 직접부과한다.
• 제조간접원가: 사전에 설정한 예정배부율을 이용하여 배부한다.

### (2) 실제원가계산의 문제점

① 원가계산의 지연: 실제원가를 모두 집계하기 전까지는 계산할 수 없음

② 제품단가의 변동: 실제원가를 실제산출량으로 나누면 단가가 달라질 수 있음

### (3) 정상원가계산의 효익

① 적시성: 제조과정이 완료됨과 동시에 원가계산이 가능함

② 안정성: 기간별 제품원가 변동성 문제가 해결됨

## (4) 정상원가계산의 절차

| [1단계] 제조간접원가 예정배부율 설정 | $$제조간접원가\ 예정배부율 = \frac{예산제조간접원가}{예정조업도}$$ $$\downarrow$$ $$\cdot\ 변동제조간접원가\ 예정배부율 = \frac{예산변동제조간접원가}{예정조업도}$$ $$\cdot\ 고정제조간접원가\ 예정배부율 = \frac{예산고정제조간접원가}{예정조업도}$$ |
|---|---|
| [2단계] 예정배부 | $$예정배부 = 예정배부율 \times 실제조업도^{*}$$ <br> * 개별작업이 소비한 실제조업도 |
| [3단계] 배부차이 계산 | ① 예정배부 < 실제발생: 과소배부(부족배부) <br> ② 예정배부 > 실제발생: 과대배부(초과배부) |
| [4단계] 배부차이조정 | ① 배분법: 원가요소기준법, 총원가기준법 <br> ② 무배분법: 매출원가조정법, 기타손익법 |

# 객관식 연습문제

★ : 꼭 풀어봐야 할 필수문제
📝 : 심화된 내용을 학습할 수 있는 고급문제

**01** (주)경기는 개별원가계산제도를 채택하고 있으며 당월 말 현재 재공품계정의 기록 내역은 다음과 같다.

| 월초잔액 | ₩8,000 |
|---|---|
| 기본원가 | 33,000 |
| 제조간접원가 | 9,000 |
| 매출원가 | 35,000 |

당월 말 현재 생산진행 중에 있는 것은 작업 #501뿐이다. 회사는 직접노무원가의 50%를 제조간접원가로 배부하는데 작업 #501에 ₩4,500의 제조간접원가가 배부되어 있다. 월초 및 월말제품재고액이 없다면, 작업 #501의 생산에 투입된 직접재료원가는 얼마인가?

① ₩1,500        ② ₩1,800        ③ ₩2,000
④ ₩2,500        ⑤ ₩3,500

**02** (주)경기는 개별원가계산제도를 채택하고 있으며, 직접노무원가를 기준으로 제조간접원가를 배부한다. 20×1년도의 제조간접원가 배부율은 A부문에 대해서는 200%, B부문에 대해서는 50%이다. 제조지시서 #04는 20×1년 중에 시작되어 완성되었으며, 원가 발생액은 다음과 같다.

| 구분 | A부문 | B부문 |
|---|---|---|
| 직접재료원가 | ₩50,000 | ₩10,000 |
| 직접노무원가 | ? | 40,000 |
| 제조간접원가 | 60,000 | ? |

제조지시서 #04와 관련된 총제조원가는 얼마인가?

① ₩170,000        ② ₩190,000        ③ ₩210,000
④ ₩270,000        ⑤ ₩290,000

★
**03** (주)경기는 개별원가계산제도를 채택하고 있으며, 제품 A와 제품 B를 생산하고 있다. 기초재공품은 없으며 제품 A와 B는 기말에 완성되었다. 관련 자료는 아래와 같고, 제조간접원가를 직접노무원가 발생액에 비례하여 배부하는 경우 제품 A의 제조원가는 얼마인가?

| 구분 | 제품 A | 제품 B |
|---|---|---|
| 직접재료원가 | | |
| 기초 | ₩200,000 | ₩150,000 |
| 당기매입 | 500,000 | 220,000 |
| 기말 | 150,000 | 110,000 |
| 직접노무원가 | | |
| 전기 말 미지급 | ₩220,000 | ₩200,000 |
| 당기지급 | 450,000 | 670,000 |
| 당기 말 미지급 | 180,000 | 120,000 |
| 당기발생된 제조간접원가 | ₩200,000 | |

① ₩993,000  ② ₩1,042,000  ③ ₩1,332,000
④ ₩1,360,000  ⑤ ₩1,450,000

**04** (주)한국은 개별원가계산제도를 채택하고 있다. 제품 A의 제조와 관련한 다음의 자료를 토대로 당기에 발생한 제품 A의 직접재료원가를 구하시오. [세무사 05]

- 당기총제조원가: ₩6,000,000
- 당기제품제조원가: ₩4,900,000
- 제조간접원가는 직접노무원가의 60%가 배부되었는데, 이는 당기총제조원가의 25%에 해당한다.

① ₩4,125,000  ② ₩2,000,000  ③ ₩4,500,000
④ ₩3,600,000  ⑤ ₩900,000

★
**05** 다음은 (주)한국의 20×1년 부문별 제조원가계산자료이다.

| 구분 | A부문 | B부문 | 합계 |
|---|---|---|---|
| 직접재료원가 | ₩700,000 | ₩800,000 | ₩1,500,000 |
| 직접노무원가 | 200,000 | 400,000 | 600,000 |
| 제조간접원가 | 400,000 | 100,000 | 500,000 |
| 합계 | ₩1,300,000 | ₩1,300,000 | ₩2,600,000 |

20×1년도 말 공정 중에 있는 주문품 X의 작업원가표에 집계된 원가가 다음과 같을 때, 직접노무원가를 기준으로 공장 전체 제조간접원가 배부율과 부문별 제조간접원가 배부율을 이용할 경우 기말 재무상태표에 계상된 주문품 X의 원가차이는 얼마인가?                [회계사 83]

| 구분 | A부문 | B부문 | 합계 |
|---|---|---|---|
| 직접재료원가 | ₩12,000 | ₩15,000 | ₩27,000 |
| 직접노무원가 | 20,000 | 4,000 | 24,000 |
| 합계 | ₩32,000 | ₩19,000 | ₩51,000 |

① 공장 전체 제조간접원가 배부율에 의할 경우가 ₩21,000 작다.
② 공장 전체 제조간접원가 배부율에 의할 경우가 ₩18,000 작다.
③ 공장 전체 제조간접원가 배부율에 의할 경우가 ₩15,000 작다.
④ 공장 전체 제조간접원가 배부율에 의할 경우가 ₩3,000 크다.
⑤ 공장 전체 제조간접원가 배부율에 의할 경우가 ₩15,000 크다.

**06** (주)경기는 개별원가계산제도를 채택하고 있다. 이 회사에서는 2개의 제조부문 A와 B를 통하여 제품을 생산하고 있는데 각 부문의 예산자료는 다음과 같다.

| 구분 | 부문 A | 부문 B |
|---|---|---|
| 직접재료원가 | ₩700,000 | ₩100,000 |
| 직접노무원가 | 200,000 | 800,000 |
| 제조간접원가 | 600,000 | 400,000 |

제품 X의 생산에 실제로 발생한 직접재료원가와 직접노무원가는 다음과 같다.

| 직접재료원가 | | ₩25,000 |
|---|---|---|
| 직접노무원가 | 부문 A | 8,000 |
| | 부문 B | 12,000 |

(주)경기는 직접노무원가를 기준으로 부문별 제조간접원가 예정배부율을 설정하고 있다. 제품 X의 제조원가는 얼마인가?

① ₩50,000      ② ₩55,000      ③ ₩65,000

④ ₩75,000      ⑤ ₩80,000

**07** (주)경기는 제조간접원가를 직접노무시간기준으로 배부하고 있다. 추정제조간접원가 총액은 ₩375,000, 추정직접노무시간 100,000시간이다. 지난해의 실제제조간접원가잔액은 ₩380,000이고 실제사용 직접노무시간은 103,000시간이다. 이 기간 동안 제조간접원가 과소(대)배부는?

① ₩3,250 과대배부      ② ₩3,250 과소배부      ③ ₩6,250 과대배부

④ ₩15,000 과소배부      ⑤ ₩13,500 과소배부

**08** (주)경기는 직접노동시간을 기준으로 제조간접원가를 예정배부하고 있으며 20×1년 원가자료는 다음과 같다.

> • 제조간접원가예산: ₩1,000
> • 정상조업도: ?
> • 실제조업도: 60직접노동시간
> • 배부차이: ₩100 과소배부
> • 제조간접원가 실제발생액: ₩1,300

정상조업도는 얼마인가?

① 30직접노동시간  ② 50직접노동시간  ③ 60직접노동시간
④ 20직접노동시간  ⑤ 70직접노동시간

★
**09** (주)한라는 20×1년 초에 설립되었으며 정상원가계산(normal costing)을 적용하고 있다. 제조간접원가는 직접노무시간을 기준으로 예정배부한다. 회사는 제조간접원가 배부차이를 기말재고자산 및 매출원가에 포함된 제조간접원가 예정배부액에 비례하여 안분한다. 당기에 기말재공품, 기말제품 및 매출원가에는 1 : 3 : 4의 비율로 제조간접원가가 각각 예정배부되었고, 기말재공품에 차감하여 조정된 배부차이는 ₩2,500이었다. 당기의 실제 제조간접원가는 ₩180,000이고, 실제 직접노무시간은 총 1,250시간이었다면, 제조간접원가 예정배부율은 직접노무시간당 얼마인가? [회계사 07]

① ₩144  ② ₩160  ③ ₩168
④ ₩170  ⑤ ₩178

★

**10** 제조간접원가 배부차이계정의 차변잔액은 ₩5,000이다. 배부차액을 비례배분법에 의하여 회계처리할 때 매출원가조정법에 의해 처리할 때에 비하여 당기순이익에는 어떠한 영향을 미치겠는가?

[회계사 96]

| 매출원가 | 기말재공품 | 기말제품 | 원재료 |
|---|---|---|---|
| ₩6,000 | ₩1,000 | ₩3,000 | ₩2,000 |

① ₩3,000만큼 당기순이익이 증가한다.
② ₩2,000만큼 당기순이익이 증가한다.
③ ₩1,500만큼 당기순이익이 증가한다.
④ ₩500만큼 당기순이익이 증가한다.
⑤ ₩5,000만큼 당기순이익이 증가한다.

**11** (주)한국은 정상원가계산제도를 채택하고 있으며 당기의 원가자료는 다음과 같다.

(1) 고정제조간접원가 과소배부: ₩100
(2) 재고자산가액 및 매출원가

| 구분 | 기초 | 기말 |
|---|---|---|
| 재공품 | ₩100 | ₩200 |
| 제품 | 150 | 50 |
| 매출원가 | - | 500 |

* 기말재고자산은 차이조정 전 금액이다.

(3) 배부차이를 기말재고자산과 매출원가에 안분한다.
(4) 회사는 선입선출법을 이용하여 원가계산을 하고 있으며 기초재고자산은 당기에 모두 소비되었다.

배부차이조정 후의 매출원가는?

① ₩550
④ ₩520

② ₩540
⑤ ₩570

③ ₩560

**12** (주)경기는 정상원가계산제도를 채택하고 있으며, 직접노무원가의 150%를 제조간접원가로 예정배부하고 있다. 제조간접원가의 과소 또는 과대배부액은 월말의 매출원가에 가감하여 처리하며, 당월의 원가자료는 다음과 같다.

| | | |
|---|---|---|
| (1) 월초재공품 | | |
| 직접재료원가 | ₩6,000 | |
| 직접노무원가 | 2,500 | |
| 제조간접원가 | ? | |
| | ? | |
| (2) 당월 실제발생 제조원가 | | |
| 직접재료원가 | ₩30,000 | |
| 직접노무원가 | 20,000 | |
| 제조간접원가 | 35,000 | |
| | ₩85,000 | |
| (3) 월말재공품 | | |
| 직접재료원가 | ₩8,000 | |
| 직접노무원가 | 3,000 | |
| 제조간접원가 | ? | |
| | ? | |

당월에 생산된 제품은 모두 판매되었다. 매출원가는 얼마인가?

① ₩77,100  　② ₩78,500  　③ ₩79,750

④ ₩81,350  　⑤ ₩81,750

**13** (주)한국은 두 개의 보조부문 A와 B, 그리고 두 개의 생산부문 C와 D를 가지고 있다. 20×1년 3월의 각 부문에 대한 자료는 다음과 같다.

| 구분 | 보조부문 | | 생산부문 | |
|---|---|---|---|---|
| | A | B | C | D |
| 기계시간 | - | 500시간 | 400시간 | 100시간 |
| 직접노무시간 | 400시간 | - | 200시간 | 400시간 |
| 각 부문의 제조간접원가 | ₩30,000 | ₩50,000 | ₩10,000 | ₩20,000 |
| 생산단위 | | | 50단위 | 100단위 |

C부문에서 생산하는 갑제품에 대한 단위당 기초원가(prime cost)는 ₩500이다. (주)한국은 갑제품의 제품제조원가에 20%를 가산해서 판매가격을 결정한다. 보조부문의 원가는 상호배분법을 사용하여 생산부문에 배분하며 A부문의 원가는 기계시간에 의하여, B부문의 원가는 직접노무시간에 의하여 배분한다. 갑제품에 대한 월초 및 월말재공품 잔액은 모두 ₩0이다. 갑제품의 단위당 판매가격은 얼마인가?

① ₩1,830  ② ₩1,525  ③ ₩1,025

④ ₩825  ⑤ ₩1,325

※ 다음 자료를 이용하여 **14 ~ 15**에 답하시오.

(주)한국은 개별원가계산제도를 채택하고 있으며, 직접노무원가의 150%를 제조간접원가로 예정배부하고 있다. 제조간접원가의 과소 또는 과대배부액은 월말의 매출원가에 가감하여 처리하고 있다. 당월 중의 원가자료는 아래와 같다.

(1) 당월 초 현재 생산이 진행되고 있는 것은 오직 작업 #101뿐이고, 원가는 다음과 같다.

| 직접재료원가 | ₩4,000 |
|---|---|
| 직접노무원가 | 2,000 |
| 제조간접원가 예정배부액 | 3,000 |
| 합계 | ₩9,000 |

(2) 작업 #102, #103, #104는 당월 중에 제조가 시작되었으며, 당월 중에 발생한 직접재료원가는 ₩26,000, 직접노무원가는 ₩20,000이다.
(3) 당월 중의 제조간접원가 실제발생액은 ₩32,000이다.
(4) 당월 말 현재 생산진행 중에 있는 것은 오직 작업 #104이고, 직접재료원가는 ₩2,800, 직접노무원가는 ₩1,800이다.

**14** 당월의 완성품원가는 얼마인가?

① ₩77,100  ② ₩77,300  ③ ₩77,500
④ ₩77,700  ⑤ ₩78,000

**15** 당월의 제조간접원가 배부차이는 얼마인가?

① ₩1,000 과소  ② ₩1,500 과대  ③ ₩1,500 과소
④ ₩2,000 과대  ⑤ ₩2,000 과소

**16** (주)한국은 개별원가계산제도에 의하여 제품 A와 B를 제조·판매하고 있다. 제품 A는 당월에 완성되었으며 당월 중 원가발생내역은 다음과 같다.

---

(1) 재료원가

| | |
|---|---:|
| 월초재고액 | ₩50,000 |
| 당월매입액 | 300,000 |
| 월말재고액 | 30,000 |
| 제품별 직접재료원가 | |
| 　제품 A(지시서 #1) | 150,000 |
| 　제품 B(지시서 #2) | 120,000 |

(2) 노무원가

| | |
|---|---:|
| 전월 말 미지급액 | ₩60,000 |
| 당월 순지급액 | 500,000 |
| 당월 소득세 등 공제 | 50,000 |
| 당월 말 미지급액 | 90,000 |
| 제품별 직접노무원가 | |
| 　제품 A(지시서 #1) | 200,000 |
| 　제품 B(지시서 #2) | 250,000 |

(3) 경비

| | |
|---|---:|
| 당월 소비액 | ₩220,000 |
| 제품별 직접경비 | |
| 　제품 A(지시서 #1) | 40,000 |

(4) 제조간접원가는 직접노무원가를 기준으로 배부하고 월초재공품재고는 없다.

---

상기 자료에 의할 때 제품 A의 제조원가는 얼마인가?

① ₩620,000　　　　② ₩680,000　　　　③ ₩550,000
④ ₩610,000　　　　⑤ ₩450,000

(주)수원은 제조간접원가 배부기준으로 기계작업시간을 사용하여 정상개별원가계산을 적용하고 있다. (주)수원의 20×1년 연간 고정제조간접원가예산은 ₩690,000이고, 실제발생한 제조간접원가는 ₩1,618,000이다. 20×1년 연간 예정조업도는 27,600기계작업시간이고, 실제 기계작업시간은 총 28,800시간이다. 20×1년의 제조간접원가 배부차이가 ₩110,000(과대배부)일 때 변동제조간접원가 예정배부율은 얼마인가?　　　　　　　　　　　　　　　　　　　　　　　　　　　　　　　　[세무사 10]

① ₩27.4　　　　　　　② ₩29.6　　　　　　　③ ₩35.0
④ ₩36.4　　　　　　　⑤ ₩37.6

(주)국세는 정상개별원가계산제도를 이용하여 제조원가를 계산하고 있다. 기계시간은 2,500시간, 직접노무시간은 3,000시간으로 예상하고 있으며, 회귀분석법을 이용하여 연간 제조간접원가예산을 수립하는 데 필요한 원가함수를 다음과 같이 추정하였다.

총제조간접원가 = ₩500,000 + ₩300 × 기계시간(설명력($R^2$) = 0.9)

(주)국세의 기초재고자산은 없으며 당기에 세 가지 작업(#1, #2, #3)을 시작하여 작업 #1, #2가 완성되었다. 이 세 가지 작업에 대한 당기 원가자료는 다음과 같다.

| 구분 | #1 | #2 | #3 | 합계 |
|---|---|---|---|---|
| 직접재료원가 | ₩150,000 | ₩150,000 | ₩200,000 | ₩500,000 |
| 직접노무원가 | 250,000 | 150,000 | 100,000 | 500,000 |
| 기계시간 | 1,000시간 | 600시간 | 400시간 | 2,000시간 |
| 직접노무시간 | 1,300시간 | 800시간 | 400시간 | 2,500시간 |

기말에 확인한 결과 당기에 발생한 실제제조간접원가는 ₩1,100,000이며, 당기에 작업 #2만 판매되었다. (주)국세가 제조간접원가 배부차이를 매출원가에서 전액 조정할 경우 재무제표에 인식될 매출원가는 얼마인가?　　　　　　　　　　　　　　　　　　　　　　　　　　　　　[세무사 12]

① ₩650,000　　　　　　② ₩700,000　　　　　　③ ₩800,000
④ ₩900,000　　　　　　⑤ ₩1,080,000

**19** (주)세무는 정상원가계산을 사용하고 있으며, 직접노무시간을 기준으로 제조간접원가를 예정배부하고 있다. (주)세무의 20×1년도 연간 제조간접원가예산은 ₩144,000이고, 실제발생한 제조간접원가는 ₩145,000이다. 20×1년도 연간 예정조업도는 16,000직접노무시간이고, 실제 사용한 직접노무시간은 17,000시간이다. 20×1년 말 제조간접원가 배부차이조정 전 재공품, 제품 및 매출원가의 잔액은 다음과 같다.

| 재공품 | ₩50,000 |
|---|---|
| 제품 | 150,000 |
| 매출원가 | 800,000 |

(주)세무는 제조간접원가 배부차이를 재공품, 제품 및 매출원가의 (제조간접원가 배부차이조정 전) 기말잔액 비율에 따라 조정한다. 이 경우 제조간접원가 배부차이를 매출원가에 전액 조정하는 방법에 비해 증가(혹은 감소)되는 영업이익은 얼마인가? (단, 기초재고는 없다) [세무사 14]

① ₩1,200 감소  ② ₩1,200 증가  ③ ₩1,600 감소
④ ₩1,600 증가  ⑤ ₩1,800 증가

★
**20** (주)세무는 두 개의 제조부문인 $P_1$, $P_2$와 두 개의 보조부문인 $S_1$, $S_2$를 운영하여 제품을 생산하고 있다. $S_1$은 기계시간, $S_2$는 전력소비량(kwh)에 비례하여 보조부문원가를 제조부문에 배부한다. (주)세무의 각 부문에서 20×1년 4월 중 발생할 것으로 예상되는 원가 및 용역수수관계는 다음과 같다.

| 구분 | 보조부문 | | 제조부문 | | 합계 |
|---|---|---|---|---|---|
| | $S_1$ | $S_2$ | $P_1$ | $P_2$ | |
| 부문원가 | ₩10,800 | ₩6,000 | ₩23,000 | ₩40,200 | ₩80,000 |
| 부문별 예상 기계시간 사용량 | 20시간 | 20시간 | 30시간 | 50시간 | 120시간 |
| 부문별 예상 전력소비량 | 160kwh | 100kwh | 320kwh | 320kwh | 900kwh |

(주)세무는 상호배부법을 이용하여 보조부문원가를 제조부문에 배부한다. 이 경우 20×1년 4월 말 제조부문 $P_2$에 집계될 부문원가의 합계액은 얼마인가? [세무사 14]

① ₩32,190  ② ₩33,450  ③ ₩35,250
④ ₩49,450  ⑤ ₩49,850

**21** (주)세무는 개별원가계산방법을 적용한다. 제조지시서 #1은 전기부터 작업이 시작되었고, 제조지시서 #2와 #3은 당기 초에 착수되었다. 당기 중 제조지시서 #1과 #2는 완성되었으나, 당기 말 현재 제조지시서 #3은 미완성이다. 당기 제조간접원가는 직접노무원가에 근거하여 배부한다. 당기에 제조지시서 #1 제품은 전량 판매되었고, 제조지시서 #2 제품은 전량 재고로 남아 있다. 다음 자료와 관련된 설명으로 옳지 않은 것은? [세무사 16]

| 구분 | #1 | #2 | #3 | 합계 |
|---|---|---|---|---|
| 기초금액 | ₩450 | - | - | |
| [당기투입액]<br>직접재료원가<br>직접노무원가<br>제조간접원가 | ₩6,000<br>500<br>( ) | ₩2,500<br>( )<br>1,000 | ₩( )<br>( )<br>( ) | ₩10,000<br>1,000<br>4,000 |

① 당기제품제조원가는 ₩12,250이다.
② 당기총제조원가는 ₩15,000이다.
③ 기초재공품은 ₩450이다.
④ 기말재공품은 ₩2,750이다.
⑤ 당기매출원가는 ₩8,950이다.

★
**22** (주)세무는 가공부문(도색 및 조립)과 보조부문(수선 및 동력)으로 구성된다. 다음의 서비스 공급량 자료를 이용하여 상호배부법으로 보조부문의 원가를 가공부문에 배부한다.

| 구분 | 보조부문 | | 가공부문 | |
|---|---|---|---|---|
| | 수선 | 동력 | 도색 | 조립 |
| 수선 | - | 75시간 | 45시간 | 30시간 |
| 동력 | 200kw | - | 100kw | 200kw |

수선부문과 동력부문에 각각 집계된 원가는 ₩300,000과 ₩200,000이다. 가공부문에 배부된 원가는 도색 횟수와 조립시간에 비례하여 각각 제품 A와 제품 B에 전액 배부된다. 제품 A와 제품 B에 사용된 도색 횟수와 조립시간이 다음과 같을 때, 제품 B에 배부되는 보조부문의 총원가는? [세무사 17]

| 구분 | 제품 A | 제품 B |
|---|---|---|
| 도색 횟수 | 10회 | 13회 |
| 조립시간 | 200시간 | 100시간 |

① ₩210,000  ② ₩220,000  ③ ₩240,000
④ ₩250,000  ⑤ ₩280,000

**23** (주)세무는 정상원가계산을 적용하고 있으며, 제조간접원가는 기본원가(prime costs)의 50%를 예정배부한다. (주)세무는 제조간접원가 배부차이를 원가요소기준 비례배부법으로 조정한다. 9월의 기본원가, 매출액과 배부차이조정 후 기말재고자산은 다음과 같다.

| 기본원가 | ₩750,000 | 매출액 | ₩1,000,000 |
|---|---|---|---|
| 기말재공품 | 120,000 | 기말제품 | 180,000 |

9월의 배부차이조정 후 매출원가율이 80%일 때, 배부차이는? (단, 기초재고자산은 없다)

[세무사 18]

① ₩10,000 과대배부  ② ₩15,000 과소배부  ③ ₩15,000 과대배부
④ ₩25,000 과소배부  ⑤ ₩25,000 과대배부

**24** (주)세무는 세 개의 제조부문($P_1$, $P_2$, $P_3$)과 두 개의 보조부문($S_1$, $S_2$)을 운영하고 있으며, 보조부문원가를 상호배분법에 의해 제조부문에 배분하고 있다. 각 부문의 용역수수관계는 다음과 같다.

| 제공부문 \ 사용부문 | 제조부문 | | | 보조부문 | |
|---|---|---|---|---|---|
| | $P_1$ | $P_2$ | $P_3$ | $S_1$ | $S_2$ |
| $S_1$ | 40% | 20% | 20% | - | 20% |
| $S_2$ | 30% | 30% | 30% | 10% | - |

두 개의 보조부문($S_1$, $S_2$)으로부터 제조부문 $P_1$, $P_2$, $P_3$에 배분된 금액이 각각 ₩150,000, ₩120,000, ₩120,000일 경우, 보조부문원가를 배분하기 이전의 각 보조부문 $S_1$과 $S_2$에 집계된 원가는?

[세무사 18]

| | $S_1$ | $S_2$ |
|---|---|---|
| ① | ₩100,000 | ₩290,000 |
| ② | ₩120,000 | ₩270,000 |
| ③ | ₩150,000 | ₩300,000 |
| ④ | ₩270,000 | ₩120,000 |
| ⑤ | ₩300,000 | ₩150,000 |

**25** (주)한국은 정상개별원가계산을 사용하고 있으며, 제조간접원가 배부기준은 기계시간이다. 회사는 20×1년 초에 연간 제조간접원가를 ₩600, 기계시간을 200시간으로 예상하였다. 20×1회계연도 중 수행한 작업과 관련된 정보는 다음과 같다.

> (1) 당기 중 세 가지 작업 #101, #102, #103을 착수하여, #101과 #102를 완성하였고, #103은 기말 현재 작업 중에 있다.
> (2) 당기 중 ₩800의 원재료를 구입하였고 기말 현재 ₩280의 원재료가 재고로 남아 있다.
> (3) 당기 중 지급한 노무원가는 ₩700이며, 기초 미지급노무원가는 ₩40, 기말 미지급노무원가는 ₩100이었다.
> (4) 당기 중 발생한 제조경비는 총 ₩560이며, 이는 감가상각비 ₩260, 임차료 ₩200, 수도광열비 ₩100으로 구성되어 있다.
> (5) 당기 중 작업별 실제발생 원가자료와 실제 사용된 기계시간은 다음과 같다.
>
> | 구분 | #101 | #102 | #103 | 합계 |
> |---|---|---|---|---|
> | 직접재료원가 | ₩200 | ₩200 | ₩100 | ₩500 |
> | 직접노무원가 | ₩300 | ₩160 | ₩260 | ₩720 |
> | 기계시간 | 90시간 | 63시간 | 27시간 | 180시간 |
>
> (6) 기초재고자산은 없었고, 작업 #101은 당기 중에 ₩1,100에 판매되었으나 작업 #102는 기말 현재 판매되지 않았다.

(주)한국은 기말에 제조간접원가 배부차이를 전액 매출원가에 조정한다. (주)한국의 20×1년 매출총이익은 얼마인가?　　　　　　　[회계사 14]

① ₩250　　　　　　② ₩270　　　　　　③ ₩290
④ ₩310　　　　　　⑤ ₩330

26 (주)한국은 20×1년 1월 초에 영업을 개시하였다. 회사는 정상개별원가계산을 사용하고 있으며, 제조간접원가 배부기준은 직접노무시간이다. 회사는 당기 초에 연간 제조간접원가를 ₩640,000으로, 직접노무시간을 80,000시간으로 예상하였다. (주)한국의 20×1년 1월의 생산 및 판매 관련 자료는 다음과 같다.

(1) 1월 중 작업 #101, #102, #103을 착수하였는데, 당월 중 작업별 실제발생한 제조직접원가와 실제 사용된 직접노무시간은 다음과 같다.

| 구분 | #101 | #102 | #103 | 합계 |
|---|---|---|---|---|
| 직접재료원가 | ₩34,000 | ₩39,000 | ₩13,000 | ₩86,000 |
| 직접노무원가 | ₩16,000 | ₩20,600 | ₩1,800 | ₩38,400 |
| 직접노무시간 | 2,750시간 | 3,800시간 | 400시간 | 6,950시간 |

(2) 1월 중 실제발생한 제조간접원가는 총 ₩51,600이다.
(3) 1월 중 작업 #101과 #102는 완성되었으나, 작업 #103은 1월 말 현재 작업 중이다.
(4) 작업 #101은 1월 중에 판매되었으나, 작업 #102는 1월 말 현재 판매되지 않았다.

총원가기준 비례배부법으로 배부차이조정 후 20×1년 1월 말 재공품 및 제품, 그리고 20×1년 1월 매출원가는?

[회계사 17]

| | 재공품 | 제품 | 매출원가 |
|---|---|---|---|
| ① | ₩17,600 | ₩86,000 | ₩72,400 |
| ② | ₩17,600 | ₩88,000 | ₩70,400 |
| ③ | ₩17,600 | ₩92,000 | ₩66,400 |
| ④ | ₩18,400 | ₩92,000 | ₩73,600 |
| ⑤ | ₩18,400 | ₩85,200 | ₩72,400 |

(주)동운은 두 개의 제조부문($P_1$, $P_2$)과 세 개의 보조부문($S_1$, $S_2$, $S_3$)을 가지고 있으며, 부문 간의 용역수수관계와 보조부문의 원가자료는 다음과 같다.

| 공급부문＼사용부문 | 제조부문 | | 보조부문 | | | 합계 |
|---|---|---|---|---|---|---|
| | $P_1$ | $P_2$ | $S_1$ | $S_2$ | $S_3$ | |
| $S_1$ | 4,000단위 | 3,000단위 | 0단위 | 1,500단위 | 1,500단위 | 10,000단위 |
| $S_2$ | 5,000단위 | 4,000단위 | 1,000단위 | 0단위 | 0단위 | 10,000단위 |
| $S_3$ | 4,000단위 | 5,000단위 | 1,000단위 | 0단위 | 0단위 | 10,000단위 |
| 변동원가 | ? | ? | ₩300,000 | ₩200,000 | ₩100,000 | ? |
| 고정원가 | ? | ? | ₩500,000 | ₩100,000 | ₩200,000 | ? |

(주)동운은 동일한 생산수준을 유지하면서 보조부문 $S_1$의 용역을 모두 외부로부터 구입하고자 하며, 이 경우에 보조부문 $S_1$의 고정원가 10%, 보조부문 $S_2$의 고정원가 5%, 보조부문 $S_3$의 고정원가 5%가 각각 감소할 것으로 예상된다.

**27** 보조부문 $S_1$의 용역을 모두 외부로부터 구입하는 경우, (주)동운이 필요로 하는 보조부문 $S_1$의 용역은 몇 단위인가?

① 9,600단위        ② 9,700단위        ③ 9,800단위

④ 9,900단위        ⑤ 10,000단위

**28** 보조부문 $S_1$의 용역을 모두 외부로부터 구입하는 경우, (주)동운이 외부구입으로 인한 손실을 발생시키지 않고 지불할 수 있는 보조용역 $S_1$의 최대구입금액은 얼마인가?

① ₩365,000        ② ₩375,000        ③ ₩385,000

④ ₩395,000        ⑤ ₩405,000

**29** (주)동산의 원가계산을 담당하고 있는 김 과장은 다른 보조부문에 대한 용역제공비율 순서로 보조부문의 원가를 배분하고 있다. 그런데 김 과장이 단계배부법에 의해 보조부문의 원가를 배부하는 중 실수로 다른 보조부문으로부터 배부받은 원가를 누락하고 다음과 같이 보조부문의 원가를 배부하였다.

| 제공부서 | 제조부문 | | 보조부문 | | |
|---|---|---|---|---|---|
| | M1 | M2 | A1 | A2 | A3 |
| 배부 전 원가 | ₩17,500 | ₩25,000 | ₩7,500 | ₩10,000 | ₩5,000 |
| A3 | 1,500 | 1,000 | 1,500 | 1,000 | |
| A2 | 3,750 | 3,750 | 2,500 | | |
| A1 | 3,750 | 3,750 | | | |
| 배부 후 원가 | 26,500 | 33,500 | | | |

다음 중 아래의 질문 (가)와 (나)의 답안이 바르게 짝지어진 것은? [회계사 13]

(가) 김 과장의 실수로 인해 제조부문에 배부되지 못한 보조부문의 원가는 얼마인가?

(나) 김 과장의 실수를 바로잡았을 때 제조부문 M1과 M2의 배부 후 원가는 얼마인가?

| | (가) | (나) M1 | (나) M2 |
|---|---|---|---|
| ① | ₩5,000 | ₩26,500 | ₩33,500 |
| ② | ₩5,000 | ₩29,000 | ₩36,000 |
| ③ | ₩5,000 | ₩29,500 | ₩35,500 |
| ④ | ₩5,250 | ₩28,000 | ₩37,000 |
| ⑤ | ₩5,250 | ₩30,000 | ₩35,000 |

**30** (주)대한은 정상원가계산제도를 채택하고 있다. 제조간접원가 예정배부율은 직접노무원가의 50%이며, 제조간접원가 배부차이는 전액 매출원가에서 조정한다. (주)대한의 20×1년 2월 원가 관련 자료는 다음과 같다.

- 직접재료구입액은 ₩40,000이다.
- 직접노무원가는 기본원가(기초원가, prime costs)의 40%이다.
- 직접재료 월말재고액은 ₩10,000, 제품 월말재고액은 ₩4,000이다.
- 당월제품제조원가에는 직접재료원가 ₩25,500이 포함되어 있다.
- 월말재공품에는 제조간접원가 배부액 ₩1,500이 포함되어 있다.
- 실제발생한 제조간접원가는 ₩8,000이다.

제조간접원가 배부차이를 조정한 후 (주)대한의 2월 매출원가는 얼마인가? (단, 월초재고자산은 없다) [회계사 22]

① ₩44,000　　　② ₩45,000　　　③ ₩46,000
④ ₩47,000　　　⑤ ₩49,000

**31** (주)대한은 두 개의 제조부문(절단부문, 조립부문)과 두 개의 지원부문(전력부문, 수선부문)을 통해 제품을 생산한다. (주)대한은 상호배분법을 사용하여 지원부문의 원가를 제조부문에 배부하고 있다. 원가배부기준은 전력부문은 전력(kw)이며, 수선부문은 수선(시간)이다. 제조부문에 배부된 원가 및 배부기준과 관련된 내역은 다음과 같다.

| 구분 | 제조부문 | | 지원부문 | |
|---|---|---|---|---|
| | 절단부문 | 조립부문 | 전력부문 | 수선부문 |
| 배부받은 원가(₩) | 7,400 | 4,200 | | |
| 전력(kw) | 100 | 60 | 50 | 40 |
| 수선(시간) | 60 | 30 | 60 | 30 |

전력부문에서 발생한 부문원가는 얼마인가? [회계사 20]

① ₩4,000　　　② ₩6,300　　　③ ₩7,600
④ ₩10,000　　　⑤ ₩12,500

★

**32** (주)대한은 20×3년 초에 설립되었으며, 정상원가계산제도를 채택하고 있다. (주)대한은 제조간접원가를 예정배부하며, 예정배부율은 직접노무원가의 80%이다. 제조간접원가 배부차이는 전액 매출원가에서 조정한다. 당기에 실제로 발생한 직접재료원가는 ₩50,000, 직접노무원가와 제조간접원가는 각각 ₩50,000과 ₩30,000이다. 기말재공품에는 직접재료원가 ₩10,000과 제조간접원가 배부액 ₩8,000이 포함되어 있다. 제조간접원가 배부차이를 조정한 후 매출원가가 ₩100,000이라면, 20×3년 기말제품원가는 얼마인가? [회계사 23]

① ₩0            ② ₩2,000            ③ ₩8,000

④ ₩10,000         ⑤ ₩12,000

★📝

**33** (주)세무는 두 개의 보조보문(S1, S2)과 두 개의 제조부문(P1, P2)을 운영하고 있고, 보조부문의 원가를 상호배분법에 의해 배부하고 있다. 각 보조부문의 용역제공비율과 부문에서 발생한 원가는 다음과 같다.

| 제공＼사용 | 보조부문 | | 제조부문 | |
|---|---|---|---|---|
| | S1 | S2 | P1 | P2 |
| S1 | - | 20% | 40% | 40% |
| S2 | 20% | - | ? | ? |
| 부문원가 | ₩250,000 | ₩400,000 | ₩600,000 | ₩500,000 |

제조부문 P1과 P2가 보조부문으로부터 배부받은 금액이 각각 ₩231,250과 ₩418,750일 때 보조부문 S2가 제조부문인 P1과 P2에 제공한 용역비율은 각각 얼마인가? [세무사 24]

| | P1 | P2 |
|---|---|---|
| ① | 20% | 60% |
| ② | 22.5% | 57.5% |
| ③ | 40% | 40% |
| ④ | 57.5% | 22.5% |
| ⑤ | 60% | 20% |

**34** 20×1년 초에 설립된 (주)대한은 정상원가계산제도를 채택하고 있으며, 제조간접원가 배부기준은 직접노무시간이다. (주)대한은 당기 초에 제조간접원가를 ₩32,000, 직접노무시간을 4,000시간으로 예상하였다. (주)대한의 20×1년 생산 및 판매 관련 자료는 다음과 같다.

- 당기 중 세 가지 작업 #101, #102, #103을 착수하여, #101과 #102를 완성하였고, #103은 기말 현재 작업 중에 있다.
- 당기 중 발생한 제조경비는 총 ₩12,500이며, 이는 감가상각비 ₩9,000, 임차료 ₩3,500으로 구성되어 있다.
- 당기 중 작업별 실제발생 원가자료와 실제 사용된 직접노무시간은 다음과 같다.

| 구분 | #101 | #102 | #103 | 합계 |
|---|---|---|---|---|
| 직접재료원가 | ₩4,000 | ₩4,000 | ₩2,000 | ₩10,000 |
| 직접노무원가 | 3,000 | 2,000 | 4,000 | 9,000 |
| 직접노무시간 | 1,000시간 | 500시간 | 500시간 | 2,000시간 |

- 작업 #101은 당기 중에 ₩16,000에 판매되었으나, 작업 #102는 기말 현재 판매되지 않았다.

(주)대한이 기말에 제조간접원가 배부차이를 총원가기준 비례배부법으로 조정할 경우, (주)대한의 20×1년도 매출총이익은 얼마인가? [회계사 24]

① ₩1,500       ② ₩2,000       ③ ₩2,500

④ ₩3,000       ⑤ ₩3,500

# 정답 및 해설

## 정답

| | | | | | | | | | | | | | | | | | | | |
|---|---|---|---|---|---|---|---|---|---|---|---|---|---|---|---|---|---|---|---|
| 01 | ① | 02 | ③ | 03 | ② | 04 | ② | 05 | ① | 06 | ④ | 07 | ③ | 08 | ② | 09 | ② | 10 | ② |
| 11 | ① | 12 | ⑤ | 13 | ① | 14 | ④ | 15 | ⑤ | 16 | ③ | 17 | ③ | 18 | ② | 19 | ③ | 20 | ⑤ |
| 21 | ① | 22 | ② | 23 | ⑤ | 24 | ② | 25 | ① | 26 | ② | 27 | ② | 28 | ④ | 29 | ② | 30 | ② |
| 31 | ③ | 32 | ② | 33 | ① | 34 | ③ | | | | | | | | | | | | |

## 해설

**01** ① 월초 및 월말제품재고액이 없으므로 매출원가는 당월제품제조원가와 동일하다. 따라서, 재공품계정을 T-계정으로 나타내면 월말재공품(#501)잔액을 구할 수 있다.

| 재공품 | | | |
|---|---|---|---|
| 월초 | ₩8,000 | 완성 | ₩35,000 |
| DM<br>DL | 33,000 | | |
| OH | 9,000 | 월말 | 15,000 |
| | ₩50,000 | | ₩50,000 |

(1) 당월 말 재공품원가

(₩8,000 + ₩33,000 + ₩9,000) − ₩35,000 = ₩15,000

(2) 작업 #501의 직접재료원가($x$)

직접노무원가의 50%가 제조간접원가로 배부되어 있으므로, 정리하면 다음과 같다.

| 직접재료원가 | $x$ |
|---|---|
| 직접노무원가 | ₩9,000(= ₩4,500 ÷ 50%) |
| 제조간접원가 | 4,500 |
| 합계 | ₩15,000 |

∴ $x$ = ₩15,000 − (₩4,500 ÷ 50% + ₩4,500) = ₩1,500

---

**point** 필요한 자료 추정

1. 재공품계정 중 당월제품제조원가를 파악해야 한다. 주어진 자료에서 월초 및 월말제품재고액이 없다는 것은 당월제품제조원가와 매출원가가 동일하다는 것을 의미한다.

2. 당월 말 현재 #501이 작업진행 중이라는 것은 월말재공품의 우회적인 표현이다.

---

**02** ③

| | A부문 | B부문 |
|---|---|---|
| 직접재료원가 | ₩50,000 | ₩10,000 |
| 직접노무원가 | 30,000 [*1] | 40,000 |
| 제조간접원가 | 60,000 | 20,000 [*2] |
| 합계 | ₩140,000 | ₩70,000 |

[*1] ₩60,000 ÷ 200% = ₩30,000

[*2] ₩40,000 × 50% = ₩20,000

∴ 제조지시서 #04와 관련된 총제조원가: ₩210,000

**03** ②  기초재공품은 없고 모두 완성되었기 때문에 주어진 자료만으로 제조원가를 집계하면 되며, 다음 단계에 따라 순차적으로 계산한다.

[1단계] 직접재료계정을 통한 직접재료원가계산

[2단계] 직접노무원가는 당기지급을 기초로 미지급금액의 증감을 고려하여 발생주의로 변환

[3단계] 당기발생 제조간접원가를 [2단계]에서 계산된 직접노무원가를 기준으로 배분

| | 제품 A | 제품 B |
|---|---|---|
| 직접재료원가 | ₩550,000 [*1] | ₩260,000 |
| 직접노무원가 | 410,000 [*2] | 590,000 |
| 제조간접원가 | 82,000 [*3] | 118,000 |
| 합계 | ₩1,042,000 | ₩968,000 |

[*1] ₩200,000 + ₩500,000 - ₩150,000 = ₩550,000

[*2] ₩450,000 - ₩220,000 + ₩180,000 = ₩410,000

[*3] 제조간접가 ₩200,000을 제품 A와 제품 B에 각각 ₩410,000과 ₩590,000을 기준으로 배분한다.

$$₩200,000 \times \frac{₩410,000}{₩410,000 + ₩590,000} = ₩82,000$$

**04** ②  (1) 재공품 T-계정

| | 재공품 | | |
|---|---|---|---|
| 기초 | ₩? | 완성 | ₩4,900,000 |
| DM | ? | | |
| DL | 2,500,000 [*2] | | |
| OH | 1,500,000 [*1] | 기말 | ? |
| | ₩? | | ₩? |

(₩6,000,000)

[*1] ₩6,000,000 × 25% = ₩1,500,000

[*2] ₩1,500,000 ÷ 60% = ₩2,500,000

(2) 직접재료원가

₩6,000,000 - (₩2,500,000 + ₩1,500,000) = ₩2,000,000

**05** ① 주문품 X가 A부문과 B부문을 통해서 완성되며, 각 부문별 직접원가는 제시되어 있으므로 요구하는 방법별 배부율을 먼저 산출한 다음 각 방법별 제조간접원가를 계산하면 된다.

(1) 공장 전체 배부율

$$\frac{\text{전체 제조간접원가}}{\text{전체 직접노무원가}} = \frac{\text{₩500,000}}{\text{₩600,000}} = 5/6$$

(2) 부문별 배부율

① A부문: $\dfrac{\text{A부문 제조간접원가}}{\text{A부문 직접노무원가}} = \dfrac{\text{₩400,000}}{\text{₩200,000}} = 200\%$

② B부문: $\dfrac{\text{B부문 제조간접원가}}{\text{B부문 직접노무원가}} = \dfrac{\text{₩100,000}}{\text{₩400,000}} = 25\%$

(3) 공장 전체 배부와 부문별 배부 비교

|  | 공장 전체 배부 | 부문별 배부 |
|---|---|---|
| 직접재료원가 | ₩27,000 | ₩27,000 |
| 직접노무원가 | 24,000 | 24,000 |
| 제조간접원가 |  |  |
| A부문 | 20,000[*1] | 40,000[*2] |
| B부문 |  | 1,000[*3] |
| 합계 | ₩71,000 | ₩92,000 |

[*1] (₩20,000 + ₩4,000) × 5/6 = ₩20,000

[*2] ₩20,000 × 200% = ₩40,000

[*3] ₩4,000 × 25% = ₩1,000

∴ 주문품 X에 배부될 금액은 공장 전체 제조간접원가 배부율에 의할 경우가 ₩21,000 작다.

---

**point 물음에 대한 필요한 자료정리**

첫 번째 주어진 자료는 공장 전체의 제조원가에 대한 자료이며, 두 번째 주어진 자료는 주문품 X에 대한 자료이다. 따라서 실제 생산한 제품은 주문품 X 이외에 여러 가지 존재하지만 제시된 자료는 주문품 X에 대한 정보만 있으므로 혼동하여서는 안 된다.

---

**06** ④ 제품 X가 A부문과 B부문을 통해서 완성되며, 직접재료원가와 각 부문별 직접노무원가는 제시되어 있으므로 부문별 예정배부율을 먼저 산출한 다음 각 부문별 실제 직접노무원가금액을 곱하여 예정배부하면 된다.

(1) 부문별 제조간접원가 예정배부율

① A부문: $\dfrac{\text{A부문 제조간접원가}}{\text{A부문 직접노무원가}} = \dfrac{₩600,000}{₩200,000} = 300\%$

② B부문: $\dfrac{\text{B부문 제조간접원가}}{\text{B부문 직접노무원가}} = \dfrac{₩400,000}{₩800,000} = 50\%$

(2) 제품 X의 제조원가

| | |
|---|---:|
| 직접재료원가 | ₩25,000 |
| 직접노무원가 | 20,000 |
| 제조간접원가 | |
| A부문 | 24,000[*1] |
| B부문 | 6,000[*2] |
| 합계 | ₩75,000 |

[*1] ₩8,000 × 300% = ₩24,000
[*2] ₩12,000 × 50% = ₩6,000

---

**point 예산과 실제자료의 구분**

1. 첫 번째 주어진 자료는 예산자료이므로 정상원가계산을 적용하는 것으로 해석할 수 있다. 따라서 가장 먼저 예정배부율을 구하여야 한다.

2. 예정배부는 "예정배부율 × 실제조업도"이므로 배부하고자 하는 원가대상의 실제조업도를 찾아서 배부해야 한다.

---

**07** ③ 정상원가계산의 기본문제이므로 예정배부율을 구한 후 예정배부한 금액과 실제발생한 금액을 비교하면 된다.

(1) 예정배부율

$\dfrac{\text{제조간접원가예산}}{\text{추정직접노무시간}} = \dfrac{₩375,000}{100,000시간} = ₩3.75/시간$

(2) 배부차이

| | |
|---|---:|
| 예정배부 | ₩386,250(= ₩3.75 × 103,000시간) |
| 실제발생 | 380,000 |
| 배부차이 | ₩6,250(과대배부) |

---

**point 정상원가계산의 절차의 이해**

정상원가계산문제는 정상원가계산의 절차를 이해하는 것이 상당히 중요하다. 절차를 이해하다 보면 해답은 저절로 계산되는 경우가 많으며 주로 [3단계]와 [4단계]에 대해 묻는 문제들이 많다.
[1단계] 예정배부율 계산
[2단계] 예정배부
[3단계] 배부차이
[4단계] 배부차이조정

**08** ② 정상원가계산에서의 정상조업도를 역추적하는 문제이다. 이 또한 정상원가계산의 절차를 이해하면 쉽게 해결할 수 있다.

[1단계] 제조간접원가 실제발생액이 주어져 있으므로 배부차이를 이용하여 예정배부율 계산

[2단계] 1단계에서 구한 예정배부율과 제조간접원가예산을 통해 정상조업도 계산

(1) 예정배부율

| | |
|---|---|
| 예정배부 | ₩1,200(= 예정배부율 × 60시간) |
| 실제발생 | 1,300 |
| 배부차이 | ₩100(과소배부) |

밑에서부터 역추적

$$\therefore \text{예정배부율: } \frac{\text{₩1,200}}{\text{60시간}} = \text{₩20/시간}$$

(2) 정상조업도

$$\frac{\text{₩1,000}}{\text{정상조업도}} = \text{₩20/시간}$$

$$\therefore \text{정상조업도: 50직접노동시간}$$


**09** ② 정상원가계산에서의 예정배부율을 역추적하는 문제이다. 주어진 문장에서 다음을 유추할 수 있다.

• 배부차이를 기말재고자산 및 매출원가에 안분: 비례배분법을 적용

• 배부차이 차감조정: 배부차이는 과대배부

따라서 다음 단계로 순차적으로 해결할 수 있다.

[1단계] 기말재공품에 차감조정된 배부차이를 이용하여 총배부차이 계산

[2단계] 1단계에서 구한 총배부차이와 실제 제조간접원가를 이용하여 예정배부율 계산

(1) 총배부차이

₩2,500* × (1 + 3 + 4) = ₩20,000

  * 기말재공품에 차감조정된 배부차이

(2) 예정배부율

| | |
|---|---|
| 예정배부 | ₩200,000(= 예정배부율 × 1,250시간) |
| 실제발생 | 180,000 |
| 배부차이 | ₩20,000(과대배부) |

밑에서부터 역추적

$$\therefore \text{예정배부율: } \frac{\text{₩200,000}}{\text{1,250시간}} = \text{₩160/시간}$$

**10** ② 배부차이계정의 차변잔액이므로 과소배부이며, 비례배분법과 매출원가조정법을 각각 적용할 때 매출원가에 배부되는 금액을 계산한다.

(1) 배부차이 안분(비례배분법)

| | 배분 전 금액 | 비율(%) | 배부차이 | 배분 후 금액 |
|---|---|---|---|---|
| 기말재공품 | ₩1,000 | 10 | ₩500 | ₩1,500 |
| 기말제품 | 3,000 | 30 | 1,500 | 4,500 |
| 매출원가 | 6,000 | 60 | 3,000 | 9,000 |
| | ₩10,000 | 100 | ₩5,000 | ₩15,000 |

(2) 배부차이 안분(매출원가조정법)

| | 배분 전 금액 | 비율(%) | 배부차이 | 배분 후 금액 |
|---|---|---|---|---|
| 기말재공품 | ₩1,000 | – | – | ₩1,000 |
| 기말제품 | 3,000 | – | – | 3,000 |
| 매출원가 | 6,000 | 100 | ₩5,000 | 11,000 |
| | ₩10,000 | 100 | ₩5,000 | ₩15,000 |

(3) 비례배분법이 매출원가조정법에 비하여 매출원가에 ₩2,000만큼 덜 배부되기 때문에 당기순이익은 ₩2,000만큼 더 커진다.

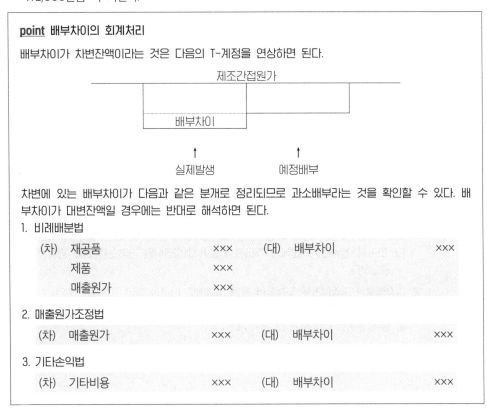

**point 배부차이의 회계처리**

배부차이가 차변잔액이라는 것은 다음의 T-계정을 연상하면 된다.

제조간접원가

배부차이

↑ 실제발생          ↑ 예정배부

차변에 있는 배부차이가 다음과 같은 분개로 정리되므로 과소배부라는 것을 확인할 수 있다. 배부차이가 대변잔액일 경우에는 반대로 해석하면 된다.

1. 비례배분법

| (차) | 재공품 | ××× | (대) | 배부차이 | ××× |
|---|---|---|---|---|---|
| | 제품 | ××× | | | |
| | 매출원가 | ××× | | | |

2. 매출원가조정법

| (차) | 매출원가 | ××× | (대) | 배부차이 | ××× |
|---|---|---|---|---|---|

3. 기타손익법

| (차) | 기타비용 | ××× | (대) | 배부차이 | ××× |
|---|---|---|---|---|---|

**11** ① 주어진 문장에서 다음을 유추할 수 있다.
- 배부차이를 기말재고자산과 매출원가에 안분: 비례배분법(총원가기준)을 적용
- 기말재고자산은 차이조정 전 금액임: 제시된 금액은 예정배부된 금액임

배부차이를 당기 예정배부된 금액에 조정하므로 T-계정을 통해서 당기 예정배부된 금액을 찾아내야 한다.

| 재공품 | | | | 제품 | | | |
|---|---|---|---|---|---|---|---|
| 기초 | ₩100 | 완성 | ₩400 | 기초 | ₩150 | 판매 | ₩500 |
| 착수 | 500 | 기말 | 200 | 완성 | 400 | 기말 | 50 |
| | ₩600 | | ₩600 | | ₩550 | | ₩550 |

위 T-계정에서 배부차이를 조정해야 할 기준금액은 당기 배부된 금액인 ₩500이므로 이 금액이 재고자산과 매출원가에 각각 얼마로 배분되어 있는지를 파악하여야 한다.

따라서 기초재고금액은 제외하고 당기 배부된 금액 ₩500의 흐름을 추적하면 다음과 같다.

| 재공품 | | | | 제품 | | | |
|---|---|---|---|---|---|---|---|
| 기초 | - | 완성 | ₩300 | 기초 | - | 판매 | ₩250 |
| 착수 | ₩500 | 기말 | 200 | 완성 | ₩300 | 기말 | 50 |
| | ₩500 | | ₩500 | | ₩300 | | ₩300 |

결과적으로 당기 배부된 금액 ₩500은 기말재공품, 기말제품 및 매출원가에 각각 ₩200, ₩50, ₩250으로 배분되어 있다.

(1) 배부차이조정

| | 조정 전 금액 | 비율 | 배부차이 |
|---|---|---|---|
| 기말재공품 | ₩200 | 40% | ₩40 |
| 기말제품 | 50 | 10% | 10 |
| 매출원가 | 250 | 50% | 50 |
| 합계 | ₩500 | 100% | ₩100 (과소배부) |

(2) 조정 후 매출원가
₩500 + ₩50 = ₩550

---

**point** 예정배부의 의미

1. 정상원가계산은 제조간접원가에 대해서 예정배부율을 이용하여 예정배부한 후 실제발생액과의 차이를 조정하므로, 실제 제조간접원가를 집계하기 전까지는 예정배부된 금액으로 존재하게 된다. 따라서, 정상원가계산에서 주어진 자료가 예정배부된 금액인지 실제 금액인지의 구분은 매우 중요하다.

2. 예정배부된 금액이라는 직접적인 표현 이외에도 다음과 같은 표현들이 있다.
   ① 위 금액은 배부차이조정 전 금액이다.
   ② 실제 원가를 집계하기 전 금액이다.

**12** ⑤ 직접노무원가의 150%를 예정배부한 후 T-계정을 이용하여 배부차이조정 전 매출원가를 계산해야 한다.

(1) 직접노무원가의 150% 예정배부

① 월초재공품

| | | |
|---|---|---|
| 직접재료원가 | | ₩6,000 |
| 직접노무원가 | | 2,500 |
| 제조간접원가 | ₩2,500 × 150% = | 3,750 |
| | | ₩12,250 |

② 당월 실제발생 제조원가

| | | |
|---|---|---|
| 직접재료원가 | | ₩30,000 |
| 직접노무원가 | | 20,000 |
| 제조간접원가 | ₩20,000 × 150% = | 30,000 |
| | | ₩80,000 |

③ 월말재공품

| | | |
|---|---|---|
| 직접재료원가 | | ₩8,000 |
| 직접노무원가 | | 3,000 |
| 제조간접원가 | ₩3,000 × 150% = | 4,500 |
| | | ₩15,500 |

(2) T-계정을 이용한 배부차이조정 전 매출원가 산출

| 재공품 | | | | | 제품 | | | |
|---|---|---|---|---|---|---|---|---|
| 월초 | ₩12,250 | 완성 | ₩76,750 | | 월초 | ? | 판매 | ₩76,750 |
| 착수 | 80,000 | 월말 | 15,500 | | 완성 | ₩76,750 | 월말 | ? |
| | ₩92,250 | | ₩92,250 | | | ? | | ? |

당월 생산된 제품은 모두 판매되었으므로 당월제품제조원가와 매출원가는 같다.

∴ 배부차이조정 전 매출원가: ₩76,750

(3) 배부차이조정 후 매출원가

₩76,750 + ₩5,000 = ₩81,750

**13** ① 제품제조원가에 20%를 가산해서 판매가격을 결정하므로, "단위당 제품제조원가 × (1 + 20%) = 단위당 판매가격"의 식이 성립한다. 결국 단위당 제품제조원가를 구하는 문제로 단위당 기초원가는 ₩500이므로 단위당 제조간접원가만 구하면 된다.

(1) 생산부문 C의 제조간접원가

[1단계] 상호배분법이므로 용역제공량을 비율로 환산

[2단계] 보조부문별 배분될 원가계산

> 배분될 총원가 = 자기부문원가 + 타보조부문으로부터 배분받은 원가

- A = ₩30,000 + 0.4B
- B = ₩50,000 + 0.5A
- ∴ A = ₩62,500, B = ₩81,250

| | 보조부문 | | 생산부문 | |
|---|---|---|---|---|
| | A | B | C | D |
| A부문 제공 | - | 0.5 | 0.4 | 0.1 |
| B부문 제공 | 0.4 | - | 0.2 | 0.4 |
| 배분 전 원가 | ₩30,000 | ₩50,000 | ₩10,000 | ₩20,000 |
| A부문 배분 | (62,500) | 31,250[*1] | 25,000 | 6,250 |
| B부문 배분 | 32,500[*2] | (81,250) | 16,250 | 32,500 |
| 배분 후 원가 | - | - | ₩51,250 | ₩58,750 |

[*1] ₩62,500 × 0.5 = ₩31,250
[*2] ₩81,250 × 0.4 = ₩32,500

(2) 갑제품 단위당 제조간접원가

갑제품에 대한 월초 및 월말재공품 잔액은 모두 ₩0이므로, 계산하면 다음과 같다.

₩51,250 ÷ 50단위 = ₩1,025

(3) 갑제품 단위당 제품제조원가

단위당 (직접재료원가 + 직접노무원가 + 제조간접원가)

= 단위당 (기초원가 + 제조간접원가)

= ₩500 + ₩1,025 = ₩1,525

(4) 갑제품 단위당 판매가격

₩1,525 × (1 + 20%) = ₩1,830

---

**point** 보조부문 간 상호용역수수 시 보조부문원가배분의 풀이방법

보조부문원가배분 시 실수를 줄이기 위한 주의사항은 다음과 같다.
1. "보조부문 ⇒ 제조부문" 순으로 자료정리
2. 단계배부법: 보조부문의 우선순위 순으로 자료정리
3. 상호배부법: 보조부문의 용역제공량을 제공비율로 변환

---

**14**  ④  당월의 완성품원가는 당월제품제조원가를 의미한다. 여기에서 주의할 점은 정상원가계산은 제조간접원가 예정배부율을 이용하여 예정배부된 금액을 재공품 차변에 투입하므로 재공품에 투입될 제조간접원가는 실제원가가 아닌 제조간접원가 예정배부액이다.

(1) 작업별 흐름 파악

재공품

| 월초 | | #101 | 완성 | | #101 |
|---|---|---|---|---|---|
| 착수 | | 102 | | | 102 |
| | | 103 | | | 103 |
| | | 104 | 월말 | | 104 |

(2) 당월제품제조원가

재공품

| 월초 | ₩9,000 | 완성 | ₩77,700 |
|---|---|---|---|
| DM | 26,000 | | |
| DL | 20,000 | | |
| OH | 30,000*1 | 월말 | 7,300*2 |
| | ₩85,000 | | ₩85,000 |

*1 제조간접원가 예정배부액: ₩20,000 × 150% = ₩30,000

*2 #104의 원가: ₩2,800 + ₩1,800 + ₩1,800 × 150% = ₩7,300

**15**  ⑤

| 예정배부 | ₩30,000(= ₩20,000 × 150%) |
|---|---|
| 실제발생 | 32,000 |
| 배부차이 | ₩2,000(과소배부) |

**16**  ③  제품 A의 제조원가를 계산하기 위해서 제품 A의 직접원가를 먼저 부과하고 제조간접원가를 배부하면 된다.

(1) 직접원가

| 직접재료원가 | ₩150,000 |
|---|---|
| 직접노무원가 | 200,000 |
| 직접경비 | 40,000 |
| 합계 | ₩390,000 |

(2) 제조간접원가 배부
① 제조간접원가 집계
a. 간접재료원가
총재료원가 - 직접재료원가
= (월초재료 + 당월매입 - 월말재료) - 직접재료원가
= (₩50,000 + ₩300,000 - ₩30,000) - (₩150,000 + ₩120,000) = ₩50,000
b. 간접노무원가
총노무원가 - 직접노무원가
= [당월 지급(세금 포함) - 월초미지급 + 월말미지급] - 직접노무원가
= [(₩500,000 + ₩50,000) - ₩60,000 + ₩90,000] - (₩200,000 + ₩250,000)
= ₩130,000
c. 간접경비
당월 소비액 - 제품 A 직접경비
= ₩220,000 - ₩40,000 = ₩180,000
∴ 제조간접원가: ₩50,000 + ₩130,000 + ₩180,000 = ₩360,000
② 제조간접원가 배부
a. 제조간접원가 배부율 = $\dfrac{₩360,000}{₩200,000 + ₩250,000}$ = 직접노무원가의 80%
b. 제조간접원가 배부액 = ₩200,000 × 80% = ₩160,000

(3) 제품 A의 제조원가

| | |
|---|---:|
| 직접재료원가 | ₩150,000 |
| 직접노무원가 | 200,000 |
| 직접경비 | 40,000 |
| 제조간접원가 | 160,000 |
| 합계 | ₩550,000 |

> **point 간접재료원가, 간접노무원가 및 직접경비**
>
> 일반적으로 재료원가나 노무원가는 직접원가이지만 간접재료원가와 간접노무원가가 존재할 수 있으며, 기타경비는 간접원가이지만 특정 제품에 대한 직접경비가 존재할 수 있으므로 주의하여야 한다.

**17** ③ (1) 제조간접원가 예정배부액
₩1,618,000 + ₩110,000(과대배부액) = ₩1,728,000

(2) 변동제조간접원가 예정배부율
① 제조간접원가 예정배부율: ₩1,728,000 ÷ 28,800시간 = ₩60
② 변동제조간접원가 예정배부율: 제조간접원가 예정배부율 - 고정제조간접원가 예정배부율
= ₩60 - (₩690,000 ÷ 27,600시간) = ₩35

**18** ② (1) 작업별 물량흐름

재공품

| 기초 | - | 완성 | #1, #2 |
|---|---|---|---|
| 착수 | #1, #2, #3 | 기말 | #3 |
| | #1, #2, #3 | | #1, #2, #3 |

제품

| 기초 | - | 판매 | #2 |
|---|---|---|---|
| 완성 | #1, #2 | 기말 | #1 |
| | #1, #2 | | #1, #2 |

(2) 예정배부율

(₩500,000 + ₩300 × 2,500기계시간)/2,500기계시간 = ₩500/기계시간

(3) 배부차이조정 전 매출원가(#2)

₩150,000 + ₩150,000 + ₩500 × 600기계시간 = ₩600,000

(4) 배부차이

| 예정배부 | ₩1,000,000(= ₩500 × 2,000기계시간) |
|---|---|
| 실제발생 | 1,100,000 |
| 배부차이 | ₩100,000(과소배부) |

(5) 배부차이조정 후 매출원가

₩600,000 + ₩100,000 = ₩700,000

**19** ③ (1) 예정배부율

$$\frac{제조간접원가예산}{예정조업도} = \frac{₩144,000}{16,000시간} = ₩9/직접노동시간$$

(2) 배부차이

| 예정배부 | ₩153,000(= 17,000시간 × ₩9) |
|---|---|
| 실제발생 | 145,000 |
| 배부차이 | ₩8,000(과대배부) |

(3) 배부차이조정

| | 조정 전 금액 | 배부차이조정 | |
|---|---|---|---|
| | | 매출원가조정법 | 비례배분법 |
| 기말재공품 | ₩50,000(5%) | - | ₩400 |
| 기말제품 | 150,000(15%) | - | 1,200 |
| 매출원가 | 800,000(80%) | ₩8,000 | 6,400 |
| 합계 | ₩1,000,000 | ₩8,000 | ₩8,000 |

∴ 비례배분법을 적용할 경우 매출원가에서 전액 조정하는 방법에 비해 ₩1,600만큼 이익이 감소한다.

**20** ⑤ 자가소비용역을 제외한 나머지 용역제공량을 비율로 환산하면 다음과 같다.

| | $S_1$ | $S_2$ | $P_1$ | $P_2$ | 합계 |
|---|---|---|---|---|---|
| $S_1$ | – | 0.2 | 0.3 | 0.5 | 1 |
| $S_2$ | 0.2 | – | 0.4 | 0.4 | 1 |
| 배부 전 원가 | ₩10,800 | ₩6,000 | ₩23,000 | ₩40,200 | ₩80,000 |
| $S_1$ 배부 | (12,500)[*1] | 2,500[*2] | 3,750 | 6,250 | – |
| $S_2$ 배부 | 1,700 | (8,500)[*1] | 3,400 | 3,400 | – |
| 배부 후 원가 | – | – | ₩30,150 | ₩49,850 | ₩80,000 |

[*1] 배부할 원가
- $S_1$ = ₩10,800 + 0.2$S_2$
- $S_2$ = ₩6,000 + 0.2$S_1$
⇒ $S_1$ = ₩12,500, $S_2$ = ₩8,500

[*2] ₩12,500 × 0.2 = ₩2,500


**21** ① (1) 작업별 물량흐름

재공품

| 기초 | #1 | 완성 | #1, #2 |
|---|---|---|---|
| 착수 | #2, #3 | 기말 | #3 |
| | #1, #2, #3 | | #1, #2, #3 |

(2) 작업별 원가

| | #1 | #2 | #3 | 계 |
|---|---|---|---|---|
| 기초 | ₩450 | – | – | ₩450 |
| 직접재료원가 | 6,000 | ₩2,500 | ₩1,500[*1] | 10,000 |
| 직접노무원가 | 500 | 250[*3] | 250 | 1,000 |
| 제조간접원가 | 2,000[*2] | 1,000 | 1,000 | 4,000 |
| 합계 | ₩8,950 | ₩3,750 | ₩2,750 | ₩15,450 |
| | (매출원가) | (기말제품) | (기말재공품) | |

[*1] ₩10,000 - ₩6,000 - ₩2,500 = ₩1,500

[*2] 제조간접원가는 직접노무원가의 400%이므로, ₩500 × 400% = ₩2,000

[*3] ₩1,000 ÷ 400% = ₩250

(3) 당기제품제조원가(#1, #2)
₩8,950 + ₩3,750 = ₩12,700

**22** ②

| | 수선부문 | 동력부문 | 도색부문 | 조립부문 |
|---|---|---|---|---|
| 수선부문 | - | 0.5 | 0.3 | 0.2 |
| 동력부문 | 0.4 | - | 0.2 | 0.4 |
| | ₩300,000 | ₩200,000 | | |
| | (475,000)* | 237,500 | ₩142,500 | ₩95,000 |
| | 175,000 | (437,500)* | 87,500 | 175,000 |
| | | | ₩230,000 | ₩270,000 |
| | | | ÷ 23회 | ÷ 300시간 |
| | | | ₩10,000/회 | ₩900/시간 |

\* 상호배분법
  - A = ₩300,000 + 0.4B
  - B = ₩200,000 + 0.5A
  ⇒ A = ₩475,000, B = ₩437,500
∴ 제품 B에 배부되는 보조부문원가: 13회 × ₩10,000 + 100시간 × ₩900 = ₩220,000

**23** ⑤ (1) 예정배부액

$$₩750,000 × 50\% = ₩375,000$$

(2) 배부차이조정 후 제품계정 및 재공품계정

제품

| 기초 | - | 판매 | ₩800,000 (= ₩1,000,000 × 80%) |
|---|---|---|---|
| 완성 | ₩980,000 | 기말 | 180,000 |
| | ₩980,000 | | ₩980,000 |

재공품

| 기초 | - | 완성 | ₩980,000 |
|---|---|---|---|
| DM | | | |
| DL | ₩750,000 | | |
| OH | $x$ | 기말 | 120,000 |
| | ₩1,100,000 | | ₩1,100,000 |

∴ 제조간접원가($x$): ₩800,000 + ₩180,000 + ₩120,000 - ₩750,000 = ₩350,000

(3) 제조간접원가 배부차이
예정배부액 - 실제발생액
= ₩375,000 - ₩350,000 = ₩25,000
∴ ₩25,000 과대배부

**24** ② (1) 타 보조부문으로부터 받은 금액을 가산한 보조부문에 배분할 원가
  - $P_1$: ₩150,000 = 0.4$S_1$ + 0.3$S_2$
  - $P_2$: ₩120,000 = 0.2$S_1$ + 0.3$S_2$
  ∴ $S_1$ = ₩150,000, $S_2$ = ₩300,000

(2) 보조부문원가를 배분하기 전의 보조부문원가
  - $S_1$: ₩150,000 = $S_1$ + 0.1 × ₩300,000
  - $S_2$: ₩300,000 = $S_2$ + 0.2 × ₩150,000
  ∴ $S_1$ = ₩120,000, $S_2$ = ₩270,000

**25** ① **(1) 작업별 물량흐름**

재공품

| 기초 | - | 완성 | #101, #102 |
|---|---|---|---|
| 착수 | #101, #102, #103 | 기말 | #103 |
| | #101, #102, #103 | | #101, #102 #103 |

제품

| 기초 | - | 판매 | #101 |
|---|---|---|---|
| 완성 | #101, #102 | 기말 | #102 |
| | #101, #102 | | #101, #102 |

**(2) 예정배부율**

$$\frac{\text{연간 제조간접원가예산}}{\text{예상기계시간}} = \frac{₩600}{200\text{시간}} = ₩3/\text{시간}$$

**(3) 배부차이**

| 예정배부 | ₩540(= ₩3 × 180시간) |
|---|---|
| 실제발생 | 620(= ₩560 + ₩20[*1] + ₩40[*2]) |
| 배부차이 | ₩80(과소배부) |

[*1] 간접재료원가: ₩800 - ₩280 - ₩500 = ₩20

[*2] 간접노무원가: ₩700 + ₩100 - ₩40 - ₩720 = ₩40

**(4) #101의 매출총이익**

| 매출 | ₩1,100 |
|---|---|
| 매출원가 | 770[*3] |
| 배부차이 | 80 |
| 매출총이익 | ₩250 |

[*3] ₩200 + ₩300 + ₩3 × 90시간 = ₩770

**26** ② **(1) 재고현황**

재공품

| 월초 | - | 완성 | #101, #102 |
|---|---|---|---|
| 착수 | #101, #102, #103 | 월말 | #103 (월말재공품) |
| | #101, #102, #103 | | #101, #102 #103 |

제품

| 월초 | - | 판매 | #101 (매출원가) |
|---|---|---|---|
| 완성 | #101, #102 | 월말 | #102 (월말제품) |
| | #101, #102 | | #101, #102 |

(2) 작업별 원가

| | #101 | #102 | #103 |
|---|---|---|---|
| 직접재료원가 | ₩34,000 | ₩39,000 | ₩13,000 |
| 직접노무원가 | 16,000 | 20,600 | 1,800 |
| 제조간접원가 | 22,000[*1] | 30,400[*1] | 3,200[*1] |
| 차이조정 전 총제조원가 | ₩72,000 | ₩90,000 | ₩18,000 |
| 배부차이조정 | (1,600)[*2] | (2,000)[*2] | (400)[*2] |
| 차이조정 후 총제조원가 | ₩70,400 | ₩88,000 | ₩17,600 |
| | (매출원가) | (월말제품) | (월말재공품) |

[*1] 예정배부액

  1) 예정배부율: ₩640,000 ÷ 80,000시간 = ₩8/시간

  2) 예정배부액

    • #101: ₩8 × 2,750시간 = ₩22,000

    • #102: ₩8 × 3,800시간 = ₩30,400

    • #103: ₩8 × 400시간 = ₩3,200

[*2] 배부차이조정

  1) 배부차이

| | |
|---|---|
| 예정배부 | ₩55,600(= ₩8 × 6,950시간) |
| 실제발생 | 51,600 |
| 배부차이 | ₩4,000(과대배부) |

  2) 배부차이조정

    • #101: $\dfrac{₩72,000}{₩72,000 + ₩90,000 + ₩18,000} × ₩4,000 = ₩1,600$

    • #102: $\dfrac{₩90,000}{₩72,000 + ₩90,000 + ₩18,000} × ₩4,000 = ₩2,000$

    • #103: $\dfrac{₩18,000}{₩72,000 + ₩90,000 + ₩18,000} × ₩4,000 = ₩400$

**27** ②

| | $S_1$ | $S_2$ | $S_3$ | $P_1$ | $P_2$ |
|---|---|---|---|---|---|
| $S_1$ | - | 1,500 | 1,500 | 4,000 | 3,000 |
| $S_2$ | 1,000 | - | - | 5,000 | 4,000 |
| $S_3$ | 1,000 | - | - | 4,000 | 5,000 |

(1) 절감가능한 용역

  ① $S_1 → S_2 → S_1$: 1,500단위 × 10% = 150단위

  ② $S_1 → S_3 → S_1$: 1,500단위 × 10% = 150단위

(2) 외부로부터 구입해야 할 용역량((주)동운이 필요로 하는 보조부문 $S_1$의 용역량)

  10,000단위 - 150단위 - 150단위 = 9,700단위

---

**point**

폐쇄부문으로부터 용역을 제공받은 부문이 다시 폐쇄부문에 용역을 제공하는 경우 외부구입용역량에서 제외한다.

---

**28** ④

| | S₁ | S₂ | S₃ | P₁ | P₂ |
|---|---|---|---|---|---|
| S₁ | - | 1,500 | 1,500 | 4,000 | 3,000 |
| S₂ | 1,000 | - | - | 5,000 | 4,000 |
| S₃ | 1,000 | - | - | 4,000 | 5,000 |
| 변동원가 | ₩300,000 | ₩200,000 | ₩100,000 | ? | ? |
| 고정원가 | ₩500,000 | ₩100,000 | ₩200,000 | ? | ? |

$S_1$ 부문 폐쇄 시 원가 절감액만큼 지불할 수 있으므로 최대구입금액은 다음과 같다.

| 구분 | $S_1$ | $S_2 \rightarrow S_1$ | $S_3 \rightarrow S_1$ | 합계 |
|---|---|---|---|---|
| 변동원가 | ₩300,000 | ₩200,000 × 0.1 = ₩20,000 | ₩100,000 × 0.1 = ₩10,000 | ₩330,000 |
| 고정원가 | ₩500,000 × 0.1 = 50,000 | ₩100,000 × 0.05 = 5,000 | ₩200,000 × 0.05 = 10,000 | 65,000 |
| | | | | ₩395,000 |

**point**

폐쇄부문의 원가와 잔존부문이 폐쇄부문에 제공하는 용역에 해당하는 원가는 절감할 수 있다.

**29** ②

(가) 제조부문에 배부되지 못한 보조부문의 원가

　　₩1,500 + ₩1,000 + ₩2,500 = ₩5,000

(나) 정확한 배부 후 M1, M2의 원가

　　미배분된 금액을 고려한 정확한 배부 후 M1과 M2의 원가는 다음과 같다.

| | A3 | A2 | A1 | M1 | M2 |
|---|---|---|---|---|---|
| 배부 전 원가 | - | ₩1,000 | ₩4,000 | ₩26,500 | ₩33,500 |
| A2*1 | - | (1,000) | 250 | 375 | 375 |
| A1*2 | - | - | (4,250) | 2,125 | 2,125 |
| 배부 후 원가 | - | - | - | ₩29,000 | ₩36,000 |

*1 A1 : M1 : M2 = ₩2,500 : ₩3,750 : ₩3,750

*2 M1 : M2 = ₩3,750 : ₩3,750

**point**

배부 전 원가 합계와 배부 후 원가 합계는 일치해야 한다. 위 자료에서 배부 전 원가 합계 ₩65,000과 배부 후 원가 합계 ₩60,000의 차이인 ₩5,000만큼 누락된 것을 알 수 있다. 또한, 보조부문 배부순서는 A3 → A2 → A1의 순이다.

**30** ② (1) 직접재료원가

직접재료

| 월초 | – | 사용 | ₩30,000 |
|---|---|---|---|
| 구입 | ₩40,000 | 월말 | 10,000 |
| | ₩40,000 | | ₩40,000 |

(2) 직접노무원가($x$)

$(₩30,000 + x) \times 0.4 = x$

∴ $x = ₩20,000$

(3) 월말재공품

① 직접재료원가: ₩30,000 - ₩25,500 = ₩4,500

② 직접노무원가: ₩1,500 ÷ 50% = ₩3,000

∴ 월말재공품: ₩4,500 + ₩3,000 + ₩1,500 = ₩9,000

(4) 당월제품제조원가

당월총제조원가 - 월말재공품

= (₩30,000 + ₩20,000 + ₩20,000 × 50%) - ₩9,000 = ₩51,000

(5) 매출원가

제품

| 월초 | – | 판매 | ₩47,000 |
|---|---|---|---|
| 완성 | ₩51,000 | 월말 | 4,000 |
| | ₩51,000 | | ₩51,000 |

(6) 배부차이

| 예정배부 | ₩10,000(= ₩20,000 × 50%) |
|---|---|
| 실제발생 | 8,000 |
| 배부차이 | ₩2,000(과대배부) |

(7) 배부차이조정 후 매출원가

₩47,000 - ₩2,000 = ₩45,000

**31** ③ (1) 보조부문별 배부할 원가

전력부문과 수선부문의 배부 전 원가를 각각 A, B로 설정한다.

|  | 전력 | 수선 | 절단 | 조립 |
|---|---|---|---|---|
| 전력 | - | 0.2 | 0.5 | 0.3 |
| 수선 | 0.4 | - | 0.4 | 0.2 |
| 배부 전 원가 | A | B | | |
|  | (전력) | ₩0.2전력 | ₩0.5전력 | ₩0.3전력 |
|  | ₩0.4수선 | (수선) | 0.4수선 | 0.2수선 |
|  | - | - | ₩7,400 | ₩4,200 |

- ₩0.5전력 + ₩0.4수선 = ₩7,400
- ₩0.3전력 + ₩0.2수선 = ₩4,200

∴ 전력부문과 수선부문의 배부할 원가는 각각 ₩10,000과 ₩6,000이다.

|  | 전력 | 수선 | 절단 | 조립 |
|---|---|---|---|---|
| 전력 | - | 0.2 | 0.5 | 0.3 |
| 수선 | 0.4 | - | 0.4 | 0.2 |
| 배부 전 원가 | A | B | | |
|  | ₩(10,000) | ₩2,000 | ₩5,000 | ₩3,000 |
|  | 2,400 | (6,000) | 2,400 | 1,200 |
|  | - | - | ₩7,400 | ₩4,200 |

(2) 보조부문별 배부 전 원가

- ₩10,000 = A + 0.4 × ₩6,000
- ₩6,000 = B + 0.2 × ₩10,000
- ⇒ A = ₩7,600, B = ₩4,000

∴ 전력부문에서 발생한 부문원가: ₩7,600

---

**point**

보조부문원가를 배분할 때 자가소비용역은 제외하고 상호배분법은 부문별 배부 전 원가에 다른 보조부문으로부터 배부받은 원가를 합하여 다른 부문에 배부한다. 보조부문의 용역제공비율을 정리한 후 제조부문별로 각 보조부문에서 제공받은 원가를 이용하여 보조부문별 배부할 원가를 계산하면 보조부문별 배부 전 원가를 역추적할 수 있다.

---

**32** ② (1) 배부차이

| | |
|---|---|
| 예정배부 | ₩40,000(= ₩50,000 × 80%) |
| 실제발생 | 30,000 |
| 배부차이 | ₩10,000(과대배부) |

(2) 재공품

<table>
<tr><th colspan="4">재공품</th></tr>
<tr><td>기초</td><td>-</td><td>완성</td><td>₩112,000</td></tr>
<tr><td>DM</td><td>₩50,000</td><td></td><td></td></tr>
<tr><td>DL</td><td>50,000</td><td></td><td></td></tr>
<tr><td>OH</td><td>40,000<sup>*1</sup></td><td>기말</td><td>28,000<sup>*2</sup></td></tr>
<tr><td></td><td>₩140,000</td><td></td><td>₩140,000</td></tr>
</table>

<sup>*1</sup> 제조간접원가 배부액

  ₩50,000 × 80% = ₩40,000

<sup>*2</sup> 직접재료원가 + 직접노무원가 + 제조간접원가

  = ₩10,000 + (₩8,000 ÷ 80%) + ₩8,000 = ₩28,000

(3) 제품

<table>
<tr><th colspan="4">제품</th></tr>
<tr><td>기초</td><td>-</td><td>판매</td><td>₩110,000<sup>*3</sup></td></tr>
<tr><td>완성</td><td>₩112,000</td><td>기말</td><td>2,000</td></tr>
<tr><td></td><td>₩112,000</td><td></td><td>₩112,000</td></tr>
</table>

<sup>*3</sup> 배부차이조정 전 금액

  = 배부차이조정 후 금액 + 과대배부

  = ₩100,000 + ₩10,000 = ₩110,000

---

**point** 배부차이조정 전 금액 추정

배부차이조정 후 매출원가와 배부차이를 이용하여 배부차이조정 전 매출원가를 계산할 수 있다. 예정배부금액으로 계산된 당기제품제조원가에서 매출원가를 차감하여 기말제품원가를 계산한다.

---

**33** ① (1) 배부할 원가

S1 = ₩250,000 + 0.2S2

S2 = ₩400,000 + 0.2S1

∴ S1 = ₩343,750, S2 = ₩468,750

(2) 보조부문원가 배분

| 사용<br>제공 | 보조부문 | | 제조부문 | |
|---|---|---|---|---|
| | S1 | S2 | P1 | P2 |
| S1 | – | 20% | 40% | 40% |
| S2 | 20% | – | ? | ? |
| 배분 전 원가 | ₩250,000 | ₩400,000 | – | – |
| | (343,750) | 68,750 | ₩137,500[*1] | ₩137,500 |
| | 93,750 | (468,750) | 93,750[*2] | 281,250 |
| 배분 후 원가 | – | – | ₩231,250 | ₩418,750 |

[*1] ₩343,750 × 40% = ₩137,500

[*2] ₩231,250 – ₩137,500 = ₩93,750

(3) 용역제공비율

P1: $\dfrac{₩93,750}{₩468,750}$ = 20%

P2: $\dfrac{₩281,250}{₩468,750}$ = 60%

---

**point**

상호배분비율을 이용하여 배부할 원가를 계산한 후 배부받은 금액을 이용하여 용역제공비율을 역추적할 수 있다.

---

**34** ③ (1) 예정배부율

$$\frac{₩32,000}{4,000시간} = ₩8$$

(2) 배부차이 조정 전 원가

|  | #101 | #102 | #103 |
|---|---|---|---|
| 직접재료원가 | ₩4,000 | ₩4,000 | ₩2,000 |
| 직접노무원가 | 3,000 | 2,000 | 4,000 |
| 제조간접원가 | 8,000* | 4,000 | 4,000 |
|  | ₩15,000 | ₩10,000 | ₩10,000 |

\* ₩8 × 1,000시간 = ₩8,000

(3) 배부차이

| 예정배부 | ₩16,000 (= ₩8 × 2,000시간) |
|---|---|
| 실제발생 | 12,500 |
|  | ₩3,500 과대배부 |

(4) 배부차이 조정

|  | 조정 전 원가 | 비율 | 조정금액 |
|---|---|---|---|
| #101(매출원가) | ₩15,000 | 15/35 | ₩1,500 |
| #102(제품) | 10,000 | 10/35 | 1,000 |
| #103(재공품) | 10,000 | 10/35 | 1,000 |
|  | ₩35,000 | 1 | ₩3,500 |

(5) 조정 후 매출원가

₩15,000 - ₩1,500 = ₩13,500

(6) 매출총이익

| | 손익계산서 |
|---|---|
| 매출 | ₩16,000 |
| 매출원가 | 13,500 |
| 매출총이익 | ₩2,500 |

---

**point**

1. 예상 제조간접원가와 예상 직접노무시간을 이용하여 예정배부율을 계산할 수 있다.

2. 당기 중 발생한 제조경비가 실제 발생한 총제조간접원가이다.

3. 배부차이 조정 전 총잔액을 기준으로 배부차이를 조정한다.

# 제3장

# 활동기준원가계산

핵심 이론 요약

객관식 연습문제

정답 및 해설

# 핵심 이론 요약

## 01 제품수명주기와 추적가능성

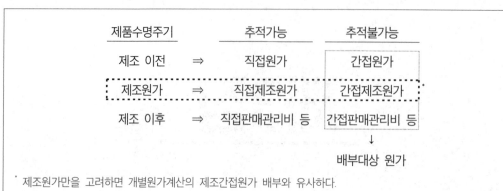

| 제품수명주기 | | 추적가능 | 추적불가능 |
|---|---|---|---|
| 제조 이전 | ⇒ | 직접원가 | 간접원가 |
| 제조원가 | ⇒ | 직접제조원가 | 간접제조원가 |
| 제조 이후 | ⇒ | 직접판매관리비 등 | 간접판매관리비 등 |
| | | | ↓ |
| | | | 배부대상 원가 |

* 제조원가만을 고려하면 개별원가계산의 제조간접원가 배부와 유사하다.

## 02 활동기준원가계산 절차

| 1단계 | 직접원가: 해당 제품에 직접부과 |
|---|---|
| 2단계 | 간접원가: 적정한 기준(원가동인)으로 배부 |

## 03 제조간접원가 배부

### (1) 활동별 배부율

$$활동별\ 배부율 = \frac{활동별\ 원가}{활동별\ 원가동인}$$

### (2) 활동별 원가배부

$$활동별\ 원가배부 = 활동별\ 배부율 \times 제품별\ 원가동인\ 소비량$$

## 04 활동기준원가계산 도입배경

| 정확한 수익성 분석 필요 | 제품별 정확한 원가계산 필요성 |
|---|---|
| 제조간접원가 비중 증가 | 공정이 복잡해짐에 따라 제조간접원가의 정확한 배부 필요성 |
| 생산체제의 변화 | 소품종 대량생산 → 다품종 소량생산 |
| 원가개념의 확대 | 제품수명주기의 각 단계별 정확한 원가계산 필요성 |
| 정보수집기술 발달 | 방대한 자료를 컴퓨터를 활용하여 수집 및 분석할 수 있어 원가측정비용 절감가능 |

## 05 활동의 종류(원가계층)

| 단위수준활동 | | 제품 단위별 수행  예 조립활동, 절삭활동, 전수검사활동 등 |
|---|---|---|
| 비단위수준활동 | 묶음수준활동 | 처리된 묶음별 수행  예 구매주문활동, 재료수령활동 등 |
| | 제품수준활동 | 제품 종류별 수행  예 설계활동, 제품개량활동 등 |
| | 설비수준활동 | 현재 조업도를 유지하기 위하여 수행  예 조경활동, 건물관리활동 등 |

## 06 활동기준원가계산의 장·단점

| 장점 | 단점 |
|---|---|
| 정확한 원가계산 | 명확한 활동기준 부재 |
| 신축적 원가계산 | 원가측정비용 증가 |
| 비부가가치활동원가 제거 | 설비수준활동의 자의적 배분 |
| 비재무적 수치 활용 | 원가동인수 절감에 따른 생산과잉 |

## 07 활동기준원가계산의 효익이 큰 기업의 유형

(1) 제조간접원가의 비중이 큰 기업

(2) 제품별로 제조공정에서 요구되는 활동이 차이가 큰 기업

(3) 복잡한 생산공정을 통해 여러 제품을 생산하는 기업

(4) 제조공정이 기존의 생산방식에서 급격히 변하거나 제품의 종류가 다양한 기업

## 08 전통적 원가계산과 활동기준원가계산의 비교

| 구분 | 전통적 원가계산 | 활동기준원가계산 |
|---|---|---|
| 제조간접원가 집계 | 공장 전체 또는 부문별 | 각 활동별 |
| 원가배부기준 | 조업도기준 | 활동별 다양한 기준 |
| 배부기준 사례 | 노동시간, 기계시간 등 | 거래건수, 기간 및 직접동인 |
| 원가배부 정확성 | 상대적으로 낮음 | 상대적으로 높음 |
| 원가측정비용 | 상대적으로 낮음 | 상대적으로 높음 |

# 객관식 연습문제

★ : 꼭 풀어봐야 할 필수문제

📝 : 심화된 내용을 학습할 수 있는 고급문제

★

**01** 다음 활동기준원가계산(activity-based costing)에 대한 설명 중에서 가장 옳지 않은 것은 무엇인가?

① 활동중심점의 수가 증가하고 원가동인의 수준이 직접동인에 근접할수록 원가왜곡으로 인하여 발생할 수 있는 예상손실은 줄어들 수 있다.

② 제조간접원가의 비중이 상대적으로 큰 기업의 경우 활동기준원가계산을 적용할 경우 효익이 더 크다.

③ 활동기준원가계산은 제조업뿐만 아니라, 병원, 회계법인 및 세무법인 등 서비스업종에 대해서도 적용할 수 있다.

④ 정확한 원가계산이 가능하기 때문에 모든 기업이 활동기준원가계산을 적용할 경우 큰 효익을 얻을 수 있는 원가계산방식이다.

⑤ 활동은 일반적으로 단위수준활동, 묶음수준활동, 제품수준활동 및 설비유지활동으로 구분하며 이를 원가계층이라 한다.

**02** 활동기준원가계산의 장점이 아닌 것은?

① 전통적 원가계산방법에 비하여 상대적으로 원가계산 정확

② 신축적 원가계산 가능

③ 현장관리자의 이해도 증가

④ 공정가치분석을 통하여 비부가가치활동 제거 가능

⑤ 제조간접원가의 부문별 집계로 인하여 원가계산 용이

**03** 활동기준원가계산에 관한 다음 설명 중에서 타당하지 않은 것은?

① 활동이 자원을 소비하고 제품이 활동을 소비한다.

② 제조간접원가에는 생산량 이외의 다른 원가동인에 의하여 발생하는 원가가 많이 포함되어 있다.

③ 배부기준의 수가 전통적인 원가계산에 비해 많다.

④ 제품별 또는 부문별 성과평가의 신뢰성이 높아진다.

⑤ 표준원가계산과 같이 일종의 사전원가계산제도이다.

**04** 활동기준원가계산의 개발배경으로 가장 거리가 먼 것은?

① 노동집약적인 생산형태에서 자본집약적인 생산형태로의 전환
② 공장자동화로 인한 제조간접원가 증가
③ 컴퓨터 활용을 통한 정보수집 용이
④ 다품종 소량생산체제에서 소품종 대량생산체제로의 변화
⑤ 소비자의 다양한 요구를 반영한 제품차별화

★

**05** 활동기준원가계산(Activity Based Costing)시스템은 조업도기준 원가계산(Volume Based Costing)시스템에 비하여 보다 정확한 제품원가를 제공할 수 있다. 다음 중에서 활동기준원가계산시스템을 도입함에 따라서 그 효과를 크게 볼 수 있는 기업의 일반적 특성에 해당되지 않은 것은?

[회계사 02]

① 생산과정에 거액의 간접원가가 발생하는 경우
② 제품, 고객 및 생산공정이 매우 단순한 경우
③ 회사가 치열한 가격경쟁에 직면한 경우
④ 제품의 제조와 마케팅 원가에 대해서 생산작업자와 회계담당자 사이에 심각한 견해차이가 있는 경우
⑤ 제조 이전과 이후 단계의 원가 비중이 높아 적절한 수익성 파악이 요구되는 경우

**06** 활동기준원가계산시스템에 대한 설명 중 옳은 것을 모두 묶은 것은?

[세무사 09]

> ㄱ. 제품과 고객이 매우 다양하고 생산공정이 복잡한 경우, 일반적으로 활동기준원가계산이 전통적 원가계산보다 정확한 제품원가 정보를 제공한다.
> ㄴ. (ㄱ)설명의 주된 이유는 활동기준원가계산은 원가 발생행태보다 원가를 소모하는 활동에 초점을 맞추어 원가를 집계하여 배부하기 때문이다.
> ㄷ. 생산과정에서 거액의 간접원가가 발생하는 경우 활동기준원가계산이 전통적 원가계산보다 원가관리에 효과적이다.

① ㄱ        ② ㄱ, ㄴ        ③ ㄱ, ㄷ
④ ㄴ, ㄷ        ⑤ ㄱ, ㄴ, ㄷ

**07** (주)경기는 휴대전화를 생산한다. 현재 회사는 제조간접원가를 단일배부율을 사용하여 공장 전체에 배부하고 있다. 회사의 경영진은 제조간접원가를 좀 더 정교하게 배부할 필요가 있다고 판단하고, 회계담당부서로 하여금 주요 생산활동과 그 활동에 대한 원가동인을 파악하라고 지시하였다. 다음은 활동, 원가동인 그리고 배부율에 대한 자료이다.

| 활동 | 원가동인 | 배부율 |
|---|---|---|
| 재료취급 | 부품의 수 | 부품당 ₩1,000 |
| 조립 | 직접노무시간 | 시간당 ₩40,000 |
| 검사 | 검사부문에서의 검사시간 | 분당 ₩10,000 |

현재의 전통적인 원가계산방법은 직접노무시간에 기초하여 1시간당 ₩150,000의 배부율을 사용한다. 휴대전화 제작을 위하여 한 번의 작업(batch)으로 50대의 휴대전화가 제조되었다. 전통적인 원가계산방법과 활동기준원가계산방법을 사용할 경우 휴대전화 한 대당 배부될 제조간접원가는 각각 얼마인가? (단, 한 번의 작업(batch)에는 1,000개의 부품, 직접노무시간 8시간, 그리고 검사시간 15분이 필요하다)

|  | 전통적 방법 | 활동기준방법 |
|---|---|---|
| ① | ₩24,000 | ₩29,400 |
| ② | ₩29,400 | ₩29,400 |
| ③ | ₩24,000 | ₩24,000 |
| ④ | ₩24,000 | ₩24,900 |
| ⑤ | ₩24,000 | ₩47,000 |

※ 다음은 **08** ~ **09**에 관련된 자료이다.

(주)한국은 다양한 가구를 생산하고 있다. 회사는 제조간접원가를 총 4개의 활동범주로 구분한 후 활동별 원가동인 및 원가동인배부율을 다음과 같이 결정하였다.

| 활동 | 활동원가 | 원가동인 | 원가동인예산 | 배부율 |
|---|---|---|---|---|
| 재료처리 | ₩10,000 | 직접노무원가 | ₩50,000 | 노무원가의 20% |
| 생산준비 | 5,000 | 준비횟수 | 1,000/회 | ₩5/회 |
| 기계유지 | 30,000 | 가동시간 | 5,000/시간 | 6/시간 |
| 엔지니어링 | 20,000 | 기계시간 | 2,000/시간 | 10/시간 |
| 합계 | ₩65,000 | | | |

최근 (주)한국은 제품 A에 대한 주문을 받았으며, 제품 A의 원가 관련 자료는 다음과 같다.

| 재료원가 | ₩1,000 |
|---|---|
| 직접노동시간 | 70시간(시간당 임률 ₩20) |
| 준비횟수 | 50회 |
| 가동시간 | 200시간 |
| 기계시간 | 150시간 |

**08** 제품 A의 예상제조간접원가를 구하시오.

① ₩2,580      ② ₩3,560      ③ ₩1,750

④ ₩3,230      ⑤ ₩4,560

**09** 제품 A의 예상 판매가격이 ₩6,000일 경우 예상영업이익을 구하시오.

① ₩300      ② ₩320      ③ ₩330

④ ₩350      ⑤ ₩370

**10** 20×1년 한 해 동안 제품 A 100개와 제품 B 200개를 생산한 (주)한국의 제품제조와 관련된 자료는 다음과 같다.

(1) 제품별 단위당 직접재료원가

| 제품 | 단위당 직접재료원가 |
|---|---|
| A | ₩800 |
| B | 1,200 |

(2) 제품별 총원가동인 소비량

| 제품 | 부품수 | 기계회전수 | 기계시간 | 주문서수 | 조립시간 |
|---|---|---|---|---|---|
| A | 10개 | 18회 | 12시간 | 1회 | 60시간 |
| B | 20 | 34 | 8 | 1 | 60 |

(3) 기타 제조활동과 관련된 원가동인 및 가공원가

| 활동 | 원가동인 | 가공원가 |
|---|---|---|
| 부품조립활동 | 조립시간 120시간 | ₩96,000 |
| 선반작업활동 | 기계회전수 52회 | 26,000 |
| 절삭작업활동 | 기계시간 20시간 | 120,000 |
| 재료처리활동 | 부품수 30개 | 30,000 |
| 연마작업활동 | 부품수 30개 | 36,000 |
| 하역작업활동 | 주문서수 2회 | 300,000 |
| 합계 | | ₩608,000 |

활동기준원가계산방법에 의할 경우 제품 B의 단위당 제조원가는 얼마인가?

① ₩2,700  ② ₩2,735  ③ ₩2,775
④ ₩2,815  ⑤ 정답 없음

**11** 고급형과 보급형 두 가지의 스포츠자전거를 생산하는 한국(주)의 생산 및 원가자료는 다음과 같다.

| 구분 | 고급형 | 보급형 |
|---|---|---|
| 예상생산량 | 2,500단위 | 20,000단위 |
| 단위당 직접노동시간 | 4시간 | 2시간 |
| 단위당 직접재료원가 | ₩180.0 | ₩134.4 |
| 단위당 직접노무원가 | 19.2 | 9.6 |

한국(주)의 직접노동시간당 임률은 ₩4.8, 총제조간접원가는 ₩2,400,000이다. 활동기준원가계산을 위해서는 다음의 자료를 이용한다.

| 활동 | 원가동인 | 활동별 원가 | 제품별 원가동인수 | | |
|---|---|---|---|---|---|
| | | | 고급형 | 보급형 | 합계 |
| 매입주문활동 | 주문횟수 | ₩100,800 | 10회 | 20회 | 30회 |
| 작업지시활동 | 지시횟수 | 259,200 | 60회 | 120회 | 180회 |
| 품질검사활동 | 검사횟수 | 540,000 | 8회 | 22회 | 30회 |
| 기계관련활동 | 기계시간 | 1,500,000 | 40시간 | 60시간 | 100시간 |
| 합계 | | ₩2,400,000 | | | |

활동기준원가계산에 의할 경우 고급형 스포츠자전거의 단위당 제조원가는 얼마인가?

① ₩536.4      ② ₩540.2      ③ ₩544.8

④ ₩548.4      ⑤ 정답 없음

(주)서울은 가전제품을 생산하여 판매하는 기업이다. (주)서울의 경영자는 현재 생산하고 있는 양문 냉장고의 설계를 변경하는 경우 원가를 얼마나 절감할 수 있는지 알아보려 한다. 20×2년의 양문냉장고 예상판매량 100대를 현재 설계된 대로 생산하는 경우 직접재료원가 ₩100,000, 직접노무원가 ₩50,000, 그리고 제조간접원가 ₩350,000이 발생할 것으로 추정된다. (주)서울은 활동기준원가계산(activity-based costing)을 적용하고 있는데 제조간접원가를 발생원인에 따라 항목별로 구분한 결과는 다음과 같다.

| 제조간접원가 항목 | 금액 | 원가동인 및 발생 현황 |
|---|---|---|
| 기계가동원가 | ₩100,000 | 기계가동시간 100시간 |
| 작업준비원가 | 50,000 | 작업준비시간 10시간 |
| 검사원가 | 100,000 | 검사시간 10시간 |
| 재작업원가 | 100,000 | 재작업시간 20시간 |

설계를 변경하는 경우 기계가동시간과 재작업시간은 20% 감소되며, 작업준비시간은 25% 감소될 것으로 예상된다. 그러나 검사시간은 현재보다 20% 늘어날 것으로 예상된다. (주)서울이 설계를 변경하는 경우 단위당 제조간접원가를 얼마나 절감할 수 있는가? (단, 상기 자료 외의 원가는 고려하지 않는다) [세무사 10]

① ₩275  ② ₩325  ③ ₩375
④ ₩425  ⑤ ₩475

**13** 상품매매기업인 (주)한국유통이 활동기준원가계산을 적용하여 간접원가(overheads)를 고객별로 배부하기 위해, 20×1년 초에 수집한 연간 예산자료는 다음과 같다.

(1) 연간 간접원가

| 간접원가항목 | 금액 |
|---|---|
| 급여 | ₩1,200,000 |
| 판매비 | 800,000 |
| 계 | ₩2,000,000 |

(2) 활동별 간접원가 배부비율

| 간접원가항목 | 활동 | | 계 |
|---|---|---|---|
| | 고객주문처리 | 고객관계관리 | |
| 급여 | 20% | 80% | 100% |
| 판매비 | 40% | 60% | 100% |

(3) 활동별 원가동인과 연간 활동량

| 활동 | 원가동인 | 활동량 |
|---|---|---|
| 고객주문처리 | 고객주문횟수 | 500회 |
| 고객관계관리 | 고객수 | 50명 |

(주)한국유통은 20×1년 중 주요 고객인 (주)대한이 20회의 주문을 할 것으로 예상하고 있다. (주)대한의 주문 1회당 예상되는 평균매출액은 ₩20,000이며, 매출원가는 매출액의 75%이다. 활동기준원가계산을 적용하여 간접원가를 고객별로 배부하는 경우, (주)한국유통이 20×1년 중 (주)대한으로부터 얻을 것으로 예상할 수 있는 이익은 얼마인가? (단, 매출원가를 제외한 어떠한 직접원가도 발생하지 않는다)                                     [회계사 15]

① ₩46,300      ② ₩48,800      ③ ₩50,400

④ ₩52,600      ⑤ ₩54,500

**14** (주)한국은 두 개의 제조부문인 절삭과 조립부문을 통하여 제품을 생산한다. 전체 제조간접원가는 각 부문별 기계시간을 기준으로 각 부문에 배부하고 부문별 제조간접원가는 부문별 노동시간을 기준으로 각 개별제품에 배부한다. 당해 연도 총제조간접원가는 ₩1,200,000이며 제조부문별 기계시간과 노동시간은 다음과 같다.

| 구분 | 절삭부문 | 조립부문 | 계 |
|---|---|---|---|
| 기계시간 | 4,800시간 | 7,200시간 | 12,000시간 |
| 노동시간 | 12,000 | 8,000 | 20,000 |

또한, 제품 A와 제품 B에 대한 원가 관련 자료는 다음과 같다.

| 구분 | | 제품 A | 제품 B |
|---|---|---|---|
| 생산량 | | 400 | 300 |
| 단위당 직접재료원가 | | ₩200 | ₩300 |
| 단위당 직접노무원가 | | ₩150 | ₩100 |
| 단위당 기계시간 | 절삭 | 2시간 | 1시간 |
| | 조립 | 2시간 | 2시간 |
| 단위당 노동시간 | 절삭 | 1시간 | 2시간 |
| | 조립 | 2시간 | 1시간 |

회사는 활동기준원가계산을 도입하여 제조간접원가를 배부하고자 한다. 활동기준원가계산을 적용하기 위하여 분석한 자료는 다음과 같다.

| 활동 | 원가동인 | 배부율 | 원가동인 총소비량 | |
|---|---|---|---|---|
| | | | 제품 A | 제품 B |
| 작업준비 | 준비횟수 | ₩200 | 100 | 120 |
| 재료이동 | 이동횟수 | 50 | 240 | 250 |
| 가동 | 가동시간 | 100 | 200 | 300 |
| 운반 | 운반횟수 | 80 | 300 | 150 |

활동기준원가계산을 적용할 경우 전통적 원가계산에 비하여 제품 A의 단위당 제조간접원가가 얼마나 달라지는지 구하시오.

① ₩30 증가　　　　② ₩30 감소　　　　③ ₩40 감소

④ ₩40 증가　　　　⑤ ₩50 감소

**15** (주)한국은 소매업체들을 대상으로 판매촉진 관련 지원서비스를 제공하고 있다. (주)한국은 적절한 이익을 창출하고자 각 고객별 주문과 관련하여 발생한 재료원가에 100%의 이윤폭(markup)을 가산하여 각 고객에 대한 지원서비스 청구액(= 재료원가 × 200%)을 결정하여 왔다. 최근 들어 (주)한국은 새로운 고객관계관리 소프트웨어를 사용하여 활동분석을 수행한 결과, 활동, 활동원가동인 및 활동원가동인당 배부율을 다음과 같이 파악하였다.

| 활동 | 활동원가동인 | 활동원가동인당 배부율 |
|---|---|---|
| 정규주문처리 | 정규주문 처리건수 | 정규주문처리 건당 ₩5 |
| 긴급주문처리 | 긴급주문 처리건수 | 긴급주문처리 건당 ₩15 |
| 고객이 요구한 특별서비스처리 | 특별서비스 처리건수 | 특별서비스처리 건당 ₩50 |
| 고객관계관리 | 연간 고객수 | 고객당 ₩100 |

고객관계관리 소프트웨어를 이용하여 20×1년 한 해 동안 이 회사의 고객들에 관한 데이터를 수집하였으며, 총 고객 60명 중 2명의 고객 A, B에 대한 자료와 회사 전체의 자료는 다음과 같다.

| 구분 | 고객 A | 고객 B | 회사 전체 |
|---|---|---|---|
| 매출액(지원서비스 청구액) | ₩1,400 | ₩750 | ₩60,000 |
| 정규주문 처리건수 | 25건 | 8건 | 1,000건 |
| 긴급주문 처리건수 | 10건 | 8건 | 500건 |
| 특별서비스 처리건수 | 4건 | 7건 | 200건 |
| 고객수 | 1명 | 1명 | 60명 |

위에 주어진 활동분석 자료에 입각하여 20×1년 한 해 동안 고객 A, B 각각으로부터 창출된 이익(손실)을 계산하면 얼마인가? [회계사 16]

| | 고객 A | 고객 B |
|---|---|---|
| ① | ₩175 | ₩(235) |
| ② | ₩175 | ₩(300) |
| ③ | ₩175 | ₩(325) |
| ④ | ₩125 | ₩(235) |
| ⑤ | ₩125 | ₩(325) |

**16** (주)한국은 디지털카메라를 생산·판매하고 있다. 최근 치열한 가격 경쟁으로 인하여 시장점유율이 점점 줄어들고 있어 설계 변경을 통한 원가절감을 고려하고 있다. 설계 변경 전과 설계 변경 후 제품생산에 필요한 활동 및 원가동인 소비량을 다음과 같이 분석하였다.

| 활동 | 원가동인 | 원가동인 소비량 | |
|---|---|---|---|
| | | 설계 변경 전 | 설계 변경 후 |
| 가동 | 재료단위 | 12,000 | 10,000 |
| 재료이동 | 이동횟수 | 7,500 | 6,500 |
| 품질검사 | 검사시간(분) | 37,500 | 30,500 |

또한, 각 활동별 원가자료는 다음과 같다

| 가동 | 재료단위당 ₩15이다. |
|---|---|
| 재료이동 | 이동횟수당 ₩12이다. |
| 품질검사 | 검사시간(분)당 ₩10이다. 또한, 현재 검사인원은 10명이며 1인당 검사시간(분)은 4,000분이다. 1인당 급여는 ₩30,000이며 설계 변경 후 2명을 감축할 수 있다. |

제품생산량이 총 20,000단위인 경우 설계 변경으로 인한 단위당 원가절감액을 구하시오.

① ₩8.6      ② ₩8.8      ③ ₩9.0
④ ₩9.2      ⑤ ₩9.4

**17** (주)한국은 여러 종류의 LED전구를 생산·판매하고 있다. 회사는 직접노무원가의 250%를 제조간접원가로 배부하는 방법을 적용하고 있다. 최근 회사는 활동기준원가계산의 도입을 고려하고 있으며 활동분석을 통하여 다음의 두 가지 활동으로 구성되어 있는 것으로 판단하여 관련 자료를 수집하였다.

| 활동 | 원가동인 | 배부율 |
|---|---|---|
| 작업준비 | 준비횟수 | ₩300/준비횟수 |
| 품질검사 | 검사시간 | 100/검사시간 |

작업준비는 뱃치 단위로 진행되며 작업 #325의 경우 1뱃치당 250단위, 뱃치당 준비횟수는 15회로 파악하고 있으며 품질검사시간은 단위당 0.3시간이 될 것으로 예상하고 있다. 작업 #325의 예상생산량이 10,000단위이고 예상직접노무원가가 ₩300,000인 경우 기존 직접노무원가기준의 배부방식에 비하여 활동기준원가계산방식을 도입할 경우 단위당 제조간접원가 예상 증감액은 얼마인가?

① ₩23 감소      ② ₩23 증가      ③ ₩25 증가
④ ₩25 감소      ⑤ ₩27 감소

우편 및 전화주문 판매를 하는 (주)한국은 활동기준원가계산(Activity-Based Costing)시스템을 통해 주요 고객의 수익성을 파악하고자 한다. 주요 고객의 연간 자료는 다음과 같다.

| 구분 | 고객 갑 | 고객 을 | 고객 병 |
|------|---------|---------|---------|
| 총매출 | ₩8,000 | ₩10,000 | ₩20,000 |
| 반품-수량 | 4개 | 0개 | 2개 |
| 반품-액수(판매가) | ₩2,000 | ₩0 | ₩5,000 |
| 연간 총전화주문건수 | 4건 | 0건 | 8건 |
| 연간 총우편주문건수 | 4건 | 2건 | 2건 |
| 건당 평균 전화주문처리시간 | 0.25시간 | 0시간 | 0.2시간 |

매출원가는 판매시가의 75%이다. 배송비용은 고객이 부담하며, 반품에 따른 배송비만 고객이 부담하면 반품은 항상 허용된다. 활동 및 활동원가의 동인율(activity cost driver rate)이 다음과 같을 경우, ABC를 통해 계산한 고객 갑으로부터의 연간 이익은 얼마인가? [세무사 01]

| 활동 | 활동원가동인율 |
|------|----------------|
| 우편주문처리 | ₩50/주문건수 |
| 전화주문처리 | ₩800/시간 |
| 반품처리 | ₩100/반품 수량 |
| 고객유지 | ₩500/년 |

① ₩(400)       ② ₩(100)       ③ ₩300

④ ₩500       ⑤ ₩2,000

**19** (주)대한은 제품 A와 제품 B를 생산하는 기업으로, 생산량을 기준으로 제품별 제조간접원가를 배부하고 있다. (주)대한은 제품별 원가계산을 지금보다 합리적으로 하기 위해 활동기준원가계산제도를 도입하고자 한다. 다음은 활동기준원가계산에 필요한 (주)대한의 활동 및 제조에 관한 자료이다.

| 활동 | 활동원가(₩) | 원가동인 |
|---|---|---|
| 재료이동 | 1,512,000 | 운반횟수 |
| 조립작업 | 7,000,000 | 기계작업시간 |
| 도색작업 | 7,200,000 | 노동시간 |
| 품질검사 | 8,000,000 | 생산량 |
| 총합계(제조간접원가) | 23,712,000 | |

| 원가동인 | 제품별 사용량 | |
|---|---|---|
| | 제품 A | 제품 B |
| 운반횟수 | 400회 | 230회 |
| 기계작업시간 | 600시간 | 800시간 |
| 노동시간 | 3,000시간 | 6,000시간 |
| 생산량 | X개 | Y개 |

(주)대한이 위 자료를 바탕으로 활동기준원가계산에 따라 제조간접원가를 배부하면, 생산량을 기준으로 제조간접원가를 배부하였을 때보다 제품 A의 제조간접원가가 ₩3,460,000 더 작게 나온다. 활동기준원가계산으로 제조간접원가를 배부하였을 때 제품 B의 제조간접원가는 얼마인가?

[회계사 20]

① ₩8,892,000
② ₩9,352,000
③ ₩11,360,000
④ ₩12,352,000
⑤ ₩14,820,000

**20** (주)세무는 20×1년 제품 A 1,500단위, 제품 B 2,000단위, 제품 C 800단위를 생산하였다. 제조간접원가는 작업준비 ₩100,000, 절삭작업 ₩600,000, 품질검사 ₩90,000이 발생하였다. 다음 자료를 이용한 활동기준원가계산에 의한 제품 B의 단위당 제조간접원가는? [세무사 20]

| 활동 | 원가동인 | 제품 A | 제품 B | 제품 C |
|---|---|---|---|---|
| 작업준비 | 작업준비횟수 | 30 | 50 | 20 |
| 절삭작업 | 절삭작업시간 | 1,000 | 1,200 | 800 |
| 품질검사 | 검사시간 | 50 | 60 | 40 |

① ₩43　　　　　　② ₩120　　　　　　③ ₩163
④ ₩255　　　　　　⑤ ₩395

**21** 다음은 단일제품을 생산하여 판매하는 (주)한국의 연간 활동원가 예산자료와 4월의 활동원가 자료이다.

• 연간 활동원가 예산자료

| 활동 | 활동원가 | 원가동인 | 원가동인수량 |
|---|---|---|---|
| 재료이동 | ₩5,000,000 | 이동횟수 | 1,000 회 |
| 성형 | ₩3,000,000 | 제품생산량 | 24,000 단위 |
| 도색 | ₩1,500,000 | 직접노동시간 | 6,000 시간 |
| 조립 | ₩2,000,000 | 기계작업시간 | 2,000 시간 |

• 4월 중 생산한 제품의 활동원가 자료
　제품생산량: 2,000단위, 직접노동시간: 500시간, 기계작업시간: 200시간

활동기준원가계산에 의할 경우, (주)한국의 4월 중에 생산한 제품의 활동원가금액은 ₩1,050,000으로 계산되었다. (주)한국이 4월 중 제품을 생산하는 과정에서 발생한 재료의 이동횟수는 얼마인가?

① 95회　　　　　　② 96회　　　　　　③ 97회
④ 98회　　　　　　⑤ 99회

**22** (주)한국은 제조간접원가를 활동기준원가계산을 적용하여 개별제품에 배부하고 있다. 당해 연도 활동에 대한 원가와 원가동인 자료를 다음과 같이 수집하였다.

| 활동 | 활동별 제조간접원가 | 원가동인 | 총 원가동인 수 |
|---|---|---|---|
| 제품설계 | ₩250,000 | 설계제품 부품 수 | 100단위 |
| 생산준비 | 228,000 | 준비횟수 | 380회 |
| 가동 | 807,000 | 기계작업시간 | 13,450시간 |
| 선적준비 | 150,000 | 선적횟수 | 300회 |
| 배달 | 200,000 | 배달제품 중량 | 50,000kg |

회사는 제조원가에 30%의 이익을 가산하여 제품 가격을 결정한다. 당해 연도 생산된 제품 A에 대한 기본원가는 단위당 ₩250이고, 총 생산량 1,000단위에 대한 원가동인 소비량이 다음과 같다.

- 설계제품 부품 수: 90단위
- 준비횟수: 120회
- 기계작업시간: 5,400시간
- 선적횟수: 90회
- 배달제품 중량: 36,000kg

제품 A의 단위당 판매가격을 구하시오.

① ₩1,145　　　　② ₩1,230　　　　③ ₩1,285
④ ₩1,350　　　　⑤ ₩1,378

(주)한국은 표준형과 고급형 두 가지 모델의 가방을 생산하고 있다.

<자료 1>

20×1년의 제품별 생산량 및 원가자료는 다음과 같다. 단, 생산량은 전량 판매된다.

| 구분 | 표준형 | 고급형 |
|---|---|---|
| 직접재료원가 | ₩2,200,000 | ₩2,000,000 |
| 직접노무원가 | 3,000,000 | 1,100,000 |
| 생산량 | 8,000단위 | 4,000단위 |

회사는 과거에는 전통적 원가계산방식에 따라 제조간접원가를 직접노무원가를 기준으로 배부하였으나 현재는 활동기준원가계산을 도입하여 원가계산을 하고 있다.

<자료 2>

각 활동중심점과 활동중심점별 배부율은 다음과 같다.

| 작업준비활동 | 작업준비시간당 ₩1,600 |
|---|---|
| 품질검사활동 | 검사시간당 600 |
| 제품가동활동 | 제품 단위당 50 |

(1) 표준형은 1뱃치(묶음)가 400개이고, 고급형은 1뱃치가 200개이다. 표준형은 뱃치당 20시간의 작업준비시간이 소요되며, 고급형은 뱃치당 15시간의 작업준비시간이 소요된다.
(2) 품질검사시간은 표준형은 단위당 6분이고, 고급형은 단위당 15분이다.

회사가 활동기준원가계산으로 제조간접원가를 배부할 경우 제품별 제조간접원가를 계산하시오.

|  | 표준형 | 고급형 |
|---|---|---|
| ① | ₩1,420,000 | ₩1,320,000 |
| ② | ₩1,120,000 | ₩1,290,000 |
| ③ | ₩1,520,000 | ₩1,280,000 |
| ④ | ₩1,340,000 | ₩1,580,000 |
| ⑤ | ₩1,620,000 | ₩1,480,000 |

# 정답 및 해설

## 정답

01 ④  02 ⑤  03 ⑤  04 ④  05 ②  06 ⑤  07 ①  08 ④  09 ⑤  10 ②
11 ③  12 ②  13 ②  14 ②  15 ④  16 ①  17 ⑤  18 ①  19 ④  20 ③
21 ①  22 ⑤  23 ③

## 해설

**01** ④  활동기준원가계산이 전통적 원가계산에 비하여 보다 정확한 제조간접원가 배부를 할 수 있어 원가왜곡 손실을 줄일 수 있지만 원가측정비용이 크게 발생하기 때문에 모든 기업이 효익을 얻을 수 있는 것은 아니다. 만약, 제조간접원가의 비중이 낮거나 비단위수준활동의 원가가 낮게 발생하는 기업과 같은 경우에는 활동기준원가계산으로 인한 효익보다 원가측정비용이 더 많이 발생할 수 있다.

**02** ⑤  활동기준원가계산하에서는 제조간접원가를 각 활동중심별로 집계하며, 원가계산이 전통적 원가계산에 비해 용이하지 않다.

**03** ⑤  활동기준원가계산은 사전원가계산제도가 아니다.

> **point 사전원가계산**
>
> 사전원가계산이란 실제 원가를 집계하기 전 미리 예정된 배부율을 통해서 제품원가계산이 이루어진 후 실제 원가와의 차이를 조정하는 관리적 측면에서의 원가계산제도로서 정상원가계산과 표준원가계산을 그 예로 들 수 있으며, 이에 대비하여 실제원가계산을 사후원가계산이라고 한다. 따라서 활동기준원가계산과는 전혀 다른 개념이다.

**04** ④  소품종 대량생산체제에서 다품종 소량생산체제로의 변화로 인하여 활동기준원가계산제도가 대두되었다.

**05** ②  제품, 고객 및 생산공정이 복잡한 경우 활동기준원가계산을 도입함에 따라 그 효과가 더 커진다.

**06** ⑤  모두 옳은 설명이다.

**07** ① 주어진 자료는 한 번의 작업(batch)에 대한 원가동인 소비량이므로 총원가를 계산한 후 50대로 나누어 한 대당 배부될 제조간접원가를 구해야 한다.

(1) 전통적 방법

| | |
|---|---|
| 총원가 | ₩1,200,000(= ₩150,000 × 8시간) |
| 수량 | ÷ 50대 |
| 단위당 원가 | ₩24,000 |

(2) 활동기준방법

| | |
|---|---|
| 재료취급 | ₩1,000,000(= ₩1,000 × 1,000개) |
| 조립 | 320,000(= ₩40,000 × 8시간) |
| 검사 | 150,000(= ₩10,000 × 15분) |
| 소계 | ₩1,470,000 |
| 수량 | ÷ 50대 |
| 단위당 원가 | ₩29,400 |

---

**point 전통적 원가계산 vs 활동기준원가계산**

전통적 원가계산은 배부할 원가를 직접노동시간 등 조업도기준에 따라 배부하는 반면, 활동기준원가계산은 해당 활동의 원가동인 소비량을 기준으로 배부하기 때문에 좀 더 세부적이고 정확한 원가계산이 가능하다. 따라서, 전통적 원가계산과 활동기준원가계산의 차이는 공통원가의 배부방법 차이이다.

---

**08** ④

| 활동 | 원가동인 소비량 | 활동원가 | |
|---|---|---|---|
| 재료처리 | ₩1,400[*] | ₩1,400 × 0.2 = | ₩280 |
| 생산준비 | 50회 | 50회 × ₩5 = | 250 |
| 기계유지 | 200시간 | 200시간 × ₩6 = | 1,200 |
| 엔지니어링 | 150시간 | 150시간 × ₩10 = | 1,500 |
| 합계 | | | ₩3,230 |

[*] 노무원가: 70시간 × ₩20 = ₩1,400

---

**09** ⑤

| | |
|---|---|
| 매출액 | ₩6,000 |
| 직접재료원가 | (1,000) |
| 직접노무원가 | (1,400) |
| 제조간접원가 | (3,230) |
| 예상영업이익 | ₩370 |

**10** ② 주어진 자료는 총수량에 대한 원가동인 소비량이므로 총가공원가를 계산한 후 제품 B의 수량인 200개로 나누어 단위당 가공원가를 구해야 한다.

(1) 활동별 배부율

| 활동 | 가공원가 | 원가동인 | 배부율 |
|---|---|---|---|
| 부품조립 | ₩96,000 | 120시간 | ₩800/시간 |
| 선반작업 | 26,000 | 52회 | 500/회 |
| 절삭작업 | 120,000 | 20시간 | 6,000/시간 |
| 재료처리 | 30,000 | 30개 | 1,000/개 |
| 연마작업 | 36,000 | 30개 | 1,200/개 |
| 하역작업 | 300,000 | 2회 | 150,000/회 |

(2) 제품 B의 단위당 가공원가

| 활동 | 제품 B | |
|---|---|---|
| 부품조립 | 60시간 × ₩800 = | ₩48,000 |
| 선반작업 | 34회 × ₩500 = | 17,000 |
| 절삭작업 | 8시간 × ₩6,000 = | 48,000 |
| 재료처리 | 20개 × ₩1,000 = | 20,000 |
| 연마작업 | 20개 × ₩1,200 = | 24,000 |
| 하역작업 | 1회 × ₩150,000 = | 150,000 |
| 소계 | | ₩307,000 |
| 생산량 | | ÷ 200개 |
| 단위당 가공원가 | | ₩1,535 |

(3) 제품 B의 단위당 제조원가

| | |
|---|---|
| 직접재료원가 | ₩1,200 |
| 가공원가 | 1,535 |
| 단위당 제조원가 | ₩2,735 |

**11** ③ 주어진 자료는 총수량에 대한 원가동인 소비량이므로 총활동원가를 계산한 후 고급형의 수량인 2,500 단위로 나누어 단위당 활동원가를 구해야 한다.

(1) 활동별 배부율

| 활동 | 원가 | 원가동인 | 배부율 |
|---|---|---|---|
| 매입주문 | ₩100,800 | 30회 | ₩3,360/회 |
| 작업지시 | 259,200 | 180회 | 1,440/회 |
| 품질검사 | 540,000 | 30회 | 18,000/회 |
| 기계관련 | 1,500,000 | 100시간 | 15,000/시간 |

(2) 고급형의 단위당 활동원가

| 활동 | 고급형 | |
|---|---|---|
| 매입주문 | 10회 × ₩3,360 = | ₩33,600 |
| 작업지시 | 60회 × ₩1,440 = | 86,400 |
| 품질검사 | 8회 × ₩18,000 = | 144,000 |
| 기계관련 | 40시간 × ₩15,000 = | 600,000 |
| 소계 | | ₩864,000 |
| 생산량 | | ÷ 2,500단위 |
| 단위당 활동원가 | | ₩345.6 |

(3) 고급형의 단위당 제조원가

| | |
|---|---|
| 직접재료원가 | ₩180.0 |
| 직접노무원가 | 19.2 |
| 제조간접원가 | 345.6 |
| 단위당 제조원가 | ₩544.8 |

**12** ② (1) 활동별 원가동인배부율

| 항목 | 원가 | 원가동인 | 배부율 |
|---|---|---|---|
| 기계가동원가 | ₩100,000 | 100시간 | ₩1,000/기계가동시간 |
| 작업준비원가 | 50,000 | 10시간 | 5,000/작업준비시간 |
| 검사원가 | 100,000 | 10시간 | 10,000/검사시간 |
| 재작업원가 | 100,000 | 20시간 | 5,000/재작업시간 |

(2) 설계 변경 후 절감액

| 항목 | 절감액 | |
|---|---|---|
| 기계가동원가 | ₩1,000 × (20시간) = | ₩(20,000) |
| 작업준비원가 | ₩5,000 × (2.5시간) = | (12,500) |
| 검사원가 | ₩10,000 × 2시간 = | 20,000 |
| 재작업원가 | ₩5,000 × (4시간) = | (20,000) |
| 합계 | | ₩(32,500) |

(3) 단위당 제조간접원가 절감액

₩32,500 ÷ 100대 = ₩325

**13** ② (1) 활동중심점별 원가 집계

① 고객주문처리: ₩1,200,000 × 20% + ₩800,000 × 40% = ₩560,000

② 고객관계관리: ₩1,200,000 × 80% + ₩800,000 × 60% = ₩1,440,000

(2) 활동별 배부율

| | 원가 | 원가동인 | 배부율 |
|---|---|---|---|
| 고객주문처리 | ₩560,000 | 500회 | ₩1,120/회 |
| 고객관계관리 | 1,440,000 | 50명 | 28,800/명 |

(3) (주)대한으로부터의 예상이익

| | |
|---|---|
| 매출 | ₩400,000(= ₩20,000 × 20회) |
| 매출원가 | 300,000(= ₩400,000 × 75%) |
| 매출총이익 | ₩100,000 |
| 고객주문처리 | 22,400(= ₩1,120 × 20회) |
| 고객관계관리 | 28,800(= ₩28,800 × 1명) |
| 예상이익 | ₩48,800 |

**14** ② (1) 전통적 원가계산을 적용하는 경우 제품 A의 단위당 제조간접원가

① 부문별 제조간접원가

a. 절삭: $₩1,200,000 × \dfrac{4,800시간}{12,000시간} = ₩480,000$

b. 조립: $₩1,200,000 × \dfrac{7,200시간}{12,000시간} = ₩720,000$

② 부문별 제조간접원가 배부율

a. 절삭: ₩480,000 ÷ 12,000시간 = ₩40

b. 조립: ₩720,000 ÷ 8,000시간 = ₩90

③ 제품 A의 단위당 제조간접원가

1시간 × ₩40 + 2시간 × ₩90 = ₩220

(2) 활동기준원가계산을 적용하는 경우 제품 A의 단위당 제조간접원가

(₩200 × 100 + ₩50 × 240 + ₩100 × 200 + ₩80 × 300) ÷ 400단위 = ₩190

∴ 활동기준원가계산을 적용할 경우 전통적 원가계산에 비하여 제품 A의 단위당 제조간접원가가
₩30(= ₩220 - ₩190)만큼 감소한다.

**15** ④

|  | 고객 A | 고객 B |
|---|---|---|
| 매출액 | ₩1,400 | ₩750 |
| 관련 비용 | | |
|   재료원가 | (700)[*1] | (375)[*6] |
|   정규주문처리 | (125)[*2] | (40)[*7] |
|   긴급주문처리 | (150)[*3] | (120)[*8] |
|   특별서비스처리 | (200)[*4] | (350)[*9] |
|   고객관계관리 | (100)[*5] | (100)[*10] |
| 손익 | ₩125 | ₩(235) |

[*1] ₩1,400 ÷ 200% = ₩700

[*2] ₩5 × 25건 = ₩125

[*3] ₩15 × 10건 = ₩150

[*4] ₩50 × 4건 = ₩200

[*5] ₩100 × 1명 = ₩100

[*6] ₩750 ÷ 200% = ₩375

[*7] ₩5 × 8건 = ₩40

[*8] ₩15 × 8건 = ₩120

[*9] ₩50 × 7건 = ₩350

[*10] ₩100 × 1명 = ₩100

**16** ①

|  | 설계 변경 전 |  | 설계 변경 후 |  |
|---|---|---|---|---|
| 가동 | ₩15 × 12,000단위 = | ₩180,000 | ₩15 × 10,000단위 = | ₩150,000 |
| 재료이동 | ₩12 × 7,500회 = | 90,000 | ₩12 × 6,500회 = | 78,000 |
| 품질검사 | ₩10 × 37,500분 = | 375,000 | ₩10 × 30,500분 = | 305,000 |
|  | ₩30,000 × 10명 = | 300,000 | ₩30,000 × 8명 = | 240,000 |
|  |  | ₩945,000 |  | ₩773,000 |

$$\therefore \text{ 단위당 원가절감액: } \frac{₩945,000 - ₩773,000}{20,000단위} = ₩8.6$$

**17** ⑤ (1) 직접노무원가기준 배부방식

 ₩300,000 × 250% = ₩750,000

(2) 활동기준 배부방식

| 작업준비 | 10,000단위 ÷ 250단위 × 15회 × ₩300 = | ₩180,000 |
|---|---|---|
| 품질검사 | 10,000단위 × 0.3시간 × ₩100 = | 300,000 |
| | | ₩480,000 |

(3) 단위당 제조간접원가 증감액

$$\frac{₩750,000 - ₩480,000}{10,000단위} = ₩27 \text{ 감소}$$

**18** ① (1) 고객 갑의 활동원가

| 활동 | 금액 | |
|---|---|---|
| 우편주문처리 | ₩50 × 4건 = | ₩200 |
| 전화주문처리 | ₩800 × 0.25시간 × 4건 = | 800 |
| 반품처리 | ₩100 × 4개 = | 400 |
| 고객유지 | | 500 |
| | | ₩1,900 |

(2) 고객 갑으로부터의 연간 이익

| 총매출 | | ₩8,000 |
|---|---|---|
| 매출환입 | | (2,000) |
| 순매출 | | ₩6,000 |
| 매출원가 | ₩6,000 × 75% = | (4,500) |
| 매출총이익 | | ₩1,500 |
| 활동원가(판매관리비) | | (1,900) |
| 영업손실 | | ₩(400) |

**19** ④ (1) 수량배합비율

제품 A와 제품 B의 수량배합비율을 각각 P, 1 - P로 설정한다.

① 기존방식

| 제품 A | 제품 B |
|---|---|
| ₩23,712,000 × P | ₩23,712,000 × (1 - P) |

② 활동기준원가계산

| 활동 | 제품 A | 제품 B |
|---|---|---|
| 재료이동 | ₩960,000[*1] | ₩552,000 |
| 조립작업 | 3,000,000[*2] | 4,000,000 |
| 도색작업 | 2,400,000[*3] | 4,800,000 |
| 품질검사 | 8,000,000P | 8,000,000(1 - P) |
| | ? | ? |

[*1] 재료이동 활동원가
  - 원가동인배부율: ₩1,512,000 ÷ 630회 = ₩2,400
  - 배부금액: ₩2,400 × 400회 = ₩960,000

[*2] 조립작업 활동원가
  - 원가동인배부율: ₩7,000,000 ÷ 1,400시간 = ₩5,000
  - 배부금액: ₩5,000 × 600시간 = ₩3,000,000

[*3] 도색작업 활동원가
  - 원가동인배부율: ₩7,200,000 ÷ 9,000시간 = ₩800
  - 배부금액: ₩800 × 3,000시간 = ₩2,400,000

③ 제품 A의 수량배합비율(P)

기존방식 = 활동기준원가방식 + ₩3,460,000

₩23,712,000P = ₩6,360,000 + ₩8,000,000P + ₩3,460,000

∴ P = 0.625

(2) 제품 B의 제조간접원가

₩9,352,000 + ₩8,000,000 × (1 - 0.625) = ₩12,352,000

---

**point 기존 배부기준과 품질검사의 원가동인은 생산량**

제품 A의 제조간접원가는 활동기준원가방식이 기존방식에 비하여 ₩3,460,000만큼 작으므로 "기존방식 = 활동기준원가방식 + ₩3,460,000"을 이용하여 제품별 수량배합비율을 계산할 수 있다.

---

**20** ③ (1) 활동별 배부율

작업준비: ₩100,000 ÷ 100회 = ₩1,000

절삭작업: ₩600,000 ÷ 3,000시간 = ₩200

품질검사: ₩90,000 ÷ 150시간 = ₩600

(2) 제품 B의 제조간접원가

| | | |
|---|---|---|
| 작업준비 | ₩1,000 × 50회 = | ₩50,000 |
| 절삭작업 | ₩200 × 1,200시간 = | 240,000 |
| 품질검사 | ₩600 × 60시간 = | 36,000 |
| 합계 | | ₩326,000 |

(3) 제품 B의 단위당 제조간접원가

₩326,000 ÷ 2,000단위 = ₩163

---

**point**

활동별 배부율을 계산하여 제품 B의 총원가를 집계한 후, 수량으로 나누어 단위당 제조간접원가를 계산할 수 있다.

---

**21** ①

| 활동 | 배부율 |
|---|---|
| 재료이동 | ₩5,000,000/1,000회 = ₩5,000 |
| 성형 | ₩3,000,000/24,000단위 = ₩125 |
| 도색 | ₩1,500,000/6,000시간 = ₩250 |
| 조립 | ₩2,000,000/2,000시간 = ₩1,000 |

₩5,000 × 재료이동횟수 + ₩125 × 2,000단위 + ₩250 × 500시간 + ₩1,000 × 200시간

= ₩1,050,000

∴ 재료이동횟수: 95회

**22** ⑤

| 활동 | 배부율 | 원가동인수 | 활동별 원가 |
|---|---|---|---|
| 제품설계 | ₩2,500/부품 수 | 90단위 | ₩225,000 |
| 생산준비 | ₩600/준비횟수 | 120회 | 72,000 |
| 가동 | ₩60/시간 | 5,400시간 | 324,000 |
| 선적준비 | ₩500/선적횟수 | 90회 | 45,000 |
| 배달 | ₩4/kg | 36,000kg | 144,000 |
| | | | ₩810,000 |

제품 A의 단위당 원가: ₩250 + (₩810,000/1,000단위) = ₩1,060

∴ 제품 A의 단위당 판매가격: ₩1,060 × 130% = ₩1,378

**23** ③

| | 표준형 | 고급형 |
|---|---|---|
| 작업준비활동 | (8,000단위/400개) × 20시간 × ₩1,600 = ₩640,000 | (4,000단위/200개) × 15시간 × ₩1,600 = ₩480,000 |
| 품질검사활동 | (8,000단위 × 6분)/60분 × ₩600 = ₩480,000 | (4,000단위 × 15분)/60분 × ₩600 = ₩600,000 |
| 제품가동활동 | 8,000단위 × ₩50 = ₩400,000 | 4,000단위 × ₩50 = ₩200,000 |
| 합계 | ₩1,520,000 | ₩1,280,000 |

# 제4장

# 종합원가계산

핵심 이론 요약

객관식 연습문제

정답 및 해설

# 핵심 이론 요약

## 01 원가계산방법별 제조원가의 구분

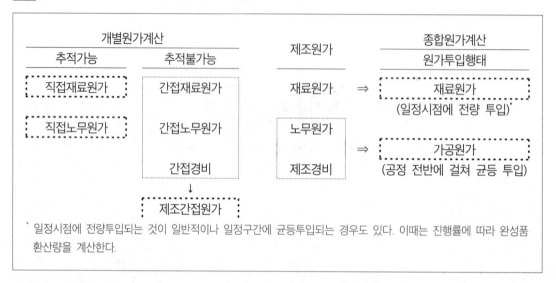

```
         개별원가계산                                         종합원가계산
 ┌──────────┬──────────┐        제조원가          ┌─────────────────┐
 추적가능     추적불가능                             원가투입행태

┌ ─ ─ ─ ─ ┐ ┌─────────┐        재료원가   ⇒   ┌ ─ ─ ─ ─ ─ ─ ─ ─ ─ ┐
  직접재료원가   간접재료원가                          재료원가
└ ─ ─ ─ ─ ┘ │         │                      (일정시점에 전량 투입)*
            │         │                      └ ─ ─ ─ ─ ─ ─ ─ ─ ─ ┘
┌ ─ ─ ─ ─ ┐ │ 간접노무원가 │        노무원가
  직접노무원가 │         │                  ⇒   ┌ ─ ─ ─ ─ ─ ─ ─ ─ ─ ┐
└ ─ ─ ─ ─ ┘ │         │                          가공원가
            │ 간접경비  │        제조경비          (공정 전반에 걸쳐 균등 투입)
            └─────────┘                      └ ─ ─ ─ ─ ─ ─ ─ ─ ─ ┘
                 ↓
           ┌ ─ ─ ─ ─ ─ ─ ┐
             제조간접원가
           └ ─ ─ ─ ─ ─ ─ ┘
```

* 일정시점에 전량투입되는 것이 일반적이나 일정구간에 균등투입되는 경우도 있다. 이때는 진행률에 따라 완성품 환산량을 계산한다.

## 02 종합원가계산 절차

| 1단계 | 제조원가를 원가투입행태에 따라 구분 |
|---|---|
| 2단계 | 각 원가항목별 원가를 적절하게 배분 |

## 03 완성품환산량

### (1) (원가요소별) 완성품환산량 단위당 원가

$$\text{완성품환산량 단위당 원가} = \frac{\text{해당 원가}}{\text{완성품환산량}}$$

### (2) (원가요소별) 원가배부

$$\text{원가배부액} = \text{완성품환산량 단위당 원가} \times \text{완성품과 재공품의 완성품환산량}$$

## 04 연속공정의 종합원가계산

전공정에서 대체된 원가를 전공정원가라 하며, 완성품환산량 계산 시 후속공정 초기에 투입되는 재료원가처럼 처리한다.

| 재공품(1공정) | | | | 재공품(2공정) | | | |
|---|---|---|---|---|---|---|---|
| 기초 | ××× | 중간제품원가 | ××× | 기초 | ××× | 완성품원가 | ××× |
| | | | | 전공정원가 | ××× | | |
| 재료원가 | ××× | | | 재료원가 | ××× | | |
| 가공원가 | ××× | 기말 | ××× | 가공원가 | ××× | 기말 | ××× |
| | ××× | | ××× | | ××× | | ××× |

## 05 원가흐름의 가정

### (1) 원가흐름의 가정에 따른 완성품환산량 비교

☑ 단, 재료원가는 공정 초기에 투입되고 가공원가는 균등발생을 가정함

① 재료원가

⇒ 평균법의 재료원가 환산량이 "기초재공품 물량"만큼 더 크다.

② 가공원가

⇒ 평균법의 가공원가 환산량이 "기초재공품 물량 × 기초진행률"만큼 더 크다.

## (2) 장·단점

| 구분 | 선입선출법 | 평균법 |
|------|-----------|--------|
| 장점 | 전기능률과 당기능률이 구분되어<br>원가통제에 유용 | 계산과정이 간편 |
| 단점 | 계산과정이 복잡 | 전기와 당기원가의 평균화로<br>원가계산 정확성 저하 |

## 06 공손

### (1) 종류

① 정상공손: 합격품을 얻기 위하여 불가피하게 발생하는 것으로, 정상공손의 원가는 향후 합격품에 물량기준으로 배분함

  ☑ 단, 공손이 공정 전반에 걸쳐 평균적으로 발생하는 경우 완성도를 반영한 물량기준으로 배분함

② 비정상공손: 작업자 부주의 등으로 발생하는 것으로, 비정상공손의 원가는 당기 손실처리함

### (2) 수량결정(분리법 적용)

① 검사시점 통과기준

$$\text{정상공손 허용수량} = \text{당기 합격품} \times \text{정상공손허용률}$$

② 검사시점 도달기준

$$\text{정상공손 허용수량} = \text{당기 검사물량}^* \times \text{정상공손허용률}$$

\* 합격품 + 공손

### (3) 기초재공품의 전기 검사시점 통과 여부

① 전기에 검사시점을 통과하지 않은 경우(당기에 검사시점을 통과): 선입선출법을 적용하는 경우 모든 공손은 당기 착수물량에서 발생한 것으로 가정함 → 수정된 선입선출법

② 전기에 검사시점을 통과한 경우: 평균법을 적용하는 경우 전기에 배부받은 기초재공품의 정상공손원가는 당기 정상공손원가와 합하여 총합격품에 배부함

## 07 감손

### (1) 감손율과 수율

$$\bullet \ 감손율 = \frac{감손량}{투입량}$$

$$\bullet \ 수율 = \frac{산출량}{투입량} = \frac{투입량 - 감손량}{투입량} = 1 - 감손율$$

### (2) 감손원가계산(비분리법 적용)

모든 물량을 감손 전 물량으로 재계산해야 한다.

$$감손 \ 후 \ 물량 = 감손 \ 전 \ 물량 \times (1 - 감손율 \times 완성도)$$

# 객관식 연습문제

★ : 꼭 풀어봐야 할 필수문제
📝 : 심화된 내용을 학습할 수 있는 고급문제

**01** 기초재공품이 전기에 검사를 통과한 경우 공손원가 처리에 대한 설명 중 가장 옳지 않은 것은?

① 기초재공품원가에 정상공손원가가 포함될 수 있다.
② 선입선출법을 적용할 경우 당기발생한 비정상공손원가는 당기 합격품에만 배부한다.
③ 평균법을 적용할 경우 당기발생한 정상공손원가는 기초재공품 정상공손원가와 합하여 총합격품에 배부한다.
④ 선입선출법을 적용할 경우 기말재공품이 검사시점을 통과하지 않았다면 당기발생된 정상공손원가는 당기착수완성품에만 배부된다.
⑤ 정답 없음

**02** 가중평균법(weighted average method)을 적용한 공정별원가계산에 대한 설명으로 가장 부적절한 것은? [회계사 01]

① 가중평균법은 기초재공품 모두를 당기에 착수, 완성한 것처럼 가정한다.
② 적시재고관리(just-in-time: JIT)를 적용하고 원가요소의 기간별 가격차이가 크지 않다면 선입선출법과 거의 차이가 없다.
③ 가중평균법은 착수 및 원가발생시점에 관계없이 당기완성량의 평균적 원가를 계산한다.
④ 선입선출법에 비해 가중평균법은 당기의 성과를 이전의 기간과 독립적으로 평가할 수 있는 보다 적절한 기회를 제공한다.
⑤ 흐름생산의 경우 선입선출법이 가중평균법에 비해 실제 물량흐름(physical flow)에 보다 충실한 원가흐름의 가정이라 볼 수 있다.

**03** 평균법을 이용하여 종합원가계산을 수행하는 회사에서 기말재공품 완성도를 실제보다 과대평가할 경우 과대평가 오류가 완성품환산량, 완성품환산량 단위당 원가, 당기완성품원가 그리고 기말재공품원가에 각각 어떠한 영향을 미치겠는가?

[세무사 98]

|   | 완성품환산량 | 완성품환산량 단위당 원가 | 당기완성품원가 | 기말재공품원가 |
|---|---|---|---|---|
| ① | 과대평가 | 과소평가 | 과소평가 | 과대평가 |
| ② | 과소평가 | 과대평가 | 과소평가 | 과소평가 |
| ③ | 과대평가 | 과소평가 | 과대평가 | 과대평가 |
| ④ | 과소평가 | 과대평가 | 과대평가 | 과소평가 |
| ⑤ | 과소평가 | 과소평가 | 과대평가 | 과대평가 |

**04** 다음 중 기말재공품 평가 시 사용되는 평균법과 선입선출법에 대한 설명으로 옳지 않은 것은?

① 선입선출법을 이용하여 종합원가계산을 수행하는 회사가 기말재공품의 완성도를 실제보다 과대평가할 경우 완성품환산량과 완성품원가는 과대평가된다.

② 기초재공품이 존재하지 않을 경우에는 평균법과 선입선출법에 의한 완성품환산량이 같지만, 기초재공품이 존재할 경우에는 평균법에 의한 완성품환산량이 선입선출법에 의한 완성품환산량보다 크다.

③ 선입선출법은 평균법에 비해 실제 물량흐름에 충실한 원가흐름의 가정이며, 당기의 성과를 이전의 기간과 독립적으로 평가할 수 있어 계획과 통제목적에 유용한 방법이다.

④ 정상적인 공손수량은 평균법을 적용하나 선입선출법을 적용하나 동일하며, 정상적인 공손원가는 합격품에 가산하나 비정상적인 공손원가는 영업외비용으로 처리한다.

⑤ 공손품에 대한 가공원가의 완성도를 검사시점으로 하며, 선입선출법을 사용할 경우 공손품은 모두 당기에 착수된 물량에서 발생한 것으로 가정한다.

**05** 제조과정에서 발생한 정상공손원가를 처리하는 다음 여러 방법 중 영업이익을 상대적으로 가장 작게 만드는 방법은?

① 정상공손원가를 완성품원가 및 재공품원가로부터 분리하여 당기비용으로 처리하는 방법

② 정상공손원가를 재공품에만 부담시키는 방법

③ 정상공손원가를 완성품과 재공품에 안분하여 부담시키는 방법

④ 정상공손원가를 완성품에만 부담시키는 방법

⑤ 정답 없음

**06** 다음은 원가계산 및 원가배분과 관련된 문장들이다.

> ㄱ. 종합원가계산의 경우, 기초재공품이 없을 때 선입선출법에 의한 제품제조원가나 평균법에 의한 제품제조원가는 동일하다.
> ㄴ. 종합원가계산의 경우, 기초재공품과 기말재공품의 완성도(진척도)가 다같이 50%일 때 선입선출법에 의한 제품제조원가나 평균법에 의한 제품제조원가는 동일하다.
> ㄷ. 기말재공품원가가 기초재공품원가에 비해 증가하였다면 당기총제조원가가 당기제품제조원가보다 더 크다.
> ㄹ. 보조부문원가를 계제식 방법(step-down method, 단계배부법)으로 배분할 경우, 어떤 부문을 먼저 배분하는가에 상관없이 배분 결과는 동일하다.

위의 문장들 중 올바르거나 타당한 문장들만을 모은 것은?

① ㄱ, ㄴ        ② ㄱ, ㄷ        ③ ㄱ, ㄴ, ㄷ

④ ㄱ, ㄷ, ㄹ        ⑤ ㄴ, ㄹ

**07** 울산화학(주)는 공정별원가계산방법을 사용하고 있으며 완성품환산량의 계산에 가중평균법을 사용하고 있다. 울산화학(주)는 4월 중 125,000단위의 제품을 판매하였다. 회사는 오직 하나의 가공부서를 보유하고 있다. 생산활동과 관련된 추가정보가 다음과 같다. [세무사 04]

| 4월 1일 재고 | |
| --- | --- |
| 재공품 | 없음 |
| 완제품 | 37,500단위 |
| 4월 31일 재고 | |
| 재공품(진행률 75%) | 8,000단위 |
| 완제품 | 30,000단위 |

울산화학(주)의 4월 중 가공원가에 대한 완성품환산량은 얼마인가?

① 126,500개     ② 125,500개     ③ 123,500개
④ 117,500개     ⑤ 117,000개

**08** 대한회사는 평균법에 의한 종합원가계산을 채택하고 있다. 기초재공품이 75,000단위이고 당기착수량이 225,000단위이다. 기말재공품이 50,000단위인데 직접재료는 전량 투입되었고, 가공원가 완성도는 70%이다. 기초재공품에 포함된 가공원가 ₩14,000이고 당기발생 가공원가가 ₩100,000이면 기말재공품에 얼마의 가공원가가 배부되어야 하는가? [세무사 08]

① ₩20,000     ② ₩10,000     ③ ₩18,000
④ ₩8,000     ⑤ ₩14,000

**09** (주)한국은 종합원가계산제도를 채택하고 있으며, 원재료는 공정의 초기에 전량 투입되며, 가공원가는 공정 전반에 걸쳐서 진척도에 따라 균등하게 발생한다. 재료원가의 경우 평균법에 의한 완성품환산량은 78,000단위이고, 선입선출법에 의한 완성품환산량은 66,000단위이다. 또한, 가공원가의 경우 평균법에 의한 완성품환산량은 54,400단위이고, 선입선출법에 의한 완성품환산량은 52,000단위이다. 기초재공품의 진척도는 몇 %인가? [회계사 05]

① 10%  ② 20%  ③ 30%

④ 50%  ⑤ 70%

**10** (주)경기는 종합원가계산을 채택하고 있다. 모든 원재료는 공정 초에 투입되고 가공원가는 공정 전반에 걸쳐 균등하게 발생한다. 다음의 자료를 이용하여 물음에 답하시오.

- 기초재공품: 2,000단위(60%)
- 당기착수량: 8,000
- 당기완성량: 7,500
- 기말재공품: 2,500(?%)

*단, 괄호는 진행률을 의미한다.

회사가 선입선출법 대신 평균법을 사용한다면 원가요소별 완성품환산량은 어떻게 변화되는가?

| | 재료원가 | 가공원가 |
|---|---|---|
| ① | 2,000단위 증가 | 1,200단위 감소 |
| ② | 2,000단위 증가 | 1,200단위 증가 |
| ③ | 2,000단위 감소 | 1,200단위 감소 |
| ④ | 2,000단위 감소 | 1,200단위 증가 |
| ⑤ | 2,000단위 감소 | 2,000단위 증가 |

**11** (주)한국은 컴퓨터칩을 생산하고 있다. 재료는 생산공정의 초기에 투입되며, 가공원가는 공정의 전반에 걸쳐 균등하게 발생한다. 생산공정에서 공손품이 발생하는데 이러한 공손품은 제품을 검사하는 시점에서 발생한다. 정상적인 공손품은 품질검사시점을 통과한 합격품의 10%의 비율로 발생한다. 5월의 생산자료를 보면, 월초재공품(완성도 30%) 10,000개, 당월 생산착수량 75,000개, 당월 생산착수완성품 52,000개, 월말재공품(완성도 80%) 15,000개, 공손품 8,000개이다. 품질검사가 생산공정의 20% 시점에서 실시되는 경우 정상공손품 수량은 얼마인가? 그리고 만약, 생산공정의 50% 시점에서 품질검사가 실시된다면, 정상공손품 수량은 얼마인가?                   [회계사 06]

|     | 20% 검사시점 | 50% 검사시점 |
|-----|-------------|-------------|
| ①   | 7,500 개    | 8,500 개    |
| ②   | 7,500       | 7,700       |
| ③   | 5,200       | 7,700       |
| ④   | 6,200       | 7,700       |
| ⑤   | 6,700       | 7,700       |

※ 다음 자료를 이용하여 **12 ~ 13**에 답하시오. 단, 각 물음은 독립적이다.

(주)경기는 하나의 공정에서 단일종류의 제품을 생산하며, 종합원가계산(process costing)을 적용하여 제품원가를 계산한다. 원재료는 공정의 초기단계에 100% 투입된다. 당기의 생산 및 원가자료는 다음과 같다.

| 구분 | 물량 단위 | 가공원가 완성도 | 직접재료원가 | 가공원가 |
|------|----------|----------------|-------------|----------|
| 기초재공품 | 600 | 1/3 | ₩5,000 | ₩60,950 |
|            | 400 | 1/2 |        |          |
| 당기착수(투입) | 9,000 | - | 135,000 | 281,700 |
| 기말재공품 | 200 | 40% | ? | ? |
|            | 300 | 70% |   |   |

**12** 재공품 평가방법은 선입선출법이고 당기 중에 공손이나 감손은 발생하지 않았다고 가정한다면, 기말재공품원가는 얼마인가?

① ₩16,200            ② ₩14,760            ③ ₩10,800
④ ₩9,840             ⑤ ₩5,400

**13** 재공품 평가방법은 평균법이고 공정의 종료단계에서 품질검사를 실시하였다. 그 결과 검사받은 물량의 2%가 공손품인 것으로 판명되었다면, 공손품원가는 얼마인가?

① ₩9,520 　　　　② ₩9,310 　　　　③ ₩8,550

④ ₩7,250 　　　　⑤ ₩6,820

**14** 다음 자료를 참고하여 기말재공품의 완성도를 구하시오. (단, 가공원가는 공정 전반에 걸쳐 균등하게 발생하며 원가흐름의 가정은 평균법을 가정한다)

| 기초재공품가공원가 | ₩80,000 |
|---|---|
| 당기투입가공원가 | 120,000 |
| 기말재공품가공원가 | 40,000 |
| 당기완성품 수량 | 200개 |
| 기말재공품 수량 | 100개 |

① 50% 　　　　② 60% 　　　　③ 70%

④ 80% 　　　　⑤ 90%

**15** (주)경기는 종합원가계산제도를 채택하고 있으며, 부문 A와 B를 통하여 한 종류의 제품을 생산하고 있다. 기말재공품의 평가에는 평균법을 사용한다. 부문 B에서 모든 원재료는 공정의 마지막 시점에 투입된다. 부문 B에서 이루어진 생산활동에 대한 완성품환산량 단위당 원가는 다음과 같다.

| 전공정원가 | ₩5 |
|---|---|
| 재료원가 | 1 |
| 가공원가 | 3 |

부문 B의 기말재공품 수량은 4,000단위, 가공원가에 대한 완성도는 40%이다. 기말재공품의 총원가는 얼마인가?

① ₩23,900 　　　　② ₩24,500 　　　　③ ₩24,600

④ ₩24,800 　　　　⑤ ₩25,000

**16** (주)영주는 종합원가계산시스템을 채택하고 있으며, 재료 A와 재료 B를 제조과정에 투입하여 동일 종류의 제품을 생산하고 있다. 3월의 월초재공품은 3,000개이고 당월에 25,000개를 제조과정에 투입하였다. 당월에 완성되어 제품계정으로 대체된 수량은 20,000개이다. 그리고 재료 A는 공정시점에 전량 투입되며, 재료 B는 70% 완성시점에서 일시에 투입된다. 그리고 가공원가는 공정 전반에 걸쳐 균일하게 소비된다. 월초재공품의 가공원가 완성도가 80%이고, 월말재공품의 가공원가 완성도가 50%인 경우 선입선출법에 의한 완성품환산량은 몇 개인가?

| | 재료 A | 재료 B | 가공원가 |
|---|---|---|---|
| ① | 25,000 개 | 20,000 개 | 24,000 개 |
| ② | 25,000 | 17,000 | 17,600 |
| ③ | 25,000 | 17,000 | 21,600 |
| ④ | 20,000 | 20,000 | 21,600 |
| ⑤ | 20,000 | 17,000 | 16,000 |

**17** (주)인천은 종합원가계산에 의하여 제품을 생산한다. 재료는 공정의 초기단계에 투입되며, 가공원가는 전체 공정에 고르게 투입된다. 20×1년 6월 1일의 재공품 10,000단위에 대해서는 공정이 50% 진행되었고, 동년 6월 30일의 재공품 20,000단위에 대해서는 공정이 90% 진행되었다. 품질검사는 공정이 80% 진행되었을 때에 실시하며, 불합격품에 대해서는 재작업을 실시하지 않는다. 정상공손은 당월의 품질검사에서 합격한 제품의 5%로 설정하고 있다. 6월 중 55,000단위가 착수되었으며, 총 40,000단위가 완성되었다. 6월에 발생한 비정상공손품의 가공원가 완성품환산량은 얼마인가?

① 2,000단위  ② 1,600단위  ③ 5,000단위
④ 3,000단위  ⑤ 2,400단위

※ 다음 자료를 보고 **18 ~ 19**에 답하시오.

(주)경기는 단일제품을 대량으로 생산하고 있다. 원재료는 공정 초기에 모두 투입되고 가공원가는 공정 전반에 걸쳐 균등하게 발생한다. 2월의 원가계산에 대한 자료는 다음과 같다.

| 구분 | 물량 단위 | 재료원가 | 가공원가 |
|---|---|---|---|
| 월초재공품 | 400단위(25%) | ₩100,000 | ₩57,000 |
| 당월착수 | 1,600단위 | 320,000 | 368,000 |

2월의 제품생산량은 1,000개이고 월말재공품의 생산량은 800개(완성도 75%)이다. 회사는 공정의 50% 시점에서 품질검사를 실시하고 있으며 동 품질검사에서 합격한 수량의 10%에 해당하는 공손수량은 정상공손으로 간주하고 있다.

**18** (주)경기가 선입선출법을 적용할 때, 정상공손원가를 배분하기 전의 월말재공품의 원가는 얼마인가?

① ₩290,000   ② ₩298,000   ③ ₩300,000
④ ₩300,400   ⑤ ₩310,600

**19** (주)경기가 평균법을 적용할 때, 정상공손원가를 배분한 후의 완성품의 원가는 얼마인가?

① ₩473,100   ② ₩473,200   ③ ₩473,300
④ ₩493,500   ⑤ ₩473,600

**20** (주)한국은 종합원가계산을 채택하고 있으며, 기말재공품의 평가에는 평균법을 사용한다. 모든 원가는 공정 전체를 통해 균등하게 발생한다. 당기의 제조활동에 관한 자료는 다음과 같다.

| 기초재공품 수량(완성도 50%) | 400단위 |
|---|---|
| 당기완성품(합격품) 수량 | 300 |
| 공손품 수량 | 40 |
| 기말재공품 수량(완성도 50%) | 200 |

기초재공품원가는 ₩3,000, 당기투입원가는 ₩5,400이었다. 당사가 50% 시점에 검사를 실시하고, 공손품원가는 전액 완성품에만 부담시킨다면 기말재공품원가는 얼마인가?

① ₩1,500  ② ₩1,700  ③ ₩2,000
④ ₩2,300  ⑤ ₩2,500

★
**21** (주)광주는 단일공정에서 단일제품을 생산하고 있다. 원재료는 공정의 40% 시점에서 전량 투입되며, 가공원가는 공정 전반에 걸쳐 균등하게 발생한다. 관련 자료는 다음과 같다.

(1) 생산자료

| 구분 | 수량 | 완성도 |
|---|---|---|
| 기초재공품 | 2,000 | 70% |
| 당기착수 | 8,200 | |
| 완성품 | 7,000 | |
| 기말재공품 | 3,000 | 80% |

(2) 원가자료
  • 기초재공품원가: 재료원가 ₩53,000, 가공원가 ₩34,000, 순정상공손원가 ₩1,200
  • 당기투입원가: 재료원가 ₩270,600, 가공원가 ₩203,000
(3) 기타 자료
  품질검사는 공정의 60% 시점에서 이루어지며 당기 중 검사를 통과한 정상품 수량의 2%까지를 정상공손으로 허용하고 있다. 공손품의 처분가치는 단위당 ₩10이고 판매 시 판매비용은 ₩4로 추정되고 있다.

선입선출법을 적용할 때 순정상공손원가를 배부한 후 완성품원가는 얼마인가?

① ₩392,800  ② ₩397,400  ③ ₩396,800
④ ₩394,200  ⑤ 정답 없음

★

**22** (주)청주는 단일공정을 거쳐서 제품을 생산하며, 선입선출법에 의한 종합원가계산을 적용하고 있다. 20×1년도 기초재공품은 1,000단위(완성도 40%)이고, 기말재공품은 3,000단위(완성도 80%)이며, 당기완성품은 5,000단위이다. 공정 중에 품질검사를 실시한 결과 공손품 500단위가 발생하였고, 모두 정상공손으로 간주하였으며, 공손품의 처분가치는 없다. 기초재공품과 기말재공품은 모두 당기에 품질검사를 받은 것으로 판명되었다. 직접재료원가와 가공원가는 공정 전반에 걸쳐 균등하게 발생한다. 제품원가계산 결과 당기의 완성품환산량 단위당 원가는 ₩180이고, 완성품에 배부된 정상공손원가는 ₩33,750이었다. 품질검사는 완성도 몇 % 시점에서 이루어진 것으로 추정되는가?

[세무사 10]

① 55%  ② 60%  ③ 65%
④ 70%  ⑤ 75%

★

**23** (주)세무는 가중평균법에 의한 종합원가계산을 적용하여 제품원가를 계산하고 있다. 직접재료는 공정의 초기에 전량 투입되며, 전환원가(가공원가: conversion costs)는 공정 전반에 걸쳐 균등하게 발생한다. 이 회사는 공손품 검사를 공정의 100% 시점에서 실시한다. 20×1년 4월 중 (주)세무의 제조공정에 대한 생산 및 원가자료는 다음과 같다.

| 항목 | 물량 단위 | 직접재료원가 | 전환원가 |
|---|---|---|---|
| 월초재공품(전환원가 완성도: 75%) | 500 | ₩500,000 | ₩375,000 |
| 당월투입 | 4,500 | 4,500,000 | 3,376,800 |
| 완성품 | 3,700 | | |
| 정상공손 | 250 | | |
| 비정상공손 | 250 | | |
| 월말재공품(전환원가 완성도: 30%) | ? | | |

20×1년 4월 (주)세무의 원가요소별 완성품환산량 단위당 원가는 얼마인가? (단, 감손은 없다)

[세무사 14]

| | 직접재료원가 | 전환원가 |
|---|---|---|
| ① | ₩1,000 | ₩845 |
| ② | ₩1,000 | ₩900 |
| ③ | ₩1,100 | ₩900 |
| ④ | ₩1,100 | ₩845 |
| ⑤ | ₩1,100 | ₩1,000 |

**24** (주)국세는 두 개의 연속된 제조공정을 통하여 제품을 생산하며, 제1공정의 완성품은 전량 제2공정으로 대체된다. 재고자산의 단위원가 결정방법으로 가중평균법을 사용하며, 공손은 없다. 제2공정의 완성품원가는?  [세무사 15]

| 제1공정 | |
| --- | --- |
| 기초재공품 수량 | 없음 |
| 당기착수량 | 25,000단위 |
| 기말재공품 수량 | 7,000단위 |
| 완성품 단위당 제조원가 | ₩200 |

| 제2공정 | | |
| --- | --- | --- |
| 기초재공품 | 수량 | 12,000단위 |
| | 전공정원가 | ₩3,000,000 |
| | 직접재료원가 | ₩1,440,000 |
| | 전환원가(가공원가) | ₩2,160,000 |
| 당기완성품 | 수량 | 20,000단위 |
| 완성품 단위당 제조원가 | 전공정원가 | ? |
| | 직접재료원가 | ₩120 |
| | 전환원가(가공원가) | ₩180 |

① ₩8,268,000　　　② ₩10,400,000　　　③ ₩10,812,000

④ ₩12,720,000　　　⑤ ₩14,628,000

**25** (주)세무는 단일제품 A를 대량생산하고 있으며, 종합원가계산방법(선입선출법 적용)을 사용한다. 직접재료는 공정 초에 전량 투입되고, 가공원가는 공정 전반에 걸쳐 균등하게 발생된다. 제품 A의 관련 자료가 다음과 같을 때, (주)세무의 제품 A 완성품 단위당 원가는? (단, 생산과정 중 감손이나 공손 등 물량손실은 없다) [세무사 16]

| 구분 | 물량(완성도) | 구분 | 직접재료원가 | 가공원가 |
|---|---|---|---|---|
| 기초재공품 | 100개(30%) | 기초재공품 | ₩28,000 | ₩25,000 |
| 당기착수품 | 2,100개 | 당기발생원가 | 630,000 | 205,000 |
| 당기완성품 | (   )개 | 계 | ₩658,000 | ₩230,000 |
| 기말재공품 | 200개(40%) | | | |

① ₩384　　　　　　　　② ₩390　　　　　　　　③ ₩404

④ ₩410　　　　　　　　⑤ ₩420

★
**26** (주)세무는 직접재료를 가공하여 제품을 생산하고 있다. 직접재료는 공정 초기에 전량 투입되며, 전환원가는 공정 전반에 걸쳐 균등하게 발생한다. 직접재료의 20%가 제조과정에서 증발되는데, 이러한 증발은 정상적이며 제조과정에서 평균적으로 발생한다. 완성품 1단위에는 직접재료 0.1kg이 포함되어 있고, 당기에 2,000단위가 완성되었다. 당기에 투입된 직접재료는 190kg, 기말재공품(전환원가 완성도 25%)은 38kg, 기초재공품은 90kg이었다. 기초재공품의 전환원가 완성도는? (단, 공손은 발생하지 않는다) [세무사 18]

① 25%　　　　　　　　② 30%　　　　　　　　③ 40%

④ 50%　　　　　　　　⑤ 60%

(주)한국은 세 개의 공정을 통하여 제품을 생산하고 있으며, 가중평균법에 의한 종합원가계산을 적용하여 제품원가를 계산하고 있다. 직접재료는 각 공정의 초기에 전량 투입되고 가공원가는 전 공정에 걸쳐 균등하게 발생한다. 20×1년 2월 최종공정인 제3공정의 생산 및 원가자료는 다음과 같다.

| 구분 | 물량 단위 | 가공원가 완성도 | 전공정원가 | 직접재료원가 | 가공원가 |
|---|---|---|---|---|---|
| 월초재공품 | 3,000단위 | 40% | ₩14,750 | ₩2,000 | ₩10,250 |
| 당월투입 | 12,000단위 | ? | ₩56,500 | ₩58,000 | ₩92,950 |
| 완성품 | 10,000단위 | ? | | | |
| 월말재공품 | 4,000단위 | 60% | | | |

제3공정에서는 공손품 검사를 공정의 50% 시점에서 실시하며, 당월에 검사를 통과한 합격품의 5%를 정상공손으로 간주한다. 정상공손원가는 당월완성품과 월말재공품에 배부하는 회계처리를 한다. 20×1년 2월 중 제3공정에서 발견된 공손품은 추가가공 없이 즉시 모두 폐기하며, 공손품의 처분가치는 ₩0이다.

**27**　20×1년 2월 제3공정의 원가요소별 완성품환산량을 계산하면 얼마인가?

|  | 전공정원가 | 직접재료원가 | 가공원가 |
|---|---|---|---|
| ① | 15,000단위 | 14,500단위 | 12,900단위 |
| ② | 15,000단위 | 15,000단위 | 13,400단위 |
| ③ | 15,000단위 | 15,000단위 | 12,900단위 |
| ④ | 14,500단위 | 14,500단위 | 13,400단위 |
| ⑤ | 14,500단위 | 14,500단위 | 12,900단위 |

**28** 20×1년 2월 제3공정의 비정상공손원가와 완성품원가와 관련된 월말 분개로서 옳은 것은?

① (차) 제품 177,425 (대) 재공품-제3공정 171,050
　　　　　　　　　　　　　　　　　비정상공손 6,375

② (차) 제품 173,875 (대) 재공품-제3공정 170,050
　　　　　　　　　　　　　　　　　비정상공손 3,825

③ (차) 제품 173,875 (대) 재공품-제3공정 180,250
　　　비정상공손 6,375

④ (차) 제품 174,375 (대) 재공품-제3공정 180,750
　　　비정상공손 6,375

⑤ (차) 제품 173,875 (대) 재공품-제3공정 177,700
　　　비정상공손 3,825

**29** (주)한국은 단일공정에서 단일의 제품 X를 생산·판매하고 있다. 회사는 실제원가에 의한 종합원가계산을 적용하고 있으며, 재공품 평가방법은 선입선출법이다. 제품 생산을 위해 직접재료는 공정초에 전량 투입되며, 전환원가(가공원가: conversion costs)는 공정 전반에 걸쳐 균등하게 발생한다. 20×1년 2월 중 (주)한국의 완성품 수량은 7,000단위이며, 생산 및 원가자료는 다음과 같다(단, 괄호 안의 숫자는 전환원가의 완성도를 의미하고, 공손품은 발생하지 않는다).

| 구분 | 물량 단위 | 직접재료원가 | 전환원가 |
|---|---|---|---|
| 월초재공품 | 2,000단위(30%) | ₩42,500 | ₩22,900 |
| 당월 착수 및 투입 | ? | ₩216,000 | ₩276,000 |
| 월말재공품 | 4,000단위(70%) | ? | ? |

(주)한국이 20×1년 2월 중 완성한 제품을 제품계정으로 대체하는 월말 분개로 옳은 것은?

[회계사 16]

① (차) 재공품 377,800 (대) 제품 377,800
② (차) 재공품 378,000 (대) 제품 378,000
③ (차) 제품 377,400 (대) 재공품 377,400
④ (차) 제품 377,800 (대) 재공품 377,800
⑤ (차) 제품 378,000 (대) 재공품 378,000

**30** (주)한국은 종합원가계산을 적용하여 제품원가를 계산하고 있다. 직접재료는 공정 초에 전량 투입되며, 전환원가는 공정 전반에 걸쳐 균등하게 발생한다. 20×1년 2월 1일에 처음으로 생산을 시작한 (주)한국의 당월 중 완성품 수량은 9,000단위이다. (주)한국은 20×1년 2월 말 재공품의 각 원가요소를 다음과 같이 보고하였다.

| 원가요소 | 금액 | 완성도 | 완성품환산량 |
|---|---|---|---|
| 직접재료원가 | ₩75,000 | 100% | 5,000단위 |
| 전환원가 | ₩40,000 | 50% | 2,500단위 |

(주)한국의 외부감사인은 위의 자료를 검토하였는데, 20×1년 2월 말 재공품의 직접재료원가 관련 항목들은 모두 올바른 것으로 파악하였다. 그러나 외부감사인은 20×1년 2월 말 재공품의 전환원가 완성도가 50%로 과다하게 추정되었음을 발견하고, 추가로 검토하였는데 실제는 20%인 것으로 확인하였다. 게다가 위의 전환원가 ₩40,000은 완성도 50%에서는 올바르게 배부된 금액이었지만, 실제로 파악된 완성도 20%에서는 적절하게 수정되어야 한다. (주)한국이 20×1년 2월 말 재공품의 전환원가금액 및 완성품환산량을 올바르게 수정하는 경우, 20×1년 2월 말 재공품원가와 20×1년 2월 완성원가는? (단, 공손이나 감손은 없다고 가정한다)                    [회계사 17]

|    | 재공품원가 | 완성품원가 |
|---|---|---|
| ① | ₩93,400 | ₩300,600 |
| ② | ₩93,400 | ₩302,600 |
| ③ | ₩94,600 | ₩300,600 |
| ④ | ₩94,600 | ₩301,400 |
| ⑤ | ₩94,600 | ₩302,600 |

## 31

대한자동차는 뱃치(batch) 제조공정에 의하여 옵션품목이 장착되지 않은 기본형과 기본형에 옵션 품목이 장착된 고급형 및 고객의 특별주문에 의해 고급형에 특수컬러를 도색한 주문형의 3가지 유 형의 승용차를 생산하고 있으며 작업별 원가계산을 하고 있다. 다음 원가계산자료를 활용하여 주문 형의 1대당 제조원가를 계산하면 얼마인가?  [세무사 06]

(1) 재료원가

| 유형 | 생산된 단위 | 재료원가 총액 | | |
|---|---|---|---|---|
| | | 기본형 | 옵션품목장착 | 특수컬러도장 |
| 기본형 | 100대 | ₩408,000,000 | - | - |
| 고급형 | 80 | | ₩96,000,000 | - |
| 주문형 | 20 | | | ₩8,000,000 |

(2) 가공원가

| 유형 | 생산된 단위 | 가공원가 총액 | | |
|---|---|---|---|---|
| | | 기본형 | 옵션품목장착 | 특수컬러도장 |
| 기본형 | 100대 | ₩840,000,000 | - | - |
| 고급형 | 80 | | ₩72,000,000 | - |
| 주문형 | 20 | | | ₩4,000,000 |

① ₩8,640,000         ② ₩8,940,000         ③ ₩8,620,000
④ ₩8,540,000         ⑤ ₩8,520,000

(주)프로코는 설탕을 만드는 회사로 가공원가는 공정 전반에 걸쳐 발생한다. 3월 초 재공품(가공원 가 완성도 60%) 100봉지에 포함된 가공원가는 ₩500이다. 생산공정의 중간시점에서 품질검사를 실시한 결과 공손품이 100봉지 발생하여 모두 비정상공손(가공원가 완성도 50%)으로 간주하였다. 그리고 3월 중 완성품은 250봉지이며, 월말재공품(가공원가 완성도 80%)도 250봉지 존재한다. 선입선출법과 가중평균법으로 월말재공품에 배부된 가공원가를 각각 산정한 금액이 동일하다면 3월 중 투입한 총가공원가는 얼마인가? (단, 소수점 이하 자릿수는 절사한다)  [회계사 10]

① ₩1,121         ② ₩2,548         ③ ₩3,666
④ ₩4,367         ⑤ ₩5,984

**33** 종합원가계산을 사용하고 있는 (주)다봉의 3월 생산 및 원가자료는 다음과 같다.

- 월초재공품에 포함된 가공원가는 ₩190,000이며, 3월 중에 투입된 가공원가는 ₩960,000이다.
- 가공원가는 공정 전체를 통해 균등하게 발생하며, 그 밖의 원가는 공정 초기에 발생한다.
- 3월 생산 관련 물량흐름 및 가공원가 완성도

| 구분 | 수량 | 가공원가 완성도 |
|------|------|------------------|
| 월초재공품 | 500개 | ? |
| 당월완성품 | 800개 | 100% |
| 월말재공품 | 240개 | ? |
| 공손품* | 160개 | 80% |

* 공손품은 전량 비정상공손이다.

원가계산 결과, 3월 완성품에 포함된 가공원가는 가중평균법에 의하면 ₩920,000이며, 선입선출법에 의하면 ₩910,000이다. 선입선출법에 의할 경우, 공손품에 포함된 가공원가는 얼마인가?

[회계사 11]

① ₩137,143  ② ₩144,000  ③ ₩147,200
④ ₩153,600  ⑤ ₩174,545

**34** (주)카이는 고객의 주문에 따라 고급 카메라를 생산하고 있다. 고객은 외부표면재료 및 도료 등을 선택할 수 있지만, 카메라의 기본적인 조립 및 가공작업은 주문별로 차이가 없다. 이러한 점을 감안하여 (주)카이는 재료원가에 대해서는 주문별로 집계하는 개별원가계산방식을 적용하고, 가공원가에 대해서는 종합원가계산방식을 적용하는 소위 혼합원가계산(hybrid costing)을 사용하고 있다. 가공원가는 공정 전체를 통해 균등하게 발생하며, 동 원가에 종합원가계산방식을 적용할 때 사용하는 원가흐름가정은 선입선출법이다. (주)카이의 4월 생산 및 원가 관련 자료는 다음과 같다.

(1) 월초재공품

| 주문번호 | #101 |
|---|---|
| 수량 | 200개 |
| 직접재료원가 | ₩1,500,000 |
| 가공원가 | ₩960,000 |
| 가공원가 완성도 | 80% |

(2) 당월 주문 및 생산착수

| 주문번호 | #105 | #206 | #207 |
|---|---|---|---|
| 수량 | 200개 | 100개 | 150개 |

(3) 당월 발생원가

| 주문번호 | #101 | #105 | #206 | #207 | 합계 |
|---|---|---|---|---|---|
| 직접재료원가 | ₩500,000 | ₩1,800,000 | ₩3,200,000 | ₩2,400,000 | ₩7,900,000 |
| 가공원가 | ? | ? | ? | ? | ₩4,092,000 |

(4) 월말재공품

| 주문번호 | #105 | #207 |
|---|---|---|
| 수량 | 200개 | 150개 |
| 가공원가 완성도 | 50% | 60% |

4월 완성품의 원가는 얼마인가?  [회계사 11]

① ₩5,436,000  ② ₩6,556,000  ③ ₩7,396,000

④ ₩7,896,000  ⑤ ₩7,956,000

**35** (주)대한은 단일상품을 제조하는 기업으로 종합원가계산제도를 채택하고 있으며, 재고자산 평가방법은 선입선출법(FIFO)을 사용한다. 제품제조 시 직접재료는 공정 초에 전량 투입되며 전환원가(가공원가)는 공정에 걸쳐 균등하게 발생한다. 다음은 (주)대한의 당기 생산 및 제조에 관한 자료이다.

| 항목 | 물량 |
|---|---|
| 기초재공품(가공완성도%) | 1,800개(90%) |
| 당기착수물량 | 15,000개 |
| 기말재공품(가공완성도%) | 3,000개(30%) |

당기에 발생한 직접재료원가는 ₩420,000이며, 전환원가는 ₩588,600이다. 당기 매출원가는 ₩1,070,000, 기초제품재고는 ₩84,600, 기말제품재고는 ₩38,700이다. 당기 기초재공품은 얼마인가? [회계사 20]

① ₩140,000   ② ₩142,000   ③ ₩144,000
④ ₩145,000   ⑤ ₩146,000

**36** (주)세무는 단일제품을 생산하고 있으며, 선입선출법에 의한 종합원가계산을 적용하고 있다. 직접재료 A는 공정 초기에 전량 투입되고, 직접재료 B는 품질검사 직후 전량 투입되며, 전환원가는 공정 전반에 걸쳐 균등하게 발생한다. 품질검사는 공정의 80% 시점에서 이루어지며, 당기 검사를 통과한 합격품의 10%를 정상공손으로 간주한다. 당기 생산 및 원가자료는 다음과 같다.

| 구분 | 물량 (전환원가 완성도) | 구분 | 직접재료원가 직접재료 A | 직접재료 B | 전환원가 |
|---|---|---|---|---|---|
| 기초재공품 | 500단위(60%) | 기초재공품 | ₩11,200 | ₩0 | ₩18,000 |
| 당기 착수 | 4,500 | 당기발생원가 | 90,000 | 87,500 | 210,000 |
| 당기 완성 | 3,500 | | | | |
| 기말재공품 | 1,000(60%) | | | | |

정상공손원가 배부 후 완성품원가를 구하시오. [세무사 21]

① ₩307,500   ② ₩328,500   ③ ₩336,700
④ ₩357,700   ⑤ ₩377,450

(주)세무는 단일제품을 생산하고 있으며 가중평균법으로 종합원가계산을 적용하고 있다. 전환원가는 공정 전반에 걸쳐 균등하게 발생하며 당기 생산 관련 자료는 다음과 같다.

- 기초재공품: 1,000단위(전환원가 완성도 20%)
- 당기착수량: 7,000
- 당기완성량: 6,000
- 기말재공품: 2,000단위(전환원가 완성도 40%)

기초 및 기말재공품에 포함된 전환원가가 각각 ₩65,000 및 ₩260,000일 때, 당기에 발생한 전환원가는?

[세무사 24]

① ₩1,950,000   ② ₩2,080,000   ③ ₩2,145,000
④ ₩2,210,000   ⑤ ₩2,275,000

**38**

(주)세무는 단일제품을 생산하고 있으며, 선입선출법에 의한 종합원가계산을 사용하고 있다. 제품제조를 위해 원재료 A와 원재료 B가 사용되는데 원재료 A는 공정 초에 전량 투입되며, 원재료 B는 공정 완료시점에 전량 투입된다. 전환원가는 공정 전반에 걸쳐 균등하게 발생한다. 품질검사는 공정의 50% 시점에서 이루어지며, 당기 검사를 통과한 합격품의 10%를 정상공손으로 간주한다. 공손품의 처분가치는 없다. 당기 생산 및 원가 자료는 다음과 같다.

| 구분 | 물량<br>(전환원가 완성도) | 구분 | 재료원가 | | 전환원가 |
|------|------|------|------|------|------|
| | | | 원재료 A | 원재료 B | |
| 기초재공품 | 1,000단위(60%) | 기초재공품 | ₩30,000 | ₩0 | ₩33,500 |
| 당기 착수 | 9,000 | 당기발생원가 | 180,000 | 80,000 | 255,000 |
| 기말재공품 | 1,000(60%) | | | | |

당기에 착수하여 당기에 완성된 제품이 7,000단위일 때, (주)세무의 정상공손원가 배분 후 당기완성품원가는?

[세무사 24]

① ₩466,500   ② ₩523,500   ③ ₩530,000
④ ₩533,500   ⑤ ₩540,000

**39** (주)대한은 단일제품을 제조하는 기업으로 종합원가계산제도를 채택하고 있으며, 재고자산평가방법은 선입선출법을 사용한다. 제품제조 시 직접재료는 공정 초에 전량 투입되며, 전환원가(conversion cost)는 공정 전반에 걸쳐 균등하게 발생한다. (주)대한의 당기 생산활동과 관련된 자료는 다음과 같다. 단, 괄호 안의 숫자는 전환원가의 완성도를 의미한다.

| 항목 | 물량단위 | 직접재료원가 | 전환원가 |
|------|---------|------------|---------|
| 기초재공품 | 1,000(?) | ₩100,000 | ₩100,000 |
| 당기투입 | 10,000 | ₩500,000 | ₩720,000 |
| 기말재공품 | 2,000(40%) | | |

당기매출원가는 ₩1,400,000, 기초제품재고액은 ₩300,000, 기말제품재고액은 ₩156,000이다.

당기 완성품환산량 단위당 전환원가는 얼마인가? [회계사 24]

① ₩75        ② ₩80        ③ ₩85

④ ₩90        ⑤ ₩100

# 정답 및 해설

## 정답

| 01 | ② | 02 | ④ | 03 | ① | 04 | ① | 05 | ① | 06 | ② | 07 | ③ | 08 | ⑤ | 09 | ② | 10 | ② |
|----|---|----|---|----|---|----|---|----|---|----|---|----|---|----|---|----|---|----|---|
| 11 | ⑤ | 12 | ① | 13 | ② | 14 | ① | 15 | ④ | 16 | ③ | 17 | ② | 18 | ② | 19 | ④ | 20 | ③ |
| 21 | ② | 22 | ② | 23 | ① | 24 | ② | 25 | ④ | 26 | ④ | 27 | ③ | 28 | ⑤ | 29 | ③ | 30 | ① |
| 31 | ⑤ | 32 | ③ | 33 | ④ | 34 | ④ | 35 | ① | 36 | ④ | 37 | ③ | 38 | ③ | 39 | ② | | |

## 해설

**01** ② 원가흐름의 가정과 상관없이 비정상공손원가는 모두 당기손익으로 처리한다.

**02** ④ 가중평균법은 기초재공품의 원가와 당기발생원가의 평균을 이용하여 원가계산이 이루어지므로 선입선출법에 비하여 당기의 성과를 평가하는 데 있어서 적절하지 못한 방법이다.

**03** ① 기말재공품 완성도 과대평가 → 완성품환산량 과대평가 → 완성품환산량 단위당 원가 과소평가 → 당기완성품 과소평가, 기말재공품 과대평가

---

**point 완성품환산량 오류에 따른 효과 비교**

1. 가공원가의 완성품환산량이 과대평가되었을 경우 효과는 다음과 같다.
   ① 기말재공품 완성도가 30%인 경우(원가는 ₩3,600 가정)

| | 재공품 | | | | 환산량 | 원가 | 단위당 원가 |
|----|----|----|----|----|----|----|----|
| 기초 | 100(0.5) | 완성 | 100(0.5) | | 100 | | |
| | | | 200 | | 200 | | |
| 착수 | 400 | 기말 | 200(0.3) | | 60 | | |
| | 500 | | 500 | | 360 | ₩3,600 | @10 |

   ② 기말재공품 완성도가 80%로 잘못된 경우(원가는 ₩3,600 가정)

| | 재공품 | | | | 환산량 | 원가 | 단위당 원가 |
|----|----|----|----|----|----|----|----|
| 기초 | 100(0.5) | 완성 | 100(0.5) | | 100 | | |
| | | | 200 | | 200 | | |
| 착수 | 400 | 기말 | 200(0.8) | | 160 | | |
| | 500 | | 500 | | 460 | ₩3,600 | @7.8 |

2. 즉, 완성품환산량 과대평가로 인하여 환산량 단위당 원가는 감소하며 이를 통해 배부된 기말재공품이 과대평가되고 완성품이 과소평가된다.

---

**04** ① 기말재공품의 완성도를 과대평가할 경우 기말재공품원가는 과대평가되고 완성품원가는 과소평가된다.

**05** ① 정상공손원가를 완성품과 재공품에 배분할 경우 미판매된 부분은 자산을 구성하고, 판매된 제품만이 매출원가 처리되기 때문에 영업이익을 가장 작게 만드는 방법은 당기비용으로 처리하는 방법이다.

**06** ② ㄴ. 기초재공품과 기말재공품의 완성도가 동일하더라도 원가흐름의 가정에 따라 완성품환산량이 달라지며, 기초재공품의 원가와 당기발생원가는 동일하지 않으므로 원가흐름의 가정에 따라 제품제조원가는 달라진다.
ㄹ. 보조부문원가를 계제식 방법(단계배부법)으로 배분하는 경우 보조부문의 우선순위에 따라 배분 결과는 달라진다.

> **point 재공품계정의 분석**
>
> 제시된 자료 중 ㄷ의 경우는 재공품계정을 통해서 확인할 수 있다.
>
> | 재공품 | |
> |---|---|
> | 기초재공품 | 당기제품제조원가 |
> | 당기총제조원가 | 기말재공품 |
>
> 따라서 기말재공품원가가 증가한 경우 당기총제조원가는 당기제품제조원가보다 크다.

**07** ③ 당기 판매량 125,000개를 재공품과 제품의 T-계정을 통해서 역추적하면 당기 완성품 수량을 구할 수 있다.

| 재공품 | | | | 제품 | | | |
|---|---|---|---|---|---|---|---|
| 월초 | - | 완성 | 117,500 | 월초 | 37,500 | 판매 | 125,000 |
| 착수 | 125,500 | 월말 | 8,000(0.75) | 완성 | 117,500 | 월말 | 30,000 |
| | 125,500 | | 125,500 | | 155,000 | | 155,000 |

∴ 가공원가의 완성품환산량: 117,500개 + 8,000개 × 75% = 123,500개

**08** ⑤    (1) 물량흐름 파악

| 재공품 | | | |
|---|---|---|---|
| 기초 | 75,000(?) | 완성 | 250,000 |
| 착수 | 225,000 | 기말 | 50,000(0.7) |
| | 300,000 | | 300,000 |

(2) 완성품환산량

| 가공원가 |
|---|
| 250,000 |
| 35,000 |
| 285,000 |

(3) 원가 ₩114,000(= ₩14,000 + ₩100,000)

(4) 단가 ₩0.4(= ₩114,000 ÷ 285,000단위)

(5) 기말재공품에 배분될 가공원가
    ₩0.4 × (50,000단위 × 70%) = ₩14,000

---

**point 종합원가계산에서의 평균법의 특징**

1. 평균법은 기초재공품이 당기에 착수한 것으로 가정하기 때문에 기초재공품의 완성도는 필요 없는 자료이다. 따라서, 평균법의 경우 기초재공품의 완성도에 대한 자료가 없는 경우가 많다.

2. 평균법은 기초재공품의 원가와 당기발생원가의 평균으로 원가를 계산하므로 완성품환산량 단위당 원가는 다음과 같이 구한다.

$$완성품환산량\ 단위당\ 원가 = \frac{기초재공품원가 + 당기발생원가}{기초재공품의\ 물량 + 당기착수의\ 당기환산량}$$

---

**09** ②    평균법이 선입선출법에 비하여 다음의 환산량만큼 항상 크거나 같다.

| | 선입선출법 | 평균법 | 차이 |
|---|---|---|---|
| 재료원가 | | | |
|   기초추가진행분 | - | 물량 × 100% | 물량 × 100% |
|   당기착수완성분 | 물량 × 100% | 물량 × 100% | |
|   기말재공품 | 물량 × 100% | 물량 × 100% | |
| 가공원가 | | | |
|   기초추가진행분 | 물량 × 당기진행률 | 물량 × 100% | 물량 × 기초진행률 |
|   당기착수완성분 | 물량 × 100% | 물량 × 100% | |
|   기말재공품 | 물량 × 당기진행률 | 물량 × 당기진행률 | |

(1) 원가흐름가정에 따른 완성품환산량 비교

| | 선입선출법 | 가중평균법 | 차이 |
|---|---|---|---|
| 재료원가 | 66,000 | 78,000 | 12,000(기초재공품 물량) |
| 가공원가 | 52,000 | 54,400 | 2,400(기초재공품 물량 × 기초진행률) |

(2) 기초재공품의 진행률($x$)
    12,000단위 × $x$ = 2,400단위
    ∴ $x$ = 20%

**10** ② (1) 재료원가

재료원가의 경우 평균법이 선입선출법에 비하여 "기초재공품 물량"만큼 항상 크거나 같다.

∴ 2,000단위 증가

(2) 가공원가

가공원가의 경우 평균법이 선입선출법에 비하여 "기초재공품 물량 × 기초진행률"만큼 항상 크거나 같다.

∴ 2,000단위 × 60% = 1,200단위 증가

**11** ⑤ 주어진 자료에서 당월 생산착수완성품 52,000개는 당월 착수물량 중 완성품 수량이므로 총 완성품 수량은 월초재공품 물량 10,000개를 합한 62,000개이다.

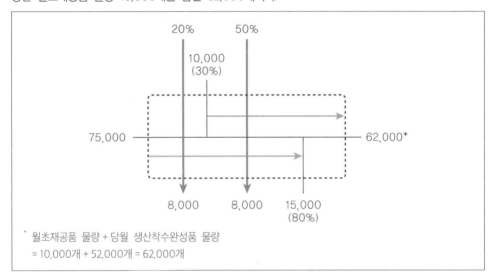

* 월초재공품 물량 + 당월 생산착수완성품 물량
= 10,000개 + 52,000개 = 62,000개

| | 20% 검사시점 | 50% 검사시점 |
|---|---|---|
| 총공손수량 | 8,000개 | 8,000개 |
| 합격수량 | 75,000개 - 8,000개 = 67,000개 | 75,000개 + 10,000개 - 8,000개 = 77,000개 |
| 정상공손수량 | 67,000개 × 10% = 6,700개 | 77,000개 × 10% = 7,700개 |

**12** ①

(1) 물량흐름 파악

| 재공품 | | | | |
|---|---|---|---|---|
| 기초 | 600(1/3) | 완성 | 600(2/3) | |
| | 400(1/2) | | 400(1/2) | |
| | | | 8,500 | |
| 착수 | 9,000 | 기말 | 200(0.4) | |
| | | | 300(0.7) | |
| | 10,000 | | 10,000 | |

(2) 완성품환산량

| | 직접재료원가 | 가공원가 |
|---|---|---|
| | – | 400(= 600 × 2/3) |
| | – | 200(= 400 × 1/2) |
| | 8,500 | 8,500 |
| | 200 | 80(= 200 × 0.4) |
| | 300 | 210(= 300 × 0.7) |
| | 9,000 | 9,390 |

(3) 원가 ₩135,000 ₩281,700

(4) 단가 ₩15 ₩30

(5) 원가배분
완성: ₩65,950 + 8,500단위 × ₩15 + 9,100단위 × ₩30 = ₩466,450
기말: 500단위 × ₩15 + 290단위 × ₩30 = ₩16,200

---

**point** 종합원가계산에서의 선입선출법의 특징

1. 선입선출법은 기초재공품이 먼저 완성되므로 기초재공품의 원가는 완성품원가에 반드시 가산하여야 한다.

2. 평균법에서 기초재공품의 원가는 완성품원가에 가산하고 당기발생원가를 추가로 완성품과 기말재공품에 배분하므로 완성품환산량 단위당 원가는 다음과 같이 구한다.

$$완성품환산량 \ 단위당 \ 원가 = \frac{당기발생원가}{기초재공품의 \ 당기환산량 + 당기착수의 \ 당기환산량}$$

**13** ②

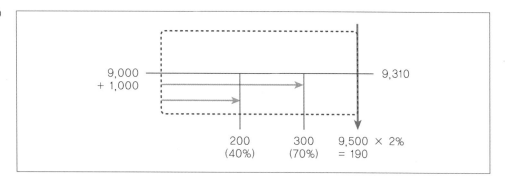

(1) 물량흐름 파악

| 재공품 | | | | |
|---|---|---|---|---|
| 기초 | 600(1/3) | 완성 | 9,310 | |
| | 400(1/2) | | | |
| | | 공손 | 190 | |
| 착수 | 9,000 | 기말 | 200(0.4) | |
| | | | 300(0.7) | |
| | 10,000 | | 10,000 | |

(2) 완성품환산량

| | 직접재료원가 | 가공원가 | |
|---|---|---|---|
| | 9,310 | 9,310 | |
| | - | - | |
| | 190 | 190 | |
| | 200 | 80 | (= 200 × 0.4) |
| | 300 | 210 | (= 300 × 0.7) |
| | 10,000 | 9,790 | |

(3) 원가 ₩140,000[1]   ₩342,650[2]

(4) 단가    ₩14      ₩35

(5) 원가배분
    완성: 9,310단위 × ₩14 + 9,310단위 × ₩35 = ₩456,190
    공손: 190단위 × ₩14 + 190단위 × ₩35 = ₩9,310
    기말: 500단위 × ₩14 + 290단위 × ₩35 = ₩17,150

[1] 기초재공품원가 + 당기발생원가 = ₩5,000 + ₩135,000 = ₩140,000
[2] 기초재공품원가 + 당기발생원가 = ₩60,950 + ₩281,700 = ₩342,650

**14** ①   평균법의 종합원가계산에서는 기초재공품과 당기착수량의 자료가 없더라도 나머지 자료를 이용하여 원하는 정보를 찾아낼 수 있다.

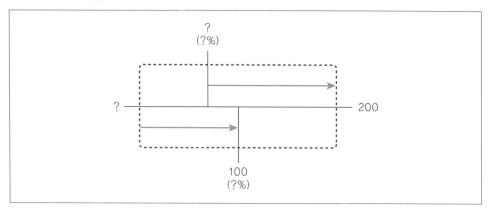

기말재공품의 완성도를 $x$라 한 후 정리하면 다음과 같다.
기말재공품의 가공원가 = 기말재공품의 가공원가 완성품환산량 × 완성품환산량 단위당 원가

$$\Rightarrow ₩40,000 = 100개 \times x \times \frac{₩80,000 + ₩120,000}{200개 + 100x개}$$

$$\therefore x = 50\%$$

**15** ④ 전공정원가는 공정 초기에 투입되는 재료원가처럼 처리하고 원재료는 공정의 마지막에 투입되므로, 전 공정원가는 100% 투입하고 가공원가는 완성도에 대한 환산량만큼 반영하면 된다.

| | | |
|---|---|---|
| 전공정원가 | 4,000단위 × ₩5 = | ₩20,000 |
| 재료원가 | | – |
| 가공원가 | 4,000단위 × 40% × ₩3 = | 4,800 |
| | | ₩24,800 |

> **point 복수공정의 종합원가계산**
>
> 종합원가계산에서 복수공정이 존재할 경우 주의사항은 다음과 같다.
> 1. 전공정원가의 정보를 반드시 정리한다.
> 2. 일반적으로 후속공정의 원재료 투입시점은 공정 초기가 아니다.

**16** ③

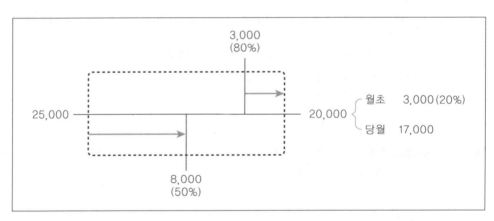

(1) 물량흐름 파악

| 재공품 | | | | |
|---|---|---|---|---|
| 월초 | 3,000(0.8) | 완성 | 3,000(0.2) | |
| | | | 17,000 | |
| 착수 | 25,000 | 월말 | 8,000(0.5) | |
| | 28,000 | | 28,000 | |

(2) 완성품환산량

| | 재료원가 | | 가공원가 |
|---|---|---|---|
| | A(0%) | B(70%) | |
| | – | – | 600 |
| | 17,000 | 17,000 | 17,000 |
| | 8,000 | – | 4,000 |
| | 25,000 | 17,000 | 21,600 |

**17** ②

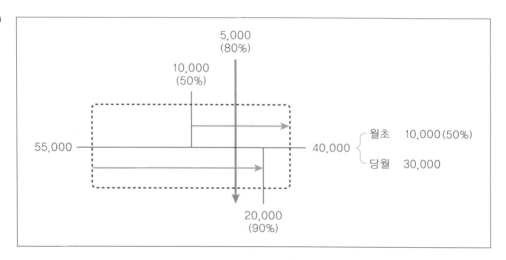

(1) 정상공손수량과 비정상공손수량

① 정상공손수량: 합격품 × 5%

= (55,000단위 + 10,000단위 - 5,000단위) × 5% = 3,000단위

② 비정상공손수량: 5,000단위 - 3,000단위 = 2,000단위

(2) 가공원가 완성품환산량

공손의 완성도는 검사시점이므로 80%이다.

① 물량흐름 파악

② 완성품환산량

| | 재공품 | | | 가공원가 |
|---|---|---|---|---|
| 월초 | 10,000(0.5) | 완성 | 10,000(0.5) | 5,000 |
| | | | 30,000 | 30,000 |
| | | 정상공손 | 3,000(0.8) | 2,400 |
| | | 비정상공손 | 2,000(0.8) | 1,600 |
| 착수 | 55,000 | 월말 | 20,000(0.9) | 18,000 |
| | 65,000 | | 65,000 | 57,000 |

> **point** 수정된 선입선출법
>
> 선입선출법의 경우 기초재공품이 당기에 검사시점을 통과할 경우 기초재공품의 물량 중 발생하는 공손의 원가는 기초재공품의 원가에서 배분되어야 하나, 그 실익이 크지 않으므로 당기발생공손은 모두 당기착수물량에서 발생한다고 가정하며 이를 수정된 선입선출법이라 한다. 따라서 공손원가는 당기발생원가에서 배분하며 기초재공품 원가는 모두 완성품원가에 가산한다.

**18** ②

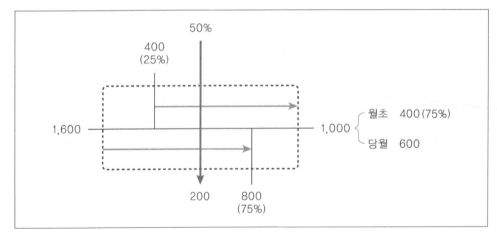

(1) 정상공손수량과 비정상공손수량
  ① 정상공손수량: 합격품 × 10%
    = (1,600단위 + 400단위 - 200단위) × 10% = 180단위
  ② 비정상공손수량: 200단위 - 180단위 = 20단위

(2) 가공원가 완성품환산량
  공손의 완성도는 검사시점이므로 50%이다.
  ① 물량흐름 파악 　　　　　　　　　　　② 완성품환산량

| 재공품 | | | | | 재료원가 | 가공원가 |
|---|---|---|---|---|---|---|
| 월초 | 400(0.25) | 완성 | 400(0.75) | | - | 300 |
| | | | 600 | | 600 | 600 |
| | | 정상공손 | 180(0.5) | | 180 | 90 |
| | | 비정상공손 | 20(0.5) | | 20 | 10 |
| 착수 | 1,600 | 월말 | 800(0.75) | | 800 | 600 |
| | 2,000 | | 2,000 | | 1,600 | 1,600 |

　　　　　　　　　　　　　　　　　　③ 원가　₩320,000　₩368,000
　　　　　　　　　　　　　　　　　　④ 단가　₩200　　₩230

  ⑤ 원가배분
    완성: ₩157,000 + 600단위 × ₩200 + 900단위 × ₩230 = ₩484,000
    정상공손: 180단위 × ₩200 + 90단위 × ₩230 = ₩56,700
    비정상공손: 20단위 × ₩200 + 10단위 × ₩230 = ₩6,300
    월말: 800단위 × ₩200 + 600단위 × ₩230 = ₩298,000

(1) 정상공손수량과 비정상공손수량
　　① 정상공손수량: 합격품 × 10%
　　　 = (1,600단위 + 400단위 − 200단위) × 10% = 180단위
　　② 비정상공손수량: 200단위 − 180단위 = 20단위

(2) 가공원가 완성품환산량
　　공손의 완성도는 검사시점이므로 50%이다.
　　① 물량흐름 파악

| | | 재공품 | | | ② 완성품환산량 재료원가 | 가공원가 |
|---|---|---|---|---|---|---|
| 월초 | 400(0.25) | 완성 | 1,000 | | 1,000 | 1,000 |
| | | 정상공손 | 180(0.5) | | 180 | 90 |
| | | 비정상공손 | 20(0.5) | | 20 | 10 |
| 착수 | 1,600 | 월말 | 800(0.75) | | 800 | 600 |
| | 2,000 | | 2,000 | | 2,000 | 1,700 |

　　　　　　　　　　　　　　　　　　　　③ 원가　₩420,000[*1]　₩425,000[*2]
　　　　　　　　　　　　　　　　　　　　④ 단가　　　₩210　　　₩250

　　⑤ 원가배분
　　　　완성: 1,000단위 × ₩210 + 1,000단위 × ₩250 = ₩460,000
　　　　정상공손: 180단위 × ₩210 + 90단위 × ₩250 = ₩60,300
　　　　비정상공손: 20단위 × ₩210 + 10단위 × ₩250 = ₩6,700
　　　　월말: 800단위 × ₩210 + 600단위 × ₩250 = ₩318,000

　[*1] ₩100,000 + ₩320,000 = ₩420,000
　[*2] ₩57,000 + ₩368,000 = ₩425,000

(3) 정상공손원가배분

　　① 완성품: ₩60,300 × $\dfrac{1,000단위}{1,000단위 + 800단위}$ = ₩33,500

　　② 재공품: ₩60,300 × $\dfrac{800단위}{1,000단위 + 800단위}$ = ₩26,800

　　∴ 정상공손원가배분 후 완성품의 원가: ₩460,000 + ₩33,500 = ₩493,500

---

**point** 공손원가의 사후처리

공손원가는 정상공손원가와 비정상공손원가로 구분한 후 정상공손원가는 합격한 완성품과 재공품에 물량기준으로 배분해야 한다. 정상공손원가를 완성도에 따라 환산하지 않고 물량기준으로 배분하는 이유는 검사시점을 통과한 물량은 검사 이후 진행과 상관없이 동등한 자격을 가지기 때문이다.

**20** ③ 모든 원가는 공정 전체를 통해 균등하게 발생하므로 모든 원가를 가공원가처럼 간주하면 된다.

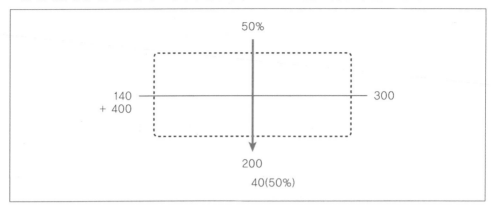

(1) 물량흐름 파악

| 재공품 | | | |
|---|---|---|---|
| 기초 | 400(0.5) | 완성 | 300 |
| | | 공손 | 40(0.5) |
| 착수 | 140 | 기말 | 200(0.5) |
| | 540 | | 540 |

(2) 완성품환산량

| 총원가 |
|---|
| 300 |
| 20 |
| 100 |
| 420 |

(3) 원가 ₩8,400(= ₩3,000 + ₩5,400)

(4) 단가 ₩20

(5) 원가배분
완성: 300단위 × ₩20 = ₩6,000
공손: 20단위 × ₩20 = ₩400
기말: 100단위 × ₩20 = ₩2,000
∴ 공손원가를 모두 완성품원가에 가산하므로 기말재공품원가는 ₩2,000이다.

**21** ② 본 문제는 기초재공품이 전기에 검사를 통과하였으며 공손의 처분가치가 존재하므로 다음 사항을 확인하여야 한다.
- 기초재공품에 전기에 배부받은 정상공손원가의 존재 여부
- 공손원가에서 처분가치를 차감한 순공손원가의 계산

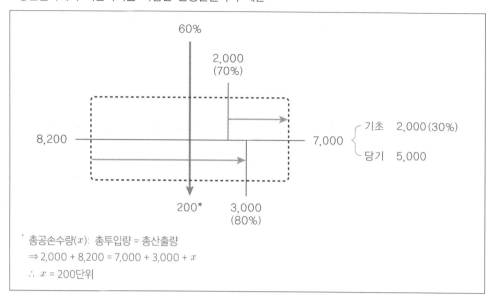

총공손수량($x$): 총투입량 = 총산출량
⇒ 2,000 + 8,200 = 7,000 + 3,000 + $x$
∴ $x$ = 200단위

(1) 정상공손수량과 비정상공손수량
　① 정상공손수량: 합격품 × 2%
　　= (8,200단위 − 200단위) × 2% = 160단위
　② 비정상공손수량: 200단위 − 160단위 = 40단위

(2) 가공원가 완성품환산량
　공손의 완성도는 검사시점이므로 60%이다.
　① 물량흐름 파악　　　　　　　　　　　　　　② 완성품환산량

|  | 재공품 |  |  | 재료원가(40%) | 가공원가 |
|---|---|---|---|---|---|
| 기초 | 2,000(0.7) | 완성 | 2,000(0.3) | − | 600 |
|  |  |  | 5,000 | 5,000 | 5,000 |
|  |  | 정상공손 | 160(0.6) | 160 | 96 |
|  |  | 비정상공손 | 40(0.6) | 40 | 24 |
| 착수 | 8,200 | 기말 | 3,000(0.8) | 3,000 | 2,400 |
|  | 10,200 |  | 10,200 | 8,200 | 8,120 |

　　　　　　　　③ 원가　₩270,600　₩203,000
　　　　　　　　④ 단가　　₩33　　　₩25

　⑤ 원가배분
　　완성: ₩88,200 + 5,000단위 × ₩33 + 5,600단위 × ₩25 = ₩393,200
　　정상공손: 160단위 × ₩33 + 96단위 × ₩25 = ₩7,680
　　비정상공손: 40단위 × ₩33 + 24단위 × ₩25 = ₩1,920
　　기말: 3,000단위 × ₩33 + 2,400단위 × ₩25 = ₩159,000

(3) 정상공손원가배분

선입선출법의 경우 정상공손원가는 당기합격품에 배분하므로 완성품 5,000단위와 기말재공품 3,000단위를 기준으로 배분하며, 공손의 처분가치가 있으므로 공손원가에서 처분가치를 차감한 순 정상공손원가를 배분한다.

① 완성품: $[₩7,680 - 160단위 \times (₩10 - ₩4)] \times \dfrac{5,000단위}{5,000단위 + 3,000단위} = ₩4,200$

② 재공품: $[₩7,680 - 160단위 \times (₩10 - ₩4)] \times \dfrac{3,000단위}{5,000단위 + 3,000단위} = ₩2,520$

∴ 정상공손원가배분 후 완성품의 원가: ₩393,200 + ₩4,200 = ₩397,400

---

**point** 기초재공품이 검사시점을 통과한 경우와 공손의 처분가치가 있는 경우 처리

1. 기초재공품이 검사시점을 통과한 경우

   기초재공품원가에 전기에 배부받은 정상공손원가를 확인한 후 선입선출법의 경우 그 원가는 완성품원가에 가산하고 평균법의 경우에는 당기발생 공손원가에 가산하여 합격품에 물량기준으로 배분한다.

2. 공손의 처분가치가 있는 경우

   총공손원가에서 처분가치를 차감한 순공손원가를 먼저 계산한다. 그 이후 순정상공손원가는 합격품에 물량기준으로 배분하고 순비정상공손원가는 당기비용처리한다.

---

**22** ② 기말재공품과 당기완성품 모두 당기에 검사를 통과한 물량이므로 검사시점을 $x$라 하면 완성품에 배부된 정상공손원가는 다음과 같다.

$(500단위 \times x) \times ₩180 \times \dfrac{5,000단위}{5,000단위 + 3,000단위} = ₩33,750$

∴ $x$ = 60%

**23** ① (1) 물량흐름 파악

| 재공품 | | | | | |
|---|---|---|---|---|---|
| 월초 | 500(0.75) | 완성 | 3,700 | | |
| | | 정상공손 | 250 | | |
| | | 비정상공손 | 250 | | |
| 착수 | 4,500 | 월말 | 800(0.3) | | |
| | 5,000 | | 5,000 | | |

(2) 완성품환산량

| | 직접재료원가 | 전환원가 |
|---|---|---|
| 완성 | 3,700 | 3,700 |
| 정상공손 | 250 | 250 |
| 비정상공손 | 250 | 250 |
| 월말 | 800 | 240 |
| | 5,000 | 4,440 |
| (3) 원가 ₩5,000,000 | | ₩3,751,800 |
| (4) 단가 ₩1,000 | | ₩845 |

**24** ② (1) 제1공정에서 대체된 중간제품의 원가

(25,000단위 - 7,000단위) × ₩200 = ₩3,600,000

(2) 가중평균법하의 전공정원가 완성품환산량 단위당 원가

$$\frac{₩3,600,000 + ₩3,000,000}{18,000단위 + 12,000단위} = ₩220$$

(3) 제2공정 완성품원가

20,000단위 × (₩220 + ₩120 + ₩180) = ₩10,400,000

**25** ④ (1) 완성품환산량

① 물량흐름 파악

| 재공품 | | | | 직접재료원가 | 가공원가 |
|---|---|---|---|---|---|
| 기초 | 100(0.3) | 완성 | 100(0.7) | - | 70 |
| | | | 1,900 | 1,900 | 1,900 |
| 착수 | 2,100 | 기말 | 200(0.4) | 200 | 80 |
| | 2,200 | | 2,200 | 2,100 | 2,050 |

② 완성품환산량

③ 원가 ₩630,000 ₩205,000
④ 단가 ₩300 ₩100

(2) 완성품원가

₩53,000 + 1,900개 × ₩300 + 1,970개 × ₩100 = ₩820,000

(3) 완성품 단위당 원가

$$\frac{₩820,000}{2,000개} = ₩410$$

**26** ④ (1) 감손 전 물량(k)

① 완성품: 200kg* = k × (1 - 0.2 × 100%)

⇒ k = 250kg

*2,000단위 × 0.1kg = 200kg

② 기말재공품: 38kg = k × (1 - 0.2 × 25%)

⇒ k = 40kg

∴ 감손 전 기초재공품 물량: 100kg(= 250kg + 40kg - 190kg)

(2) 기초재공품의 전환원가 완성도(a)

90kg = 100kg × (1 - 0.2 × a)

∴ a = 50%

**27** ③  총공손물량 1,000단위 중 정상공손은 700단위(= 14,000단위 × 5%)이다.

(1) 물량흐름 파악(평균법)

| 재공품 | | | |
|---|---|---|---|
| 월초 | 3,000(0.4) | 완성 | 10,000 |
| | | 정상공손 | 700(0.5) |
| | | 비정상공손 | 300(0.5) |
| 착수 | 12,000 | 월말 | 4,000(0.6) |
| | 15,000 | | 15,000 |

(2) 완성품환산량

| | 전공정원가 | 직접재료원가 | 가공원가 |
|---|---|---|---|
| | 10,000 | 10,000 | 10,000 |
| | 700 | 700 | 350 |
| | 300 | 300 | 150 |
| | 4,000 | 4,000 | 2,400 |
| | 15,000 | 15,000 | 12,900 |

(3) 원가

| | 전공정원가 | 직접재료원가 | 가공원가 |
|---|---|---|---|
| | ₩71,250 | ₩60,000 | ₩103,200 |

(4) 단가

| | 전공정원가 | 직접재료원가 | 가공원가 |
|---|---|---|---|
| | ₩4.75 | ₩4 | ₩8 |

(5) 원가배분

   ① 1차 배분

     완성: 10,000단위 × ₩4.75 + 10,000단위 × ₩4 + 10,000단위 × ₩8 = ₩167,500

     정상공손: 700단위 × ₩4.75 + 700단위 × ₩4 + 350단위 × ₩8 = ₩8,925

     비정상공손: 300단위 × ₩4.75 + 300단위 × ₩4 + 150단위 × ₩8 = ₩3,825

     월말: 4,000단위 × ₩4.75 + 4,000단위 × ₩4 + 2,400단위 × ₩8 = ₩54,200

   ② 2차 배분

| | 배분 전 원가 | 공손원가배분 | 배분 후 원가 |
|---|---|---|---|
| 완성 | ₩167,500 | ₩6,375[*1] | ₩173,875 |
| 정상공손 | 8,925 | (8,925) | – |
| 비정상공손 | 3,825 | | 3,825 |
| 월말 | 54,200 | 2,550[*2] | 56,750 |

[*1] $₩8,925 × \dfrac{10,000단위}{10,000단위 + 4,000단위} = ₩6,375$

[*2] $₩8,925 × \dfrac{4,000단위}{10,000단위 + 4,000단위} = ₩2,550$

**28** ⑤  원가계산분개는 다음과 같다.

| (차) | 제품 | 173,875 | (대) | 재공품-제3공정 | 177,700 |
|---|---|---|---|---|---|
| | 비정상공손 | 3,825 | | | |

**29** ③ (1) 제조원가보고서

① 물량흐름 파악

| 재공품 | | | | |
|---|---|---|---|---|
| 월초 | 2,000(0.3) | 완성 | | |
| | | 월초 | 2,000(0.7) | |
| | | 당월 | 5,000 | |
| 착수 | 9,000 | 월말 | 4,000(0.7) | |
| | 11,000 | | 11,000 | |

② 완성품환산량

| | 직접재료원가 | 전환원가 |
|---|---|---|
| | – | 1,400 |
| | 5,000 | 5,000 |
| | 4,000 | 2,800 |
| | 9,000 | 9,200 |
| ③ 원가 | ₩216,000 | ₩276,000 |
| ④ 단가 | ₩24 | ₩30 |

⑤ 원가배분

완성: ₩65,400 + 5,000단위 × ₩24 + 6,400단위 × ₩30 = ₩377,400
월말: 4,000단위 × ₩24 + 2,800단위 × ₩30 = ₩180,000

(2) 제품대체분개

| (차) 제품 | 377,400 | (대) 재공품 | 377,400 |
|---|---|---|---|


**30** ① (1) 원가요소별 단위당 발생원가

① 직접재료원가: ₩75,000 ÷ 5,000단위 = ₩15
② 전환원가: ₩40,000 ÷ 2,500단위 = ₩16

(2) 원가요소별 총원가

① 직접재료원가: ₩15 × (9,000단위 + 5,000단위) = ₩210,000
② 전환원가: ₩16 × (9,000단위 + 2,500단위) = ₩184,000

(3) 수정 후 원가

① 물량흐름 파악

| 재공품 | | | |
|---|---|---|---|
| 월초 | – | 완성 | 9,000 |
| 착수 | 14,000 | 월말 | 5,000(0.2) |
| | 14,000 | | 14,000 |

② 완성품환산량

| | 직접재료원가 | 전환원가 |
|---|---|---|
| | 9,000 | 9,000 |
| | 5,000 | 1,000 |
| | 14,000 | 10,000 |
| ③ 원가 | ₩210,000 | ₩184,000 |
| ④ 단가 | ₩15 | ₩18.4 |

⑤ 원가배분

완성: 9,000단위 × ₩15 + 9,000단위 × ₩18.4 = ₩300,600
월말: 5,000단위 × ₩15 + 1,000단위 × ₩18.4 = ₩93,400

**31** ⑤ (1) 단위당 재료원가
    ① 기본형: ₩408,000,000 ÷ (100대 + 80대 + 20대) = ₩2,040,000
    ② 옵션품목장착: ₩96,000,000 ÷ (80대 + 20대) = ₩960,000
    ③ 특수컬러도장: ₩8,000,000 ÷ 20대 = ₩400,000

  (2) 단위당 가공원가
    ① 기본형: ₩840,000,000 ÷ (100대 + 80대 + 20대) = ₩4,200,000
    ② 옵션품목장착: ₩72,000,000 ÷ (80대 + 20대) = ₩720,000
    ③ 특수컬러도장: ₩4,000,000 ÷ 20대 = ₩200,000

  (3) 주문형 1대당 제조원가
    주문형은 모든 재료를 사용하여 전 공정에 걸쳐 생산하므로, 주문형 1대당 제조원가는 다음과 같다.
    ₩2,040,000 + ₩960,000 + ₩400,000 + ₩4,200,000 + ₩720,000 + ₩200,000 = ₩8,520,000

**32** ③ (1) 물량흐름 파악

| 재공품 | | | |
|---|---|---|---|
| 월초 | 100(60%) | 완성 | |
| | |   월초 | 100(40%) |
| | |   당월 | 150 |
| | | 공손 | 100(50%) |
| 착수 | 500 | 월말 | 250(80%) |
| | 600 | | 600 |

  (2) 당월발생 가공원가($x$)
    ① 가공원가의 완성품환산량 단위당 원가
      • 선입선출법: $x$ ÷ (40단위 + 150단위 + 50단위 + 200단위)
      • 가중평균법: (₩500 + $x$) ÷ (100단위 + 150단위 + 50단위 + 200단위)
    ② 당월발생 가공원가계산
      선입선출법과 가중평균법으로 배부된 월말재공품의 가공원가가 일치하므로, 선입선출법과 가중
      평균법의 가공원가의 완성품환산량 단위당 원가는 동일하다.
      $x$ ÷ (40단위 + 150단위 + 50단위 + 200단위)
      = (₩500 + $x$) ÷ (100단위 + 150단위 + 50단위 + 200단위)
      ∴ $x$ = ₩3,666

> **point** 원가흐름의 가정과 완성품환산량
>
> 기초재공품이 있는 경우 선입선출법과 가중평균법의 완성품환산량은 다르지만 기말재공품의 완성
> 품환산량은 선입선출법과 가중평균법 모두 동일하다.

**33** ④ (1) 평균법에 의한 완성품환산량

　① 완성품환산량 단위당 원가: $\dfrac{완성품원가}{완성품\ 수량} = \dfrac{₩920,000}{800개} = ₩1,150$

　② 완성품환산량: $\dfrac{₩190,000 + ₩960,000}{₩1,150} = 1,000개$

(2) 기초재공품의 완성도($x$)

평균법에 의한 가공원가의 완성품환산량은 선입선출법에 의한 완성품환산량보다 "기초수량 × 기초완성도"만큼 크다.

$$\dfrac{₩960,000}{1,000개 - 500x개} \times [500(1 - x)개 + 300개] + ₩190,000 = ₩910,000$$

∴ $x = 40\%$

(3) 선입선출법에 의한 완성품환산량 단위당 원가

$$\dfrac{₩960,000}{1,000개 - 500개 \times 0.4} = ₩1,200$$

(4) 공손품의 가공원가

₩1,200 × 160개 × 0.8 = ₩153,600

---

**point** 자료추정

" $\dfrac{총원가}{완성품환산량}$ = 완성품환산량 단위당 원가"의 관계를 이용하여 자료를 추적한다.

---

**34** ④ (1) 재공품 T-계정

| 재공품 | | | |
|---|---|---|---|
| 월초 | #101 | 완성 | #101, #206 |
| 착수 | #105, #206, #207 | 월말 | #105, #207 |
| | #101, #105, #206, #207 | | #101, #105, #206, #207 |

(2) 완성품환산량 단위당 원가

가공원가배분(완성품환산량기준)

#101 : #105 : #206 : #207 = 200개 × 20% : 200개 × 50% : 100개 : 150개 × 60%

∴ 완성품환산량 단위당 원가: ₩4,092,000 ÷ 330개 = ₩12,400

(3) 작업별 원가계산

| | #101 | #105 | #206 | #207 |
|---|---|---|---|---|
| 월초재공품원가 | ₩2,460,000 | – | – | – |
| 직접재료원가 | 500,000 | ₩1,800,000 | ₩3,200,000 | ₩2,400,000 |
| 가공원가 | 496,000 | 1,240,000 | 1,240,000 | 1,116,000 |
| | ₩3,456,000 | ₩3,040,000 | ₩4,440,000 | ₩3,516,000 |
| | (완성품) | | (완성품) | |

₩7,896,000

---

**point**

가공원가는 각 작업의 물량에 완성도를 반영한 완성품환산량을 기준으로 배부한다.

---

제4장 정답 및 해설 **183**

해커스 객관식 允원가관리회계

**제4장** 종합원가계산

**35** ① (1) 당기제품제조원가

제품

| 기초 | ₩84,600 | 판매 | ₩1,070,000 |
|---|---|---|---|
| 완성 | ? | 기말 | 38,700 |
| | ₩1,108,700 | | ₩1,108,700 |

∴ 당기제품제조원가: ₩1,024,100

(2) 제조원가보고서

① 물량흐름 파악

재공품

| 기초 | 1,800 (90%) | 완성 | 1,800 (10%) |
|---|---|---|---|
| | | | 12,000 |
| 착수 | 15,000 | 기말 | 3,000 (30%) |
| | 16,800 | | 16,800 |

② 완성품환산량

| | 재료원가 | 가공원가 |
|---|---|---|
| | – | 180 |
| | 12,000 | 12,000 |
| | 3,000 | 900 |
| | 15,000 | 13,080 |
| ③ 원가 | ₩420,000 | ₩588,600 |
| ④ 단가 | ₩28 | ₩45 |

⑤ 원가배분

완성: 기초재공품 + 12,000개 × ₩28 + 12,180개 × ₩45 = ₩1,024,100

재공품: 3,000개 × ₩28 + 900개 × ₩45 = 124,500

(3) 기초재공품

기초재공품 + 12,000개 × ₩28 + 12,180개 × ₩45 = ₩1,024,100

∴ 기초재공품: ₩140,000

---

**별해**

재공품

| 기초 | ? | 완성 | ₩1,024,100 |
|---|---|---|---|
| 재료원가 | ₩420,000 | | |
| 전환원가 | 588,600 | 기말 | 124,500 |
| | ₩1,148,600 | | ₩1,148,600 |

∴ 기초재공품: ₩140,000

---

**point**

제품계정을 이용하여 당기제품제조원가(완성품원가)를 계산하고, 당기발생원가와 원가요소별 완성품환산량을 근거로 완성품환산량 단위당 원가를 계산한다. 선입선출법에서 완성품원가는 기초재공품원가에 당기완성품환산량에 대한 원가를 가산하므로, 당기제품제조원가에서 당기발생원가를 차감하여 기초재공품원가를 계산한다.

**36** ④ (1) 완성품원가

① 완성품환산량 단위당 원가
- 직접재료원가(A): ₩90,000 ÷ 4,500단위 = ₩20
- 직접재료원가(B): ₩87,500 ÷ 3,500단위 = ₩25
- 전환원가: ₩210,000 ÷ 4,200단위[*1] = ₩50

[*1] 500단위 × 40% + 3,000단위 × 100% + 1,000단위 × 60% + 500단위 × 80% = 4,200단위

② 완성품원가
₩29,200 + 3,000단위 × ₩20 + 3,500단위 × ₩25 + 3,200단위[*2] × ₩50 = ₩336,700

[*2] 500단위 × 40% + 3,000단위 = 3,200단위

(2) 정상공손원가
350단위 × ₩20 + 350단위 × 0.8 × ₩50 = ₩21,000

(3) 정상공손원가를 반영한 완성품원가
₩336,700 + ₩21,000 = ₩357,700

> **point**
>
> 직접재료 B는 품질검사 직후에 투입되므로 공손에 배부되지 않는다. 공손의 완성도는 검사시점인 80%이고, 기말재공품은 검사시점을 통과하지 않았으므로 정상공손원가는 완성품에 가산한다.

**37** ③ (1) 기말재공품 완성품환산량
2,000단위 × 80% = 1,600단위

(2) 전환원가 완성품환산량(가중평균법)
당기 발생한 전환원가를 $x$라 하였을 때 완성품환산량 단위당 전환원가는 다음과 같다.

$$\frac{₩65,000 + x}{6,000단위 + 800단위}$$

(3) 당기 발생한 전환원가($x$)

$$\frac{₩65,000 + x}{6,000단위 + 800단위} × 800단위 = ₩260,000$$

∴ $x$ = ₩2,145,000

> **point**
>
> 기말재공품 완성품환산량과 전환원가를 이용하여 당기 발생한 전환원가를 역추적할 수 있다.

**38** ③ (1) 공손수량

기초재공품 수량 + 당기 착수량 = 완성수량 + 공손수량 + 기말재공품 수량

1,000단위 + 9,000단위 = (1,000단위 + 7,000단위) + 공손수량 + 1,000단위

∴ 공손수량 = 1,000단위

(2) 정상공손수량

합격품 × 10%

= (당기 착수 완성량 + 기말재공품 수량) × 10%

= (7,000단위 + 1,000단위) × 10%

= 800단위

(3) 원가계산

① 물량흐름 파악(선입선출법)  ② 완성품환산량

| 재공품 | | | | 원재료 A | 전환원가 | 원재료 B |
|---|---|---|---|---|---|---|
| 기초 | 1,000(0.6) | 완성품 | 1,000(0.4) | – | 400 | 1,000 |
| | | | 7,000 | 7,000 | 7,000 | 7,000 |
| | | 정상공손 | 800(0.5) | 800 | 400 | – |
| | | 비정상공손 | 200(0.5) | 200 | 100 | – |
| 착수 | 9,000 | 기말재공품 | 1,000(0.6) | 1,000 | 600 | – |
| | 10,000 | | 10,000 | 9,000 | 8,500 | 8,000 |

③ 당기발생원가      ₩180,000   ₩255,000   ₩80,000

④ 환산량 단위당 원가      ₩20    ₩30    ₩10

⑤ 원가배분

㉠ 1차 배분

완성품   ₩63,500 + 7,000단위 × ₩20 + 7,400단위 × ₩30 + 8,000단위 × ₩10 = ₩505,500

정상공손                800단위 × ₩20 + 400단위 × ₩30 = 28,000

비정상공손           200단위 × ₩20 + 100단위 × ₩30 = 7,000

기말재공품      1,000단위 × ₩20 + 600단위 × ₩30 = 38,000

                                             ₩578,500

㉡ 2차 배분

| | 배분 전 원가 | 공손원가배분 | 배분 후 원가 |
|---|---|---|---|
| 완성품 | ₩505,500 | ₩24,500[*1] | ₩530,000 |
| 정상공손 | 28,000 | (28,000) | – |
| 비정상공손 | 7,000 | | 7,000 |
| 기말재공품 | 38,000 | 3,500[*2] | 41,500 |
| | ₩578,500 | | ₩578,500 |

[*1] 완성품 배부액

$$₩28,000 × \frac{7,000}{7,000 + 1,000} = ₩24,500$$

[*2] 기말재공품 배부액

$$₩28,000 × \frac{1,000}{7,000 + 1,000} = ₩3,500$$

---

**point**

당기 완성품수량은 기초재공품수량에 당기 착수 완성량을 더한다. 또한, 정상공손원가는 검사시점을 통과한 합격물량을 기준으로 배분한다.

**39** ② (1) 완성품원가(당기제품제조원가)

제품

| 기초 | ₩300,000 | 판매 | ₩1,400,000 |
|---|---|---|---|
| 완성 | 1,256,000 | 기말 | 156,000 |
| | ₩1,556,000 | | ₩1,556,000 |

(2) 기말재공품원가

재공품

| 기초 | ₩200,000 | 완성 | ₩1,256,000 |
|---|---|---|---|
| 재료원가 | 500,000 | | |
| 전환원가 | 720,000 | 기말 | 164,000 |
| | ₩1,420,000 | | ₩1,420,000 |

(3) 재료원가 환산량 단위당 원가

$$\frac{₩500,000}{10,000단위} = ₩50$$

(4) 단위당 전환원가($x$)

기말재공품 원가 ₩164,000 = 2,000단위 × ₩50 + 2,000단위 × 40% × $x$

∴ $x$ = ₩80

---

**point**

1. 제품계정을 활용하여 완성품원가를 추정할 수 있다.
2. 재공품계정을 활용하여 기말재공품원가를 추정할 수 있다.
3. 기말재공품의 가공원가 완성품환산량을 이용하여 환산량 단위당 원가를 추정할 수 있다.

**회계사·세무사·경영지도사 단번에 합격!**
해커스 경영아카데미 cpa.Hackers.com

# 제5장

# 결합원가계산

핵심 이론 요약

객관식 연습문제

정답 및 해설

# 핵심 이론 요약

## 01 결합원가계산 관련 용어

| 연산품(주산물) | 동일한 원재료를 투입하여 결합공정을 거쳐 생산된 결합제품 중 상대적으로 판매가치가 큰 제품 |
|---|---|
| 부산물 | 주산물의 생산과정에서 부수적으로 생산되는 것으로 상대적으로 판매가치가 낮은 제품 |
| 작업폐물 | 생산과정에서 발생한 찌꺼기와 조각 등<br>☑ 일반적으로 판매가치가 0이거나 판매가치보다 판매비용이 더 큼 |
| 분리점 | 연산품이 개별적으로 식별가능한 시점 |
| 결합원가 | 분리점 이전의 제조과정에서 발생한 원가로서 결합공정에서의 완성품원가 |
| 개별원가(추가가공원가) | 분리점 이후의 개별제품별 추가가공원가 |

## 02 결합원가계산 절차

### (1) 기본모형

| 1단계 | 결합공정의 총제조원가 집계 |
|---|---|
| 2단계 | 완성품과 재공품에 배분<br>☑ 결합공정에 공손과 감손이 있는 경우에도 종합원가절차를 통하여 완성품과 재공품원가를 계산함 |
| 3단계 | 완성품원가를 결합제품에 배분 |

### (2) 복수의 분리점이 있는 경우

| 1단계 | 전체 물량흐름도 작성 |
|---|---|
| 2단계 | 각 분리점에서의 연산품 순실현가치*를 계산<br>* 추가가공하는 제품의 순실현가치 = 최종적으로 생산되는 결합제품의 순실현가치 - 추가원가 |
| 3단계 | 최초 분리점에서부터 순차적으로 결합원가배분 |

## 03 결합원가배분방법

| | |
|---|---|
| 물량기준법 | 연산품의 생산량 등을 기준으로 배분<br>☑ 물량과 판매가치 간 합리적인 관계가 없는 경우 개별제품 수익성이 왜곡될 수 있음 |
| 분리점에서의 판매가치법 | 분리점에서의 판매가치를 기준으로 배분<br>☑ 분리점에서의 판매가치가 없는 경우 적용할 수 없음 |
| 순실현가치법 | 연산품의 순실현가치를 기준으로 배분<br>☑ 분리점에서의 판매가치가 없는 경우 적용할 수 있으나 추가가공하는 제품의 매출총이익률이 낮아져 개별제품 수익성이 왜곡될 수 있음<br>☑ 특정 결합제품의 순실현가치가 (−)인 경우 결합원가를 배분하지 않는 것이 타당함<br><br>순실현가치 = 최종판매가치 − 추가가공원가 − 판매비용 |
| 균등매출총이익률법 | 개별제품의 매출총이익률이 모두 동일하게 배분<br>☑ 추가가공원가가 많은 결합제품에 상대적으로 적은 결합원가가 배분됨<br><br>회사 전체 매출총이익률 = 개별제품의 매출총이익률 |

## 04 추가공정에 재공품이 존재하는 경우 결합원가계산

연산품의 순실현가치를 계산할 때 물량은 추가공정에 투입된 물량을 기준으로 계산해야 한다.

추가공정의 가공원가 = 완성품환산량 단위당원가 × 투입량

## 05 추가가공 의사결정

(1) 회사 전체 입장에서 의사결정 시 고려대상은 분리점에서의 판매가치, 추가가공원가 및 최종 판매가치이다.

☑ 이미 발생한 결합원가(매몰원가)와 결합원가 배분방법은 고려하지 않음

(2) 결합제품이 별도 사업부로 구분되어 있고 결합원가를 반영한 이익으로 각 사업부를 평가하는 경우 회사 전체 목표와 각 사업부의 목표가 불일치하는 준최적화현상이 발생할 수 있다.

## 06 부산물 회계처리

| 구분 | 생산시점 | 판매시점 |
|------|----------|----------|
| 생산기준법 | 부산물의 순실현가치만큼의 결합원가를 배분 | 판매가치와 부산물 상계<br>☑ 예상판매가격과 실제판매가격에 차이가 발생하는 경우 그 차이는 당기손익에 반영함 |
| 판매기준법 | 해당 없음<br>☑ 결합원가는 모두 연산품에만 배분됨 | 판매가치를 잡이익으로 인식하거나 주산물 매출원가에서 차감 |

# 객관식 연습문제

★ : 꼭 풀어봐야 할 필수문제

✎ : 심화된 내용을 학습할 수 있는 고급문제

**01** 결합원가와 관련된 설명으로 옳지 않은 것은 무엇인가? [세무사 08]

① 분리점이란 연산품과 부산품 등 결합제품을 개별적인 제품으로 식별할 수 있게 되는 제조과정 중의 한 시점을 말한다.

② 균등이익률법에서는 조건이 같다면 추가가공원가가 높은 제품에 더 많은 결합원가가 배부된다.

③ 분리점 판매가치법에서 분리점의 판매가치를 계산할 때에는 판매량이 아닌 생산량을 이용한다.

④ 물량기준법은 제품의 판매가격을 알 수 없을 때 유용하게 사용될 수 있다.

⑤ 기업이익을 극대화하기 위한 추가가공 의사결정을 할 때에는 기 배분된 결합원가를 고려하지 않는다.

**02** (주)수원은 결합공정을 통해서 연산품 A, B와 부산물 C를 생산한다. 결합공정에서의 기초 및 기말재공품은 없으며 결합원가의 배분방법은 제품별 순실현가치를 기준으로 배분하고 있다. 부산물에 대해서는 부산물의 순실현가치만큼 연산품에 배분될 결합원가에서 차감한다. 당기의 제조활동에 관한 자료는 다음과 같다.

| 제품 | 생산량 | 분리점에서의 판매가치 | 추가가공원가 | 최종판매가치 |
|------|--------|----------------------|--------------|--------------|
| A | 3,000단위 | ₩20,000 | ₩5,000 | ₩30,000 |
| B | 2,000 | 12,000 | 4,000 | 19,000 |
| C | 1,500 | 5,000 | - | - |

제품 A의 당기 결합원가배분액이 ₩13,000이면 당기의 총결합원가발생액은 얼마인가?

① ₩22,500   ② ₩23,700   ③ ₩24,500

④ ₩25,800   ⑤ ₩26,750

★

**03** (주)영남은 동일한 원료를 결합공정에 투입하여 주산품 X, Y와 부산품 B를 생산한다. 결합원가는 순실현가치(net realizable value)를 기준으로 제품에 배부한다. 당기에 결합공정에 투입된 총원가는 ₩150,000이고, 주산품 X, Y 및 부산품 B의 분리점에서 순실현가치의 상대적 비율은 6 : 3 : 1이었다. 주산품 X에 배부된 결합원가가 ₩80,000이었다면, 부산품 B의 순실현가치는 얼마인가? (단, 부산품은 생산된 시점에서 순실현가치로 평가하여 재고자산으로 계상한다) [회계사 09]

① ₩15,000      ② ₩30,000      ③ ₩35,000

④ ₩43,333      ⑤ ₩45,000

★

**04** 수락회사는 A, B, C의 세 가지 결합제품을 생산하고 있으며, 결합원가는 분리점에서의 상대적 판매가치에 의해 배분된다. 관련 자료는 다음과 같다. [세무사 06]

| 구분 | A | B | C | 합계 |
|---|---|---|---|---|
| 결합원가 | ? | ₩10,000 | ? | ₩100,000 |
| 분리점에서의 판매가치 | ₩80,000 | ? | ? | ₩200,000 |
| 추가가공원가 | ₩3,000 | ₩2,000 | ₩5,000 | |
| 추가가공 후 판매가치 | ₩85,000 | ₩42,000 | ₩120,000 | |

만약 A, B, C 중 하나만을 추가가공한다면 어느 제품을 추가가공하는 것이 가장 유리하며, 이때 추가가공으로 인한 이익은 얼마인가?

① A, ₩2,000      ② B, ₩20,000      ③ C, ₩3,000

④ B, ₩5,000      ⑤ C, ₩15,000

**05** (주)서울은 부문 1에서 원재료 A를 가공하여 2개의 결합제품 B와 C를 생산하는데, 5월 중에 원재료 A 50,000개에 대하여 ₩200,000을 투입하여 B제품 20,000개와 C제품 30,000개를 생산하였다. B제품을 완성하는 데는 추가로 ₩40,000의 분리원가가 발생하였으며 B제품의 단위당 판매가격은 ₩3이었다. 회사는 5월 중에 C제품을 그대로 판매할 수도 있으며, 부문 2에서 C제품 30,000개에 추가로 ₩27,000을 투입하여 D제품 15,000개, E제품 5,000개, F제품 10,000개를 생산할 수도 있다. 한편, 제품 D, E, F를 완성하는 데 추가로 소요되는 분리원가와 각 제품의 단위당 판매가격은 다음과 같다.

| 제품 | 분리원가 | 단위당 판매가격 |
|------|---------|----------------|
| D | ₩5,000 | ₩8 |
| E | 1,000 | 2 |
| F | 2,000 | 6 |
| C | - | 4 |

이 경우 회사가 제품 C를 그대로 판매하는 것과 제품 D, E, F의 형태로 판매하는 것 중에서 올바른 의사결정은? [세무사 02]

① 제품 D, E, F의 형태로 판매하는 것이 ₩35,000 유리하다.
② 제품 D, E, F의 형태로 판매하는 것이 ₩35,000 불리하다.
③ 제품 D, E, F의 형태로 판매하는 것이 ₩62,000 유리하다.
④ 제품 D, E, F의 형태로 판매하는 것이 ₩62,000 불리하다.
⑤ 제품 D, E, F의 형태로 판매하는 것이 ₩25,000 불리하다.

(주)대구는 결합공정을 통해 중간재 X를 생산하고, 이를 추가가공하여 결합제품 A와 B를 생산한다. 20×1년 결합공정에서 기초재공품은 없었고, 완성품은 8,000kg, 기말재공품은 1,000kg(완성도 40%)을 생산하였으며, 공손 및 감손은 없었다. 결합제품과 관련된 자료는 다음과 같다.

| 제품 | 기초제품 수량 | 생산량 | 기말제품 수량 | 분리점 이후 추가가공원가(총액) | 단위당 판매가치 |
|------|--------------|--------|--------------|---------------------------------|----------------|
| A | 100개 | 4,000개 | 700개 | ₩20,000 | ₩50 |
| B | 500 | 2,000 | 125 | 40,000 | 80 |

당기 중 결합공정에 투입된 직접재료원가는 ₩72,000이었고, 가공원가는 ₩33,600이었다. 결합공정에서 재료는 공정 초에 모두 투입되고, 가공원가는 공정 전반에 걸쳐 균등하게 발생한다. 순실현가치법으로 결합원가를 배부할 때 결합제품 A에 얼마가 배부되는가? (단, 원가흐름은 평균법을 가정하며, 분리점 이후 추가공정에서 재공품은 없었다) [세무사 10]

① ₩44,000        ② ₩46,200        ③ ₩48,000
④ ₩55,400        ⑤ ₩57,600

(주)국세는 동일한 원재료를 투입해서 하나의 공정을 거쳐 제품 A, 제품 B, 제품 C를 생산하며, 분리점까지 총 ₩40,000의 원가가 발생한다. (주)국세는 분리점까지 발생한 원가를 분리점에서의 상대적 판매가치를 기준으로 결합제품에 배분한다. 결합제품의 생산량, 분리점에서의 단위당 판매가격, 추가가공원가 및 추가가공 후 단위당 판매가격은 다음과 같다.

| 제품 | 생산량 (단위) | 분리점에서의 단위당 판매가격 | 추가가공원가 | 추가가공 후 단위당 판매가격 |
|------|--------------|------------------------------|--------------|------------------------------|
| A | 1,500 | ₩16 | ₩6,300 | ₩20 |
| B | 2,000 | 8 | 8,000 | 13 |
| C | 400 | 25 | 3,600 | 32 |

(주)국세가 위 결합제품을 전부 판매할 경우에 예상되는 최대 매출총이익은 얼마인가? (단, 결합공정 및 추가가공과정에서 재공품 및 공손은 없는 것으로 가정한다) [세무사 12]

① ₩10,900        ② ₩12,000        ③ ₩20,000
④ ₩50,900        ⑤ ₩60,000

**08** (주)세무는 20×1년 4월에 원재료 X를 가공하여 두 개의 결합제품인 제품 A 1,200단위와 제품 B 800단위를 생산하는 데 ₩100,000의 결합원가가 발생하였다. 제품 B는 분리점에서 판매할 수도 있지만, 이 회사는 제품 B 800단위 모두를 추가가공하여 제품 C 800단위 생산한 후 500단위를 판매하였다. 제품 B를 추가가공하는 데 ₩20,000의 원가가 발생하였다. 4월 초에 각 제품의 예상 판매가격은 제품 A는 단위당 ₩50, 제품 B는 단위당 ₩75, 제품 C는 단위당 ₩200이었는데, 20×1년 4월에 판매된 제품들의 가격은 예상판매가격과 동일하였다. (주)세무는 결합원가배부에 순실현 가치법을 적용하고, 경영목적상 각 제품별 매출총이익을 계산한다. 20×1년 4월 제품 C에 대한 매출 총이익은 얼마인가? (단, 월초재고와 월말재공품은 없으며, 공손 및 감손도 없다)  [세무사 14]

① ₩30,250　　　　　　　　② ₩35,750　　　　　　　　③ ₩43,750
④ ₩48,250　　　　　　　　⑤ ₩56,250

**09** (주)국세는 결합공정을 통하여 주산물 X, Y와 부산물 C를 생산하였으며, 결합원가는 ₩50,000이었다. 주산물 X는 추가가공 없이 판매하지만, 주산물 Y와 부산물 C는 추가가공을 거쳐 판매한다. 20×1년의 생산 및 판매 자료는 다음과 같다.

| 구분 | 주산물 X | 주산물 Y | 부산물 C |
|---|---|---|---|
| 추가가공원가 | 없음 | ₩13,400 | ₩600 |
| 생산량 | 900단위 | 900단위 | 200단위 |
| 단위당 판매가격 | ₩30 | ₩70 | ₩5 |

부산물은 생산시점에서 순실현가능가치로 인식한다. 균등매출총이익률법에 의해 각 주산물에 배분되는 결합원가는?  [세무사 15]

|  | 주산물 X | 주산물 Y |
|---|---|---|
| ① | ₩17,300 | ₩32,300 |
| ② | ₩17,600 | ₩32,000 |
| ③ | ₩18,100 | ₩31,500 |
| ④ | ₩18,900 | ₩30,700 |
| ⑤ | ₩19,600 | ₩30,000 |

**10** 결합원가계산에 관한 설명으로 옳지 않은 것은? [세무사 16]

① 물량기준법은 모든 연산품의 물량 단위당 결합원가배부액이 같아진다.
② 분리점 판매가치법(상대적 판매가치법)은 분리점에서 모든 연산품의 매출총이익률을 같게 만든다.
③ 균등이익률법은 추가가공 후 모든 연산품의 매출총이익률을 같게 만든다.
④ 순실현가치법은 추가가공 후 모든 연산품의 매출총이익률을 같게 만든다.
⑤ 균등이익률법과 순실현가치법은 추가가공을 고려한 방법이다.

★
**11** (주)세무는 결합원가 ₩15,000으로 제품 A와 제품 B를 생산한다. 제품 A와 제품 B는 각각 ₩7,000과 ₩3,000의 추가가공원가(전환원가)를 투입하여 판매한다. 순실현가치법을 사용하여 결합원가를 배분하면 제품 B의 총제조원가는 ₩6,000이며 매출총이익률은 20%이다. 제품 A의 매출총이익률은? [세무사 17]

① 23%　　　　　　② 24%　　　　　　③ 25%
④ 26%　　　　　　⑤ 27%

★

**12** (주)한국은 단일의 원재료를 결합공정에 투입하여 세 가지 제품 A, B, C를 생산하고 있다. 제품 A와 제품 B는 분리점에서 즉시 판매되나, 제품 C는 추가가공을 거쳐서 판매된다. 분리점에서 제품 C의 시장가격은 존재하지 않는다. (주)한국의 20×1년 2월 제품별 생산량, 월말제품재고량 및 판매가격은 다음과 같다.

| 제품 | 생산량 | 월말제품재고량 | 톤당 판매가격 |
|---|---|---|---|
| A | 60톤 | 36톤 | ₩300 |
| B | 80톤 | 12톤 | 200 |
| C | 100톤 | 5톤 | 140 |

20×1년 2월 중 발생한 결합원가는 ₩16,000이고, 제품 C의 추가가공원가는 ₩8,000이며, 각 결합제품의 월초재고와 월말재공품은 없었다. (주)한국은 순실현가치를 기준으로 결합원가를 배부하고 있다. (주)한국의 20×1년 2월 매출원가와 월말제품은 각각 얼마인가? [회계사 14]

|  | 매출원가 | 월말제품 |
|---|---|---|
| ① | ₩18,500 | ₩5,500 |
| ② | ₩18,200 | ₩5,800 |
| ③ | ₩17,900 | ₩6,100 |
| ④ | ₩17,600 | ₩6,400 |
| ⑤ | ₩17,300 | ₩6,700 |

**13** (주)한국은 결합생산공정으로부터 두 종류의 주산품 A, B와 부산품 C를 생산하며, 부산품 C의 회계처리에는 생산기준법하에서의 원가차감법을 사용한다. 당기의 결합원가 발생액은 ₩54,000이며, 각 제품에 관한 자료는 다음과 같다(단, 기초재고와 기말재공품은 없다).

| 제품 | 분리점 이후 추가가공원가 | 생산량 | 최종판매가치 |
|---|---|---|---|
| A | ₩10,000 | 1,000단위 | ₩70,000 |
| B | 15,000 | 1,500단위 | 55,000 |
| C | 2,000 | 500단위 | 6,000 |

(주)한국이 순실현가능가치(net realizable value)를 기준으로 결합원가를 배부한다면, 주산품 A에 배부되는 결합원가는 얼마인가? [회계사 15]

① ₩20,000  ② ₩25,000  ③ ₩30,000
④ ₩35,000  ⑤ ₩40,000

**14** (주)한국화학은 20×1년 2월 초 영업을 개시하여 당월에 제1공정에서 원재료 R을 가공하여 결합제품 A와 B를 생산한다. 제품 A는 제2공정에서 추가가공을 거쳐 판매되고, 제품 B는 제3공정에서 결합제품 C와 D로 분리된 후 각각 제4공정과 제5공정에서 추가가공을 거쳐 판매된다. 20×1년 2월의 각 공정에서 발생한 원가자료는 다음과 같다.

| | |
|---|---:|
| • 제1공정: 제품 A, B의 결합원가 | ₩100,000 |
| • 제2공정: 제품 A의 개별원가(분리원가) | 15,000 |
| • 제3공정: 제품 C, D의 결합원가 | 70,000 |
| • 제4공정: 제품 C의 개별원가(분리원가) | 50,000 |
| • 제5공정: 제품 D의 개별원가(분리원가) | 20,000 |

20×1년 2월 (주)한국화학의 제품별 생산량과 kg당 판매가격은 다음과 같다.

| 제품 | 생산량 | kg당 판매가격 |
|:---:|:---:|:---:|
| A | 500kg | ₩120 |
| C | 1,000kg | 200 |
| D | 800kg | 150 |

(주)한국화학이 순실현가능가치를 기준으로 결합원가를 배부하는 경우, 20×1년 2월 제품 D의 총제조원가는 얼마인가? [회계사 16]

① ₩60,000  ② ₩70,000  ③ ₩80,000
④ ₩90,000  ⑤ ₩100,000

**15** 당해 연도에 영업을 개시한 (주)한국은 결합공정을 통하여 주산물 X와 부산물 B를 생산한다. 분리점까지 발생한 원가는 총 ₩52,000이며 부산물에 대해서는 부산물의 순실현가치만큼 결합원가에서 차감한다. 결합제품에 대한 자료는 다음과 같다.

| 제품 | 생산량<br>(단위) | 분리점에서의<br>단위당 판매가격 | 추가가공원가 | 추가가공 후<br>단위당 판매가격 | 기말재고 |
|:---:|:---:|:---:|:---:|:---:|:---:|
| X | ? | ₩500 | - | - | ₩9,000 |
| B | 100 | - | ₩8,000 | ₩200 | - |

부산물에 대한 총판매비용은 ₩5,000이다. 당해 연도 주산물 X의 매출원가와 부산물 B 처분으로 인한 손익을 구하시오.

| | 주산물 X 매출원가 | 부산물 B 처분손익 |
|:---:|:---:|:---:|
| ① | ₩36,000 | ₩0 |
| ② | ₩36,000 | ₩5,000 |
| ③ | ₩45,000 | ₩0 |
| ④ | ₩15,000 | ₩0 |
| ⑤ | ₩15,000 | ₩5,000 |

※ 다음은 **16~17**에 관한 자료이다.

(주)한국은 두 개의 제조공정을 통하여 제품 A와 제품 B를 생산한다. 원재료는 제1공정에서 투입되어 제품 A와 중간제품 X를 생산하며 제품 A는 분리점에서 단위당 ₩5,000에 판매된다. 또한, 중간제품 X는 제2공정에서 추가가공 후 제품 B가 되며 단위당 ₩6,000에 판매된다. 기초재공품은 없으나 제2공정에서 기말재공품은 1,000단위(완성도 40%)이다. 당해 연도 공정별 원가 및 생산 관련 자료는 다음과 같다.

| 제1공정 | | 제2공정 | |
|---|---|---|---|
| 제품 A 생산량 | 1,200단위 | 제품 B 생산량 | 1,000단위 |
| 중간제품 X 생산량 | 2,000단위 | | |
| 제조원가 | ₩8,000,000 | 추가원가 | ₩4,200,000 |

회사는 결합원가를 순실현가치를 기준으로 배분하고 제2공정의 추가원가는 공정 전반에 걸쳐 균등하게 발생한다.

**16** 제품 X에 배분되는 결합원가를 구하시오.

① ₩3,800,000      ② ₩4,000,000      ③ ₩4,200,000

④ ₩4,500,000      ⑤ ₩5,000,000

**17** 제2공정의 기말재공품원가를 구하시오.

① ₩2,500,000      ② ₩2,800,000      ③ ₩3,000,000

④ ₩3,200,000      ⑤ ₩3,500,000

★

**18** (주)대한은 결합공정과 추가공정을 통해 제품을 생산하며, 분리점에서 순실현가능가치를 기준으로 결합원가를 배부한다. 20×1년의 생산 및 원가자료는 다음과 같다.

> (1) 제1공정
> 제1공정에서는 원재료를 투입하여 제품 A 100단위와 제품 B 300단위를 생산하였으며, 결합원가는 총 ₩40,000이었다. 제품 A는 단위당 ₩200에 판매되고, 제품 B는 제2공정에서 추가가공을 거쳐 제품 C로 판매된다.
>
> (2) 제2공정
> 당기에 제1공정으로부터 대체된 제품 B는 제품 C 280단위로 생산되었으며, 추가가공원가는 총 ₩12,400이었다. 제품 C의 단위당 판매가격은 ₩150이다. 제품 B를 제품 C로 추가가공하는 과정에서 부산물 20단위가 생산되었다. 부산물은 단위당 ₩20에 즉시 판매할 수 있다. 부산물은 생산시점에 순실현가능가치로 인식한다.

제품 C의 총제조원가는 얼마인가? (단, 각 공정의 기초 및 기말재공품은 없다)          [회계사 19]

① ₩35,600              ② ₩36,000              ③ ₩36,400
④ ₩36,700              ⑤ ₩37,000

**19** (주)한국은 결합생산공정을 통해 결합제품 A와 B를 생산하고 있으며, 균등매출총이익률법을 적용하여 결합원가를 배부한다. 각 결합제품은 분리점에서 즉시 판매될 수도 있으며, 필요하다면 추가가공한 후 판매될 수도 있다. 추가가공원가는 각 제품별로 추적가능하고 모두 변동원가이다. (주)한국은 20×1년에 결합제품 A와 B를 모두 추가가공하여 전량 판매하였으며 20×1년 중 발생한 결합원가는 ₩300,000이다. (주)한국의 20×1년 생산 및 판매 관련 자료는 다음과 같다.

| 구분 | A | B |
|---|---|---|
| 생산·판매량 | 3,000단위 | 5,000단위 |
| 분리점에서의 총판매가치 | ₩250,000 | ₩330,000 |
| 추가가공원가 | ₩45,000 | ₩60,000 |
| 추가가공 후 매출액 | ₩300,000 | ₩375,000 |

(주)한국의 20×1년도 생산 및 판매와 관련하여 옳은 설명은?          [회계사 17]

① 회사 전체의 매출총이익은 ₩250,000이다.
② 회사 전체의 매출총이익률은 35%이다.
③ A의 단위당 원가는 B의 단위당 원가보다 크다.
④ A에 배부되는 결합원가금액은 B에 배부되는 결합원가금액보다 크다.
⑤ 회사가 B를 추가가공하지 않고 분리점에서 즉시 판매하였다면, 이익은 ₩5,000 증가하였을 것이다.

**20** (주)세무는 주산품 A, B와 부산품 S를 생산한다. 당기 중 발생한 결합원가는 ₩9,500이다. 결합원가는 분리점에서 순실현가능가치(NRV)를 기준으로 각 제품에 배부하며, 당기의 생산 및 원가자료는 다음과 같다.

| 제품 | 분리점 이후 추가가공원가(총액) | 추가가공 후 단위당 판매가격 | 생산량 | 판매량 |
|---|---|---|---|---|
| A | ₩2,000 | ₩40 | 200단위 | 180단위 |
| B | 1,000 | 20 | 250 | 200 |
| S | 500 | 15 | 100 | 90 |

주산품 B의 매출총이익은? (단, 기초재고자산은 없으며, 부산품 S는 생산시점에서 순실현가능가치로 인식한다) [세무사 18]

① ₩480          ② ₩560          ③ ₩580
④ ₩750          ⑤ ₩810

**21** (주)세무는 20×1년 원재료 X를 가공하여 연산품 A와 연산품 B를 생산하는 데 ₩36,000의 결합원가가 발생하였다. 분리점 이후 최종제품 생산을 위해서는 각각 추가가공원가가 발생한다. 균등매출총이익률법으로 결합원가를 연산품에 배부할 때, 연산품 B에 배부되는 결합원가는? (단, 공손 및 감손은 없으며, 기초 및 기말재공품은 없다) [세무사 20]

| 제품 | 생산량 | 최종판매단가 | 최종판매가격 | 추가가공원가(총액) |
|---|---|---|---|---|
| A | 1,000리터 | ₩60 | ₩60,000 | ₩8,000 |
| B | 500리터 | 40 | 20,000 | 4,000 |
| 합계 | 1,500리터 | | ₩80,000 | ₩12,000 |

① ₩4,000          ② ₩8,000          ③ ₩12,000
④ ₩18,000          ⑤ ₩28,000

**22** (주)대한은 동일 공정에서 세 가지 결합제품 A, B, C를 생산한다. 제품 A, 제품 B는 추가가공을 거치지 않고 판매되며, 제품 C는 추가가공원가 ₩80,000을 투입하여 추가가공 후 제품 C+로 판매된다. (주)대한이 생산 및 판매한 모든 제품은 주산품이다. (주)대한은 제품 A, 제품 B, 제품 C+를 각각 판매하였을 때 각 제품의 매출총이익률이 연산품 전체 매출총이익률과 동일하게 만드는 원가배부법을 사용한다. 다음은 (주)대한의 결합원가배부에 관한 자료이다. 제품 C+에 배부된 결합원가는 얼마인가?                                                            [회계사 20]

| 제품 | 배부된 결합원가 | 판매(가능)액 |
|------|------|------|
| A | ? | ₩96,000 |
| B | ₩138,000 | ? |
| C+ | ? | ? |
| 합계 | ₩220,000 | ₩400,000 |

① ₩10,000     ② ₩12,000     ③ ₩15,000
④ ₩20,000     ⑤ ₩30,000

**23** (주)세무는 결합공정을 통하여 연산품 A, B를 생산한다. 제품 B는 분리점에서 즉시 판매되고 있으나, 제품 A는 추가가공을 거친 후 판매되고 있으며, 결합원가는 순실현가치에 의해 배분되고 있다. 결합공정의 직접재료는 공정 초에 전량 투입되며, 전환원가는 공정 전반에 걸쳐 균등하게 발생한다. 당기 결합공정에 기초재공품은 없었으며, 직접재료 5,000kg을 투입하여 4,000kg을 제품으로 완성하고 1,000kg은 기말재공품(전환원가 완성도 30%)으로 남아 있다. 당기 결합공정에 투입된 직접재료원가와 전환원가는 ₩250,000과 ₩129,000이다. (주)세무의 당기 생산 및 판매 자료는 다음과 같다.

| 구분 | 생산량 | 판매량 | 추가가공원가 총액 | 단위당 판매가격 |
|------|------|------|------|------|
| 제품 A | 4,000단위 | 2,500단위 | ₩200,000 | ₩200 |
| 제품 B | 1,000 | 800 | - | 200 |

제품 A의 단위당 제조원가는? (단, 공손 및 감손은 없다)                    [세무사 21]

① ₩98     ② ₩110     ③ ₩120
④ ₩130     ⑤ ₩150

**24** (주)세무는 결합공정을 통하여 주산품 X, Y와 부산품 B를 생산하고 있다. 당기 중 발생한 결합원가는 ₩20,000이며, 결합원가는 분리점에서 순실현가능가치(NRV)를 기준으로 각 제품에 배부한다. 부산품 B는 생산기준법(생산시점에서 순실현가능가치로 인식)을 적용하며, 부산품 B의 단위당 판매비는 ₩5이다. 당기의 생산 및 판매 자료는 다음과 같다.

| 제품 | 분리점 이후 추가가공원가(총액) | 단위당 최종 판매가격 | 생산량 | 판매량 |
|---|---|---|---|---|
| X | ₩4,000 | ₩60 | 200단위 | 180단위 |
| Y | 2,000 | 40 | 250 | 200 |
| B | - | 15 | 200 | 150 |

(주)세무의 기말재고자산 금액은? (단, 기초재고와 기말재공품은 없다)  [세무사 24]

① ₩3,500　　　　　　② ₩3,750　　　　　　③ ₩4,000

④ ₩4,100　　　　　　⑤ ₩4,250

# 정답 및 해설

## 정답

| | | | | | | | | | | | | | | | | | | | |
|---|---|---|---|---|---|---|---|---|---|---|---|---|---|---|---|---|---|---|---|
| 01 | ② | 02 | ④ | 03 | ② | 04 | ② | 05 | ① | 06 | ⑤ | 07 | ② | 08 | ③ | 09 | ④ | 10 | ④ |
| 11 | ② | 12 | ② | 13 | ③ | 14 | ③ | 15 | ① | 16 | ② | 17 | ④ | 18 | ② | 19 | ③ | 20 | ① |
| 21 | ② | 22 | ① | 23 | ② | 24 | ③ | | | | | | | | | | | | |

## 해설

**01** ② 균등이익률법은 회사 전체 이익률과 개별제품의 이익률이 동일하도록 결합원가를 배부하는 방식이다. 따라서 추가가공원가가 높은 제품에는 동일한 이익률을 유지하기 위해서 결합원가배분액이 작아질 것이다. 이는 다음의 사례를 통해서 이해할 수 있다.

| | 연산품 | | 합계 |
|---|---|---|---|
| | A | B | |
| 매출 | ₩5,000 | ₩5,000 | ₩10,000 |
| 결합원가 | (2,500) | (500) | (3,000) |
| 추가원가 | – | (2,000) | (2,000) |
| 매출총이익 | ₩2,500 | ₩2,500 | ₩5,000 |
| 매출총이익률 | 50% | 50% | 50% |

**02** ④

| | | | | |
|---|---|---|---|---|
| | | A 3,000단위 | ₩5,000 | A 3,000단위 |
| | | (₩20,000) | | (₩30,000) |
| 원재료 투입 | ₩? | | | |
| | | B 2,000단위 | ₩4,000 | B 2,000단위 |
| | | (₩12,000) | | (₩19,000) |
| | | 부산물 | | |
| | | C 1,500단위 | | |
| | | (₩5,000) | | |

부산물의 순실현가치만큼 결합원가에서 차감하므로 생산기준법을 적용하는 것으로 해석할 수 있다. 총결합원가를 $x$라 한 후 정리하면 다음과 같다.

(1) 연산품에 배분될 결합원가

총결합원가 - 부산물의 순실현가치

= $x$ - ₩5,000

(2) 결합원가배분

|  | 순실현가치 | | 배분비율 | 결합원가 |
|---|---|---|---|---|
| 제품 A | ₩30,000 - ₩5,000 = | ₩25,000 | 0.625 | ₩13,000 |
| 제품 B | ₩19,000 - ₩4,000 = | 15,000 | 0.375 | ? |
| | | ₩40,000 | 1 | $x$ - ₩5,000 |

⇒ 제품 A에 배분될 결합원가: ($x$ - ₩5,000) × 0.625 = ₩13,000

∴ $x$ = ₩25,800

---

**point 부산물의 회계처리**

1. 부산물은 연산품에 비하여 판매가치가 상대적으로 낮은 제품을 말하며, 일반적으로 자료에 부산물이라고 제시된다. 부산물에 대한 자료가 언급될 경우 가장 먼저 확인해야 할 것이 부산물 회계처리방법이다.

2. 부산물 회계처리는 다음 두 가지 방법이 있다.
   ① 생산기준법: 부산물의 순실현가치만큼 결합원가를 배분한 후 부산물에 배분된 결합원가는 판매 시 현금유입액과 상계처리
   ② 판매기준법: 부산물에 결합원가를 배분하지 않고 판매 시 현금유입액을 잡이익으로 처리하거나 매출원가에서 차감

3. 실전에서는 주로 생산기준법이 많이 출제되며 "부산물의 순실현가치는 연산품에 배분될 결합원가에서 차감한다"라고 표현한다.

---

**03** ②

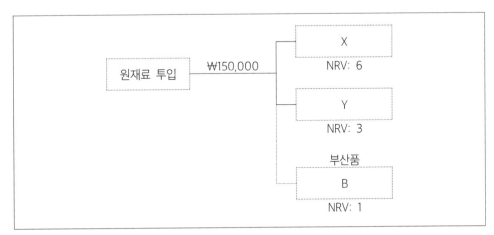

부산품의 순실현가치를 R이라 한 후 정리하면 다음과 같다.

(1) 연산품에 배분될 결합원가

₩150,000 - R

(2) 결합원가배분

|  | 배분비율 | 결합원가 |
|---|---|---|
| 주산품 X | 6 | ₩80,000 |
| 주산품 Y | 3 | ? |
|  |  | ₩150,000 - R |

⇒ 제품 X에 배분되는 결합원가: $(₩150,000 - R) \times \dfrac{6}{6+3} = ₩80,000$

∴ R = ₩30,000

**04** ② 연산품의 추가가공에 대한 의사결정을 위해서는 "분리점 판매가치, 추가가공원가, 추가가공 후 판매가치"를 알아야 한다.

(1) 분리점 판매가치

결합원가의 배분기준이 분리점 판매가치이므로 이 관계를 이용하여 각 제품의 분리점 판매가치를 구할 수 있다.

|  | 제품 A | 제품 B | 제품 C | 합계 |  |
|---|---|---|---|---|---|
| 결합원가 | ? | ₩10,000 | ? | ₩100,000 | 분리점 판매가치의 |
| 분리점에서의 판매가치 | ₩80,000 | 20,000*1 | ₩100,000*2 | 200,000 | 50% |

*1 ₩10,000 ÷ 50% = ₩20,000

*2 ₩200,000 - ₩80,000 - ₩20,000 = ₩100,000

(2) 제품별 추가가공 시 증분이익 계산

|  | 제품 A | 제품 B | 제품 C |
|---|---|---|---|
| 증분수익 |  |  |  |
| 최종판매가격 | ₩85,000 | ₩42,000 | ₩120,000 |
| 증분비용 |  |  |  |
| 추가가공원가 | (3,000) | (2,000) | (5,000) |
| 분리점에서의 판매가치 | (80,000) | (20,000) | (100,000) |
| 증분이익 | ₩2,000 | ₩20,000 | ₩15,000 |

∴ 추가가공 시 증분이익은 제품 B가 가장 크며, 이때 증분이익은 ₩20,000이다.

**05** ①

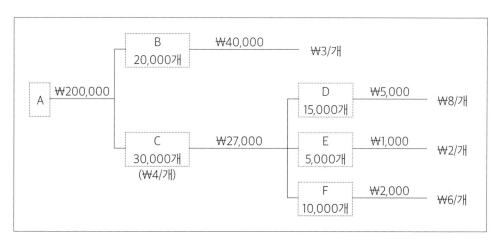

C제품에 대한 추가가공 의사결정의 문제이므로 결합원가 ₩200,000은 의사결정의 고려대상이 아니다. 각 제품별 추가가공에 대한 의사결정은 다음과 같다.

| | 제품 D | 제품 E | 제품 F | 합계 |
|---|---|---|---|---|
| 증분수익 | | | | |
| 최종판매가격 | ₩120,000 | ₩10,000 | ₩60,000 | ₩190,000 |
| 증분비용 | | | | |
| 개별원가 | (5,000) | (1,000) | (2,000) | (8,000) |
| 분리점에서의 판매가치 | | | | (120,000) |
| 추가가공원가 | | | | (27,000) |
| 증분이익 | | | | ₩35,000 |

∴ 제품 C를 제품 D, E, F의 형태로 추가가공한 후 판매하는 것이 ₩35,000만큼 유리하다.


**06** ⑤

(1) 결합원가(결합공정에서의 완성품원가)계산
  ① 직접재료원가 완성품환산량 단위당 원가: ₩72,000 ÷ (8,000kg + 1,000kg) = ₩8/kg
  ② 가공원가 완성품환산량 단위당 원가: ₩33,600 ÷ (8,000kg + 1,000kg × 0.4) = ₩4/kg
  ∴ 결합원가: 8,000kg × (₩8 + ₩4) = ₩96,000

(2) 결합원가배분
  순실현가치는 당기 생산량을 기준으로 계산한다.

| | 순실현가치 | | 배분비율 | 결합원가 |
|---|---|---|---|---|
| A | 4,000개 × ₩50 - ₩20,000 = | ₩180,000 | 60% | ₩57,600 |
| B | 2,000개 × ₩80 - ₩40,000 = | 120,000 | 40% | 38,400 |
| | | | 100% | ₩96,000 |

**07** ② (1) 추가가공 여부 판단

| | 최종판매가치 | | 추가가공원가 | 분리점 판매가치 | | 증분손익 | 추가가공 여부 |
|---|---|---|---|---|---|---|---|
| A | ₩20 × 1,500 = | ₩30,000 | ₩6,300 | ₩16 × 1,500 = | ₩24,000 | ₩(300) | × |
| B | ₩13 × 2,000 = | 26,000 | ₩8,000 | ₩8 × 2,000 = | 16,000 | 2,000 | ○ |
| C | ₩32 × 400 = | 12,800 | ₩3,600 | ₩25 × 400 = | 10,000 | (800) | × |

(2) 손익계산서

| | 제품 A | 제품 B | 제품 C | 합계 |
|---|---|---|---|---|
| 매출액 | ₩24,000 | ₩26,000 | ₩10,000 | ₩60,000 |
| 결합원가 | ? | ? | ? | (40,000) |
| 추가원가 | - | (8,000) | - | (8,000) |
| 매출총이익 | | | | ₩12,000 |

**08** ③ (1) 결합원가배분

| | 판매가격 | 추가원가 | 순실현가치 | 배분비율 | 결합원가배분 |
|---|---|---|---|---|---|
| 연산품 A | ₩60,000 | - | ₩60,000 | 0.3 | ₩30,000 |
| 연산품 B | 160,000* | ₩20,000 | 140,000 | 0.7 | 70,000 |
| | | | ₩200,000 | 1 | ₩100,000 |

* 800단위 × ₩200 = ₩160,000

(2) 제품 C 단위당 원가
(₩70,000 + ₩20,000) ÷ 800단위 = ₩112.5

(3) 제품 C 500단위 판매 시 매출총이익
500단위 × (₩200 - ₩112.5) = ₩43,750

**09** ④ (1) 연산품에 배부될 결합원가
총결합원가 - 부산물의 순실현가치
= ₩50,000 - (200단위 × ₩5 - ₩600) = ₩49,600

(2) 결합원가배분(균등매출총이익률법)

| | 주산물 X | 주산물 Y | | 합계 |
|---|---|---|---|---|
| 매출액 | ₩27,000 | ₩63,000 | | ₩90,000 |
| 결합원가 | (18,900)[3] | (30,700)[4] | | (49,600) |
| 추가원가 | - | (13,400) | | (13,400) |
| 매출총이익 | ₩8,100[1] | ₩18,900[2] | | ₩27,000 |
| 이익률 | (0.3) | (0.3) | ⇐ | (0.3) |

[1] ₩27,000 × 0.3 = ₩8,100

[2] ₩63,000 × 0.3 = ₩18,900

[3] ₩27,000 - ₩8,100 = ₩18,900

[4] ₩63,000 - ₩18,900 - ₩13,400 = ₩30,700

**10** ④ 순실현가치법의 경우 추가가공이 존재하면 추가가공 후 모든 연산품의 매출총이익률이 동일하지 않다.

**11** ② (1) 순실현가치비율

① 제품 A: ₩12,000[*2] ÷ ₩15,000 = 80%

② 제품 B: ₩3,000[*1] ÷ ₩15,000 = 20%

[*1] ₩6,000 - ₩3,000 = ₩3,000

[*2] ₩15,000 - ₩3,000 = ₩12,000

(2) 제품 B 매출액(S)

S - (₩3,000 + ₩3,000) = 0.2S, S = ₩7,500

∴ 제품 B의 순실현가치: ₩4,500(= ₩7,500 - ₩3,000)

(3) 제품 A 매출액(S)

₩4,500/20% × 80% = ₩18,000

S - ₩7,000 = ₩18,000, S = ₩25,000

(4) 제품 A 매출총이익

₩25,000 - ₩7,000 - ₩12,000 = ₩6,000

(5) 제품 A 매출총이익률

₩6,000 ÷ ₩25,000 = 24%

**12** ② (1) 결합원가배분

| | 순실현가치 | | 배분비율 | 배분액 |
|---|---|---|---|---|
| A | 60톤 × ₩300 = | ₩18,000 | 45% | ₩7,200 |
| B | 80톤 × ₩200 = | 16,000 | 40% | 6,400 |
| C | 100톤 × ₩140 - ₩8,000 = | 6,000 | 15% | 2,400 |
| | | ₩40,000 | 100% | ₩16,000 |

(2) 제품별 단위당 원가

| | 제품 A | 제품 B | 제품 C | 합계 |
|---|---|---|---|---|
| 결합원가 | ₩7,200 | ₩6,400 | ₩2,400 | ₩16,000 |
| 추가원가 | - | - | 8,000 | 8,000 |
| 계 | ₩7,200 | ₩6,400 | ₩10,400 | ₩24,000 |
| 생산량 | 60톤 | 80톤 | 100톤 | |
| 단위당 원가 | ₩120/톤 | ₩80/톤 | ₩104/톤 | |

(3) 월말제품

| A | ₩120 × 36톤 = | ₩4,320 |
|---|---|---|
| B | ₩80 × 12톤 = | 960 |
| C | ₩104 × 5톤 = | 520 |
| | | ₩5,800 |

(4) 매출원가

₩24,000 - ₩5,800 = ₩18,200

**13** ③ (1) 부산품의 순실현가치
     ₩6,000 - ₩2,000 = ₩4,000

(2) 주산품에 배분될 결합원가
     ₩54,000 - ₩4,000 = ₩50,000

(3) 결합원가배분

| | 순실현가치 | 배분비율 | 배분액 |
|---|---|---|---|
| A | ₩60,000 | 60% | ₩30,000 |
| B | 40,000 | 40% | 20,000 |
| | ₩100,000 | 100% | ₩50,000 |

∴ 주산품 A에 배분될 결합원가: ₩30,000

**14** ③ (1) 제1공정 결합원가배분

| | 순실현가치 | 배분비율 | 배분액 |
|---|---|---|---|
| A | ₩45,000$^{*1}$ | 20% | ₩20,000 |
| B | 180,000$^{*2}$ | 80% | 80,000 |
| | ₩225,000 | 100% | ₩100,000 |

$^{*1}$ 500kg × ₩120 - ₩15,000 = ₩45,000

$^{*2}$ (1,000kg × ₩200 - ₩50,000) + (800kg × ₩150 - ₩20,000) - ₩70,000 = ₩180,000

(2) 제3공정 결합원가배분

| | 순실현가치 | 배분비율 | 배분액 |
|---|---|---|---|
| C | ₩150,000$^{*3}$ | 60% | ₩90,000 |
| D | 100,000$^{*4}$ | 40% | 60,000 |
| | ₩250,000 | 100% | ₩150,000$^{*5}$ |

$^{*3}$ 1,000kg × ₩200 - ₩50,000 = ₩150,000

$^{*4}$ 800kg × ₩150 - ₩20,000 = ₩100,000

$^{*5}$ ₩80,000 + ₩70,000 = ₩150,000

(3) 제품 D의 총제조원가
     ₩60,000 + ₩20,000 = ₩80,000

**15** ①   (1) 부산물의 순실현가치

      ₩200 × 100단위 - ₩8,000 - ₩5,000 = ₩7,000

  (2) 주산물에 배분할 결합원가

      ₩52,000 - ₩7,000 = ₩45,000

  (3) 주산물 매출원가

      배분된 결합원가 - 기말재고

      = ₩45,000 - ₩9,000 = ₩36,000

  (4) 부산물 처분손익

      ₩200 × 100단위 - ₩7,000 - ₩8,000 - ₩5,000 = ₩0

**16** ②

| | 순실현가치 | 배분비율 | 배분액 |
|---|---|---|---|
| A | ₩6,000,000[*1] | 50% | ₩4,000,000 |
| B | 6,000,000[*2] | 50% | 4,000,000 |
| | ₩12,000,000 | 100% | ₩8,000,000 |

[*1] 1,200단위 × ₩5,000 = ₩6,000,000

[*2] $2,000단위 × ₩6,000 - 2,000단위 × \dfrac{₩4,200,000}{1,000단위 + 1,000단위 × 0.4} = ₩6,000,000$

∴ 제품 X에 배분되는 결합원가: ₩4,000,000

**17** ④   (1) 단위당 원가

    ① 전공정원가: ₩4,000,000 ÷ 2,000단위 = ₩2,000

    ② 추가원가: $\dfrac{₩4,200,000}{1,000단위 + 1,000단위 × 0.4} = ₩3,000$

  (2) 기말재공품원가

      1,000단위 × ₩2,000 + 1,000단위 × 0.4 × ₩3,000 = ₩3,200,000

**18** ②   (1) 결합원가배분(제1공정)

| | 판매가격 | 추가가공원가 | 순실현가치 | 배분비율 | 결합원가배분 |
|---|---|---|---|---|---|
| 연산품 A | ₩20,000 | - | ₩20,000 | 0.4 | ₩16,000 |
| 연산품 B | 42,400[*] | ₩12,400 | 30,000 | 0.6 | 24,000 |
| | | | ₩50,000 | 1 | ₩40,000 |

[*] 연산품 B의 최종판매가치: 제품 C 판매가치 + 부산물 판매가치

    = 280단위 × ₩150 + 20단위 × ₩20 = ₩42,400

  (2) 제품 C의 총제조원가

      부산물은 순실현가치만큼 결합원가에서 차감한다.

      ₩24,000 + ₩12,400 - 20단위 × ₩20 = ₩36,000

**19** ③ (1) 결합원가배분

| | 제품 A | 제품 B | 합계 |
|---|---|---|---|
| 매출 | ₩300,000 | ₩375,000 | ₩675,000 |
| 결합원가 | 135,000 | 165,000 | 300,000 |
| 추가원가 | 45,000 | 60,000 | 105,000 |
| 매출총이익 | ₩120,000 | ₩150,000 | ₩270,000 |
| 매출총이익률 | 40% | 40% ⇐ | 40%[*1] |
| 생산량 | 3,000단위 | 5,000단위 | |
| 단위당 원가 | @60[*2] | @45[*3] | |

[*1] $\dfrac{\text{₩270,000}}{\text{₩675,000}} = 40\%$

[*2] (₩135,000 + ₩45,000) ÷ 3,000단위 = @60

[*3] (₩165,000 + ₩60,000) ÷ 5,000단위 = @45

(2) 추가가공 의사결정

| | |
|---|---|
| 증분수익 | |
| 　매출 | ₩375,000 |
| 증분비용 | |
| 　추가원가 | (60,000) |
| 　분리점 판매가치 | (330,000) |
| 증분손실 | ₩(15,000) ≤ 0 |

∴ 회사가 B를 추가가공하지 않고 분리점에서 즉시 판매하였다면, 이익은 ₩15,000 증가하였을 것이다.

---

**point**

분리점에서의 판매가치와 추가가공 후 판매가치가 제시되어 있으나, 모두 추가가공하여 판매하므로 추가가공 후 매출액을 기준으로 매출총이익을 계산한다.

---

**20** ①

| | 주산품 B | |
|---|---|---|
| 매출 | 200단위 × ₩20 = | ₩4,000 |
| 매출원가 | 200단위 × ₩17.6[*1] = | (3,520) |
| 매출총이익 | | ₩480 |

[*1] 단위당 매출원가

= (결합원가 + 추가원가) ÷ 250단위

$= (₩8,500 × \dfrac{₩4,000}{₩6,000^{*2} + ₩4,000} + ₩1,000) ÷ 250단위 = ₩17.6$

[*2] 200단위 × ₩40 - ₩2,000 = ₩6,000

> **point**
>
> 부산물의 순실현가치만큼을 차감한 결합원가를 주산품의 순실현가치를 기준으로 연산품에 배분한다.

**21** ②

| | 연산품 A | 연산품 B | 합계 |
|---|---|---|---|
| 매출액 | ? | ₩20,000 | ₩80,000 |
| 결합원가 | ? | $x$ | 36,000 |
| 분리원가 | ? | 4,000 | 12,000 |
| 영업이익 | ? | ₩8,000 | ₩32,000 |
| 영업이익률 | 40% | 40% ⇐ | 40% |

연산품 B에 배부되는 결합원가($x$): ₩20,000 × (1 - 0.4) - ₩4,000 = ₩8,000

> **point**
>
> 균등매출총이익률법은 회사 전체 매출총이익률을 계산한 후 개별제품 매출총이익에 근거하여 결합원가배분액을 역산한다.

**22** ①

| | 제품 A | 제품 B | 제품 C+ | 합계 |
|---|---|---|---|---|
| 매출 | ₩96,000 | ? | ? | ₩400,000 |
| 결합원가 | ($x$) | (138,000) | ($y$) | (220,000) |
| 추가가공원가 | - | - | (80,000) | (80,000) |
| 매출총이익 | ₩24,000 | ? | ? | ₩100,000 |
| 매출총이익률 | 25% | 25% | 25% ⟸ | 25% |

(1) 제품 A에 배부된 결합원가($x$)

₩96,000 × (1 - 0.25) = ₩72,000

(2) 제품 C+에 배부된 결합원가($y$)

₩220,000 - ₩72,000 - ₩138,000 = ₩10,000

> **point**
>
> 각 제품의 매출총이익률이 연산품 전체 매출총이익률과 동일하게 만드는 원가배부법은 균등매출총이익률법이다.

**23** ②  (1) 결합원가계산(결합공정의 완성품원가)

① 완성품환산량 단위당 원가
- 직접재료원가: ₩250,000 ÷ 5,000kg = ₩50
- 전환원가: ₩129,000 ÷ 4,300kg = ₩30

② 완성품원가

4,000kg × ₩50 + 4,000kg × ₩30 = ₩320,000

(2) 결합원가배분

| | 순실현가치 | | 결합원가 |
|---|---|---|---|
| 제품 A | 4,000단위 × ₩200 - ₩200,000 = | ₩600,000(3/4) | ₩240,000 |
| 제품 B | 1,000단위 × ₩200 = | 200,000(1/4) | 80,000 |
| 합계 | | ₩800,000 | ₩320,000 |

(3) 제품 A의 단위당 제조원가

(₩240,000 + ₩200,000) ÷ 4,000단위 = ₩110

> **point**
>
> 결합공정의 완성품원가를 결합제품에 배부해야 하므로 재공품이 있는 경우 결합공정에서의 완성품원가를 먼저 계산해야 한다.

**24** ③ (1) 물량흐름도

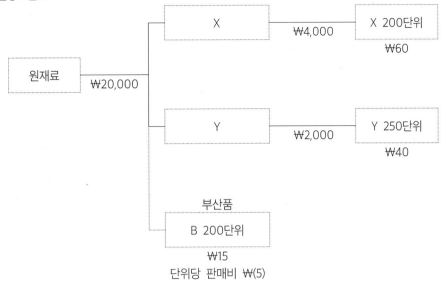

(2) 부산품 순실현가치

200단위 × (₩15 - ₩5) = ₩2,000

(3) 결합원가배분

|  | 판매가치 | 추가원가 | 순실현가치 | 배분비율 | 결합원가배분 |
|---|---|---|---|---|---|
| X | ₩12,000 | ₩4,000 | ₩8,000 | 0.5 | ₩9,000 |
| Y | 10,000 | 2,000 | 8,000 | 0.5 | 9,000 |
|  |  |  | ₩16,000 | 1 | ₩18,000 |

(4) 기말재고자산

$$X \qquad \left(\frac{₩4,000 + ₩9,000}{200단위}\right) \times 20단위 = \qquad ₩1,300$$

$$Y \qquad \left(\frac{₩2,000 + ₩9,000}{250단위}\right) \times 50단위 = \qquad 2,200$$

$$B \qquad \left(\frac{₩2,000}{200단위}\right) \times 50단위 = \qquad 500$$

$$\qquad\qquad\qquad\qquad\qquad\qquad\qquad\qquad ₩4,000$$

∴ 기말재고자산 금액 = ₩4,000

---

**point**

부산품 B의 순실현가치는 최종 판매가격에서 판매비를 차감하며, 판매비는 재고자산금액에 포함하지 않는다.

---

**회계사 · 세무사 · 경영지도사 단번에 합격!**
해커스 경영아카데미 cpa.Hackers.com

# 제6장

# 표준원가계산

핵심 이론 요약

객관식 연습문제

정답 및 해설

# 핵심 이론 요약

## 01 표준원가계산 절차

| | |
|---|---|
| [1단계] 표준원가 설정 | 표준원가 = 표준수량(SQ)[1] × 표준가격(SP)[2]<br><br>[1] 단위당 표준투입수량<br>[2] 원가요소당 표준단가 |
| [2단계] 표준배부액 계산 | 표준배부액 = 실제산출량 × 표준원가<br> = 실제산출량에 허용된 표준수량(SQ)[3] × 표준가격(SP)<br><br>[3] 실제산출량 × 단위당 표준수량 |
| [3단계] 원가차이 결정 | ① 표준배부액 < 실제발생액: 불리한 차이<br>② 표준배부액 > 실제발생액: 유리한 차이 |
| [4단계] 원가차이조정 | ① 배분법: 원가요소기준법, 총원가기준법<br>② 무배분법: 매출원가조정법, 기타손익법 |

## 02 원가차이분석

### 1. 정상원가계산과 표준원가계산의 관계

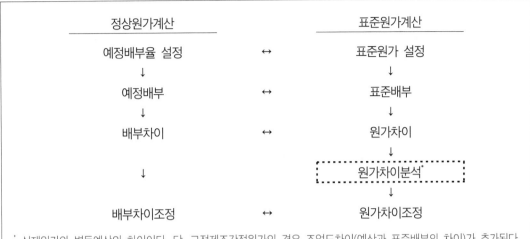

| 정상원가계산 | | 표준원가계산 |
|---|---|---|
| 예정배부율 설정 | ↔ | 표준원가 설정 |
| ↓ | | ↓ |
| 예정배부 | ↔ | 표준배부 |
| ↓ | | ↓ |
| 배부차이 | ↔ | 원가차이 |
| | | ↓ |
| | | 원가차이분석* |
| ↓ | | ↓ |
| 배부차이조정 | ↔ | 원가차이조정 |

* 실제원가와 변동예산의 차이이다. 단, 고정제조간접원가의 경우 조업도차이(예산과 표준배부의 차이)가 추가된다.

### 2. 기본모형

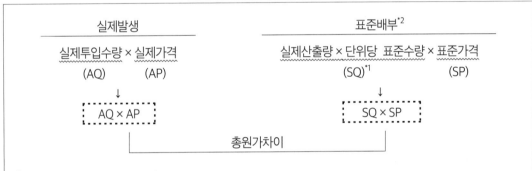

| 실제발생 | 표준배부*2 |
|---|---|
| 실제투입수량 × 실제가격<br>(AQ) (AP) | 실제산출량 × 단위당 표준수량 × 표준가격<br>(SQ)*1 (SP) |
| ↓ | ↓ |
| AQ × AP | SQ × SP |

총원가차이

*1 실제산출량에 허용된 표준수량
*2 변동제조원가의 경우 표준배부와 변동예산이 동일하므로, 변동제조원가의 총원가차이는 변동예산차이와 동일하다.

## 3. 원가요소별 차이분석

### (1) 직접재료원가 차이분석

① 가격차이를 사용시점에서 분리하는 경우

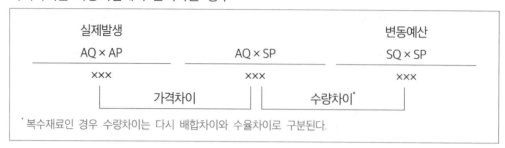

② 가격차이를 구입시점에서 분리하는 경우

가격차이를 조기에 인식하며 원가차이 조정 전 기말원재료는 표준단가로 기록됨

☑ 수량차이는 실제사용량을 기준으로 계산함

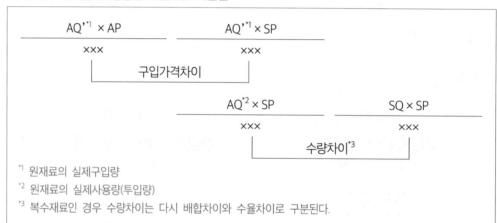

### (2) 직접노무원가 차이분석

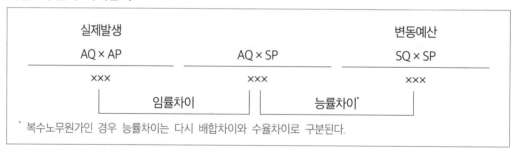

### (3) 제조간접원가 차이분석

#### ① 변동제조간접원가 차이분석

#### ② 고정제조간접원가 차이분석

#### ③ 제조간접원가의 다양한 분석방법

| 4분법 | 3분법 | 2분법 | 1분법 |
|---|---|---|---|
| 변동제조간접원가 소비차이 | 제조간접원가 총소비차이 | 제조간접원가 총예산차이 | 제조간접원가 배부차이 |
| 고정제조간접원가 예산차이 | 제조간접원가 능률차이 | 제조간접원가 조업도차이 | |
| 변동제조간접원가 능률차이 | 제조간접원가 조업도차이 | | |
| 고정제조간접원가 조업도차이 | | | |

## 03  재공품이 존재하는 경우 표준종합원가계산

### (1) 실제산출량

재공품이 존재하는 경우 실제산출량은 원가요소별 완성품환산량이다.

### (2) 정상공손 반영 후 표준원가

정상공손 반영 후 표준원가 = 정상공손 반영 전 표준원가 + 정상공손원가 × 허용비율

# 객관식 연습문제

★ : 꼭 풀어봐야 할 필수문제
📝 : 심화된 내용을 학습할 수 있는 고급문제

**01** 다음 중에서 역류원가계산(backflush costing)에 대한 설명으로 가장 타당한 내용은? [회계사 07]

① 역류원가계산방법을 사용하는 기업은 표준원가를 사용하지 않고 항상 실제원가를 사용한다.

② 역류원가계산방법은 생산공정의 리드타임(lead time)이 긴 기업에서 주로 사용된다.

③ 역류원가계산방법의 장점 중의 하나는 순차적 계산방법에 비하여 거래의 흔적을 더 잘 추적할 수 있다는 것이다.

④ 역류원가계산방법에서는 재고자산의 수준이 낮아져 주문이 필요한 시점에서만 분개가 이루어진다.

⑤ 역류원가계산방법에서는 재료구입부터 제품판매까지의 분개 기록 중 일부가 생략될 수 있다.

★
**02** 다음은 (주)한강의 표준원가 및 생산활동자료이다.

| 완제품 실제생산량 | 1,000개 |
|---|---|
| 직접재료 표준구매가격 | ₩64/kg |
| 직접재료 표준사용량 | 21kg/완성품 1개 |
| 직접재료 실제발생원가 | ₩1,400,000 |
| 직접재료수량차이 | ₩64,000(유리) |

(주)한강의 직접재료가격차이는 얼마인가? (단, 직접재료와 재공품, 제품의 기초 및 기말재고는 없는 것으로 가정한다)                                                                    [회계사 08]

① ₩0                    ② ₩120,000 불리           ③ ₩120,000 유리
④ ₩130,000 불리          ⑤ ₩130,000 유리

**03** (주)한국은 표준원가계산제도를 사용한다. 다음은 이 회사의 4월 중 직접노무원가에 대한 자료이다.

| 직접노무원가 표준임률 | 시간당 ₩10,000 |
|---|---|
| 실제 생산량에 허용된 표준직접노동시간 | 8,000시간 |
| 직접노무원가 실제임률 | 시간당 ₩9,500 |
| 직접노무원가 능률차이 | ₩4,800,000(유리) |

직접노무원가 임률차이는 얼마인가?　　　　　　　　　　　　　　　　　　　　　[세무사 04]

① ₩3,760,000 불리　　　② ₩3,760,000 유리　　　③ ₩2,850,000 유리
④ ₩2,850,000 불리　　　⑤ ₩0

**04** 다음은 (주)서울의 제조활동과 관련된 자료이다.

| 직접노무원가 실제원가 | ₩32,000 |
|---|---|
| 직접노무원가 표준배부율 | 2/직접노동시간 |
| 직접노무원가 능률차이 | 4,000(불리) |
| 변동제조간접원가 실제원가 | 40,000 |
| 변동제조간접원가 표준배부율 | 3/직접노동시간 |
| 변동제조간접원가 능률차이 | ? |

변동제조간접원가 능률차이는 얼마인가?

① ₩4,000 유리　　　② ₩5,000 불리　　　③ ₩5,000 유리
④ ₩6,000 불리　　　⑤ ₩6,000 유리

★

**05** 제품 12,200단위가 생산될 때, 변동제조간접원가 ₩38,720과 고정제조간접원가 ₩124,700이 발생하였다. 표준변동제조간접원가 배부율은 기계시간당 ₩1.5이고 고정제조간접원가 예산액은 ₩120,000이다. 표준배부율은 25,000기계시간을 기준으로 계산되었다. 제품 단위당 표준기계시간은 2시간이다. 총 24,000기계시간이 실제 발생하였다. 고정제조간접원가 예산차이와 조업도차이는 각각 얼마인가? [세무사 05]

| | 예산차이 | 조업도차이 |
|---|---|---|
| ① | ₩4,700 불리 | ₩2,880 불리 |
| ② | 4,700 유리 | 2,880 유리 |
| ③ | 4,500 불리 | 3,080 불리 |
| ④ | 4,500 유리 | 3,080 유리 |
| ⑤ | 4,700 불리 | 3,080 불리 |

**06** 대한회사는 표준원가계산제도를 채택하고 있다. 다음은 재료원가 표준원가와 실제원가의 차이에 관한 자료이다.

<실제원가>
직접재료원가 실제사용량: 3,200kg, ₩11/kg
실제완성량 생산수량: 2,000단위

<재료원가 원가차이>
직접재료원가 가격차이: ₩9,600(유리한 차이)
직접재료원가 능률차이: ₩2,800(불리한 차이)

대한회사의 제품 2,000단위 표준재료원가와 제품 1단위당 표준투입량은 얼마인가? [세무사 07]

| | 제품 2,000단위 표준재료원가 | 제품 1단위당 표준투입량 |
|---|---|---|
| ① | ₩42,000 | 1.5 kg |
| ② | 44,800 | 2.0 |
| ③ | 35,200 | 2.0 |
| ④ | 42,000 | 1.3 |
| ⑤ | 47,600 | 2.5 |

**07** ★ (주)서울은 20×1년에 영업활동을 개시한 회사로서 표준원가계산제도를 수행하고 있다. 20×1년 12월 31일 차이배분 전 각 계정의 잔액과 원가차이는 다음과 같다.

(1) 계정잔액

| 구분 | 원재료 | 재공품 | 제품 | 매출원가 | 합계 |
|------|--------|--------|------|----------|------|
| 직접재료원가 | - | ₩2,000 | ₩3,000 | ₩5,000 | ₩10,000 |
| 직접노무원가 | - | 1,000 | 1,500 | 2,500 | 5,000 |
| 변동제조간접원가 | - | 400 | 600 | 1,000 | 2,000 |
| 고정제조간접원가 | - | 600 | 900 | 1,500 | 3,000 |
| 합계 | - | ₩4,000 | ₩6,000 | ₩10,000 | ₩20,000 |

(2) 원가차이
- 직접재료원가 차이: 가격차이 ₩0, 능률차이 ₩500(불리)
- 직접노무원가 차이: 임률차이 ₩400(유리), 능률차이 ₩800(유리)
- 변동제조간접원가 총차이: ₩200(유리)
- 고정제조간접원가 총차이: ₩300(불리)

위의 원가차이배분 후 실제 매출원가를 계산하면 얼마인가? (단, 원가차이는 각 계정과목의 원가차이조정 전 금액을 기준으로 조정한다) [세무사 02]

① ₩19,400   ② ₩9,600   ③ ₩9,700
④ ₩10,300   ⑤ ₩10,400

**08** 다음은 표준원가계산제도를 택하고 있는 (주)서울의 원가자료이다. 다음 자료를 이용하여 당월 원재료매입액을 추정하면 얼마인가? (단, 기말원재료는 실제원가로 기록되어 있다)

(1) 원재료재고액: 기초재고 ₩50,000, 기말재고 ₩30,000
(2) 당월 재공품에 배부된 재료원가: ₩360,000
(3) 직접재료원가 원가차이(불리): ₩50,000

① ₩370,000   ② ₩390,000   ③ ₩410,000
④ ₩430,000   ⑤ ₩450,000

**09** (주)진주는 제조간접원가를 직접노무시간에 따라 배부하며, 기준조업도(직접노무시간)는 30,000시간/월이다. 제품 1단위를 생산하는 데 표준직접노무시간은 3시간이다. 20×1년 9월의 발생 자료는 다음과 같다.

| | |
|---|---:|
| • 실제 직접노무시간 | 28,000시간 |
| • 변동제조간접원가 실제발생액 | ₩37,800 |
| • 소비차이 | 4,200(유리) |
| • 능률차이 | 3,000(유리) |

(주)진주의 20×1년 9월 실제 제품 생산량은 몇 단위인가? [세무사 10]

① 8,500단위  ② 9,000단위  ③ 9,500단위
④ 10,000단위  ⑤ 10,500단위

★
**10** (주)국세는 표준원가계산제도를 채택하고 있으며, 제품 5,000단위를 기준으로 제조간접원가에 대한 표준을 설정하고 있다. (주)국세의 원가에 대한 자료는 다음과 같다.

| |
|---|
| • 제조간접원가예산: ₩1,800,000 + ₩100 × 기계시간 |
| • 제품 단위당 표준기계시간: 5시간 |
| • 실제변동제조간접원가발생액: ₩5,000,000 |
| • 실제고정제조간접원가발생액: ₩2,000,000 |
| • 실제기계시간: 51,000시간 |
| • 실제생산량: 10,000단위 |

(주)국세가 4분법을 이용하여 제조간접원가에 대한 차이분석을 수행할 경우에 유리한 차이가 발생하는 것으로만 나열된 것은? [세무사 12]

① 소비차이, 능률차이
② 능률차이, 예산차이
③ 예산차이, 조업도차이
④ 소비차이, 예산차이
⑤ 소비차이, 조업도차이

**11** 표준원가계산제도를 사용하는 (주)국세는 직접노무시간을 기준으로 제조간접원가를 배부한다. 20×1년도 기준조업도는 20,000직접노무시간이나, 실제 직접노무시간은 22,500시간이다. 변동제조간접원가의 표준배부율은 직접노무시간당 ₩6이다. 다음은 20×1년도의 제조간접원가와 관련된 자료이다.

> (1) 변동제조간접원가
> - 실제발생액: ₩110,000
> - 배부액: ₩138,000
> (2) 고정제조간접원가
> - 소비차이: ₩30,000(불리)
> - 조업도차이: ₩27,000(유리)

20×1년도의 고정제조간접원가 실제발생액은?  [세무사 15]

① ₩150,000　　　　② ₩170,000　　　　③ ₩190,000
④ ₩210,000　　　　⑤ ₩246,000

★
**12** 표준원가를 사용하는 (주)세무의 20×1년 직접노무원가에 대한 자료가 다음과 같을 때, 20×1년 예상 제품생산량은?  [세무사 17]

| | |
|---|---|
| 직접노무원가 고정예산 | ₩896,400 |
| 직접노무원가 실제발생액 | ₩1,166,400 |
| 단위당 표준 직접노무시간 | 83시간 |
| 단위당 실제 직접노무시간 | 81시간 |
| 실제 제품생산량 | 300개 |
| 임률차이 | ₩437,400(불리) |

① 300개　　　　② 350개　　　　③ 360개
④ 400개　　　　⑤ 450개

**13** 단일제품을 제조·판매하는 (주)세무의 20×1년 관련 자료는 다음과 같다. (주)세무가 고정제조간접원가 표준배부율을 계산할 때 사용한 연간 예산 고정제조간접원가는? [세무사 17]

| 실제 제품 생산량 | 45,000단위 |
|---|---|
| 제품 단위당 표준직접노무시간 | 2시간 |
| 예상 총직접노무시간(기준조업도) | 72,000시간 |
| 실제발생 고정제조간접원가 | ₩66,000 |
| 조업도차이 | ₩16,200(유리) |

① ₩62,600      ② ₩64,800      ③ ₩66,000

④ ₩68,400      ⑤ ₩70,200

**14** (주)세무는 표준원가계산제도를 도입하고 있다. 20×1년의 변동제조간접원가예산은 ₩300,000이고, 고정제조간접원가예산은 ₩800,000이다. (주)세무는 제조간접원가 배부기준으로 직접노무시간을 사용하고 있다. 기준조업도는 직접노무시간 1,000시간이고, 20×1년에 실제로 투입된 직접노무시간은 850시간이다. 20×1년의 고정제조간접원가 조업도차이가 ₩80,000(불리)일 경우 변동제조간접원가 능률차이는? [세무사 18]

① ₩15,000 유리      ② ₩45,000 유리      ③ ₩10,000 불리

④ ₩15,000 불리      ⑤ ₩45,000 불리

★ ✍

**15** 다음은 (주)한국의 4월 중 생산 및 판매와 관련된 자료이다. (주)한국의 4월 중 생산량을 구하시오.

[세무사 94]

| | |
|---|---|
| • 매출원가(표준전부원가) | ₩252,000 |
| • 제품 단위당 표준변동제조원가 | 2 |
| • 실제고정제조간접원가 | 73,000 |
| • 고정제조간접원가 예산차이(불리) | 3,000 |
| • 변동제조간접원가 총차이(불리) | 20,000 |
| • 표준전부원가에 의한 제조간접원가 총차이(불리) | 21,800 |
| • 판매량 | 90,000개 |
| • 제품 단위당 고정제조간접원가 배부율은 전월과 동일함 | |

① 86,000개      ② 87,000개      ③ 88,000개
④ 89,000개      ⑤ 90,000개

✍

**16** (주)한국은 내부관리목적으로 표준원가계산제도를 사용하고 있다. 제조간접원가의 배부기준으로 노동시간을 사용하며 예상조업도 수준에 따른 제조간접원가예산은 다음과 같다.

| 구분 | 조업도수준 | |
|---|---|---|
| | 60% | 100% |
| 노동시간 | 30,000시간 | 50,000시간 |
| 노동시간당 배부율 | ₩11 | ₩8.6 |

회사는 최대조업도의 90%를 기준조업도로 하여 고정제조간접원가 표준배부율을 산정하며 실제생산량에 허용된 표준노동시간은 최대조업도의 75%이다. 제조간접원가 실제발생액이 ₩360,000인 경우 제조간접원가 예산차이와 조업도차이를 구하시오.

| | 예산차이 | 조업도차이 |
|---|---|---|
| ① | ₩7,500 유리 | ₩30,000 불리 |
| ② | ₩7,500 불리 | ₩30,000 불리 |
| ③ | ₩7,500 불리 | ₩30,000 유리 |
| ④ | ₩5,000 유리 | ₩25,000 유리 |
| ⑤ | ₩5,000 불리 | ₩25,000 불리 |

**17** (주)한국은 표준원가계산제도를 사용하고 있으며 제품 단위당 표준원가는 다음과 같다.

| 구분 | 수량표준 | 가격표준 | 표준원가 |
|---|---|---|---|
| 직접재료원가 | 2kg | ₩10 | ₩20 |
| 직접노무원가 | 3시간 | ₩10 | ₩30 |
| 변동제조간접원가 | 3시간 | ₩5 | ₩15 |
| 고정제조간접원가 | 3시간 | ₩10 | ₩30 |
| 합계 | | | ₩95 |

(주)한국은 20×1년 2월에 제품 1,100단위를 생산하였다. 이와 관련하여 당월 중 직접재료 2,420kg을 kg당 ₩9.5에 외상으로 구입하여 이 중 2,300kg을 생산에 투입하였다. 회사가 직접재료원가 가격차이를 사용시점에서 분리할 경우, 20×1년 2월 중 직접재료의 생산투입에 대한 분개로서 옳은 것은? (단, 20×1년 2월 직접재료의 월초재고는 없었으며, 월초재공품과 월말재공품 또한 없었다)

[회계사 15]

| | <차변> | | <대변> | |
|---|---|---|---|---|
| ① | 재공품 | 22,000 | 직접재료 | 21,850 |
| | 직접재료수량차이 | 1,000 | 직접재료가격차이 | 1,150 |
| ② | 재공품 | 22,000 | 직접재료 | 22,150 |
| | 직접재료가격차이 | 1,150 | 직접재료수량차이 | 1,000 |
| ③ | 재공품 | 21,850 | 직접재료 | 22,000 |
| | 직접재료수량차이 | 1,150 | 직접재료가격차이 | 1,000 |
| ④ | 재공품 | 22,150 | 직접재료 | 22,000 |
| | 직접재료가격차이 | 1,000 | 직접재료수량차이 | 1,150 |
| ⑤ | 재공품 | 22,000 | 직접재료 | 24,200 |
| | 직접재료수량차이 | 2,200 | | |

★
**18** 단일의 제품을 생산·판매하고 있는 (주)한국은 20×1년 초에 영업을 개시하였으며 표준원가계산제도를 채택하고 있다. 표준은 연초에 수립되어 향후 1년 동안 그대로 유지된다. (주)한국은 활동기준원가계산을 이용하여 변동제조간접원가예산을 설정한다. 변동제조간접원가는 전부 기계작업준비활동으로 인해 발생하는 원가이며, 원가동인은 기계작업준비시간이다. 기계작업준비활동과 관련하여 20×1년 초 설정한 연간 예산자료와 20×1년 말 수집한 실제결과는 다음과 같다.

| 구분 | 예산자료 | 실제결과 |
|---|---|---|
| 생산량(단위수) | 144,000단위 | 138,000단위 |
| 뱃치규모(뱃치당 단위수) | 60단위 | 50단위 |
| 뱃치당 기계작업준비시간 | 5시간 | 4시간 |
| 기계작업준비시간당 변동제조간접원가 | ₩50 | ₩55 |

(주)한국의 20×1년도 변동제조간접원가에 대해서 옳은 설명은? [회계사 17]

① 변동제조간접원가 고정예산은 ₩575,000이다.
② 투입량기준 변동제조간접원가예산은 ₩542,000이다.
③ 변동제조간접원가 소비차이는 ₩45,200 불리하다.
④ 변동제조간접원가 능률차이는 ₩21,000 유리하다.
⑤ 변동제조간접원가 배부차이(총차이)는 ₩32,200 불리하다.

19. (주)대한은 변동제조간접원가를 통제할 목적으로 활동별 표준원가를 이용하고 있다. 20×1년 표준원가는 다음과 같다.

| 활동 | 원가동인 | 원가동인당 표준가격 | 제품 단위당 원가동인 소요량 | 제품 단위당 표준원가 |
|---|---|---|---|---|
| 재료처리 | 재료길이 | 1m당 ₩10 | 5m | ₩50 |
| 품질검사 | 검사횟수 | 1회당 ₩200 | 2회 | ₩400 |

20×1년 제품의 실제생산량은 1,000단위이고, 실제로 발생한 활동소비량과 활동원가는 다음과 같다.

| 활동 | 실제 활동소비량 | 실제 활동원가 |
|---|---|---|
| 재료처리 | 6,000m | ₩50,000 |
| 품질검사 | 2,200회 | ₩450,000 |

재료처리와 품질검사 활동에서 발생한 총가격차이과 총수량차이(또는 총능률차이)는 각각 얼마인가?

[회계사 18]

| | 총가격차이 | 총수량차이(또는 총능률차이) |
|---|---|---|
| ① | ₩0 | ₩30,000 불리 |
| ② | ₩0 | ₩50,000 불리 |
| ③ | ₩10,000 불리 | ₩30,000 유리 |
| ④ | ₩20,000 유리 | ₩40,000 유리 |
| ⑤ | ₩20,000 불리 | ₩50,000 불리 |

**20** (주)대한은 표준종합원가계산을 사용하고 있다. 정상공손이 반영되기 전의 제품 단위당 표준원가는 다음과 같다.

| 항목 | 제품 단위당 표준원가 |
|---|---|
| 직접재료원가 | ₩20 |
| 전환원가 | 30 |
| 합계 | ₩50 |

직접재료는 공정 초에 모두 투입되며, 전환원가는 공정 전반에 걸쳐 평균적으로 발생한다. 당기의 생산활동에 관한 자료는 다음과 같다.

| 항목 | 물량 | 전환원가 완성도 |
|---|---|---|
| 기초재공품 | 300단위 | 50% |
| 기말재공품 | 500 | 80% |
| 완성품 | 2,000 | |
| 공손품 | 100 | |

(주)대한은 공정의 60% 시점에서 품질검사를 실시하며, 당기에 검사를 통과한 합격품의 2%를 정상공손으로 허용한다. 정상공손원가는 합격품원가에 가산하고 비정상공손원가는 기간비용으로 처리한다. 정상공손원가 배부 후 표준원가로 기록된 완성품원가와 기말재공품원가는 각각 얼마인가? (단, 전기와 당기의 단위당 표준원가는 동일하고, 공손품은 전량 폐기된다) [회계사 19]

| | 완성품원가 | 기말재공품원가 |
|---|---|---|
| ① | ₩101,000 | ₩21,380 |
| ② | ₩101,000 | ₩22,000 |
| ③ | ₩101,520 | ₩21,380 |
| ④ | ₩101,520 | ₩22,000 |
| ⑤ | ₩101,520 | ₩22,380 |

**21** (주)한국의 20×1년 제조간접원가에 대한 자료가 다음과 같다.

| 구분 | 실제금액 | 변동예산 | 고정예산 |
|---|---|---|---|
| 변동제조간접원가 | ₩23,000 | ₩21,000 | ₩18,000 |
| 고정제조간접원가 | 35,000 | - | 36,000 |

변동제조간접원가와 고정제조간접원가의 배부기준이 같다면 총제조간접원가의 조업도차이는 얼마인가?

[회계사 00]

① ₩6,000 유리     ② ₩6,000 불리     ③ ₩7,000 유리

④ ₩7,000 불리     ⑤ ₩9,000 불리

**22** (주)한국은 표준원가계산제도를 적용하고 있다. 다음은 당해 연도 실제자료와 예산자료의 일부이다.

| 구분 | 실제 | 변동예산 |
|---|---|---|
| 생산량 | ? | ? |
| 매출액 | ₩125,000 | ₩120,000 |
| 매출원가 | 90,000 | 80,000 |
| 변동제조간접원가 | 68,000 | 70,000 |
| 고정제조간접원가 | 42,000 | ? |

또한, 고정제조간접원가 배부율을 산정하기 위한 기준조업도는 10,000단위이다. 유리한 제조간접원가 예산차이는 ₩10,000이고 불리한 조업도차이는 ₩5,000이다. 기초 및 기말재공품이 없는 경우 당해 연도 실제생산량을 구하시오.

① 9,000단위     ② 9,200단위     ③ 9,500단위

④ 9,600단위     ⑤ 9,800단위

**23** (주)한국은 내부관리목적으로 변동원가계산을 사용하고 외부공표용 재무제표 작성을 위해 전부원가계산을 사용하고 있다. 다음은 당해 연도 원가차이분석의 일부 내용이다.

| 구분 | 전부원가계산 | 변동원가계산 |
|---|---|---|
| 직접재료원가 | ₩15,000 불리 | ₩15,000 불리 |
| 직접노무원가 | ₩23,000 유리 | ₩23,000 유리 |
| 변동제조간접원가 | ₩12,000 유리 | ₩12,000 유리 |
| 고정제조간접원가 | ₩30,000 불리 | - |

고정제조간접원가 실제발생액과 예산은 동일하며 고정제조간접원가예산은 ₩150,000이다. 기준조업도가 10,000단위인 경우 실제생산량을 구하시오(단, 기초 및 기말재공품은 없다).

① 7,000단위      ② 8,000단위      ③ 8,500단위
④ 9,000단위      ⑤ 9,500단위

★
**24** (주)세무는 표준원가계산제도를 채택하고 있으며, 직접노무시간을 기준으로 제조간접원가를 배부한다. 20×1년의 생산 및 원가자료가 다음과 같을 때, 변동제조간접원가 소비차이는?   [세무사 20]

| | |
|---|---|
| 변동제조간접원가 실제발생액 | ₩130,000 |
| 실제총직접노무시간 | 8,000시간 |
| 당기제품 생산량 | 3,600단위 |
| 제품당 표준직접노무시간 | 2시간 |
| 변동제조간접원가 능률차이 | ₩8,000(불리) |

① ₩25,000(유리)      ② ₩25,000(불리)      ③ ₩50,000(유리)
④ ₩50,000(불리)      ⑤ ₩75,000(불리)

**25** (주)세무는 표준원가계산제도를 채택하고 있으며, 당기 직접노무원가와 관련된 자료는 다음과 같다.

| | |
|---|---|
| 제품 실제생산량 | 1,000단위 |
| 직접노무원가 실제발생액 | ₩1,378,000 |
| 단위당 표준직접노무시간 | 5.5시간 |
| 직접노무원가 능률차이 | ₩50,000 (유리) |
| 직접노무원가 임률차이 | ₩53,000 (불리) |

직접노무원가 실제임률을 구하시오. [세무사 21]

① ₩230        ② ₩240        ③ ₩250

④ ₩260        ⑤ ₩270

**26** (주)대한은 표준원가계산을 적용하고 있다. 20×1년 1월과 2월에 실제로 생산된 제품 수량과 차이분석 자료는 다음과 같다.

| 월 | 실제 생산된 제품 수량 | 고정제조간접원가 소비차이(예산차이) | 고정제조간접원가 조업도차이 |
|---|---|---|---|
| 1월 | 1,500단위 | ₩500 불리 | ₩1,000 불리 |
| 2월 | 2,000단위 | ₩500 유리 | ₩500 유리 |

(주)대한이 20×1년 1월과 2월에 동일한 예산과 표준배부율을 적용하고 있다면, 제품 1단위당 고정제조간접원가 표준배부율은 얼마인가? (단, 고정제조간접원가의 배부기준은 제품 생산량이다)

[회계사 21 수정]

① ₩3        ② ₩4        ③ ₩5

④ ₩6        ⑤ ₩7

**27** (주)대한은 표준원가계산제도를 채택하고 있으며, 20×1년도 생산 및 제조와 관련된 자료는 다음과 같다.

| | |
|---|---|
| 직접재료 구매량 | 3,100 kg |
| 직접재료 실제사용량 | 2,900 kg |
| 직접재료 단위당 표준사용량 | 3 kg |
| 직접재료 단위당 표준가격 | ₩50/kg |
| 직접재료 단위당 실제가격 | ₩60/kg |
| 예상(기준)생산량 | 800 개 |
| 실제생산량 | 1,000 개 |
| 제조간접원가예산액(Y) | Y = ₩700,000 + ₩500 × 기계시간 |
| 제품 단위당 표준기계시간 | 7시간 |
| 실제총기계시간 | 8,000 시간 |
| 기계시간당 실제변동제조간접원가 | ₩470/기계시간 |
| 실제고정제조간접원가 | ₩820,000 |

(주)대한의 20×1년도 직접재료원가 가격차이(구매량기준), 직접재료원가 수량차이, 변동제조간접원가 소비차이, 변동제조간접원가 능률차이, 고정제조간접원가 조업도차이 중 옳지 않은 것은?

[회계사 20]

① 직접재료원가 가격차이(구매량기준): ₩31,000(불리한 차이)
② 직접재료원가 수량차이: ₩5,000(유리한 차이)
③ 변동제조간접원가 소비차이: ₩240,000(유리한 차이)
④ 변동제조간접원가 능률차이: ₩500,000(불리한 차이)
⑤ 고정제조간접원가 조업도차이: ₩120,000(불리한 차이)

표준원가계산제도를 사용하고 있는 (주)대한은 직접노무시간을 기준으로 제조간접원가를 배부하며, 20×1년도 표준 및 예산수립에 관한 자료는 다음과 같다.

- 제품 단위당 표준직접노무시간은 2시간이며, 표준임률은 시간당 ₩2,000이다.
- 제조간접원가예산액 = ₩60,000 + ₩1,200 × 표준직접노무시간
- 고정제조간접원가 배부를 위한 연간 기준조업도는 제품생산량 300단위이다.

한편, 20×1년 말에 원가차이를 분석한 결과는 다음과 같다.

- 변동제조간접원가 능률차이: ₩12,000 불리
- 고정제조간접원가 조업도차이: ₩4,000 유리

직접노무원가 능률차이는 얼마인가?                                                  [회계사 24]

① ₩20,000 유리          ② ₩20,000 불리          ③ 차이 없음
④ ₩30,000 유리          ⑤ ₩30,000 불리

# 정답 및 해설

## 정답

| 01 ⑤ | 02 ② | 03 ② | 04 ④ | 05 ① | 06 ① | 07 ③ | 08 ② | 09 ④ | 10 ⑤ |
|------|------|------|------|------|------|------|------|------|------|
| 11 ④ | 12 ③ | 13 ② | 14 ① | 15 ④ | 16 ① | 17 ① | 18 ⑤ | 19 ② | 20 ⑤ |
| 21 ① | 22 ① | 23 ② | 24 ④ | 25 ④ | 26 ① | 27 ⑤ | 28 ② | | |

## 해설

**01** ⑤  ① 역류원가계산방법은 일부 계정을 사용하지 않고 역순으로 분개하므로 표준원가계산을 사용한다.

② 역류원가계산방법은 생산공정의 리드타임(lead time)이 짧은 기업에서 주로 사용된다.

③ 역류원가계산방법은 일부 계정을 사용하지 않고 단순화하여 일부 거래가 생략된다.

④ 역류원가계산방법은 주문이 필요한 시점뿐만 아니라 여러 유형별로 다양한 시점에서 분개가 이루어진다.

**02** ②

| AQ × AP | AQ × SP | SQ × SP |
|---------|---------|---------|
| | | 1,000개 × 21kg × ₩64 |
| ₩1,400,000 | ₩1,280,000[*] | = ₩1,344,000 |
| 가격차이 ₩120,000 불리 | 수량차이 ₩64,000 유리 | |

[*] ₩1,344,000 - ₩64,000 = ₩1,280,000

**03** ②

| AQ × AP | AQ × SP | SQ × SP |
|---------|---------|---------|
| 7,520시간[*] × ₩9,500 | 7,520시간[*] × ₩10,000 | 8,000시간 × ₩10,000 |
| = ₩71,440,000 | = ₩75,200,000 | = ₩80,000,000 |
| 임률차이 ₩3,760,000 유리 | 능률차이 ₩4,800,000 유리 | |

[*] 실제 직접노동시간(AQ)

(SQ - AQ) × SP = (8,000시간 - AQ) × ₩10,000 = ₩4,800,000

∴ AQ = 7,520시간

**04** ④ 변동제조간접원가는 직접노동시간을 기준으로 배부되므로 변동제조간접원가의 AQ, SQ는 직접노무원가의 AQ, SQ와 일치한다. 따라서 직접노무원가의 능률차이를 이용하여 변동제조간접원가의 능률차이를 구할 수 있다.

(1) 직접노무원가 능률차이

| | AQ × AP | AQ × SP | SQ × SP |
|---|---|---|---|
| DL | ₩32,000 | AQ × ₩2 | SQ × ₩2 |

능률차이 ₩4,000 불리

⇒ (AQ - SQ) = 2,000직접노동시간

(2) 변동제조간접원가 능률차이

(AQ - SQ) × SP = 2,000직접노동시간 × ₩3/직접노동시간 = ₩6,000 불리

| | AQ × AP | AQ × SP | SQ × SP |
|---|---|---|---|
| VOH | ₩40,000 | AQ × ₩3 | SQ × ₩3 |

능률차이 ₩6,000 불리

> **point** 변동제조간접원가의 수량표준(SQ)
>
> 변동제조간접원가는 다양한 원가요소들의 합이므로 SQ를 정하기가 어렵다. 따라서 실전에서는 직접노동시간으로 많이 제시되나 문제에 따라 기계시간 등으로 주어질 수 있으므로 제조간접원가의 SQ를 항상 직접노동시간이라고 판단해서는 안 된다.

**05** ①

| 실제 | 예산 | SQ × SP |
|---|---|---|
| | | 12,200단위 × 2시간 × ₩4.8* |
| ₩124,700 | ₩120,000 | = ₩117,120 |

예산차이 ₩4,700 불리 　 조업도차이 ₩2,880 불리

* 제조간접원가 표준배부율

$$\frac{\text{제조간접원가예산}}{\text{기준조업도}} = \frac{₩120,000}{25,000기계시간} = ₩4.8/기계시간$$

**06** ①

| AQ × AP | AQ × SP | SQ × SP |
|---|---|---|
| 3,200kg × ₩11 | 3,200kg × SP*1 | 2,000단위 × SQ*2 × ₩14 |
| = ₩35,200 | = ₩44,800 | = ₩42,000 |

가격차이 ₩9,600 유리 　 능률차이 ₩2,800 불리

*1 재료 1kg당 표준구입가격(SP)

$$\frac{₩44,800}{3,200kg} = ₩14/kg$$

*2 제품 1단위당 표준투입량(SQ)

$$\frac{₩42,000}{2,000단위 × ₩14} = 1.5kg/단위$$

**07** ③ 원가차이를 각 계정과목의 원가차이조정 전 금액을 기준으로 조정하므로 원가요소기준 배분법으로 추정할 수 있다.

(1) 원가요소별 금액비율

| | 재공품 | 제품 | 매출원가 | 합계 |
|---|---|---|---|---|
| 직접재료원가 | ₩2,000 | ₩3,000 | ₩5,000 | ₩10,000 |
| | (20%) | (30%) | (50%) | |
| 직접노무원가 | 1,000 | 1,500 | 2,500 | 5,000 |
| | (20%) | (30%) | (50%) | |
| 변동제조간접원가 | 400 | 600 | 1,000 | 2,000 |
| | (20%) | (30%) | (50%) | |
| 고정제조간접원가 | 600 | 900 | 1,500 | 3,000 |
| | (20%) | (30%) | (50%) | |

비례배분법을 적용할 경우 원가요소기준과 총원가기준에 따른 최종배분금액은 다르지만, 이 문제의 경우 원가요소별 비율과 총원가의 비율이 동일하므로 최종배분금액이 동일하다.

(2) 원가차이조정 후 금액(총원가기준법 적용)

| | 재공품 | 제품 | 매출원가 | 합계 |
|---|---|---|---|---|
| 배분 전 원가 | ₩4,000 | ₩6,000 | ₩10,000 | ₩20,000 |
| 비율 | 20% | 30% | 50% | 100% |
| 원가차이(순액) | (120) | (180) | (300) | (600)(유리)* |
| 배분 후 원가 | ₩3,880 | ₩5,820 | ₩9,700 | ₩19,400 |

* 총원가차이(순액)

₩500(불리) + ₩400(유리) + ₩800(유리) + ₩200(유리) + ₩300(불리) = ₩600(유리)

**08** ② 주어진 자료에서 기말원재료가 실제원가로 기록되어 있으므로, 원재료 가격차이는 사용시점에서 분리하는 것으로 추정할 수 있다.

| | | 원재료 | | | | 재공품 | |
|---|---|---|---|---|---|---|---|
| 기초 | ₩50,000 | 사용 | ₩410,000 | | → | ₩360,000 | |
| | (AQ × AP) | | (AQ × AP) | | | (SQ × SP) | |
| 매입 | ? | 기말 | 30,000 | | ↓ | | |
| | (AQ × AP) | | (AQ × AP) | | | | |
| | ₩440,000 | | ₩440,000 | | ₩50,000(불리) | | |

(1) 직접재료원가 실제발생액

표준배부액이 ₩360,000이고 원가차이가 ₩50,000(불리)이므로, 실제발생액은 다음과 같다.

₩360,000 + ₩50,000 = ₩410,000

(2) 직접재료원가 매입액

₩410,000 + ₩30,000 - ₩50,000 = ₩390,000

---

**point 원재료 구입가격차이**

1. 원재료 구입가격차이는 구입시점에 가격차이를 분리하여 원가차이를 가능한 빨리 확인할 수 있는 방법으로 구입시점에 원재료계정에 표준단가(SP)로 기록되므로 원가차이조정 전 기말원재료금액은 표준단가(SP)로 기록된다.

2. 원재료 구입가격차이의 다른 표현은 다음과 같다.
   ① 가격차이를 가급적 조기에 인식한다.
   ② 원가차이조정 전 기말원재료금액은 표준단가로 기록한다.

---

**09** ④

| AQ × AP | AQ × SP | SQ × SP |
|---|---|---|
| | 28,000시간 × ₩1.5[*1] | 10,000단위[*2] × 3시간 × ₩1.5 |
| ₩37,800 | = ₩42,000 | = ₩45,000 |
| | 소비차이 ₩4,200 유리 | 능률차이 ₩3,000 유리 |

[*1] (₩37,800 + ₩4,200) ÷ 28,000시간 = ₩1.5

[*2] (₩42,000 + ₩3,000) ÷ 3시간 ÷ ₩1.5 = 10,000단위

**10** ⑤ (1) 표준원가표 작성

|  | SQ | SP |
|---|---|---|
| 변동제조간접원가 | 5시간 | ₩100 |
| 고정제조간접원가 | 5시간 | 72* |

* ₩1,800,000 ÷ (5,000단위 × 5시간) = ₩72

(2) 제조간접원가 원가차이분석
　① 변동제조간접원가

| AQ × AP | AQ × SP | SQ × SP |
|---|---|---|
|  | 51,000시간 × ₩100 | 10,000단위 × 5시간 × ₩100 |
| ₩5,000,000 | = ₩5,100,000 | = ₩5,000,000 |

소비차이 ₩100,000 유리 ｜ 능률차이 ₩100,000 불리

　② 고정제조간접원가

| 실제발생액 | 예산 | SQ × SP |
|---|---|---|
|  |  | 10,000단위 × 5시간 × ₩72 |
| ₩2,000,000 | ₩1,800,000 | = ₩3,600,000 |

예산차이 ₩200,000 불리 ｜ 조업도차이 ₩1,800,000 유리

**11** ④ (1) 변동제조간접원가

| AQ × AP | AQ × SP | SQ × SP |
|---|---|---|
|  | 22,500시간 × ₩6 | 23,000시간*1 × ₩6 |
| ₩110,000 | = ₩135,000 | = ₩138,000 |

소비차이 ₩25,000 유리 ｜ 능률차이 ₩3,000 유리

(2) 고정제조간접원가

| 실제발생액 | 예산 | SQ × SP |
|---|---|---|
|  | 20,000시간 × ₩9*2 | 23,000시간*1 × ₩9*2 |
| ₩210,000 | = ₩180,000 | = ₩207,000 |

소비차이 ₩30,000 불리 ｜ 조업도차이 ₩27,000 유리

*1 실제생산량에 허용된 시간
　₩138,000 ÷ ₩6 = 23,000시간
*2 고정제조간접원가 표준배부율(SP)
　(23,000시간 - 20,000시간) × SP = ₩27,000
　∴ SP = ₩9

**12** ③

| AQ × AP | AQ × SP | SQ × SP |
|---|---|---|
|  | 300개 × 81시간 × ₩30* | 300개 × 83시간 × ₩30* |
| ₩1,166,400 | = ₩729,000 |  |

임률차이 ₩437,400 불리

* SP = (₩1,166,400 - ₩437,400) ÷ 300개 ÷ 81시간 = ₩30
예상 제품생산량을 Q라 한 후 정리하면 다음과 같다.
₩896,400 = Q × 83시간 × ₩30
∴ Q = 360개

**13** ②

| 실제발생액 | 예산 | SQ × SP |
|---|---|---|
| | 72,000시간 × ₩0.9* | 45,000단위 × 2시간 × ₩0.9* |
| ₩66,000 | = ₩64,800 | = ₩81,000 |

조업도차이 ₩16,200 유리

* (45,000단위 × 2시간 - 72,000시간) × SP = ₩16,200
  ∴ SP = ₩0.9

**14** ①

(1) 변동제조간접원가 배부율

$$\frac{₩300,000}{1,000시간} = ₩300$$

(2) 고정제조간접원가 배부율

$$\frac{₩800,000}{1,000시간} = ₩800$$

(3) 실제산출량에 허용된 표준수량

| 실제발생액 | 예산 | SQ × SP |
|---|---|---|
| | 1,000시간 × ₩800 | 900시간* × ₩800 |
| | = ₩800,000 | = ₩720,000 |

조업도차이 ₩80,000 불리

* (1,000시간 - SQ) × ₩800 = ₩80,000
  ∴ SQ = 900시간

(4) 변동제조간접원가 능률차이

| AQ × AP | AQ × SP | SQ × SP |
|---|---|---|
| | 850시간 × ₩300 | 900시간 × ₩300 |
| | = ₩255,000 | = ₩270,000 |

능률차이 ₩15,000 유리

**15** ④

(1) 단위당 표준고정제조간접원가
  (₩252,000 ÷ 90,000개) - ₩2 = ₩0.8

(2) 당월생산량
  고정제조간접원가 차이분석

| 실제발생액 | 예산 | SQ × SP |
|---|---|---|
| | | 89,000개 × ₩0.8 |
| ₩73,000 | ₩70,000 | = ₩71,200 |

예산차이 ₩3,000 불리 | 조업도차이 ₩1,200 유리*2

총차이 ₩1,800 불리*1

*1 ₩21,800 불리 - ₩20,000 불리 = ₩1,800 불리
*2 ₩1,800 불리 - ₩3,000 불리 = ₩1,200 유리

**16** ① (1) 조업도수준별 총제조간접원가예산

    ① 100%: 50,000시간 × ₩8.6 = ₩430,000

    ② 60%: 30,000시간 × ₩11 = ₩330,000

(2) 고정제조간접원가예산과 시간당 변동제조간접원가

| | | 총원가(Y) | = | 고정원가(a) | + | 변동원가(b × X) |
|---|---|---|---|---|---|---|
| 최고조업도 | | ₩430,000 | = | a | + | b × 50,000시간 |
| 최저조업도 | (−) | 330,000 | = | a | + | b × 30,000시간 |
| | | ₩100,000 | = | | | b × 20,000시간 |

$b = \dfrac{₩100,000}{20,000시간} = ₩5$이므로, 이를 최고조업도 자료에 대입하면 다음과 같다.

₩430,000 = a + ₩5 × 50,000시간

⇒ a = ₩180,000

∴ 제조간접원가 원가함수: Y = ₩180,000 + ₩5 × X

(3) 고정제조간접원가 표준배부율

₩180,000 ÷ (50,000시간 × 90%) = ₩4

(4) 원가차이분석

    ① 변동제조간접원가

| AQ × AP | AQ × SP | SQ × SP |
|---|---|---|
| | | 37,500시간* × ₩5 |
| | | = ₩187,500 |
| ₩? | | |

    ② 고정제조간접원가

| 실제발생 | 예산 | SQ × SP |
|---|---|---|
| | 45,000시간 × ₩4 | 37,500시간* × ₩4 |
| | = ₩180,000 | = ₩150,000 |
| ₩? | | |

                                 │ 조업도차이 ₩30,000 불리 │

| ₩360,000 | ₩367,500 | |
|---|---|---|

             │ 예산차이 ₩7,500 유리 │

\* 실제생산량에 허용된 시간

  50,000시간 × 75% = 37,500시간

**17** ① (1) 원가차이분석(직접재료가격차이는 사용시점에서 분리)

| AQ × AP | AQ × SP | SQ × SP |
|---|---|---|
| 2,300kg × ₩9.5 | 2,300kg × ₩10 | 1,100단위 × 2kg × ₩10 |
| = ₩21,850 | = ₩23,000 | = ₩22,000 |

         │ 가격차이 ₩1,150 유리 │      │ 수량차이 ₩1,000 불리 │

(2) 분개

직접재료가격차이는 ₩1,150 유리이고, 직접재료수량차이는 ₩1,000 불리이므로, 분개는 다음과 같다.

| (차) | 재공품(표준배부) | 22,000 | (대) | 직접재료 | 21,850 |
|---|---|---|---|---|---|
| | 직접재료수량차이 | 1,000 | | 직접재료가격차이 | 1,150 |

**18** ⑤ (1) 변동제조간접원가 차이분석

| AQ × AP | AQ × SP | SQ × SP |
|---|---|---|
| 138,000단위/50단위 × 4h × ₩55 | 138,000단위/50단위 × 4h × ₩50 | 138,000단위/60단위 × 5h × ₩50 |
| = ₩607,200 | = ₩552,000 | = ₩575,000 |

소비차이 ₩55,200 불리 │ 능률차이 ₩23,000 유리

배부차이(총차이) ₩32,200 불리

(2) 지문 해설

① 변동제조간접원가 고정예산

$$\frac{144,000단위}{60단위} \times 5시간 \times ₩50 = ₩600,000$$

② 투입량기준 변동제조간접원가예산

$$\frac{138,000단위}{50단위} \times 4시간 \times ₩50 = ₩552,000$$

③ 변동제조간접원가 소비차이는 ₩55,200 불리하다.

④ 변동제조간접원가 능률차이는 ₩23,000 유리하다.

**19** ② (1) 재료처리

| AQ × AP | AQ × SP | SQ × SP |
|---|---|---|
| 6,000m × ₩? | 6,000m × ₩10 | 1,000단위 × 5m × ₩10 |
| = ₩50,000 | = ₩60,000 | = ₩50,000 |

(2) 품질검사

| AQ × AP | AQ × SP | SQ × SP |
|---|---|---|
| 2,200회 × ₩? | 2,200회 × ₩200 | 1,000단위 × 2회 × ₩200 |
| = ₩450,000 | = ₩440,000 | = ₩400,000 |
| ₩500,000 | ₩500,000 | ₩450,000 |

총가격차이 ₩0 │ 총수량차이 ₩50,000 불리

**20** ⑤

| | | 재공품 | | | |
|---|---|---|---|---|---|
| 기초 | 300 (50%) | 완성 | 300 (50%) | (합격품) | |
| | | | 1,700 | (합격품) | |
| | | 정상공손 | 50 (60%) | (= 2,500 × 2%) | |
| | | 비정상공손 | 50 (60%) | | |
| 착수 | 2,300 | 기말 | 500 (80%) | (합격품) | |
| | 2,600 | | 2,600 | | |

(1) 표준원가로 기록된 단위당 원가

전기와 당기의 원가는 동일하므로 완성품원가는 기초와 당기분을 구분할 필요가 없다.

① 완성품: ₩20 + ₩30 = ₩50

② 재공품: ₩20 + ₩30 × 80% = ₩44

③ 정상공손: ₩20 + ₩30 × 60% = ₩38

(2) 정상공손원가를 포함한 완성품원가

완성품원가 + 정상공손원가

= 2,000단위 × ₩50 + 2,000단위 × 2% × ₩38 = ₩101,520

(3) 정상공손원가를 포함한 기말재공품원가

기말재공품원가 + 정상공손원가

= 500단위 × ₩44 + 500단위 × 2% × ₩38 = ₩22,380

**21** ①  기준조업도를 Q, 실제산출량을 $x$라고 한 후 정리하면 다음과 같다.

(1) 표준배부율

① 변동제조간접원가: $\dfrac{₩18,000}{Q}$

② 고정제조간접원가: $\dfrac{₩36,000}{Q} = \dfrac{₩18,000}{Q} \times 2 =$ 변동제조간접원가 표준배부율의 2배

(2) 표준배부액

① 변동제조간접원가 표준배부액

$x \times \dfrac{₩18,000}{Q} = ₩21,000$

② 고정제조간접원가 표준배부액

$x \times \dfrac{₩18,000}{Q} \times 2 =$ 변동제조간접원가 표준배부액 × 2 = ₩42,000

| 실제발생액 | 예산 | SQ × SP |
|---|---|---|
| ₩35,000 | ₩36,000 | ₩42,000 |

조업도차이 ₩6,000 유리

**22** ① (1) 고정제조간접원가예산($x$)

① 변동제조간접원가

| AQ × AP | AQ × SP | SQ × SP |
|---|---|---|
| ₩68,000 | | ₩70,000 |

② 고정제조간접원가

| 실제발생 | 예산 | SQ × SP |
|---|---|---|
| ₩42,000 | $x$ | |
| = ₩110,000 | = ₩70,000 + $x$ | |

예산차이 ₩10,000 유리

(₩70,000 + $x$) - ₩110,000 = ₩10,000

∴ $x$ = ₩50,000

(2) 실제생산량

| 실제발생액 | 예산 | SQ × SP |
|---|---|---|
| | 10,000단위 × ₩5 | 9,000단위 × ₩5 |
| ₩42,000 | = ₩50,000 | = ₩45,000 |

조업도차이 ₩5,000 불리

---

**23** ② (1) 조업도차이

실제와 예산은 동일하므로 고정제조간접원가의 원가차이는 조업도차이이다.

(2) 고정제조간접원가 표준배부율

$$\frac{₩150,000}{10,000단위} = ₩15$$

(3) 고정제조간접원가 표준배부액

| 실제발생액 | 예산 | SQ × SP |
|---|---|---|
| | 10,000단위 × ₩15 | 8,000단위 × ₩15 |
| ₩150,000 | = ₩150,000 | = ₩120,000 |

조업도차이 ₩30,000 불리

∴ 실제생산량: 8,000단위

---

**24** ④

| AQ × AP | AQ × SP | SQ × SP |
|---|---|---|
| | 8,000시간 × ₩10[*] | 3,600단위 × 2시간 × ₩10[*] |
| ₩130,000 | = ₩80,000 | = ₩72,000 |

소비차이 ₩50,000 불리    능률차이 ₩8,000 불리

[*] (8,000시간 - 3,600단위 × 2시간) × SP = ₩8,000, SP = ₩10

> **point**
>
> 실제시간(AQ), 실제산출량에 허용된 표준시간(SQ) 및 능률차이를 이용하여 표준임률을 추정할 수 있다.

**25** ④

| AQ × AP | AQ × SP | SQ × SP |
|---|---|---|
| A시간 × ₩B | A시간 × ₩C | 1,000단위 × 5.5시간 × ₩C |
| = ₩1,378,000 | = ₩1,325,000 | = ₩1,375,000 |

임률차이 ₩53,000 불리    능률차이 ₩50,000 유리

⇒ A: 5,300시간, B: ₩260, C: ₩250

**point**

실제발생액과 원가차이를 이용하여 표준배부액을 계산한 후 표준임률과 실제시간을 순차적으로 추정할 수 있다.

**26** ①

고정제조간접원가예산을 A, 고정제조간접원가 단위당 표준배부율을 B라 하면 월별 차이분석은 다음과 같다.

(1) 1월

| 실제 | 예산 | SQ × SP |
|---|---|---|
| ? | A | 1,500단위 × B |

소비차이 ₩500 불리    조업도차이 ₩1,000 불리

(2) 2월

| 실제 | 예산 | SQ × SP |
|---|---|---|
| ? | A | 2,000단위 × B |

소비차이 ₩500 유리    조업도차이 ₩500 유리

• A = 1,500단위 × B + ₩1,000
• A = 2,000단위 × B - ₩500

∴ A: ₩5,500, B: ₩3

**point**

배부기준이 제품 생산량이므로 표준배부율은 수량표준과 가격표준을 구분하지 않은 단위당 표준원가를 의미한다. 또한, 동일한 예산과 표준배부율을 적용하므로 예산과 단위당 고정제조간접원가 배부율은 동일하다.

**27** ⑤ (1) 직접재료원가

    ① 가격차이

| AQ′ × AP | AQ′ × SP |
|---|---|
| 3,100kg × ₩60 | 3,100kg × ₩50 |
| = ₩186,000 | = ₩155,000 |

           가격차이 ₩31,000 불리

    ② 수량차이

| AQ × SP | SQ × SP |
|---|---|
| 2,900kg × ₩50 | 1,000개 × 3kg × ₩50 |
| = ₩145,000 | = ₩150,000 |

           수량차이 ₩5,000 유리

(2) 제조간접원가

    ① 변동제조간접원가

| AQ × AP | AQ × SP | SQ × SP |
|---|---|---|
| 8,000시간 × ₩470 | 8,000시간 × ₩500 | 1,000개 × 7시간 × ₩500 |
| = ₩3,760,000 | = ₩4,000,000 | = ₩3,500,000 |

        소비차이 ₩240,000 유리    능률차이 ₩500,000 불리

    ② 고정제조간접원가

| 실제 | 예산 | SQ × SP |
|---|---|---|
| | 800개 × 7시간 × ₩125* | 1,000개 × 7시간 × ₩125 |
| ₩820,000 | = ₩700,000 | = ₩875,000 |

        예산차이 ₩120,000 불리    조업도차이 ₩175,000 유리

      * ₩700,000 ÷ 800개 ÷ 7시간 = ₩125

---

**point**

제조간접가의 배부기준은 기계시간이고 기준조업도와 실제산출량은 각각 800개와 1,000개이다.

---

**28** ② (1) 고정제조간접원가 표준배부율

$$\frac{₩60,000}{300단위 \times 2시간} = ₩100$$

(2) 실제산출량(고정제조간접원가)

| 실제발생 | 예산 | SQ × SP |
|---|---|---|
| | 300단위 × 2h × ₩100 | 320단위 × 2h × ₩100 |
| | = ₩60,000 | = ₩64,000 |
| ? | | |

?      ₩4,000 유리

(3) 실제노무시간(변동제조간접원가)

| AQ × AP | AQ × SP | SQ × SP |
|---|---|---|
| | 650h × ₩1,200 | 320단위 × 2h × ₩1,200 |
| | = ₩780,000 | = ₩768,000 |
| ? | | |

?      ₩12,000 불리

(4) 직접노무원가 능률차이

| AQ × AP | AQ × SP | SQ × SP |
|---|---|---|
| | 650h × ₩2,000 | 320단위 × 2h × ₩2,000 |
| | = ₩1,300,000 | = ₩1,280,000 |
| ? | | |

?      ₩20,000 불리

---

**point**

1. 고정제조간접원가 조업도차이를 이용하여 실제산출량을 추정할 수 있다.
2. 변동제조간접원가 능률차이를 이용하여 실제노무시간을 추정할 수 있다.

# 제7장

# 전부/변동/초변동 원가계산

핵심 이론 요약

객관식 연습문제

정답 및 해설

# 핵심 이론 요약

## 01 원가계산제도

### (1) 제품원가의 구성요소

|  | 전부원가계산 | 변동원가계산 | 초변동원가계산 |
|---|---|---|---|
| 제품원가 | 직접재료원가<br>직접노무원가<br>변동제조간접원가<br>고정제조간접원가 | 직접재료원가<br>직접노무원가<br>변동제조간접원가 | 직접재료원가 |
| 기간비용 | | 고정제조간접원가 | 직접노무원가<br>변동제조간접원가<br>고정제조간접원가 |
| | 변동판매관리비<br>고정판매관리비 | 변동판매관리비<br>고정판매관리비 | 변동판매관리비<br>고정판매관리비 |

판매관리비는 변동판매관리비와 고정판매관리비로 구분할 수 있으며 어떠한 원가계산을 적용하더라도 제품원가에 포함될 수 없다.

### (2) 전부원가계산의 문제점

① 제품단가의 변동: 생산량에 따라 단위당 고정제조간접원가가 달라짐 ⇒ 생산량↑ → 단위당 원가↓
② 영업이익의 왜곡: 생산량에 따라 이익이 달라짐 ⇒ 생산량↑ → 이익↑

## 02 변동원가계산과 초변동원가계산

### (1) 변동원가계산

① 총공헌이익

$$총공헌이익(CM) = 매출액(S) - 변동원가(VC)^*$$

$^*$ 변동제조원가 + 변동판매관리비

② 단위당 공헌이익

$$CM = S - VC$$
$$|$$
$$÷ 수량(Q)$$
$$↓$$
$$cm = p - vc$$

**(2) 초변동원가계산**

$$\text{재료처리량공헌이익(Throughput CM)} = \text{매출액(S)} - \text{직접재료원가(DM)}$$

## 03 전부원가계산과 변동원가계산 손익계산서 비교

전부원가계산 손익계산서는 원가를 기능별로 구분하고, 변동원가계산 손익계산서는 원가를 행태별로 구분한다.

|  | 전부원가계산 |  |  | 변동원가계산 |  |
|---|---|---|---|---|---|
| 매출액 |  | ××× | 매출액 |  | ××× |
| 매출원가 |  |  | 변동원가 |  |  |
|   변동제조원가 | ××× |  |   변동제조원가 | ××× |  |
|   고정제조원가[*1] | ××× | (×××) |   변동판매관리비 | ××× | (×××) |
| 매출총이익 |  | ××× | 공헌이익 |  | ××× |
| 판매관리비 |  |  | 고정원가 |  |  |
|   변동판매관리비 | ××× |  |   고정제조원가[*2] | ××× |  |
|   고정판매관리비 | ××× | (×××) |   고정판매관리비 | ××× | (×××) |
| 영업이익 |  | ××× | 영업이익 |  | ××× |

[*1] 판매량 × 단위당 고정제조원가
[*2] 고정제조원가 당기발생분

## 04 영업이익의 비교

**(1) 재고수준의 변동에 따른 영업이익 비교**

☑ 단, 전기와 당기의 제조원가는 동일하다고 가정함

| 재고수준의 변동 | 원가계산방법별 영업이익 비교 |
|---|---|
| 생산량 > 판매량(기초재고 < 기말재고) | 전부원가이익 > 변동원가이익 > 초변동원가이익 |
| 생산량 = 판매량(기초재고 = 기말재고)[*] | 전부원가이익 = 변동원가이익 = 초변동원가이익 |
| 생산량 < 판매량(기초재고 > 기말재고) | 전부원가이익 < 변동원가이익 < 초변동원가이익 |

[*] 만약 전기와 당기의 제조원가가 다르다면, 수량이 동일하더라도 이익은 달라질 수 있다.

**(2) 당기 생산량의 증가에 따른 영업이익 비교**

☑ 단, 판매량은 동일하다고 가정함

| 구분 | 전부원가계산 | 변동원가계산 | 초변동원가계산 |
|---|---|---|---|
| 영업이익 | 증가 | 영향 없음 | 감소 |
| 원인 | 제조단가 감소 및 고정제조간접원가 자산화 | 고정원가 기간비용 | 변동가공원가와 고정원가 기간비용 |
| 시사점 | 재고과잉 위험 | 생산이 아닌 판매에 집중 | 재고 최소화 |

## 05 원가계산방법별 영업이익 차이조정

☑ 재고자산은 제품과 재공품을 의미하며, 재공품은 완성도를 반영하여 환산함
☑ 차이조정방법이 비례배분법인 경우 정상원가계산과 표준원가계산 적용 시 예정배부액 또는 표준배부액으로 조정되어야 함

### (1) 전부원가계산과 변동원가계산

전부원가 영업이익 = 변동원가 영업이익 + 기말재고자산의 고정제조간접원가
– 기초재고자산의 고정제조간접원가

### (2) 변동원가계산과 초변동원가계산

변동원가 영업이익 = 초변동원가 영업이익 + 기말재고자산의 변동가공원가[1]
– 기초재고자산의 변동가공원가[1]

[1] 변동가공원가 = 직접노무원가 + 변동제조간접원가

### (3) 전부원가계산과 초변동원가계산

전부원가 영업이익 = 초변동원가 영업이익 + 기말재고자산의 가공원가[2]
– 기초재고자산의 가공원가[2]

[2] 가공원가 = 직접노무원가 + 변동제조간접원가 + 고정제조간접원가

## 06 원가계산방법별 장·단점

### (1) 전부원가계산: 원가부착개념

| 장점 | 단점 |
| --- | --- |
| 장기적 의사결정에 적합 | 제품원가가 생산량에 따라 변동 |
| 수익·비용대응원칙에 부합 | 영업이익이 생산량에 따라 변동 |

### (2) 변동원가계산: 원가회피개념

| 장점 | 단점 |
| --- | --- |
| 단기적 의사결정에 적합 | 변동원가와 고정원가 구분이 어려움 |
| 영업이익이 판매량에 의해서만 변동 | 회계원칙에서 인정하지 않음 |

### (3) 초변동원가계산: 원가회피개념

| 장점 | 단점 |
| --- | --- |
| 재고 증가 방지 | 재고의 긍정적인 측면을 간과 |
| 가공원가의 원가행태 구분이 필요 없음 | 회계원칙에서 인정하지 않음 |

# 객관식 연습문제

★: 꼭 풀어봐야 할 필수문제
📝: 심화된 내용을 학습할 수 있는 고급문제

**01** 변동원가계산의 한계점으로 옳지 않은 것은?

① 공장자동화로 인하여 고정제조간접원가가 차지하는 비중이 상당히 높지만 이를 간과하고 있다.

② 전부원가계산에 비하여 재고자산이 과소평가된다.

③ 기업회계기준에서 인정하지 않는다.

④ 제조간접원가의 변동원가와 고정원가의 구분이 용이하지 않다.

⑤ 생산량이 증가함에 따라 이익이 증가하는 경향이 있다.

★
**02** 다음은 변동원가계산과 전부원가계산에 대한 설명이다. 이들에 해당되는 사항들로만 적절히 분류한 것은?                                                                    [세무사 00]

> ⓐ 행태별 원가분류가 필요하다.
> ⓑ 기간손익이 재고수준의 변동에 영향을 받는다.
> ⓒ 단기적인 계획과 통제에 유용하지 못하다.
> ⓓ 일반적으로 인정된 회계원칙에서 인정하지 않는다.

|     | 변동원가계산 | 전부원가계산 |
| --- | --- | --- |
| ① | ⓐ, ⓒ | ⓑ, ⓓ |
| ② | ⓑ, ⓒ | ⓐ, ⓓ |
| ③ | ⓒ, ⓓ | ⓐ, ⓑ |
| ④ | ⓐ, ⓑ | ⓒ, ⓓ |
| ⑤ | ⓐ, ⓓ | ⓑ, ⓒ |

**03** 제조원가의 재고가능 여부에 따라 전부원가계산, 변동원가계산, 초변동원가계산으로 제품원가를 계산할 수 있다. 아래의 보기 중 타당한 항목은 어느 것인가?

① 과세소득을 계산하기 위한 제품원가는 변동원가계산에 의한다.

② 판매량을 초과하는 생산과잉이 발생하는 경우 순이익은 초변동원가계산의 경우가 가장 크게 나타난다.

③ 변동원가계산은 직접재료원가, 직접노무원가, 변동제조간접원가, 변동판매관리비에 해당하는 변동원가를 제품원가로 파악하여 판매 시에 매출원가로 비용처리한다.

④ 전부원가계산에 의하여 나타나는 생산과잉의 유인을 방지하고 판매량에 의해서만 경영성과가 나타날 수 있도록 유도하는 것은 초변동원가계산제도이다.

⑤ 위의 모든 항목이 틀린 설명이다.

**04** 전부원가계산, 변동원가계산 및 초변동원가계산에 관한 설명으로 옳지 않은 것은?　[세무사 12]

① 초변동원가계산에서는 직접노무원가와 변동제조간접원가를 기간비용으로 처리한다.

② 초변동원가계산에서는 매출액에서 직접재료원가를 차감하여 재료처리량공헌이익(throughput contribution)을 산출한다.

③ 변동원가계산은 변동제조원가만을 재고가능원가로 간주한다. 따라서 직접재료원가, 변동가공원가를 제품원가에 포함시킨다.

④ 전부원가계산의 영업이익은 일반적으로 생산량과 판매량에 의해 영향을 받는다.

⑤ 변동원가계산에서는 원가를 기능에 따라 구분하여 변동원가와 고정원가로 분류한다.

**05** 변동원가계산에 의하여 손익계산서를 작성한다고 할 때 다음의 자료를 이용하여 영업이익을 구하시오(단, 기초재고 및 기말재공품은 없다).　[세무사 81]

| | |
|---|---|
| 매출액 | ₩400 |
| 변동제조원가 | 300 |
| 고정제조간접원가 | 150 |
| 완성품 | 30단위 |
| 기말제품 | 10 |

① ₩50　　　　　② ₩(50)　　　　　③ ₩250

④ ₩100　　　　　⑤ ₩150

**06** 20×1년에 영업을 시작한 (주)경기는 선입선출법에 의하여 원가계산을 하고 있으며 20×1년의 원가계산 관련 자료는 다음과 같다.

| 생산량 | 10,000단위 | 판매량 | 8,000단위 |
|---|---|---|---|
| 단위당 변동제조원가 | ₩100 | 단위당 변동판매관리비 | ₩20 |
| 고정제조간접원가 | ₩200,000 | 고정판매관리비 | ₩50,000 |

변동원가계산에 의한 영업이익이 ₩170,000일 경우 전부원가계산에 의한 영업이익은 얼마인가?

① ₩130,000
② ₩170,000
③ ₩140,000
④ ₩210,000
⑤ ₩230,000

**07** 전기에 영업을 개시한 (주)서울은 전기에는 생산량을 모두 판매하였으나 당기에는 생산량 중 일부가 기말재고로 남았다. 회사의 재무이사는 내부관리목적으로는 변동원가계산제도를 활용하고 외부 공표용 재무제표 작성은 전부원가계산제도를 이용하고 있다. 전기와 당기의 생산 및 판매활동에 관한 자료는 다음과 같다.

| 구분 | 전기 | 당기 |
|---|---|---|
| 단위당 판매가격 | ₩30 | ₩30 |
| 판매량 | 20,000단위 | 20,000단위 |
| 생산량 | 20,000 | 30,000 |
| 변동제조원가차이(순액) | ₩5,000(불리) | ₩4,000(불리) |

전기와 당기의 기타 자료는 다음과 같다.

| 직접재료원가 | ₩7.5/단위 |
|---|---|
| 직접노무원가 | 4.5 |
| 변동제조간접원가 | 3.0 |
| 고정제조간접원가 | 총 ₩90,000 |
| 고정판매관리비 | 총 ₩100,000 |

전부원가계산하의 고정제조간접원가 배부율은 연간 정상생산능력 30,000단위를 기준으로 계산한다. (주)서울은 모든 배부차이를 매출원가에 부담시키고 있다. 당해 연도 두 원가계산방법의 순이익 차이를 구하시오.

① 전부원가계산의 이익이 변동원가계산의 이익보다 ₩30,000만큼 더 크다.
② 전부원가계산의 이익이 변동원가계산의 이익보다 ₩30,000만큼 더 작다.
③ 전부원가계산의 이익이 변동원가계산의 이익보다 ₩25,000만큼 더 크다.
④ 전부원가계산의 이익이 변동원가계산의 이익보다 ₩25,000만큼 더 작다.
⑤ 전부원가계산의 이익이 변동원가계산의 이익보다 ₩20,000만큼 더 작다.

**08** 전부정상원가계산제도를 채택하고 있는 부산(주)와 관련된 자료는 다음과 같다.

| 단위당 판매가격 | ₩10 |
| --- | --- |
| 단위당 변동제조원가 | 4 |
| 단위당 변동판매비 | 2 |
| 고정제조간접원가 실제발생액 | 500,000 |
| 고정제조간접원가예산액 | 500,000 |
| 고정판매비 | 80,000 |

부산(주)의 예정조업도는 50,000기계시간이며, 기계시간당 제품 10단위를 생산하고 있다. 회사의 기초제품재고는 20,000단위, 기말제품재고는 30,000단위, 판매량은 470,000단위였으며 회사는 제조간접원가 배부차이를 영업외손익으로 조정하고 있다. 회사의 원가구조가 전기와 당기에 동일할 경우 전부원가계산과 변동원가계산에 의할 때 영업이익 차이는 얼마인가? (단, 변동제조간접원가 배부차이는 없다)

① 전부원가계산하에서 영업이익이 ₩10,000 더 크다.
② 전부원가계산하에서 영업이익이 ₩20,000 더 크다.
③ 전부원가계산하에서 영업이익이 ₩10,000 더 작다.
④ 전부원가계산하에서 영업이익이 ₩20,000 더 작다.
⑤ 두 방법하에서 동일하다.

★
**09** (주)광주는 실제원가로 제품원가를 계산하고 있다. (주)광주는 20×1년 1월 초에 개업하였으며, 20×1년과 20×2년의 제품 생산량과 판매량, 원가자료는 다음과 같다.

| 구분 | 20×1년 | 20×2년 |
| --- | --- | --- |
| 생산량 | 10,000개 | 14,000개 |
| 판매량 | 8,000 | 15,000 |
| 고정제조간접원가 | ₩240,000 | ? |
| 고정판매관리비 | ₩180,000 | ₩230,000 |

20×2년의 전부원가계산에 의한 이익은 ₩500,000이고, 변동원가계산에 의한 이익은 ₩528,000이었다. 20×2년에 발생된 고정제조간접원가는 얼마인가? (단, 20×1년과 20×2년의 기초재공품 및 기말재공품은 없으며, 물량 및 원가흐름은 선입선출법을 가정한다) [세무사 10]

① ₩200,000 　　　② ₩220,000 　　　③ ₩240,000
④ ₩260,000 　　　⑤ ₩280,000

★

**10** (주)국세의 20×1년도 전부원가계산에 의한 영업이익은 ₩1,000,000이다. (주)국세의 원가자료가 다음과 같을 경우 20×1년도 변동원가계산에 의한 영업이익은 얼마인가? (단, 원가요소금액은 총액이다)                                                                                    [세무사 12]

| 구분 | 수량 (단위) | 직접 재료원가 | 직접 노무원가 | 변동제조 간접원가 | 고정제조 간접원가 |
|------|------|------|------|------|------|
| 기초재공품 | 200 | ₩50,000 | ₩30,000 | ₩20,000 | ₩240,000 |
| 기초제품 | 400 | 100,000 | 70,000 | 40,000 | 700,000 |
| 기말재공품 | 500 | 100,000 | 65,000 | 25,000 | 500,000 |
| 기말제품 | 300 | 75,000 | 90,000 | 35,000 | 600,000 |
| 매출원가 | 1,000 | 1,000,000 | 750,000 | 650,000 | 2,000,000 |

① ₩640,000   ② ₩840,000   ③ ₩900,000
④ ₩1,100,000   ⑤ ₩1,160,000

📝

**11** 당기에 설립된 (주)국세는 1,300단위를 생산하여 그 중 일부를 판매하였으며, 관련 자료는 다음과 같다.

- 직접재료매입액: ₩500,000
- 직접노무원가: 기본원가(prime cost)의 30%
- 제조간접원가: 전환원가(가공원가)의 40%
- 매출액: ₩900,000
- 판매관리비: ₩200,000
- 직접재료 기말재고액: ₩45,000
- 재공품 기말재고액: 없음
- 제품 기말재고액 중 직접재료원가: ₩100,000

초변동원가계산(throughput costing)에 의한 당기 영업이익은?                                           [세무사 15]

① ₩20,000   ② ₩40,000   ③ ₩80,000
④ ₩150,000   ⑤ ₩220,000

(주)세무는 전부원가계산방법을 채택하여 단일제품 A를 생산·판매하며, 재고자산 계산은 선입선출법을 적용한다. 20×1년 제품 A의 생산·판매와 관련된 자료는 다음과 같다.

| 구분 | 수량 | 재고금액 |
|---|---|---|
| 기초제품 | 1,500단위 | ₩100,000(고정제조간접원가 ₩45,000 포함) |
| 당기완성품 | 24,000단위 | |
| 당기판매 | 23,500단위 | |
| 기말제품 | 2,000단위 | ₩150,000(고정제조간접원가 포함) |

20×1년 재공품의 기초와 기말재고는 없으며, 고정제조간접원가는 ₩840,000, 고정판매관리비는 ₩675,000이다. (주)세무의 20×1년 전부원가계산에 의한 영업이익이 ₩745,000일 경우, 변동원가계산에 의한 영업이익과 기말제품재고액은? [세무사 16]

|   | 영업이익 | 기말제품재고액 |
|---|---|---|
| ① | ₩710,000 | ₩80,000 |
| ② | ₩710,000 | ₩90,000 |
| ③ | ₩720,000 | ₩80,000 |
| ④ | ₩720,000 | ₩90,000 |
| ⑤ | ₩730,000 | ₩90,000 |

다음은 (주)세무의 공헌이익 손익계산서와 전부원가 손익계산서이다. 고정판매관리비가 ₩94,000이고 제품의 판매가격이 단위당 ₩1,500일 때, 전부원가계산에 의한 기말제품재고는? (단, 기초 및 기말재공품, 기초제품은 없다) [세무사 17]

| 공헌이익 손익계산서 | | 전부원가 손익계산서 | |
|---|---|---|---|
| 매출액 | ₩1,200,000 | 매출액 | ₩1,200,000 |
| 변동원가 | (456,000) | 매출원가 | (937,600) |
| 공헌이익 | ₩744,000 | 매출총이익 | ₩262,400 |
| 고정원가 | (766,000) | 판매관리비 | (150,000) |
| 영업이익(손실) | ₩(22,000) | 영업이익(손실) | ₩112,400 |

① ₩154,000  ② ₩171,300  ③ ₩192,000
④ ₩214,500  ⑤ ₩234,400

**14** 20×1년 초에 설립된 (주)한국은 제품원가계산목적으로 전부원가계산, 성과평가목적으로 변동원가계산을 사용한다. 20×2년도 기초제품 수량은 2,000단위이고 기말제품 수량은 1,400단위였으며, 기초재공품의 완성품환산량은 1,000단위이고 기말재공품의 완성품환산량은 800단위이었다. 완성품환산량 단위당 원가는 20×1년도에 ₩10(이 중 50%는 변동원가)이고 20×2년도에 ₩12(이 중 40%는 변동원가)이었다. 20×2년도 전부원가계산에 의한 영업이익은 변동원가계산에 의한 영업이익과 비교하여 어떠한 차이가 있는가? (단, 회사의 원가흐름가정은 선입선출법이다)  [회계사 09]

① ₩80만큼 크다.
② ₩760만큼 작다.
③ ₩810만큼 크다.
④ ₩840만큼 크다.
⑤ ₩4,800만큼 작다.

**15** (주)세무는 20×1년 초에 영업을 개시하였다. 20×1년에는 4,000단위를 생산하였고, 20×2년에는 전부원가계산에 의한 영업이익이 변동원가계산에 의한 영업이익보다 ₩25,000 많았다. 20×2년의 생산 및 원가자료는 다음과 같다.

| 항목 | | 수량/금액 |
|---|---|---|
| 기초제품 수량 | | ( )단위 |
| 생산량 | | 4,000단위 |
| 기말제품 수량 | | 1,200단위 |
| 제품 단위당 | 판매가격 | ₩250 |
| | 직접재료원가 | 80 |
| | 직접노무원가 | 40 |
| | 변동제조간접원가 | 30 |
| | 변동판매관리비 | 10 |
| 고정제조간접원가(총액) | | ₩200,000 |
| 고정판매관리비(총액) | | 100,000 |

(주)세무의 20×2년도 기초제품 수량은? (단, 20×1년과 20×2년의 제품 단위당 판매가격과 원가구조는 동일하고, 기초 및 기말재공품은 없다)  [세무사 18]

① 500단위　　　　② 650단위　　　　③ 700단위
④ 950단위　　　　⑤ 1,700단위

**16** (주)세무는 20×1년 초에 영업을 개시하였다. 20×2년도 기초제품 수량은 100단위, 생산량은 2,000단위, 판매량은 1,800단위이다. 20×2년의 제품 판매가격 및 원가자료는 다음과 같다.

| 항목 | | 금액 |
|---|---|---|
| 제품 단위당 | 판매가격 | ₩250 |
| | 직접재료원가 | 30 |
| | 직접노무원가 | 50 |
| | 변동제조간접원가 | 60 |
| | 변동판매관리비 | 15 |
| 고정제조간접원가(총액) | | ₩50,000 |
| 고정판매관리비(총액) | | 10,000 |

20×2년도 변동원가계산에 의한 영업이익과 초변동원가계산(throughput costing)에 의한 영업이익의 차이금액은? (단, 20×1년과 20×2년의 제품 단위당 판매가격과 원가구조는 동일하고, 기초 및 기말재공품은 없다) [세무사 18]

① ₩10,000 　　　　② ₩11,000 　　　　③ ₩20,000
④ ₩22,000 　　　　⑤ ₩33,000

**17** (주)대한은 20×1년 1월 1일에 처음으로 생산을 시작하였고, 20×1년과 20×2년의 영업활동 결과는 다음과 같다.

| 구분 | 20×1년 | 20×2년 |
|---|---|---|
| 생산량 | 1,000단위 | 1,400단위 |
| 판매량 | 800단위 | 1,500단위 |
| 고정제조간접원가 | ? | ? |
| 전부원가계산에 의한 영업이익 | ₩8,000 | ₩8,500 |
| 변동원가계산에 의한 영업이익 | ₩4,000 | ₩10,000 |

(주)대한은 재공품재고를 보유하지 않으며, 재고자산 평가방법은 선입선출법이다. 20×1년과 20×2년에 발생한 고정제조간접원가는 각각 얼마인가? (단, 두 기간의 단위당 판매가격, 단위당 변동제조간접원가와 판매관리비는 동일하였다)

| | 20×1년 | 20×2년 |
|---|---|---|
| ① | ₩20,000 | ₩35,000 |
| ② | ₩20,000 | ₩37,500 |
| ③ | ₩20,000 | ₩38,000 |
| ④ | ₩27,600 | ₩35,000 |
| ⑤ | ₩27,600 | ₩42,000 |

**18** (주)대한은 20×1년 초에 설립되었으며 단일제품을 생산한다. 20×1년과 20×2년의 전부원가계산에 의한 영업활동 결과는 다음과 같다.

| 항목 | 20×1년 | 20×2년 |
|---|---|---|
| 생산량 | 100단위 | 120단위 |
| 판매량 | 80단위 | 110단위 |
| 매출액 | ₩24,000 | ₩33,000 |
| 매출원가 | (17,600) | (22,400) |
| 매출총이익 | ₩6,400 | ₩10,600 |
| 판매관리비 | (5,600) | (6,200) |
| 영업이익 | ₩800 | ₩4,400 |

(주)대한은 재공품재고를 보유하지 않으며, 원가흐름가정은 선입선출법이다. 20×2년도 변동원가계산에 의한 영업이익은 얼마인가? (단, 두 기간의 단위당 판매가격, 단위당 변동제조원가, 고정제조간접원가, 단위당 변동판매관리비, 고정판매관리비는 동일하다) [회계사 19]

① ₩3,200
② ₩3,400
③ ₩3,600
④ ₩3,800
⑤ ₩4,200

※ 다음은 **19 ~ 20**에 관한 자료이다.

당해 연도에 영업을 개시한 (주)한국은 단일제품을 생산·판매하고 있으며 당해 연도 표준원가와 실제원가는 다음과 같다.

(1) 단위당 표준원가

| | SQ | SP | 표준원가 |
|---|---|---|---|
| 직접재료원가 | 2kg | ₩5 | ₩10 |
| 직접노무원가 | 1시간 | 12 | 12 |
| 변동제조간접원가 | 1시간 | 5 | 5 |
| 고정제조간접원가 | 1시간 | 3 | 3 |
| | | | ₩30 |

(2) 실제발생원가(총액)

| | |
|---|---|
| 직접재료원가 | ₩10,500 |
| 직접노무원가 | 11,300 |
| 변동제조간접원가 | 4,200 |
| 고정제조간접원가 | 3,500 |
| | ₩29,500 |

회사는 1,000단위를 생산한 후 800단위를 판매하였으며 원가차이는 매출원가와 기말제품의 총원가를 기준으로 조정한다(단, 실제노무시간은 1,000시간이고 재공품재고는 없다).

**19** 표준전부원가계산과 표준변동원가계산의 기말재고액을 각각 구하시오.

| | 표준전부원가계산 | 표준변동원가계산 |
|---|---|---|
| ① | ₩5,900 | ₩5,200 |
| ② | ₩6,000 | ₩5,400 |
| ③ | ₩5,900 | ₩5,400 |
| ④ | ₩6,000 | ₩5,200 |
| ⑤ | ₩6,000 | ₩5,800 |

**20** 위 물음과 별도로 회사는 정상원가계산을 적용하고자 한다. 제조간접원가는 직접노무시간을 기준으로 배부하며 예정배부율은 표준배부율과 동일하다. 배부차이조정 전 정상전부원가계산과 정상변동원가계산의 기말재고액을 각각 구하시오.

| | 정상전부원가계산 | 정상변동원가계산 |
|---|---|---|
| ① | ₩5,900 | ₩5,360 |
| ② | ₩5,900 | ₩5,500 |
| ③ | ₩5,960 | ₩5,360 |
| ④ | ₩5,960 | ₩5,200 |
| ⑤ | ₩5,960 | ₩5,400 |

**21** 단일제품을 생산 및 판매하는 (주)갑을의 개업 첫 달 영업 결과는 다음과 같다.

- 생산량은 450개이며, 판매량은 300개이다.
- 제품의 단위당 판매가격은 ₩7,000이다.
- 판매관리비는 ₩100,000이다.
- 초변동원가계산에 의한 영업이익은 ₩125,000이다.
- 변동원가계산에 의한 영업이익은 ₩350,000이다.
- 전부원가계산에 의한 영업이익은 ₩500,000이다.
- 제조원가는 변동원가인 직접재료원가와 직접노무원가, 고정원가인 제조간접원가로 구성되어 있다.
- 월말재공품은 없다.

당월에 발생한 총제조원가는 얼마인가? [회계사 11]

① ₩1,800,000  ② ₩1,875,000  ③ ₩2,100,000
④ ₩2,250,000  ⑤ ₩2,475,000

★

**22** 다음은 (주)한국의 원가계산을 위한 자료이다. 고정제조간접원가 및 고정판매관리비는 각각 ₩2,400,000 및 ₩1,000,000으로 매년 동일하며, 단위당 판매가격과 변동원가도 각 연도와 상관없이 일정하다.

| 구분 | 20×1년 | 20×2년 | 20×3년 |
|---|---|---|---|
| 기초재고수량(개) | – | 4,000 | 4,000 |
| 생산량(개) | 20,000 | 16,000 | 12,000 |
| 판매량(개) | 16,000 | 16,000 | 16,000 |
| 기말재고수량(개) | 4,000 | 4,000 | – |

| | |
|---|---|
| 단위당 판매가격 | ₩1,000 |
| 단위당 변동원가 | |
| 직접재료원가 | ₩40 |
| 직접노무원가 | ₩60 |
| 변동제조간접원가 | ₩80 |
| 변동판매관리비 | ₩20 |

다음의 원가계산 결과에 관한 설명 중 옳은 것을 모두 열거한 것은? (단, 기초 및 기말재고는 모두 완성품이며, 재공품재고는 존재하지 않는다)                                                  [회계사 13]

(가) 20×1년 전부원가계산의 영업이익은 변동원가계산의 영업이익보다 ₩480,000 더 크다.

(나) 20×2년 변동원가계산의 영업이익과 초변동원가계산(throughput costing 또는 super-variable costing)의 영업이익은 같다.

(다) 변동원가계산의 영업이익은 상기 3개년 모두 동일하다.

(라) 초변동원가계산의 영업이익은 상기 3개년 동안 매년 증가한다.

(마) 변동원가계산 영업이익과 초변동원가계산 영업이익 차이의 절댓값은 20×1년보다 20×3년의 경우가 더 크다.

① (가), (나), (마)

② (나), (다), (라)

③ (다), (라), (마)

④ (가), (나), (다), (라)

⑤ (가), (나), (다), (라), (마)

**23** (주)대한은 20×3년 초에 설립되었으며, 단일제품을 생산 및 판매하고 있다. (주)대한의 20×3년 1월의 생산 및 판매와 관련된 자료는 다음과 같다.

- 생산량은 500개이며, 판매량은 300개이다.
- 제품의 단위당 판매가격은 ₩10,000이다.
- 판매관리비는 ₩200,000이다.
- 변동원가계산에 의한 영업이익은 ₩760,000이다.
- 초변동원가계산에 의한 영업이익은 ₩400,000이다.
- 제조원가는 변동원가인 직접재료원가와 직접노무원가, 고정원가인 제조간접원가로 구성되어 있으며, 1월에 발생한 총제조원가는 ₩3,000,000이다.
- 월말재공품은 없다.

20×3년 1월에 발생한 직접재료원가는 얼마인가? [회계사 23]

① ₩600,000      ② ₩900,000      ③ ₩1,200,000

④ ₩1,500,000      ⑤ ₩1,800,000

**24** (주)세무는 단일제품을 생산·판매하고 있으며, 3년간의 자료는 다음과 같다.

| 구분 | 20×1년 | 20×2년 | 20×3년 |
|---|---|---|---|
| 기초제품재고량(단위) | - | 20,000 | 10,000 |
| 당기 생산량(단위) | 60,000 | 30,000 | 50,000 |
| 당기 판매량(단위) | 40,000 | 40,000 | 40,000 |
| 기말제품재고량(단위) | 20,000 | 10,000 | 20,000 |

3년간 판매가격과 원가구조의 변동은 없다. 20×1년 전부원가계산하의 영업이익은 ₩800,000이고, 고정원가가 ₩600,000일 때, 20×3년 전부원가계산하의 영업이익은? (단, 원가흐름은 선입선출법을 가정하며, 기초 및 기말재공품은 없다) [세무사 20]

① ₩640,000      ② ₩660,000      ③ ₩680,000

④ ₩700,000      ⑤ ₩720,000

**25** (주)대한은 설립 후 3년이 경과되었다. 경영진은 외부보고목적의 전부원가계산 자료와 경영의사결정목적의 변동원가계산에 의한 자료를 비교 분석하고자 한다. (주)대한의 생산과 판매에 관련된 자료는 다음과 같다.

| 구분 | 1차년도 | 2차년도 | 3차년도 |
|---|---|---|---|
| 생산량(단위) | 40,000 | 50,000 | 20,000 |
| 판매량(단위) | 40,000 | 20,000 | 50,000 |

- 1단위당 판매가격은 ₩30이다.
- 변동제조원가는 1단위당 ₩10, 변동판매관리비는 1단위당 ₩4이다.
- 고정제조간접원가는 ₩400,000, 고정판매관리비는 ₩100,000이다.
- 과거 3년 동안 (주)대한의 판매가격과 원가는 변하지 않았다.

위 자료에 대한 다음 설명 중 옳지 않은 것은? [회계사 21]

① 3차년도까지 전부원가계산과 변동원가계산에 따른 누적영업손익은 동일하다.
② 3차년도 변동원가계산에 따른 영업이익은 ₩300,000이다.
③ 2차년도의 경우 전부원가계산에 의한 기말제품원가가 변동원가계산에 의한 기말제품원가보다 크다.
④ 변동원가계산에서 고정원가는 모두 당기비용으로 처리한다.
⑤ 3차년도 전부원가계산에 의한 매출원가는 ₩1,120,000이다.

★

**26** (주)세무는 단일제품을 생산·판매하고 있으며, 선입선출법에 의한 종합원가계산을 적용하고 있다. 직접재료는 공정 초에 전량 투입되며, 전환원가는 공정 전반에 걸쳐 균등하게 발생한다. 당기 재고자산 관련 자료는 다음과 같다.

| 구분 | 기초재고 | 기말재고 |
|---|---|---|
| 재공품(전환원가 완성도) | 1,500단위(40%) | 800단위(50%) |
| 제품 | 800 | 1,000 |

(주)세무는 당기에 8,500단위를 제조공정에 투입하여 9,200단위를 완성하였고, 완성품환산량 단위당 원가는 직접재료원가 ₩50, 전환원가 ₩30으로 전기와 동일하다. (주)세무의 당기 전부원가계산에 의한 영업이익이 ₩315,000일 경우, 초변동원가계산에 의한 영업이익은? [세무사 21]

① ₩300,000  ② ₩309,000  ③ ₩315,000
④ ₩321,000  ⑤ ₩330,000

20×1년 초 설립된 (주)세무의 20×1년부터 20×3년까지의 영업활동 결과는 다음과 같다.

| 구분 | 20×1년 | 20×2년 | 20×3년 |
|---|---|---|---|
| 생산량 | 2,000단위 | 2,400단위 | 2,200단위 |
| 판매량 | ? | ? | ? |
| 변동원가계산에 의한 영업이익 | ₩44,000 | ₩50,000 | ₩46,000 |
| 전부원가계산에 의한 영업이익 | 80,000 | 42,000 | 54,000 |
| 고정제조간접원가 | 240,000 | 336,000 | 264,000 |

20×2년과 20×3년의 판매량은 각각 몇 단위인가? (단, (주)세무는 기초 및 기말재공품이 없고, 재고자산은 선입선출법에 의해 평가되며 세 기간의 단위당 판매가격, 단위당 변동제조원가, 단위당 변동판매관리비, 고정판매관리비는 동일하다) [세무사 24]

|  | 20×2년 | 20×3년 |
|---|---|---|
| ① | 1,700단위 | 2,100단위 |
| ② | 1,700단위 | 2,500단위 |
| ③ | 2,100단위 | 2,500단위 |
| ④ | 2,500단위 | 2,100단위 |
| ⑤ | 2,500단위 | 2,400단위 |

★
**28** (주)대한은 단일제품을 생산 및 판매하고 있다. (주)대한은 20×1년 초에 영업을 개시하였으며, 한 해 동안 총 4,000단위를 생산하여 3,000단위를 판매하였고, 기초 및 기말재공품은 없다. 단위당 판매가격은 ₩3,600이다. 그 외 20×1년에 발생한 원가정보는 다음과 같다.

| 구분 | 고정원가 | 변동원가 |
|---|---|---|
| 직접재료원가 | - | 단위당 ₩600 |
| 직접노무원가 | - | 단위당 ₩500 |
| 제조간접원가 | ₩? | 단위당 ₩300 |
| 판매비와 관리비 | ₩400,000 | 단위당 ₩400 |

(주)대한의 20×1년도 변동원가계산하의 순이익이 ₩4,400,000이라면, 20×1년도 전부원가계산하의 순이익은 얼마인가? [회계사 24]

① ₩4,550,000　　② ₩4,600,000　　③ ₩4,650,000

④ ₩4,700,000　　⑤ ₩4,750,000

# 정답 및 해설

## 정답

| 01 | ⑤ | 02 | ⑤ | 03 | ⑤ | 04 | ⑤ | 05 | ① | 06 | ④ | 07 | ① | 08 | ① | 09 | ⑤ | 10 | ② |
|----|---|----|---|----|---|----|---|----|---|----|---|----|---|----|---|----|---|----|---|
| 11 | ① | 12 | ③ | 13 | ⑤ | 14 | ④ | 15 | ③ | 16 | ④ | 17 | ① | 18 | ④ | 19 | ① | 20 | ③ |
| 21 | ④ | 22 | ④ | 23 | ④ | 24 | ① | 25 | ⑤ | 26 | ③ | 27 | ④ | 28 | ① | | | | |

## 해설

**01** ⑤ 변동원가계산에서 이익은 생산량과 무관하다.

**02** ⑤ ⓐ 변동원가계산에서는 고정제조간접원가를 기간비용처리하므로 행태별 원가분류가 필요하다.
ⓑ 전부원가계산에서는 생산량을 증가시키면 영업이익이 증가하므로 기간손익이 재고수준의 변동에 영향을 받는다.
ⓒ 전부원가계산은 판매량뿐만 아니라 생산량 증감이 영업이익에 영향을 미치므로 단기적인 계획과 통제에 유용하지 못하다.
ⓓ 변동원가계산은 일반적으로 인정된 회계원칙에서 인정하지 않는다.

**03** ⑤ ① 과세소득을 계산하기 위한 제품원가는 전부원가계산에 의한다.
② 판매량을 초과하는 생산과잉이 발생하는 경우 순이익은 전부원가계산의 경우가 가장 크게 나타난다.
③ 변동판매관리비는 발생 즉시 비용처리한다.
④ 전부원가계산에 의하여 나타나는 생산과잉의 유인을 방지하고 판매량에 의해서만 경영성과가 나타날 수 있도록 유도하는 것은 변동원가계산제도이다.

**04** ⑤ 변동원가계산은 원가를 행태별로 구분하여 변동원가와 고정원가를 분류한다. 반면에 전부원가계산은 원가를 기능에 따라 구분한다.

**05** ① 

| 매출액 | ₩400 |
|---|---|
| 변동원가 | 200 (= ₩300 ÷ 30단위 × 20단위) |
| 공헌이익 | ₩200 |
| 고정원가 | 150 |
| 영업이익 | ₩50 |

---

**point** 공헌이익접근법

1. 변동원가계산에서 고정원가는 단기적으로 일정하기 때문에 제시된 자료를 다음과 같이 정리하는 것이 중요하다.

| 단위당 판매가격 | | × × × |
|---|---|---|
| 단위당 변동원가 | (−) | × × × |
| 단위당 공헌이익 | | × × × |
| 총고정원가 | | × × × |

이 방법은 CVP분석 등 관리회계에서도 동일하게 사용된다.

2. 위 형식에 판매량을 곱하면 공헌이익손익계산서를 의미한다.

| | | 단위 | | | | 총액 |
|---|---|---|---|---|---|---|
| 단위당 판매가격 | | × × × | | | | × × × |
| 단위당 변동원가 | (−) | × × × | → (×) 판매량 → | (−) | | × × × |
| 단위당 공헌이익 | | × × × | | | | × × × |
| 총고정원가 | | × × × | | | | × × × |
| 영업이익 | | − | | | | × × × |

---

**06** ④ (1) 재고현황 및 단위당 고정제조간접원가

① 재고현황

| | | 제품 | |
|---|---|---|---|
| 기초 | − | 판매 | 8,000 |
| 완성 | 10,000 | 기말 | 2,000 |
| | 10,000 | | 10,000 |

② 단위당 고정제조간접원가

$$\frac{₩200,000}{10,000단위} = ₩20$$

(2) 전부원가계산하의 영업이익

변동원가계산하의 영업이익 + 기말재고 × @FOH − 기초재고 × @FOH

= ₩170,000 + 2,000단위 × ₩20 = ₩210,000

**07** ① (1) 단위당 고정제조간접원가 예정배부율

$$\frac{\text{고정제조간접원가예산}}{\text{예정조업도}} = \frac{₩90,000}{30,000단위} = ₩3/단위$$

(2) 순이익차이

정상원가계산에서의 배부차이를 모두 매출원가에 배부하므로 재고에 포함되어 있는 고정제조간접원가는 예정배부액이다. 따라서 전부원가계산하의 이익이 ₩30,000(= 10,000단위 × ₩3)만큼 더 크다.

---

**point 정상원가계산 vs 표준원가계산**

1. 정상원가계산과 표준원가계산은 모두 사전원가계산으로 원가계산을 관리적으로 응용하는 시스템이다. 따라서, 두 방법에서의 용어는 종종 혼용하기도 한다.
   ① 배부차이(원가차이)
      과소배부(불리한 차이), 과대배부(유리한 차이)
   ② 예정배부율(표준배부율)
   $$\frac{\text{고정제조간접원가예산}}{\text{예정조업도}} \left[ \frac{\text{고정제조간접원가예산}}{\text{기준조업도}} \right]$$

2. 단, 예정조업도와 기준조업도의 자료가 모두 제시될 경우 정상원가계산에서는 예정조업도를 우선적으로 사용하고 표준원가계산에서는 기준조업도를 우선적으로 사용하여야 한다.

---

**08** ① (1) 단위당 고정제조간접원가 예정배부율

$$\frac{\text{고정제조간접원가예산}}{\text{예정조업도}} = \frac{₩500,000}{50,000기계시간} = ₩10/기계시간$$

기계시간당 제품을 10단위 생산하므로 단위당 고정제조간접원가 예정배부율은 ₩1(= ₩10 ÷ 10단위)이다.

(2) 재고현황

제품

| 기초 | 20,000 | 판매 | 470,000 |
|---|---|---|---|
| 완성 | 480,000 | 기말 | 30,000 |
| | 500,000 | | 500,000 |

(3) 영업이익 차이

"전부원가계산하의 이익 - 변동원가계산하의 이익 = 기말재고 × @FOH - 기초재고 × @FOH"이므로, 전부원가계산하에서 영업이익이 기말재고자산 증가분에 포함된 FOH 즉, ₩10,000(= 10,000단위 × ₩1)만큼 더 크다.

**09** ⑤ (1) 연도별 재고현황

| | 20×1년 | | | | 20×2년 | | |
|---|---|---|---|---|---|---|---|
| 기초 | – | 판매 | 8,000 | 기초 | 2,000 | 판매 | 15,000 |
| 생산 | 10,000 | 기말 | 2,000 | 생산 | 14,000 | 기말 | 1,000 |
| | 10,000 | | 10,000 | | 16,000 | | 16,000 |

(2) 20×2년에 발생한 고정제조간접원가

생산량 × 단위당 고정제조간접원가

= 14,000개 × ₩20$^{*1}$ = ₩280,000

$^{*1}$ 전부원가계산하의 영업이익 = 변동원가계산하의 영업이익 + 기말재고 × 단위당 고정제조간접원가

$\qquad$ - 기초재고 × 단위당 고정제조간접원가

$\Rightarrow$ ₩500,000 = ₩528,000 + 1,000개 × $x$ - 2,000개 × ₩24$^{*2}$

$\therefore x$ = ₩20

$^{*2}$ ₩240,000 ÷ 10,000개 = ₩24

**10** ② 전부원가계산의 이익 = 변동원가계산의 이익 + 기말재고 고정제조간접원가 - 기초재고 고정제조간접원가

$\Rightarrow$ ₩1,000,000 = 변동원가계산의 이익 + (₩500,000 + ₩600,000) - (₩240,000 + ₩700,000)

$\therefore$ 변동원가계산의 이익 = ₩840,000

**11** ① (1) 당기총제조원가

재공품

| | | | |
|---|---|---|---|
| 기초 | – | 완성 | ₩780,000 |
| 직접재료원가(DM) | ₩455,000$^{*1}$ | | |
| 직접노무원가(DL) | 195,000$^{*2}$ | | |
| 제조간접원가(OH) | 130,000$^{*3}$ | 기말 | – |
| | ₩780,000 | | ₩780,000 |

$^{*1}$ ₩500,000 - ₩45,000 = ₩455,000

$^{*2}$ (₩455,000 + DL) × 0.3 = DL

$\quad \therefore$ DL = ₩195,000

$^{*3}$ (₩195,000 + OH) × 0.4 = OH

$\quad \therefore$ OH = ₩130,000

(2) 초변동원가계산 손익계산서

| | |
|---|---|
| 매출액 | ₩900,000 |
| 직접재료원가 | (355,000)$^{*4}$ |
| 재료처리량공헌이익 | ₩545,000 |
| 직접노무원가 | (195,000) |
| 제조간접원가 | (130,000) |
| 판매관리비 | (200,000) |
| 영업이익 | ₩20,000 |

$^{*4}$ ₩455,000 - ₩100,000(기말재고액 중 직접재료원가) = ₩355,000

**12** ③ (1) 제품 T-계정

제품

| 기초 | 1,500 | 판매 | 23,500 |
|------|-------|------|--------|
| 완성 | 24,000 | 기말 | 2,000 |
| | 25,500 | | 25,500 |

(2) 기초 및 기말재고에 포함되어 있는 고정제조간접원가
 ① 기초: ₩45,000
 ② 기말: (₩840,000 ÷ 24,000단위) × 2,000단위 = ₩70,000

(3) 변동원가계산에 의한 영업이익(k)
 전부원가이익 = 변동원가이익 + 기말재고 고정제조간접원가 - 기초재고 고정제조간접원가
 ₩745,000 = k + ₩70,000 - ₩45,000
 ∴ k = ₩720,000

(4) 기말제품재고액
 ₩150,000 - ₩70,000 = ₩80,000

**13** ⑤ (1) 판매량
 ₩1,200,000 ÷ ₩1,500 = 800개

(2) 단위당 금액 계산
 ① 단위당 변동판매관리비: (₩150,000 - ₩94,000) ÷ 800개 = ₩70
 ② 단위당 변동제조간접원가: ₩456,000 ÷ 800개 - ₩70 = ₩500
 ③ 단위당 고정제조간접원가: ₩937,600 ÷ 800개 - ₩500 = ₩672

(3) 생산량
 (₩766,000 - ₩94,000) ÷ ₩672 = 1,000개

(4) 기말재고 수량
 1,000개 - 800개 = 200개

(5) 전부원가계산하의 기말제품재고
 200개 × (₩500 + ₩672) = ₩234,400

**14** ④ (1) 단위당 고정제조간접원가
 ① 전기: ₩10 × 50% = ₩5
 ② 당기: ₩12 × 60% = ₩7.2

(2) 영업이익 차이
 전부원가이익 = 변동원가이익 + 기말재고 고정제조간접원가 - 기초재고 고정제조간접원가
 ⇒ 영업이익 차이 = 기말재고 고정제조간접원가 - 기초재고 고정제조간접원가
  = (1,400단위 + 800단위) × ₩7.2 - (2,000단위 + 1,000단위) × ₩5 = ₩840
 ∴ 전부원가계산에 의한 영업이익이 변동원가계산에 의한 영업이익보다 ₩840만큼 크다.

**15** ③ "전부원가이익 = 변동원가이익 + 기말재고 고정제조간접원가 - 기초재고 고정제조간접원가"이므로, 기초재고 수량을 k라 한 후 정리하면 다음과 같다.

$$₩25,000 = 1,200단위 \times \frac{₩200,000}{4,000단위} - k \times \frac{₩200,000}{4,000단위}$$

∴ k = 700단위

> **point**
>
> 재공품재고는 없고 전부원가계산과 변동원가계산의 이익차이가 제시되어 있으므로 고정제조간접원가를 이용하여 기초제품 수량을 추정할 수 있다.

**16** ④ "변동원가이익 = 초변동원가이익 + 기말재고 × 변동가공원가 - 기초재고 × 변동가공원가"이므로, 영업이익차이를 k라 한 후 정리하면 다음과 같다.

k = 300단위 × (₩50 + ₩60) - 100단위 × (₩50 + ₩60)
 = ₩22,000

> **point**
>
> 변동원가계산과 초변동원가계산의 이익차이는 재고에 포함되어 있는 변동가공원가차이이다. 또한, 재공품재고는 없으므로 제품재고만 고려하면 된다.

**17** ① (1) 제품 T-계정

| | 20×1년 | | | | 20×2년 | | |
|---|---|---|---|---|---|---|---|
| 기초 | - | 판매 | 800 | 기초 | 200 | 판매 | 1,500 |
| 생산 | 1,000 | 기말 | 200 | 생산 | 1,400 | 기말 | 100 |
| | 1,000 | | 1,000 | | 1,600 | | 1,600 |

(2) 고정제조간접원가

전부원가이익 = 변동원가이익 + 기말재고 × @FOH - 기초재고 × @FOH

① 20×1년

₩8,000 = ₩4,000 + 200단위 × @FOH, @FOH = ₩20

∴ 20×1년 고정제조간접원가: ₩20,000(= 1,000단위 × ₩20)

② 20×2년

₩8,500 = ₩10,000 + 100단위 × @FOH - 200단위 × ₩20, @FOH = ₩25

∴ 20×2년 고정제조간접원가: ₩35,000(= 1,400단위 × ₩25)

**18** ④

|  | 20×1년 |  |  | 20×2년 |  |  |
|---|---|---|---|---|---|---|
| 기초 | – | 판매 | 80 | 기초 | 20 | 판매 | 110[*1] |
| 생산 | 100 | 기말 | 20 | 생산 | 120 | 기말 | 30 |
|  | 100 |  | 100 |  | 140 |  | 140 |

[*1] 전기이월분 20단위 포함

(1) 연도별 총제조원가

① 20×1년: $₩17,600 \times \dfrac{100단위}{80단위} = ₩22,000$

② 20×2년: $₩18,000^{*2} \times \dfrac{120단위}{90단위} = ₩24,000$

[*2] 당기 생산분 매출원가(90단위)

$= ₩22,400 - 20단위 \times \dfrac{₩22,000}{100단위} = ₩18,000$

(2) 고정제조간접원가(a) 및 단위당 변동제조원가(b)
- $₩24,000 = a + b \times 120단위$
- $₩22,000 = a + b \times 100단위$
- $\therefore a = ₩12,000,\ b = ₩100$

(3) 변동원가계산 영업이익($x$)

$₩4,400 = x + 30단위 \times \dfrac{₩12,000}{120단위} - 20단위 \times \dfrac{₩12,000}{100단위}$

$\therefore x = ₩3,800$

**19** ①

(1) 기말제품재고 수량

1,000단위 - 800단위 = 200단위

(2) 원가차이

|  | 표준배부 |  | 실제발생 | 표준원가 전부원가계산 | 표준원가 변동원가계산 |
|---|---|---|---|---|---|
| 직접재료원가 | 1,000단위 × ₩10 = | ₩10,000 | ₩10,500 | ₩500 불리 | ₩500 불리 |
| 직접노무원가 | 1,000단위 × ₩12 = | 12,000 | 11,300 | 700 유리 | 700 유리 |
| 변동제조간접원가 | 1,000단위 × ₩5 = | 5,000 | 4,200 | 800 유리 | 800 유리 |
| 고정제조간접원가 | 1,000단위 × ₩3 = | 3,000 | 3,500 | 500 불리 | - |
|  |  |  |  | ₩500 유리 | ₩1,000 유리 |

(3) 기말재고액

생산량은 1,000단위이고 기말제품 수량이 200단위이므로 원가차이의 20%를 기말제품에 반영한다.
① 전부원가계산: 200단위 × ₩30 - ₩500 × 20% = ₩5,900
② 변동원가계산: 200단위 × ₩27 - ₩1,000 × 20% = ₩5,200

**20** ③ 직접재료원가와 직접노무원가는 실제원가를 적용하고 제조간접원가는 예정배부율을 이용하여 계산한다.

(1) 정상전부원가계산

$$[\text{₩}10,500 + \text{₩}11,300 + (\text{₩}5 + \text{₩}3) \times 1,000시간] \times \frac{200단위}{1,000단위} = \text{₩}5,960$$

(2) 정상변동원가계산

$$[\text{₩}10,500 + \text{₩}11,300 + \text{₩}5 \times 1,000시간] \times \frac{200단위}{1,000단위} = \text{₩}5,360$$

**21** ④

| 제품 | | | |
|---|---|---|---|
| 월초 | - | 판매 | 300 |
| 생산 | 450 | 월말 | 150 |
| | 450 | | 450 |

(1) 단위당 가공원가

전부원가계산과 초변동원가계산의 이익차이는 가공원가이므로, 다음과 같이 계산할 수 있다.

(₩500,000 - ₩125,000) ÷ 150개 = ₩2,500

(2) 단위당 직접재료원가($x$)

초변동원가계산의 영업이익은 ₩125,000이므로, 다음과 같이 계산할 수 있다.

(₩7,000 - $x$) × 300개 - (₩2,500 × 450개 + ₩100,000) = ₩125,000

∴ $x$ = ₩2,500

(3) 총제조원가

생산량 × (직접재료원가 + 가공원가)

= 450개 × (₩2,500 + ₩2,500) = ₩2,250,000

---

**point 영업이익 차이와 자료추정**

전부원가계산과 변동원가계산의 이익차이로 단위당 고정제조간접원가를 구할 수 있고 전부원가계산과 초변동원가계산의 이익차이로 단위당 가공원가를 구할 수 있다. 또한, 초변동원가계산의 이익으로 단위당 직접재료원가를 구할 수 있다.

---

제7장

전부/변동/초변동원가계산

**22** ④ (가) 20×1년 기초재고가 없으므로 전부원가계산과 변동원가계산의 이익차이는 기말재고에 포함된 고정 제조간접원가이다.

4,000개 × ₩2,400,000/20,000개 = ₩480,000

∴ 전부원가계산의 영업이익이 ₩480,000만큼 더 크다.

(나) 전기와 당기의 변동제조원가가 동일하며 재고변화가 없으므로 변동원가계산의 영업이익과 초변동 원가계산의 영업이익은 동일하다.

(다) 판매량이 일정하므로 변동원가계산의 영업이익은 동일하다.

(라) 매년 생산량이 작아지므로 초변동원가계산의 영업이익은 증가한다.

(마) 변동원가계산과 초변동원가계산의 영업이익의 차이는 재고에 포함되어 있는 변동가공원가이다. 20×1년과 20×3년의 재고변화 수량과 단위당 변동가공원가가 동일하므로 영업이익 차이의 절댓값 은 동일하다.

---

**point**

전부원가계산 이익은 생산량과 [+]관계이며 초변동원가계산 이익은 생산량과 [-]관계이다. 또한, 변동원가계산 이익은 판매량에 의해서만 영향을 받는다.

---

**23** ④ (1) 단위당 제조원가

$$\frac{총제조원가}{생산량} = \frac{₩3,000,000}{500개} = ₩6,000$$

(2) 단위당 노무원가($x$)

| | | |
|---|---|---:|
| | 초변동원가이익 | ₩400,000 |
| (+) | 기말재고 × 노무원가 | $200x$ |
| (-) | 기초재고 × 노무원가 | - |
| (=) | 변동원가이익 | ₩760,000 |

$$\therefore x = \frac{₩760,000 - ₩400,000}{200개} = ₩1,800$$

(3) 단위당 재료원가

단위당 재료원가를 $x$라 하고 단위당 제조간접원가를 $y$라 한 후 정리하면 다음과 같다.

① ₩6,000 = $x$ + ₩1,800 + $y$, $x + y$ = ₩4,200

② 초변동원가계산 영업이익

| | | |
|---|---|---:|
| 매출액 | 300개 × ₩10,000= | ₩3,000,000 |
| 재료원가 | | $300x$ |
| 재료처리량공헌이익 | | ₩3,000,000 - $300x$ |
| 노무원가 | 500개 × ₩1,800= | (900,000) |
| 제조간접원가 | | $500y$ |
| 판매관리비 | | (200,000) |
| 영업이익 | | ₩400,000 |

$$\therefore 3x + 5y = ₩15,000$$

③ 단위당 재료원가
- $x + y = ₩4,200$
- $3x + 5y = ₩15,000$
- $⇒ x: ₩3,000, y: ₩1,200$

(4) 당월 발생 직접재료원가
500개 × ₩3,000 = ₩1,500,000

> **point 단위당 제조원가 추정**
>
> 총제조원가를 생산량으로 나누면 단위당 제조원가는 ₩6,000이다. 또한, 변동원가계산과 초변동원가계산 영업이익 차이를 이용하면 단위당 노무원가는 ₩1,800이다.
> 단위당 재료원가와 단위당 제조간접원가는 다음과 같은 식을 이용하여 계산할 수 있다.
> ① 단위당 재료원가와 단위당 제조간접원가를 각각 $x$, $y$라 한 후 정리하면 다음과 같다.
>    단위당 제조원가(₩6,000) = $x$ + ₩1,800 + $y$
> ② 변동원가계산 영업이익
>    $300x + 500y = ₩1,500,000$
> 위 ①과 ② 식을 이용하여 $x$, $y$를 계산할 수 있다.

**24** ① (1) 20×1년 변동원가계산 영업이익($x$)

$$₩800,000 = x + ₩600,000 × \frac{20,000단위}{60,000단위}$$

∴ 변동원가계산 영업이익($x$): ₩600,000

(2) 20×3년 전부원가계산 영업이익

$$₩600,000 + ₩600,000 × \frac{20,000단위}{50,000단위} - ₩600,000 × \frac{10,000단위}{30,000단위} = ₩640,000$$

> **point**
>
> 전부원가계산과 변동원가계산 이익차이는 재고의 고정제조간접원가이므로 20×3년 변동원가계산 영업이익을 이용하여 전부원가계산 영업이익을 계산할 수 있다. 또한, 변동원가계산 영업이익은 판매량에 의해서 결정되므로, 판매량이 동일한 20×3년과 20×1년 변동원가계산 영업이익은 동일하다.

**25**  ⑤

|  | 1차년도 | 2차년도 | 3차년도 |
|---|---|---|---|
| 단위당 변동제조원가 | ₩10 | ₩10 | ₩10 |
| 단위당 고정제조원가    ₩400,000 ÷ 40,000단위 = | 10 | 8 | 20 |
| 단위당 전부원가 | ₩20 | ₩18 | ₩30 |
| 고정제조간접원가 | ₩400,000 | ₩400,000 | ₩400,000 |

(1) 3차년도 전기이월분 단위당 고정제조간접원가

₩400,000 ÷ 50,000단위 = ₩8

(2) 3차년도 단위당 고정제조간접원가

₩400,000 ÷ 20,000단위 = ₩20

(3) 3차년도 전부원가계산 매출원가

30,000단위 × (₩10 + ₩8) + 20,000단위 × (₩10 + ₩20) = ₩1,140,000

> **point**
>
> 생산량과 판매량이 다르면 전부원가계산과 변동원가계산의 이익은 달라진다. 전부원가계산의 기말재고는 고정제조원가를 포함한 전부원가로 구성되어 있으며 변동원가계산의 기말재고는 변동제조원가로 구성되어 있다.


**26**  ③  선입선출법의 경우 전부원가계산과 초변동원가계산의 이익차이는 재고에 포함되어 있는 전환원가(가공원가)이다.

₩315,000 = $x$ + (1,000단위 + 800단위 × 0.5) × ₩30 - (800단위 + 1,500단위 × 0.4) × ₩30

∴ 초변동원가계산에 의한 영업이익($x$): ₩315,000

> **point**
>
> 선입선출법의 경우 전부원가계산과 초변동원가계산 이익차이는 재고에 포함되어 있는 전환원가로, 재고자산 수량과 단위당 전환원가를 이용하여 계산할 수 있다. 또한, 전환원가는 공정 전반에 걸쳐 균등하게 발생하므로, 재공품은 수량에 완성도를 곱한 환산량을 기준으로 반영해야 한다.


**27**  ④  (1) 연도별 단위당 고정제조간접원가

① 20×1년: ₩240,000 ÷ 2,000단위 = ₩120

② 20×2년: ₩336,000 ÷ 2,400단위 = ₩140

③ 20×3년: ₩264,000 ÷ 2,200단위 = ₩120

(2) 연도별 재고

① 20×1년

재고자산

| 기초 | - | 판매 | 1,700 |
|---|---|---|---|
| 생산 | 2,000 | 기말 | 300 |
|  | 2,000 |  | 2,000 |

전부원가계산 이익 = 변동원가계산 이익 + 기말재고 × @FOH - 기초재고 × @FOH

₩80,000 = ₩44,000 + 기말재고 × ₩120

∴ 기말재고 = 300단위

② 20×2년

재고자산

| 기초 | 300 | 판매 | 2,500 |
|---|---|---|---|
| 생산 | 2,400 | 기말 | 200 |
| | 2,700 | | 2,700 |

전부원가계산 이익 = 변동원가계산 이익 + 기말재고 × @FOH − 기초재고 × @FOH

₩42,000 = ₩50,000 + 기말재고 × ₩140 − 300단위 × ₩120

∴ 기말재고 = 200단위

③ 20×3년

재고자산

| 기초 | 200 | 판매 | 2,100 |
|---|---|---|---|
| 생산 | 2,200 | 기말 | 300 |
| | 2,400 | | 2,400 |

전부원가계산 이익 = 변동원가계산 이익 + 기말재고 × @FOH − 기초재고 × @FOH

₩54,000 = ₩46,000 + 기말재고 × ₩120 − 200단위 × ₩140

∴ 기말재고 = 300단위

---

**point**

생산량과 고정제조간접원가를 이용하여 매년 단위당 고정제조간접원가를 계산한 후 이익차이를 분석한다.

---

**28** ① (1) 단위당 공헌이익

₩3,600 − (₩600 + ₩500 + ₩300 + ₩400) = ₩1,800

(2) 고정제조간접원가($x$)

₩4,400,000 = ₩1,800 × 3,000단위 − ($x$ + ₩400,000)

∴ $x$ = ₩600,000

(3) 단위당 고정제조간접원가

$$\frac{₩600,000}{4,000단위} = ₩150$$

(4) 전부원가계산하의 순이익

변동원가계산하의 순이익 + 기말재고 × 단위당 고정제조간접원가

= ₩4,400,000 + 1,000단위 × ₩150 = ₩4,550,000

---

**point**

변동원가계산하의 순이익을 이용하여 고정제조간접원가를 추정한다.

---

**회계사·세무사·경영지도사 단번에 합격!**
해커스 경영아카데미 cpa.Hackers.com

# 제8장

# 원가함수추정

핵심 이론 요약

객관식 연습문제

정답 및 해설

# 핵심 이론 요약

## 01 선형원가함수

### (1) 기본모형

$$y = a + b \cdot x$$

① a: 추정된 고정원가
② b: 추정된 단위당 변동원가
③ x: 독립변수로서 생산량, 직접노무원가, 직접노동시간, 기계시간 등의 조업도
④ y: 종속변수로서 추정하고자 하는 원가

### (2) 추정방법

| 구분 | 과거자료 | 특징 |
|---|---|---|
| 산업공학적 방법 | 필요 없음 | • 직접재료원가, 직접노무원가 관련 원가만 추정가능<br>• 다른 추정방법과 병행 |
| 계정분석법 | 1개 | 전문가의 주관적 판단 개입 |
| 고저점법 | 2개 | • 최고조업도와 최저조업도의 원가만 이용<br>• 조업도 간 원가차이는 변동원가의 차이 |
| 산포도법 | 다수 | 추세를 해석하는 주관적 판단 개입 |
| 회귀분석법 | 다수 | • 통계적 방법 이용<br>• 결정계수($R^2$: 독립변수의 설명력) |

## 02 비선형원가함수(학습곡선)

### (1) 학습률

동일 작업을 반복적으로 수행하는 과정에서 투입되는 노동시간이 점차 감소하며, 이때 감소효과를 비율로 나타낸 것을 말한다.

### (2) 학습곡선모형

① 누적평균시간모형: 누적생산량이 두 배가 될 때 누적평균시간이 일정한 비율로 감소하는 모형
② 증분단위시간모형: 누적생산량이 두 배가 될 때 증분단위시간이 일정한 비율로 감소하는 모형

## (3) 직접노동시간 감소의 효과

① 노동시간 감소로 영향을 받는 제조원가: 노무원가, 노동시간에 비례하는 제조간접원가

② 체계적 감소: 학습률

- 학습지수 이용
- 2배수법 이용(생산량 2배 증가 시 학습률만큼 감소)

## 03 활동기준원가함수추정

### (1) 기본모형

$$y = a + b_1 \cdot x_1 + b_2 \cdot x_2 + b_3 \cdot x_3 + \ldots + b_n \cdot x_n$$

단, $X_1$ : 단위, $X_2$ : 묶음, $X_3$ : 제품

### (2) 특징

① 수 개의 독립변수가 총원가에 영향을 미치게 됨

② 다중회귀분석을 활용하여 원가함수를 추정할 수 있음

# 객관식 연습문제

★ : 꼭 풀어봐야 할 필수문제
📝 : 심화된 내용을 학습할 수 있는 고급문제

**01** 다음 중 과거의 원가자료를 이용할 수 없는 경우에 사용할 수 있는 원가추정방법은?

① 산업공학적 방법      ② 계정분석법      ③ 산포도법

④ 고저점법      ⑤ 회귀분석법

★

**02** 다음 중 원가추정방법에 관한 설명으로 옳지 않은 것은?                     [세무사 09]

① 회귀분석법은 결정계수($R^2$)가 1에 가까울수록 만족스러운 추정을 달성한다.

② 고저점법은 원가자료 중 가장 큰 원가수치의 자료와 가장 작은 원가수치의 자료를 사용하여 추정하는 방법으로 두 원가수치의 차이는 고정원가라고 가정한다.

③ 계정분석법을 사용하면 각 계정을 변동원가와 고정원가로 구분하는 데 자의성이 개입될 수 있다.

④ 산업공학분석법(또는 공학분석법)은 간접원가 추정에 어려움이 있다.

⑤ 산업공학분석법(또는 공학분석법)은 과거자료 없이 미래원가를 추정하는 데 사용된다.

★

**03** (주)서강의 최근 5개월간의 원가자료는 다음과 같다.

| 월 | 생산량 | 제조간접원가 총액 |
|---|---|---|
| 2월 | 85,000단위 | ₩2,700,000 |
| 3월 | 70,000 | 2,800,000 |
| 4월 | 120,000 | 3,400,000 |
| 5월 | 90,000 | 3,500,000 |
| 6월 | 150,000 | 4,000,000 |

고저점법에 의해 제조간접원가를 추정할 때 7월의 생산량이 120,000단위라면 제조간접원가는 얼마로 추정되겠는가?

① ₩3,350,000      ② ₩3,400,000      ③ ₩3,450,000

④ ₩3,500,000      ⑤ ₩3,550,000

★

**04** (주)세무는 원가행태를 추정하기 위해 고저점법을 적용한다. (주)세무의 경영자는 추정된 원가함수를 토대로 7월의 목표이익을 ₩167,500으로 설정하였다. 목표이익을 달성하기 위한 추정 목표매출액은? (단, 당월 생산된 제품은 당월에 전량 판매되고, 추정 목표매출액은 관련범위 내에 있다)

[세무사 18]

| 월 | 총원가 | 총매출액 |
|---|---|---|
| 3월 | ₩887,000 | ₩980,000 |
| 4월 | 791,000 | 855,000 |
| 5월 | 985,500 | 1,100,000 |
| 6월 | 980,000 | 1,125,000 |

① ₩1,160,000  ② ₩1,165,000  ③ ₩1,170,000
④ ₩1,180,000  ⑤ ₩1,200,000

**05** 학용품을 전문적으로 생산하고 있는 (주)경기는 20×1년 초에 자사에서 개발한 신제품 10,000개를 처음으로 생산하였다. 이 신제품을 생산하는 데 다음과 같은 비용이 발생하였다.

| | |
|---|---|
| • 직접재료원가 | ₩900,000 |
| • 직접노무원가(시간당 ₩10) | 400,000 |
| • 변동제조간접원가(직접노동시간에 비례하여 발생) | 80,000 |
| • 고정제조간접원가 배부액 | 150,000 |

(주)경기는 이 제품을 생산하는 데는 80%의 학습곡선을 따른다고 믿고 있다. 그런데 (주)한국으로부터 70,000개에 대한 특별주문을 받았다. 이 주문에 대해 (주)경기가 제시하여야 할 70,000단위의 최소판매가격은 얼마인가?

[세무사 94]

① ₩7,618,400  ② ₩7,786,080  ③ ₩7,936,080
④ ₩9,660,000  ⑤ ₩10,710,000

06 다음 자료를 이용하여 최초 16단위를 생산할 때 추정되는 누적 총노무시간은 몇 분인가? (단, 노무시간은 누적평균시간모형을 따른다) [세무사 10]

| 누적생산량 | 누적 총노무시간(분) |
| --- | --- |
| 1 | 10,000분 |
| 2 | 18,000 |

① 81,920분      ② 98,260분      ③ 104,976분
④ 112,654분      ⑤ 130,321분

★
**07** (주)국세는 1로트(lot)의 크기를 10대로 하는 로트생산방식에 의해 요트를 생산·판매하고 있다. (주)국세는 최근 무인잠수함을 개발하고 5대를 생산·판매하였으며, 관련 원가자료는 다음과 같다.

| • 직접재료원가(₩2,000,000/대) | ₩10,000,000 |
| --- | --- |
| • 직접노무원가(₩30,000/시간) | 30,000,000 |
| • 변동제조간접원가(₩5,000/직접노무시간) | 5,000,000 |

무인잠수함도 로트생산방식으로 생산하되, 1로트의 크기는 5대이다. 무인잠수함의 직접노무시간은 요트 생산과 같이 로트당 누적평균시간 학습곡선모형을 따르며, 학습률도 동일하다. 요트 생산의 누적생산량과 로트당 평균 직접노무시간은 다음과 같다.

| 누적생산량 | 누적로트 수 | 로트당 평균 직접노무시간 |
| --- | --- | --- |
| 10 | 1 | 1,300 |
| 20 | 2 | 1,170 |
| 40 | 4 | 1,053 |

(주)국세는 무인잠수함 35대에 대한 납품 제의를 받았다. 이 납품과 관련된 무인잠수함 1대의 평균 변동제조원가는? [세무사 15]

① ₩5,451,000      ② ₩6,080,000      ③ ₩6,165,000
④ ₩6,544,000      ⑤ ₩6,832,000

**08** 다음 자료를 이용하여 총 4단위를 생산할 때 추정되는 평균노무시간은 몇 시간인가? (단, 노무시간은 증분단위시간모형을 따른다)

| 누적생산량 | 증분단위시간 |
|---|---|
| 1 | 1,000시간 |
| 2 | 900 |
| 3 | 850 |

① 850시간　　　　② 890시간　　　　③ 950시간
④ 980시간　　　　⑤ 990시간

**09** 사업개시 후 2년간인 20×1년과 20×2년의 손익자료는 다음과 같다.

(단위: 만원)

| 구분 | 20×1년 | 20×2년 |
|---|---|---|
| 매출액 | 100 | 300 |
| 직접재료원가 | 40 | 120 |
| 직접노무원가 | 10 | 22.4 |
| 제조간접원가 | 20 | 50 |
| 판매관리비 | 15 | 15 |
| 영업이익 | 15 | 92.6 |

20×1년부터 20×3년까지의 단위당 판매가격, 시간당 임률, 단위당 변동제조간접원가, 총고정제조간접원가, 총판매관리비는 일정하다. 직접노무시간에는 누적평균시간 학습모형이 적용된다. 매년 기초 및 기말재고는 없다. 20×3년의 예상매출액이 400만원이라면 예상영업이익은 얼마인가?

[회계사 12]

① ₩1,327,700　　　　② ₩1,340,800　　　　③ ₩1,350,300
④ ₩1,387,700　　　　⑤ ₩1,398,900

★
**10** (주)한국은 최근에 신제품 A의 개발을 완료하고 시험적으로 500단위를 생산하였다. 회사가 처음 500단위의 신제품 A를 생산하는 데 소요된 총직접노무시간은 1,000시간이고 직접노무시간당 임률은 ₩300이었다. 신제품 A의 생산에 소요되는 단위당 직접재료원가는 ₩450이고, 단위당 제조간접원가는 ₩400이다. (주)한국은 과거 경험에 의하여 이 제품을 추가로 생산하는 경우 80%의 누적평균직접노무시간 학습모형이 적용될 것으로 추정하고 있으며, 당분간 직접노무시간당 임률의 변동은 없을 것으로 예상하고 있다. 신제품 A를 추가로 1,500단위 더 생산한다면, 총생산량 2,000단위에 대한 신제품 A의 단위당 예상원가는? [회계사 17]

① ₩1,234 　　② ₩1,245 　　③ ₩1,257
④ ₩1,263 　　⑤ ₩1,272

**11** (주)대한은 A형-학습모형(누적평균시간모형)이 적용되는 '제품 X'를 개발하고, 최초 4단위를 생산하여 국내 거래처에 모두 판매하였다. 이후 외국의 신규 거래처로부터 제품 X의 성능이 대폭 개선된 '제품 X-plus'를 4단위 공급해 달라는 주문을 받았다. 제품 X-plus를 생산하기 위해서는 설계를 변경하고 새로운 작업자를 고용해야 한다. 또한 제품 X-plus의 생산에는 B형-학습모형(증분단위시간모형)이 적용되는 것으로 분석되었다.

| 누적<br>생산량 | A형-학습모형이 적용될 경우<br>누적평균 노무시간 | B형-학습모형이 적용될 경우<br>증분단위 노무시간 |
|---|---|---|
| 1 | 120.00 | 120.00 |
| 2 | 102.00 | 108.00 |
| 3 | 92.75 | 101.52 |
| 4 | 86.70 | 97.20 |
| 5 | 82.28 | 93.96 |
| 6 | 78.83 | 91.39 |
| 7 | 76.03 | 89.27 |
| 8 | 73.69 | 87.48 |

(주)대한이 제품 X-plus 4단위를 생산한다면, 제품 X 4단위를 추가로 생산하는 경우와 비교하여 총노무시간은 얼마나 증가(또는 감소)하는가? [회계사 18]

① 102.00시간 감소 　　② 146.08시간 증가 　　③ 184.00시간 증가
④ 248.60시간 증가 　　⑤ 388.80시간 감소

**12** 올해 창업한 (주)세무는 처음으로 A광역시로부터 도로청소 특수차량 4대의 주문을 받았다. 이 차량은 주로 수작업을 통해 제작되며, 소요될 원가자료는 다음과 같다.

> (1) 1대당 직접재료원가: ₩85,000
> (2) 첫 번째 차량 생산 직접노무시간: 100시간
> (3) 직접노무원가: 직접노무시간당 ₩1,000
> (4) 제조간접원가: 직접노무시간당 ₩500

위의 자료를 바탕으로 계산된 특수차량 4대에 대한 총제조원가는? (단, 직접노무시간은 80% 누적평균시간학습모형을 고려하여 계산한다)          [세무사 21]

① ₩542,000      ② ₩624,000      ③ ₩682,000

④ ₩724,000      ⑤ ₩802,000

**13** (주)대한은 최근에 신제품 X의 개발을 완료하고 시험적으로 50단위를 생산하였다. 회사가 처음 50단위의 신제품 X를 생산하는 데 소요된 총직접노무시간은 500시간이고 직접노무시간당 임률은 ₩200이었다. 신제품 X의 생산에 소요되는 단위당 직접재료원가는 ₩900이고, 단위당 제조간접원가는 ₩800이다. 총생산량 200단위에 대한 신제품 X의 단위당 예상원가는 ₩3,320이다. 누적평균시간학습모형이 적용된다면, 학습률은 얼마인가?          [회계사 24]

① 70%      ② 75%      ③ 80%

④ 90%      ⑤ 95%

# 정답 및 해설

## 정답

**01** ① **02** ② **03** ⑤ **04** ⑤ **05** ② **06** ③ **07** ⑤ **08** ② **09** ② **10** ①
**11** ③ **12** ④ **13** ④

## 해설

**01** ① 산업공학적 방법은 과거의 원가자료를 이용할 수 없는 경우에 사용할 수 있는 원가추정방법이다.

> **point**
>
> 원가추정방법별 주요 특징은 다음과 같다.
>
> | 구분 | 필요 과거자료 | 특징 |
> |---|---|---|
> | 산업공학적 방법 | × | 직접원가(직접재료원가, 직접노무원가) 추정에 적합 |
> | 계정분석법 | 1개 | 전문가의 주관적 판단 |
> | 산포도법 | 다수 | 분석자의 주관적 판단 |
> | 고저점법 | 2개 | 최고조업도와 최저조업도의 원가를 이용 |
> | 회귀분석법 | 다수 | 통계적 방법을 이용 |

**02** ② 고저점법은 최고조업도의 원가자료와 최저조업도의 원가자료를 사용하여 원가함수를 추정하는 방법이다.

**03** ⑤ 고저점법을 적용하기 위해서 먼저 최고조업도와 최저조업도를 선택하여야 한다. 주어진 자료에서의 최고조업도는 6월의 150,000단위이고 최저조업도는 3월의 70,000단위로 나머지는 의미가 없는 자료이다.

(1) 원가함수 추정

| | | 총원가(Y) | = | 고정원가(a) | + | 변동원가(b × X) |
|---|---|---|---|---|---|---|
| 최고조업도(6월) | | ₩4,000,000 | = | a | + | b × 150,000단위 |
| 최저조업도(3월) | (-) | 2,800,000 | = | a | + | b × 70,000단위 |
| | | ₩1,200,000 | = | | | b × 80,000단위 |

$b = \dfrac{₩1,200,000}{80,000단위} = ₩15$이므로, 이를 6월 자료에 대입한 후 정리하면 다음과 같다.

₩4,000,000 = a + ₩15 × 150,000단위

⇒ a = ₩1,750,000

∴ 원가함수: Y = ₩1,750,000 + ₩15X

(2) 7월 제조간접원가(Y)

Y = ₩1,750,000 + ₩15 × 120,000단위

∴ Y = ₩3,550,000

> **point**
>
> 고저점법을 적용할 때의 주의사항은 다음과 같다.
>
> 1. 고점과 저점은 최고조업도와 최저조업도를 의미한다(최고원가와 최저원가가 아니다).
>
> 2. 일반적으로 두 개의 조업도에 대한 원가가 주어진 문제는 특별한 언급이 없어도 하나의 조업도를 고점으로 다른 하나를 저점으로 하여 고저점법으로 원가함수를 추정해야 한다.
>    **예** 1월과 2월, 20×1년과 20×2년, 100개와 200개 등⋯

**04** ⑤ (1) 총고정원가(a) 및 변동원가율(b)
- 최대조업도: ₩980,000 = a + b × ₩1,125,000
- 최저조업도: ₩791,000 = a + b × ₩855,000
⇒ b = 0.7(공헌이익률 = 0.3), a = ₩192,500

(2) 목표매출액(k)

0.3k - ₩192,500 = ₩167,500

∴ k = ₩1,200,000

> **point**
>
> 총원가를 추정하기 위한 조업도는 매출액이며 고점은 6월이고 저점은 4월이다. 고저점법을 이용하여 총고정원가와 매출액 대비 변동원가율을 계산할 수 있다.

**05** ② 특별주문에 대한 최소판매가격은 특별주문에 필요한 증분원가이다.

| | 10,000개 | 70,000개 |
|---|---|---|
| 직접재료원가 | ₩900,000 | ₩6,300,000(= ₩900,000/10,000개 × 70,000개) |
| 직접노무원가 | 400,000 | 1,238,400[*] |
| 변동제조간접원가 | 80,000 | 247,680(= ₩80,000/₩400,000 × ₩1,238,400) |
| 고정제조간접원가 | 150,000 | - |
| | ₩1,530,000 | ₩7,786,080 |

[*] 고저점법에 의한 특별주문에 대한 노무원가 추정

시간당 임률이 ₩10으로 일정하므로 평균시간과 평균노무원가 중 어떤 기준이든 결과는 동일하다. 평균노무원가를 기준으로 계산하면 다음과 같다.

| 누적생산량 | 단위당 누적평균노무원가 | 누적 총노무원가 |
|---|---|---|
| 10,000개 | ₩40 | ₩400,000 |
| 20,000 | ₩40 × 0.8 = 32 | |
| 40,000 | ₩32 × 0.8 = 25.6 | |
| 80,000 | ₩25.6 × 0.8 = 20.48 | 1,638,400 |

∴ 추가로 발생하는 노무원가: ₩1,638,400 - ₩400,000 = ₩1,238,400

학습곡선을 적용하는 데에 있어서 주의사항은 다음과 같다.

1. 평균시간모형과 증분시간모형이 있지만, 아무런 언급이 없을 경우 평균시간모형으로 해결하는 것이 일반적이다.

2. 학습곡선에 영향을 받는 제조원가는 노무시간과 관련 있는 원가에 한한다.
   예 노무원가, 노무시간에 따라 배부되는 제조간접원가 등

3. 다음의 형식을 통해서 오류를 검증한다.

누적생산량 × 누적평균시간(또는 노무원가) = 누적총시간(또는 노무원가)

---

**06** ③ (1) 학습률(R)

| 누적생산량 | × | 누적평균시간 | = | 누적 총노무시간 |
|---|---|---|---|---|
| 1 | | 10,000분 | | 10,000분 |
| 2 | | 9,000 | | 18,000 |

∴ R = 9,000분 ÷ 10,000분 = 90%

(2) 16단위 생산 시 총노무시간
16단위 × 10,000분 × $0.9^4$ = 104,976분

---

**07** ⑤ (1) 학습률(R)

무인잠수함의 직접노무시간은 요트 생산과 같이 로트당 학습률이 동일하다.
1,300시간 × R = 1,170시간
∴ R = 90%

(2) 35대에 소요되는 노무시간

| | 누적생산량 | 누적평균시간 | 총시간 |
|---|---|---|---|
| 1lot | 5대 | 1,000시간 | 1,000시간 |
| 2lot | 10 | 900* | 1,800 |
| 4lot | 20 | 810 | 3,240 |
| 8lot | 40 | 729 | 5,832 |

* 1,000시간 × 90% = 900시간

∴ 35대에 생산에 소요되는 시간: 5,832시간 - 1,000시간 = 4,832시간

(3) 1대당 평균 변동제조원가

| | | |
|---|---|---|
| 직접재료원가 | ₩2,000,000 × 35대 = | ₩70,000,000 |
| 직접노무원가 | ₩30,000 × 4,832시간 = | 144,960,000 |
| 변동제조간접원가 | ₩5,000 × 4,832시간 = | 24,160,000 |
| 소계 | | ₩239,120,000 |
| 생산량 | | ÷ 35대 |
| 단위당 원가 | | ₩6,832,000 |

**08** ② (1) 학습률

$$\frac{900시간}{1,000시간} = 90\%$$

(2) 4단위 생산에 필요한 노무시간

| 누적생산량 | 증분단위시간 | 총시간 |
|---|---|---|
| 1단위 | 1,000시간 | 1,000시간 |
| 2 | 900 | 1,900 |
| 3 | 850 | 2,750 |
| 4 | 810* | 3,560 |

* 900시간 × 90% = 810시간

(3) 4단위를 생산할 때 추정되는 평균노무시간

3,560시간 ÷ 4단위 = 890시간

**09** ② (1) 누적평균노무원가

| 누적매출액 | 누적평균노무원가 | 총노무원가 |
|---|---|---|
| ₩1,000,000 | ₩100,000 | ₩100,000 |
| 2,000,000 | 90,000 | 180,000 |
| 4,000,000 | 81,000 | 324,000 |
| 8,000,000 | 72,900 | 583,200 |

학습률 90%

₩259,200

(2) 고정제조간접원가(a), 매출액 ₩1당 변동원가율(b)
   - ₩500,000 = a + b × ₩3,000,000
   - ₩200,000 = a + b × ₩1,000,000
   - ∴ a = ₩50,000, b = 0.15/매출액 ₩1

(3) 예상영업이익

| | |
|---|---|
| 매출액 | ₩4,000,000 |
| 직접재료원가 | 1,600,000(= ₩400,000 × 4) |
| 직접노무원가 | 259,200 |
| 제조간접원가 | 650,000(= ₩50,000 + ₩4,000,000 × 0.15) |
| 판매관리비 | 150,000 |
| 영업이익 | ₩1,340,800 |

---

**point**

1. 단위당 판매가격과 시간당 임률이 일정하고 판매가격에 수량을 곱하면 매출액이므로 누적매출액을 기준으로 평균노무원가를 계산할 수 있다.

2. 단위당 변동제조간접원가와 고정원가가 일정하므로 고저점법으로 제조간접원가를 추정할 수 있다.

**10** ① (1) 누적평균시간

| 누적생산량$(x)$ | | 누적평균시간$(y)$ | 총누적시간$(x \times y)$ |
|---|---|---|---|
| 1 | (500단위) | 1,000시간 | 1,000시간 |
| 2 | (1,000단위) | 800*1 | 1,600 |
| 3 | (1,500단위) | ? | ? |
| 4 | (2,000단위) | 640*2 | 2,560*3 |
| ⋮ | | ⋮ | ⋮ |

*1 1,000시간 × 80% = 800시간

*2 800시간 × 80% = 640시간

*3 4 × 640시간 = 2,560시간

(2) 단위당 원가

| | |
|---|---|
| 직접재료원가 | ₩900,000(= ₩450 × 2,000단위) |
| 직접노무원가 | 768,000(= ₩300 × 2,560시간) |
| 제조간접원가 | 800,000(= ₩400 × 2,000단위) |
| 소계 | ₩2,468,000 |
| 생산량 | ÷ 2,000단위 |
| 단위당 원가 | @1,234 |

> **point**
>
> 첫 500단위 생산에 투입된 직접노무시간 1,000시간을 기준으로 학습률을 곱한 후 이배수법을 적용하여 누적평균시간을 계산할 수 있다. 제조간접원가는 학습효과의 영향을 받지 않는다.


**11** ③ (1) 누적평균시간모형을 계속 적용할 경우 추가 생산 시 총노무시간

73.69시간 × 8단위 - 86.7시간 × 4단위 = 242.72시간

(2) 증분단위시간모형을 처음부터 적용할 경우 제품 X-plus 4단위 생산 시 총노무시간

120.00 + 108.00 + 101.52 + 97.20 = 426.72

∴ 총노무시간은 184.00시간 증가한다.

> **point**
>
> 기존제품을 추가 생산하는 경우 기존 누적평균 노무시간을 계속 적용하지만 새로운 제품의 경우 증분단위시간모형을 처음부터 적용해야 한다.

**12** ④ (1) 총필요시간

| 누적생산량 | 평균시간 | 누적총시간 |
|---|---|---|
| 1 | 100 | 100 |
| 2 | 80 | 160 |
| 4 | 64 | 256 |

(2) 총제조원가

| | | |
|---|---|---|
| 직접재료원가 | ₩85,000 × 4대 = | ₩340,000 |
| 직접노무원가 | ₩1,000 × 256시간 = | 256,000 |
| 제조간접원가 | ₩500 × 256시간 = | 128,000 |
| | | ₩724,000 |

**point**

직접노무원가와 제조간접원가는 노무시간에 비례하여 발생하므로 첫 단위 생산에 소요된 100시간을 기준으로 누적평균시간모형을 이용하여 총 4단위 노무시간을 계산한다.

**13** ④ (1) 단위당 노무원가

단위당 예상원가 – 단위당 직접재료원가 – 단위당 제조간접원가
= ₩3,320 – ₩900 – ₩800 = ₩1,620

(2) 총노무원가

₩1,620 × 200단위 = ₩324,000

(3) 총노무시간

$$\frac{₩324,000}{₩200} = 1,620시간$$

(4) 누적평균노무시간

$$\frac{1,620시간}{4} = 405시간$$

(5) 학습률($x$)

500시간 $\times x^2$ = 405시간
∴ $x$ = 90%

**point**

1. 단위당 예상원가, 직접재료원가 및 제조간접원가를 이용하여 200단위에 대한 총노무원가를 추정한다.
2. 총노무원가를 임률로 나누어 총노무시간을 추정한다.

제8장 정답 및 해설 **301**

# 제9장

# CVP분석

핵심 이론 요약

객관식 연습문제

정답 및 해설

# 핵심 이론 요약

## 01 CVP분석의 기본가정

| 구분 | 가정의 완화 |
|---|---|
| 선형성 | 비선형함수 CVP분석 |
| 단일조업도 | 활동기준원가함수의 CVP분석 |
| 생산량 = 판매량 | 전부원가계산 CVP분석 |
| 회계적 이익 | 현금흐름분기점 |
| 단일제품 | 복수제품 CVP분석 |
| 확실성 | 불확실성하의 CVP분석 |

## 02 기본개념

### (1) 공헌이익

① 단위당 공헌이익

$$\text{단위당 공헌이익(cm)} = \text{단위당 판매가격(p)} - \text{단위당 변동원가(vc)}$$

② 총공헌이익

$$\text{총공헌이익(CM)} = \text{단위당 공헌이익(cm)} \cdot \text{판매량(Q)}$$

### (2) 공헌이익률과 변동비율

① 공헌이익률

$$\text{공헌이익률(cmr)} = \frac{\text{단위당 공헌이익(cm)}}{\text{단위당 판매가격(p)}}$$

② 변동비율

$$\text{변동비율(vcr)} = \frac{\text{단위당 변동원가(vc)}}{\text{단위당 판매가격(p)}}$$

③ 공헌이익률과 변동비율의 관계

$$\text{공헌이익률(cmr)} + \text{변동비율(vcr)} = 1$$

## 03 기본구조

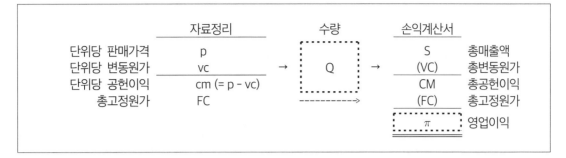

| | 자료정리 | 수량 | 손익계산서 | |
|---|---|---|---|---|
| 단위당 판매가격 | p | | S | 총매출액 |
| 단위당 변동원가 | vc | → Q → | (VC) | 총변동원가 |
| 단위당 공헌이익 | cm (= p − vc) | | CM | 총공헌이익 |
| 총고정원가 | FC | | (FC) | 총고정원가 |
| | | | π | 영업이익 |

## 04 CVP도표 및 PV도표

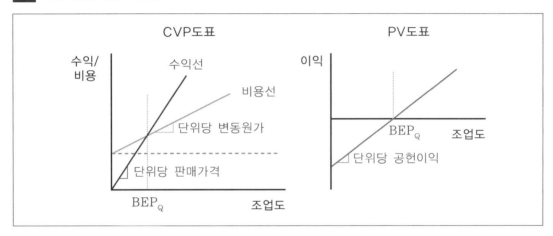

CVP도표 / PV도표

## 05 기본모형

(1) 손익분기점분석

- 손익분기점 판매량($Q_{BEP}$): $(p - vc) \cdot Q_{BEP} - FC = 0 \rightarrow Q_{BEP} = \dfrac{FC}{p - vc}$

- 손익분기점 매출액($S_{BEP}$) = $p \cdot Q_{BEP}$

(2) 목표이익분석

① 세금을 고려하지 않는 경우

- 목표이익 판매량($Q_{TI}$): $(p - vc) \cdot Q_{TI} - FC = TI$
- 목표이익 매출액($S_{TI}$) = $p \cdot Q_{TI}$

② 세금을 고려하는 경우

☑ t = 세율

- 목표이익 판매량($Q_{TI}$): $[(p - vc) \cdot Q_{TI} - FC] \times (1 - t) = 세후TI$
- 목표이익 매출액($S_{TI}$) = $p \cdot Q_{TI}$

③ 누진세율인 경우 세후목표이익분석

세후목표이익을 $(1 - t)$로 나누어 세전목표이익으로 전환한 후 목표이익분석으로 해결하면 됨

## 06 확장모형

### 1. 비선형(불연속선형)함수 CVP분석

| 1단계 | 선형이 유지되는 구간을 구분 |
|---|---|
| 2단계 | 구간별로 분석을 실시 |
| 3단계 | 결괏값이 해당 구간에 존재하는지 확인 |

### 2. 활동기준원가계산 CVP분석

조업도를 원가동인으로 하는 활동원가는 변동원가로 처리하고 그 이외의 다른 원가동인에 따라 발생하는 활동원가는 모두 고정원가로 처리한다.

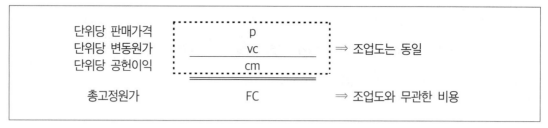

### 3. 전부원가계산 CVP분석

- $(p - vc - foh^*) \cdot Q - 고정판매관리비 = \pi$
- $Q_{BEP} = \dfrac{고정판매관리비}{p - vc - foh^*}$

\* 단위당 고정제조간접원가

## 4. 현금흐름분기점

☑ 회계적 이익과 현금의 유일한 차이를 감가상각비라 가정함

> (세후)회계적 이익 + 감가상각비 = (세후)현금
>
> ↓
>
> • 세금이 없는 경우: $(p - vc) \cdot Q - FC +$ 감가상각비 = 현금
> • 세금이 있는 경우: $[(p - vc) \cdot Q - FC] \times (1 - t) +$ 감가상각비 = 세후현금
>   또는 (현금영업수익 − 현금영업비용) $\times (1 - t) +$ 감가상각비 $\times t =$ 세후현금

## 5. 복수제품 CVP분석

### (1) 제품배합

① 판매량(수량)배합: 총판매량에서 각 제품의 판매량이 차지하는 상대적 비율
② 매출액(금액)배합: 총매출액에서 각 제품의 매출액이 차지하는 상대적 비율

### (2) 분석방법

① 묶음기준: 묶음법, 꾸러미법
② 개별단위기준: 가중평균공헌이익법, 가중평균공헌이익률법

> 단위당 공헌이익(cm) · 판매량(Q) = 공헌이익률(cmr) · 매출액(S)
>
> ↓                          ↓
>
> 단위당 가중평균공헌이익        가중평균공헌이익률
>
> (판매량배합비율)              (매출액배합비율)

## 6. 정상원가계산과 표준원가계산 CVP분석

☑ 배부(원가)차이를 모두 당기손익에 반영하는 경우 차이조정

### (1) 정상변동원가계산 CVP분석

> $(p - vc) \cdot Q - FC \pm$ 변동제조간접원가 배부차이 $= \pi$

### (2) 정상전부원가계산 CVP분석

> $(p - vc - foh) \cdot Q -$ 고정판매관리비 $\pm$ 제조간접원가 배부차이 $= \pi$

### (3) 표준변동원가계산 CVP분석

> $(p - vc) \cdot Q - FC \pm$ 변동제조원가 원가차이 $= \pi$

### (4) 표준전부원가계산 CVP분석

> $(p - vc - foh) \cdot Q -$ 고정판매관리비 $\pm$ 제조원가 원가차이 $= \pi$

## 07 기타

### (1) 안전한계와 안전한계율

① 안전한계

$$\text{안전한계 매출액(판매량)} = \text{현재 매출액(판매량)} - \text{손익분기점 매출액(판매량)}$$

② 안전한계율

$$\text{안전한계율} = \frac{\text{안전한계 매출액(판매량)}}{\text{현재 매출액(판매량)}} = \frac{\text{영업이익}}{\text{공헌이익}}$$

### (2) 영업레버리지도

$$\text{DOL} = \frac{\text{영업이익변화율}}{\text{매출액변화율}} = \frac{\text{공헌이익}}{\text{영업이익}^*}$$

$$\downarrow$$

$$\text{영업이익변화율} = \text{DOL} \times \text{매출액변화율}$$

* 공헌이익 - 고정원가

### (3) 안전한계율과 영업레버리지도의 관계: 역수관계

$$\text{DOL} = \frac{\text{공헌이익}}{\text{영업이익}} = \frac{1}{\text{안전한계율}}$$

# 객관식 연습문제

★ : 꼭 풀어봐야 할 필수문제

✎ : 심화된 내용을 학습할 수 있는 고급문제

**01** 일반적으로 손익분기점분석에서 기본가정 중 가장 적절하지 못한 것은? [세무사 00]

① 판매가격은 일정범위 내에서는 변동하지 않는다.

② 모든 원가는 고정원가와 변동원가로 나누어질 수 있다.

③ 수익과 원가형태는 관련범위 내에서 곡선이다.

④ 원가요소, 능률, 생산성은 일정범위 내에서 변동하지 않는다.

⑤ 단위당 판매가격은 판매량에 관계없이 일정하다.

**02** 손익분기점분석의 기본가정과 한계에 관한 설명으로 옳지 않은 것은? [세무사 09]

① 단위당 판매가격은 수요·공급의 원리에 따라 판매량을 증가시키기 위해서는 낮추어야 한다는 것을 가정한다.

② 모든 원가는 고정원가와 변동원가로 나누어질 수 있으며, 고정원가는 매출수량의 증가에 관계없이 관련범위 내에서 일정하고, 변동원가는 매출수량의 증가에 정비례하는 것을 가정한다.

③ 의사결정이 이루어지는 관련범위 내에서 조업도만이 원가에 영향을 미치는 유일한 요인이라고 가정한다.

④ 원가요소, 능률, 생산성은 일정범위 내에서 변동하지 않으며, 생산·관리·판매의 효율성에도 변동이 없다고 가정한다.

⑤ 대부분의 원가요소는 기간이 매우 길 경우에는 변동원가가 되며, 기간이 매우 짧은 경우에는 고정원가가 될 것이므로 원가와 원가동인의 관계가 지속적으로 성립될 것으로 기대되는 예측가능한 범위를 정하여야 한다.

★

**03** 원가·조업도·이익(CVP)분석에 대한 다음 설명 중에서 가장 타당하지 않은 것은? [회계사 02]

① 고정원가가 ₩300,000이고, 변동비율이 80%인 회사가 납세 후 순이익(법인세율 20%) ₩112,000을 벌었다면, 매출액은 ₩2,200,000이었을 것이다.

② 장기적인 관점에서 비선형 손익분기도표에는 조업도수준이 '0'인 점을 포함하여 손익분기 점이 3군데가 나타날 수 있다.

③ 원가함수를 조업도에 대한 1차함수로 추정하는 것은 관련범위 내에서 원가함수가 선형이라 는 가정에 따른 것이다.

④ 이익 규모가 비슷한 경우 고정원가의 비중이 상대적으로 큰 원가구조를 가지고 있는 기업일 수록 레버리지 효과가 커져서 불경기에도 큰 타격을 입지 않을 것이다.

⑤ 이익·조업도 도표(profit-volume chart)에서 조업도가 판매량일 경우 이익선의 기울기는 단위당 공헌이익에 의해서 결정된다.

★

**04** 다음 중 올바른 설명을 모두 고른 것은?

> ㄱ. CVP분석에서 원가와 수익에 영향을 주는 독립변수는 조업도뿐이고 복수제품인 경우 매출배 합은 일정하다고 가정한다.
> ㄴ. CVP분석에서 원가와 수익의 행태는 결정되어 있으며 관련범위 내에서 선형으로 가정한다.
> ㄷ. 원가구조에서 고정원가의 비중이 클수록 동일한 매출액 변화율에 대해 영업이익 변화율이 크게 나타난다.
> ㄹ. 고정원가가 존재하여 나타나는 영업레버리지 효과는 손익분기점 부근의 매출액에서 가장 크 게 나타나고 매출액이 증가할수록 감소한다.
> ㅁ. 영업레버리지도(DOL)는 공헌이익을 영업이익으로 나누어 측정할 수 있으며 고정원가가 없 는 기업의 영업레버리지도는 1로 측정된다.

① ㄱ, ㄴ
② ㄱ, ㄴ, ㄷ
③ ㄱ, ㄴ, ㄷ, ㄹ
④ ㄱ, ㄴ, ㄷ, ㅁ
⑤ ㄱ, ㄴ, ㄷ, ㄹ, ㅁ

★
**05** 다음은 원가·조업도·이익(CVP)분석에 관한 설명이다. 이 중 적합하지 않은 표현은 어느 것인가?

[회계사 04]

① 손익분기점에서는 순이익이 0이므로 법인세가 없다.
② 공헌이익이 총고정원가보다 클 경우에는 이익이 발생한다.
③ 생산량과 판매량이 다른 경우에도 변동원가계산의 손익분기점은 변화가 없다.
④ 총원가 중에서 고정원가의 비중이 클수록 영업레버리지도는 작아진다.
⑤ 안전한계율에 공헌이익률을 곱하면 매출액이익률이 계산된다.

**06** 레버리지분석에 관한 설명으로 옳지 않은 것은?

① 영업레버리지도가 높아지면 매출액의 변동에 따른 영업이익의 변동 폭이 커진다는 것을 의미하기 때문에 영업레버리지도는 매출액의 변동에 대한 영업이익의 불확실성을 나타낸다.
② 재무레버리지도가 높아지면 영업이익의 변동에 따른 당기순이익의 변동 폭이 커지므로 당기순이익의 불확실성 정도가 커진다.
③ 경기가 나빠질 것으로 예상됨에도 불구하고 자기자본의 조달 없이 차입금만으로 자금을 조달하면 재무레버리지도가 높아져 기업위험은 증가할 수 있다.
④ 기업의 부채비율이 높아진다고 하더라도 이자보상비율이 100% 이상이라면, 재무레버리지도에는 영향을 미치지 않는다.
⑤ 고정원가가 높고 단위당 변동원가가 낮은 구조를 갖는 기업은 영업레버리지도가 높게 나타나며, 단위당 판매가격이 일정할 때 영업레버리지도가 높은 기업은 공헌이익률도 높게 나타난다.

**07** CVP분석에 관한 설명 중 가장 옳지 않은 것은?

① 생산량과 판매량이 다른 경우 변동원가계산의 손익분기점은 달라진다.

② 손익분기점에서 총공헌이익과 고정원가는 같다.

③ 경기호황이 예상될 경우 설비투자를 계획하는 것은 바람직하다.

④ 생산량이 증가하였을 경우 변동원가계산의 손익분기점보다 전부원가계산의 손익분기점이 작다.

⑤ 원가함수가 비선형일 경우 손익분기점이 복수일 수 있다.

**08** 원가조업도이익(CVP)분석에 대한 다음 설명 중 옳지 않은 것은? (단, 아래의 보기에서 변동되는 조건 외의 다른 조건은 일정하다고 가정한다) [회계사 21]

① 생산량과 판매량이 다른 경우에도 변동원가계산의 손익분기점은 변화가 없다.

② 영업레버리지도가 3이라는 의미는 매출액이 1% 변화할 때 영업이익이 3% 변화한다는 것이다.

③ 법인세율이 인상되면 손익분기 매출액은 증가한다.

④ 안전한계는 매출액이 손익분기 매출액을 초과하는 금액이다.

⑤ 단위당 공헌이익이 커지면 손익분기점은 낮아진다.

★
**09** 명성기업의 20×1년도 예상 매출액과 예상 총고정원가는 각각 ₩5,000,000과 ₩1,600,000이다. 공헌이익률이 40%일 때 당해 연도의 안전한계율(margin of safety ratio)을 구하시오.

[회계사 83]

① 5%　　　　　　　② 10%　　　　　　　③ 15%

④ 20%　　　　　　　⑤ 25%

**10** (주)경진은 한 가지 제품만을 생산하며 매월 생산한 제품은 당해 월에 모두 판매한다. (주)경진의 법인세율은 40%의 단일세율이며, 20×1년도 1월과 2월의 원가자료는 다음과 같다.

| 구분 | 1월 | 2월 |
|---|---|---|
| 제품 단위당 판매가격 | ₩500 | ₩450 |
| 제품 단위당 변동원가 | 300 | 270 |
| 총고정원가 | 500,000 | 600,000 |

(주)경진의 20×1년 1월과 2월의 당기순이익이 각각 ₩60,000과 ₩72,000이라면, 1월과 2월의 제품 매출액은 각각 얼마인가?　　　　　　　　　　　　　　　　　　　　[회계사 09]

| | 1월 제품 매출액 | 2월 제품 매출액 |
|---|---|---|
| ① | ₩1,400,000 | ₩1,680,000 |
| ② | ₩1,400,000 | ₩1,800,000 |
| ③ | ₩1,500,000 | ₩1,680,000 |
| ④ | ₩1,500,000 | ₩1,800,000 |
| ⑤ | ₩1,500,000 | ₩2,000,000 |

★
**11** 미진회사의 20×1년 예상판매량은 20,000단위이다. 제품생산과 관련하여 다음과 같은 자료가 주어져 있다.

| 단위당 판매가격 | ₩100 |
|---|---|
| 단위당 변동제조원가 | ₩55 |
| 연간 고정제조간접원가 | ₩400,000(감가상각비 ₩140,000 포함) |
| 판매비와 관리비 | |
| 단위당 변동원가 | ₩20 |
| 연간 고정원가 | ₩200,000(감가상각비 ₩100,000 포함) |

회사의 법인세율은 40%이다. 다음 중 옳은 것은?　　　　　　　　　　　　　　　　[세무사 97]

| | 손익분기점 | 현금흐름분기점<br>(법인세 무시) | 현금흐름분기점<br>(법인세 고려) |
|---|---|---|---|
| ① | 24,000개 | 14,400개 | 8,000개 |
| ② | 20,000 | 18,000 | 16,000 |
| ③ | 16,000 | 14,000 | 12,000 |
| ④ | 18,000 | 16,000 | 14,000 |
| ⑤ | 12,000 | 10,000 | 8,000 |

> (주)경기는 제품 A와 제품 B를 생산·판매한다. (주)경기는 변동원가계산방법을 사용하며 당기 예상판매 및 예상원가 자료는 다음과 같다.

| 구분 | 제품 A | 제품 B | 합계 |
|---|---|---|---|
| 판매수량 | 300개 | 700개 | 1,000개 |
| 총매출액 | ₩30,000 | ₩42,000 | ₩72,000 |
| 총변동원가 | ₩15,000 | ₩21,000 | ₩36,000 |
| 총고정원가 | | | ₩21,600 |

**12**　법인세율이 40%일 경우 세후이익 ₩15,120을 달성하기 위한 판매수량은 얼마인가?

|  | 제품 A | 제품 B |
|---|---|---|
| ① | 360개 | 840개 |
| ② | 390개 | 910개 |
| ③ | 420개 | 980개 |
| ④ | 450개 | 1,050개 |
| ⑤ | 480개 | 1,120개 |

**13**　법인세율은 없으며 고정원가 ₩21,600에는 감가상각비 ₩3,600이 포함되어 있다면 현금흐름분기 수량은 얼마인가?

|  | 제품 A | 제품 B |
|---|---|---|
| ① | 150개 | 350개 |
| ② | 180개 | 420개 |
| ③ | 210개 | 490개 |
| ④ | 240개 | 560개 |
| ⑤ | 270개 | 630개 |

★

**14** 구례(주)는 20×1년에 목표이익을 매출액의 20%로 유지하는 정책을 쓰고 있었다. 회사의 20×1년의 변동원가는 제품판매가격의 60%이고 고정원가는 ₩1,000,000이었다. 20×2년에는 원가상승으로 고정원가가 ₩200,000 증가할 것으로 예상되며 변동원가도 제품 판매가격의 70%로 증가할 것으로 예상된다. 이 결과 20×2년의 목표이익도 매출액의 15%로 낮출 수밖에 없다. 이 회사가 목표이익을 달성하기 위해 20×2년 중에 증가시켜야 할 매출액을 구하시오.                [회계사 99]

① ₩8,000,000          ② ₩7,000,000          ③ ₩5,000,000
④ ₩3,333,000          ⑤ ₩3,000,000

**15** 매출액 ₩200,000, 변동비율 60%, 고정원가 ₩60,000, 법인세율이 20%일 때 다음 중 틀린 것은?

① 손익분기점 매출액은 ₩150,000이다.
② 안전한계율(M/S비율)은 25%이다.
③ 영업레버리지도(DOL)는 5이다.
④ 세후당기순이익은 ₩16,000이다.
⑤ 매출액을 10% 증가시키면 세후당기순이익은 ₩6,400만큼 증가한다.

**16** P공업사는 단일제품을 생산·판매하고 있다. 제품 단위당 판매가격은 ₩500이며, 20×8년 5월의 요약 공헌이익 손익계산서는 다음과 같다.

| 공헌이익 손익계산서 | |
| --- | --- |
| 매출액(1,000단위) | ₩500,000 |
| 변동원가 | (300,000) |
| 공헌이익 | ₩200,000 |
| 고정원가 | (150,000) |
| 순이익 | ₩50,000 |

상기 자료와 관련된 다음의 분석 중에서 옳지 않은 것은? [세무사 00]

① 손익분기점 판매량은 750단위이다.
② 매출액이 1/2로 감소하면 순손실 ₩50,000이 발생한다.
③ 목표이익 ₩80,000을 얻기 위한 판매량은 ₩1,150단위이다.
④ 20%의 목표이익률을 달성하기 위한 매출액은 ₩375,000이다.
⑤ 회사의 법인세율이 30%라고 가정하면, 세후목표이익 ₩70,000을 달성하기 위한 매출액은 ₩625,000이다.

★
**17** (주)창원은 냉장고를 구입하여 판매하는 회사이다. 20×1년 냉장고의 단위당 판매가격은 ₩10,000 이며, 변동비율은 80%이다. 판매량이 5,000대 이하인 경우 고정판매비는 ₩8,500,000이며, 판매량이 5,000대 초과한 경우 고정판매비는 ₩11,000,000이다. (주)창원이 세후순이익 ₩1,450,000을 달성하기 위해서는 몇 대의 냉장고를 판매해야 하는가? (단, (주)창원의 법인세율은 세전이익 ₩1,000,000 이하까지는 25%이며, ₩1,000,000 초과분에 대해서는 30%이다)

[세무사 10]

① 4,250대     ② 4,500대     ③ 4,750대
④ 5,250대     ⑤ 6,500대

★
**18** 다음은 (주)국세의 조업도 변화에 따른 총수익, 총변동원가 및 총고정원가를 그래프로 나타낸 것이다.

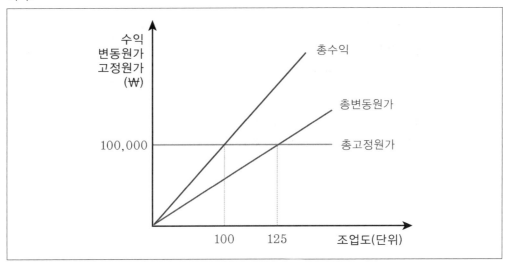

위 그래프를 이용할 경우, (주)국세가 안전한계율 37.5%를 달성하는 데 필요한 목표판매수량은 몇 단위인가?                                                                    [세무사 12]

① 600단위          ② 700단위          ③ 800단위
④ 900단위          ⑤ 1,000단위

★✎
**19** (주)세무항공은 항공기 1대를 이용하여 김포와 제주 간 노선을 주 5회 왕복운항하고 있으며, 이 항공기의 좌석수는 총 110석이다. 이 노선의 항공권은 1매당 편도요금은 ₩30,000이고, 항공권을 대행판매하는 여행사에 판매된 요금의 3%가 수수료로 지급되며, 항공권 1매당 예상되는 기내식사비용은 ₩1,100이다. 편도운항당 연료비는 ₩700,000이 소요되며, 비행설비 임차료와 공항사용료는 매주 ₩4,800,000이며 승무원 급여와 복리후생비는 매주 ₩7,800,000이 발생한다. (주)세무항공이 손익분기점에 도달하기 위해 매주 최소 판매해야 할 항공권 수량은? (단, 항공권은 편도기준으로 여행사를 통해서만 판매된다)                                                        [세무사 14]

① 475매          ② 575매          ③ 600매
④ 700매          ⑤ 775매

**20** (주)국세는 다음과 같이 3가지 제품을 생산·판매할 계획이다.

| 구분 | 제품 A | 제품 B | 제품 C |
|---|---|---|---|
| 단위당 판매가격 | ₩10 | ₩12 | ₩14 |
| 단위당 변동원가 | ₩6 | ₩4 | ₩8 |
| 예상판매량 | 100개 | 150개 | 250개 |

고정원가는 총 ₩2,480으로 전망된다. 예상판매량 배합비율이 유지된다면, 제품 C의 손익분기점 매출액은?　　　　　　　　　　　　　　　　　　　　　　　　　　　　　　　　　　[세무사 15]

① ₩800　　　　　　　② ₩1,200　　　　　　　③ ₩1,440
④ ₩2,000　　　　　　⑤ ₩2,800

**21** (주)세무는 제품 A(공헌이익률 50%)와 제품 B(공헌이익률 30%) 두 제품만을 생산·판매하는데, 두 제품 간 매출액의 상대적 비율은 일정하게 유지된다. (주)세무의 20×1년 매출액 총액은 ₩7,000,000, 총고정원가는 ₩1,750,000으로 예측하고 있으며, 예상 영업이익은 ₩700,000으로 설정하였다. (주)세무가 20×1년의 예상 영업이익을 달성하기 위한 제품 A와 제품 B의 매출액은?　　[세무사 16]

|  | 제품 A | 제품 B |
|---|---|---|
| ① | ₩700,000 | ₩6,300,000 |
| ② | ₩840,000 | ₩6,160,000 |
| ③ | ₩1,750,000 | ₩5,250,000 |
| ④ | ₩2,800,000 | ₩4,200,000 |
| ⑤ | ₩3,150,000 | ₩3,850,000 |

**22** (주)세무는 20×1년에 제품 A를 생산하기로 결정하였다. 제품 A의 20×1년 생산량과 판매량은 일치하며, 기초 및 기말재공품은 없었다. 제품 A는 노동집약적 방법 또는 자본집약적 방법으로 생산 가능하며, 생산방법에 따라 품질과 판매가격의 차이는 없다. 각 생산방법에 의한 예상제조원가는 다음과 같다.

| | 노동집약적 생산방법 | 자본집약적 생산방법 |
|---|---|---|
| 단위당 변동제조원가 | ₩300 | ₩250 |
| 연간 고정제조간접원가 | ₩2,100,000 | ₩3,100,000 |

(주)세무는 제품 A 판매가격을 단위당 ₩600으로 책정하고, 제조원가 외에 단위당 변동판매관리비 ₩50과 연간 고정판매관리비 ₩1,400,000이 발생될 것으로 예상하였다. (주)세무가 20×1년에 노동집약적 생산방법을 택할 경우 손익분기점 판매량(A)과 두 생산방법 간에 영업이익의 차이가 발생하지 않는 판매량(B)은 각각 얼마인가? [세무사 16]

| | (A) | (B) |
|---|---|---|
| ① | 8,400단위 | 20,000단위 |
| ② | 10,000단위 | 15,000단위 |
| ③ | 10,000단위 | 20,000단위 |
| ④ | 14,000단위 | 15,000단위 |
| ⑤ | 14,000단위 | 20,000단위 |

**23** (주)세무는 단일제품 C를 생산하며, 변동원가계산을 적용한다. 20×2년 제품 C의 생산량과 판매량은 1,000개로 동일하고, 기초 및 기말재공품은 없다. 20×2년 제품 C의 생산 및 판매와 관련된 자료는 다음과 같다. 감가상각비를 제외하고, 수익발생과 현금유입시점은 동일하며 원가(비용)발생과 현금유출시점도 동일하다.

| | |
|---|---|
| • 단위당 판매가격 | ₩6,000 |
| • 단위당 변동제조원가 | 3,200 |
| • 단위당 변동판매관리비 | 1,600 |
| • 연간 고정제조간접원가 | 242,000(기계 감가상각비 ₩72,000 포함) |
| • 연간 고정판매관리비 | 206,800(매장건물 감가상각비 ₩64,800 포함) |
| • 법인세율 | 25% |
| • 기계와 매장건물은 20×0년에 취득하였다. | |

(주)세무의 세후현금흐름분기점 판매량(A)과 판매량이 1,000개인 경우의 세후영업이익(B)은?

[세무사 16]

| | (A) | (B) |
|---|---|---|
| ① | 222단위 | ₩563,400 |
| ② | 444단위 | ₩563,400 |
| ③ | 222단위 | ₩666,000 |
| ④ | 444단위 | ₩666,000 |
| ⑤ | 666단위 | ₩666,000 |

★
**24** 3월에 (주)세무의 매출액은 ₩700,000이고 공헌이익률은 54%이며 영업레버리지도는 3이다. 4월에 고정원가인 광고비를 3월보다 ₩30,000 증가시키면 매출이 3월보다 10% 증가하며 공헌이익률의 변화는 없다. (주)세무가 광고비를 ₩30,000 증가시킬 때, 4월의 영업이익은?   [세무사 17]

① ₩98,000        ② ₩102,100        ③ ₩115,800
④ ₩128,500        ⑤ ₩133,800

손님들에게 식사를 제공하는 (주)한국의 당해 연도 요약 포괄손익계산서이다.

| | | |
|---|---|---|
| 매출액 | | ₩365,800,000 |
| 매출원가 | | 215,670,000 |
| 매출총이익 | | ₩150,130,000 |
| 영업비용 | | 91,630,000 |
| 　변동원가 | ₩40,390,000 | |
| 　고정원가 | 16,700,000 | |
| 　관리비(고정원가) | 34,540,000 | |
| 순이익 | | ₩58,500,000 |

(주)한국의 1인당 평균 저녁식사대금은 ₩4,000이고 점심식사대금은 ₩2,000이다. 저녁식사를 준비하여 제공하는 데 소요되는 변동원가는 점심식사의 두 배가 소요되며, 매출원가는 전액 변동원가이다. 또한, 점심식사 손님은 저녁에 비하여 두배나 더 많으며 일년에 305일을 영업한다.

**25** 일별 손익분기점에 도달하기 위해서는 점심식사에 몇 명이 식사를 해야 하는가?

① 130명 　　　　② 135명 　　　　③ 140명
④ 150명 　　　　⑤ 정답 없음

**26** 회사는 고급품질의 재료만 사용하고 있는데, 재료원가는 이 식당 총변동원가의 25%를 차지하고 있다. 고급품질 대신 보통품질의 원재료를 사용하면 재료원가의 30%를 절약할 수 있다고 한다. 보통품질의 원재료를 사용하면서 판매가격을 그대로 유지하고 매출배합도 그대로 유지된다면 ₩14,987,700의 순이익(법인세차감전)을 달성하기 위해서는 최소한 저녁식사에 매일 몇 명이 와야 하는가?

① 74명 　　　　② 77명 　　　　③ 80명
④ 85명 　　　　⑤ 정답 없음

**27** (주)한국은 두 종류의 제품 A, B를 생산·판매하고 있고 제품 A와 제품 B의 수량배합은 70%와 30%이다. 제품 A와 제품 B의 단위당 공헌이익은 각각 ₩20과 ₩40이며 제품 B의 손익분기점 판매량은 300개이다. 회사는 단위당 공헌이익이 ₩30인 제품 C를 추가할 것을 고려하고 있다. 제품 C를 추가하는 경우 제품 A, 제품 B 및 제품 C의 수량배합은 60%, 10%, 30%로 추정된다. 제품 C를 추가하는 경우 ₩4,000의 목표이익을 달성할 수 있는 제품 C의 판매수량은?

① 360개        ② 400개        ③ 420개
④ 480개        ⑤ 500개

**28** (주)세무는 직접재료를 투입하여 두 개의 공정을 거쳐 제품을 생산하고 있다. 제1공정에서는 직접재료 1톤을 투입하여 제품 A 400kg과 중간제품 M 600kg을 생산하며, 제2공정에서는 중간제품 M을 가공하여 제품 B 600kg을 생산한다. 직접재료는 제1공정 초기에 전량 투입되고, 전환원가는 공정 전반에 걸쳐 균등하게 발생하며, 모든 공정에서 공손 및 감손은 발생하지 않는다. 제1공정에서는 변동전환원가가 ₩200/톤, 고정원가는 ₩70,000이 발생하였으며, 제2공정에서는 변동전환원가가 ₩1,200/톤, 고정원가는 ₩58,000이 발생하였다. 직접재료구입원가는 ₩2,000/톤이며, 제품 A와 B의 판매가격은 각각 ₩3,000/톤, ₩5,000/톤이다. 생산된 모든 제품이 전량 판매된다고 가정할 경우, 각 제품의 손익분기점 판매량은? [세무사 18]

| | 제품 A | 제품 B |
|---|---|---|
| ① | 40톤 | 60톤 |
| ② | 48톤 | 72톤 |
| ③ | 50톤 | 75톤 |
| ④ | 60톤 | 90톤 |
| ⑤ | 80톤 | 120톤 |

★✍

**29** (주)세무는 단일제품을 생산하여 단위당 ₩150에 판매한다. 연간 생산 가능 수량 2,000단위에 근거한 제품 단위당 원가는 다음과 같다.

| | |
|---|---|
| 직접재료원가 | ₩10 |
| 직접노무원가 | 15 |
| 단위수준 활동원가 | 25 |
| 제품수준 활동원가 | 14 |
| 설비수준 활동원가 | 6 |
| | ₩70 |

위 원가 항목 중 제품수준 활동원가와 설비수준 활동원가는 고정원가로, 나머지는 변동원가로 가정한다. 총고정원가 중 ₩10,000은 세법상 손금(비용)으로 인정되지 않으며, 이 회사에 적용되는 세율은 20%이다. 세후순이익 ₩16,000을 얻기 위한 제품 판매수량은? [세무사 19]

① 460단위        ② 520단위        ③ 550단위
④ 600단위        ⑤ 625단위

**30** 단일제품을 판매하는 (주)한국은 3월 총매출액(다른 수익은 없음) ₩70,000이 총비용 ₩91,000보다 작아 결과적으로 ₩21,000의 손실을 기록했다. (주)한국 제품의 현재 판매단가는 단위당 ₩100, 공헌이익률은 20%이다. (주)한국은 상황을 극복하기 위해 대대적인 판촉활동과 가격인상을 병행하기로 했다. 이로 인해 고정판매원가는 ₩15,000만큼 늘어나게 되지만 단위당 변동원가는 변하지 않는다. (주)한국이 세후 ₩28,000의 이익을 실현하려면 예상판매량이 1,000개일 경우 판매가격은 얼마로 책정되어야 하는가? (단, 세율은 30%로 가정한다) [회계사 03]

① ₩170        ② ₩155        ③ ₩158
④ ₩131        ⑤ ₩144

해커스 객관식 允원가관리회계

제9장

CVP분석

**31** 다음은 단일제품을 생산·판매하는 A기업과 B기업의 관련범위 내에서 작성된 손익분기도표(CVP 도표, cost-volume-profit graph)이다. 두 기업의 판매단가와 고정원가는 동일하나, 단위당 변동원 가는 서로 다르다.

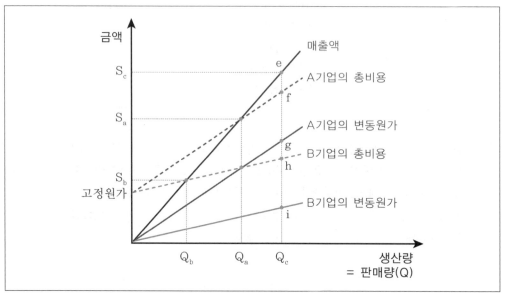

상기 CVP도표와 관련된 설명으로 타당하지 않은 것은?  [회계사 10]

① $Q_c$에서 A기업의 이익은 $\overline{ef}$로 표시되며 $(Q_c - Q_a)$에 A기업의 단위당 공헌이익을 곱하여 계산할 수 있다.

② $S_c$에서 B기업의 영업레버리지도(degree of operating leverage)는 $(\dfrac{S_b}{S_c - S_b})$로 계산할 수 있다.

③ $S_c$에서 A기업과 B기업의 안전한계율(margin of safety ratio)의 차이는 $(\dfrac{S_a - S_b}{S_c})$이다.

④ $Q_c$에서 A기업과 B기업의 공헌이익 차이는 두 기업의 단위당 변동원가 차이에 $Q_c$를 곱하여 계산할 수 있다.

⑤ 관련범위 내의 어떤 매출액($S$)에서도 B기업의 공헌이익률이 A기업의 공헌이익률보다 크다.

**32** (주)세무는 단일제품을 생산·판매하고 있다. 제품 단위당 판매가격은 ₩7,500으로 매년 일정하게 유지되고, 모든 제품은 생산된 연도에 전량 판매된다. 최근 2년간 생산량과 총제조원가에 관한 자료는 다음과 같다. 20×2년 1월 1일에 인력조정 및 설비투자가 있었고, 이로 인해 원가구조가 달라진 것으로 조사되었다.

| 기간 | | 생산량 | 총제조원가 |
|---|---|---|---|
| 20×1년 | 상반기 | 200 단위 | ₩1,200,000 |
| | 하반기 | 300 | 1,650,000 |
| 20×2년 | 상반기 | 350 | 1,725,000 |
| | 하반기 | 400 | 1,900,000 |

다음 중 옳은 것은? (단, 20×2년 초의 인력조정 및 설비투자 이외에 원가행태를 변화시키는 요인은 없으며, 고저점법으로 원가함수를 추정한다) [세무사 22]

① 20×2년의 영업레버리지도는 2.5이다.
② 20×2년의 안전한계율은 약 33%이다.
③ 20×1년에 비해 20×2년의 영업레버리지도는 증가하였다.
④ 20×1년에 비해 20×2년에 연간 총고정제조원가는 ₩200,000 증가하였다.
⑤ 20×1년에 비해 20×2년의 연간 손익분기점 판매량은 50단위 증가하였다.

**33** (주)대한은 제품 A, 제품 B, 제품 C를 생산 및 판매한다. (주)대한은 변동원가계산제도를 채택하고 있으며, 20×1년도 예산을 다음과 같이 편성하였다.

| 구분 | 제품 A | 제품 B | 제품 C |
|---|---|---|---|
| 판매수량 | 2,500 단위 | 5,000 단위 | 2,500 단위 |
| 단위당 판매가격 | ₩100 | ₩150 | ₩100 |
| 단위당 변동원가 | 60 | 75 | 30 |

(주)대한은 20×1년도 영업레버리지도(degree of operating leverage)를 5로 예상하고 있다. 세 가지 제품의 매출액기준 매출구성비율이 일정하다고 가정할 때, (주)대한의 20×1년 예상 손익분기점을 달성하기 위한 제품 C의 매출액은 얼마인가? [회계사 22]

① ₩160,000    ② ₩180,000    ③ ₩200,000
④ ₩220,000    ⑤ ₩250,000

**34** (주)스키리조트는 매년 11월 중순부터 다음 해 3월 말까지 총 20주 동안만 객실을 임대하고, 나머지 기간 중에는 임대를 하지 않고 있다. (주)스키리조트는 각 객실의 하루 임대료가 ₩400인 100개의 객실을 구비하고 있다. 이 회사는 회계연도가 매년 4월 1일에 시작하여 다음 해 3월 31일에 종료되며, 회계기간 동안 연간 관리자급여와 감가상각비는 ₩1,370,000이다. 임대가능기간인 총 20주 동안만 채용되는 관리보조원 1명의 주당 급여는 ₩2,500이다. 임대가능기간 중 100개의 객실 각각에 대한 보수유지 및 관리비는 하루에 ₩125씩 발생한다. 총 객실 중 고객에게 임대한 객실은 청소 및 소모품비로 객실당 하루에 ₩30이 추가로 발생한다. (주)스키리조트가 동 회계연도 동안 손익분기점에 도달하기 위해 임대가능기간인 총 20주 동안의 객실임대율은 얼마인가? (단, 임대율(%)은 가장 근사치를 선택한다)                                                                  [회계사 16]

① 59.8%              ② 60.5%              ③ 61.2%
④ 63.4%              ⑤ 65.3%

★
**35** (주)세무는 20×1년 초에 설립되어 인공지능을 이용한 스피커를 생산하고 있다. 스피커의 단위당 변동원가는 ₩6,000이며 연간 고정원가 총액은 ₩1,500,000이다. (주)세무는 당기에 국내시장에서 스피커 300단위를 판매하고, 국내시장에서 판매하고 남는 스피커는 해외시장에 판매할 계획이다. 스피커의 국내 판매가격은 단위당 ₩10,000이며, 해외 판매가격은 단위당 ₩9,000이다. 해외 시장에 판매하더라도 원가구조에는 변함이 없으며, 국내시장에 미치는 영향은 없다. 법인세율이 20%일 경우 손익분기점 판매량은?                                                                                  [세무사 18]

① 350단위            ② 375단위            ③ 400단위
④ 450단위            ⑤ 500단위

**★**

**36** (주)세무는 외부 판매대리점을 통해 건강보조식품을 판매하고 있는데, 20×1년도 손익계산서 자료는 다음과 같다.

| 매출액 | ₩100,000 |
|---|---|
| 변동매출원가 | 45,000 |
| 고정매출원가 | 15,000 |
| 변동판매비와 관리비(판매대리점 수수료) | 18,000 |
| 고정판매비와 관리비 | 4,000 |
| 영업이익 | 18,000 |

(주)세무는 20×1년에 판매대리점에게 매출액의 18%를 판매대리점 수수료로 지급하였는데, 20×2년에는 판매대리점 대신 회사 내부판매원을 통해 판매하려고 한다. 이 경우, 내부판매원에게 매출액의 15%에 해당하는 수수료와 고정급여 ₩8,000이 지출될 것으로 예상된다. (주)세무가 20×2년에 내부판매원을 통해 20×1년과 동일한 영업이익을 얻기 위해 달성해야 할 매출액은? [세무사 20]

① ₩75,000       ② ₩81,818       ③ ₩90,000

④ ₩100,000       ⑤ ₩112,500

**37** (주)세무의 20×1년 매출액은 ₩3,000,000이고 세후이익은 ₩360,000이며, 연간 고정원가의 30%는 감가상각비이다. 20×1년 (주)세무의 안전한계율은 40%이고 법인세율이 25%일 경우, 법인세를 고려한 현금흐름분기점 매출액은? (단, 감가상각비를 제외한 수익발생과 현금유입시점은 동일하고, 원가(비용)발생과 현금유출시점도 동일하며, 법인세 환수가 가능하다) [세무사 21]

① ₩1,080,000       ② ₩1,200,000       ③ ₩1,260,000

④ ₩1,800,000       ⑤ ₩2,100,000

★

**38** (주)세무는 제품 X와 Y를 생산 및 판매하고 있으며, 제품에 관한 자료는 다음과 같다.

| 구분 | 제품 X | 제품 Y |
|---|---|---|
| 판매량 배합비율 | 20% | 80% |
| 단위당 공헌이익 | ₩300 | ₩200 |
| 손익분기점 판매량 | 600단위 | 2,400단위 |

(주)세무는 신제품 Z를 개발하여 생산 및 판매할 계획을 수립하고 있다. 제품 Z의 단위당 공헌이익은 ₩220이며 제품 X, Y, Z의 판매량 배합비율은 각각 30%, 20%, 50%일 것으로 예상된다. 제품 Z를 추가 생산할 경우 제품 Y의 손익분기점 판매량은? (단, 제품 Z를 생산하더라도 제품 X와 제품 Y의 단위당 공헌이익, 고정원가 총액은 변하지 않는다) [세무사 24]

① 550단위  ② 825단위  ③ 1,375단위
④ 2,400단위  ⑤ 2,750단위

# 정답 및 해설

## 정답

| 01 | ③ | 02 | ① | 03 | ④ | 04 | ⑤ | 05 | ④ | 06 | ④ | 07 | ① | 08 | ③ | 09 | ④ | 10 | ④ |
|---|---|---|---|---|---|---|---|---|---|---|---|---|---|---|---|---|---|---|---|
| 11 | ① | 12 | ② | 13 | ① | 14 | ⑤ | 15 | ③ | 16 | ④ | 17 | ⑤ | 18 | ③ | 19 | ④ | 20 | ⑤ |
| 21 | ③ | 22 | ⑤ | 23 | ① | 24 | ⑤ | 25 | ③ | 26 | ② | 27 | ① | 28 | ① | 29 | ⑤ | 30 | ① |
| 31 | ② | 32 | ⑤ | 33 | ③ | 34 | ③ | 35 | ③ | 36 | ⑤ | 37 | ① | 38 | ① | | | | |

## 해설

**01** ③ 수익 및 원가는 관련범위 내에서 선형이다.

> **point** 손익분기점분석의 기본가정
>
> 주요 가정은 다음과 같다.
> 1. **원가행태**: 모든 원가는 변동원가와 고정원가로 구분
> 2. **선형성**: 수익과 비용은 관련범위 내 선형(수익과 변동원가는 우상향, 고정원가는 일정)
> 3. **단일의 조업도**: 수익과 원가는 오로지 조업도에 의해서만 변동
> 4. **생산과 판매의 동시성**: 당기 생산과 판매는 일치
> 5. **매출배합의 일정**: 복수제품일 경우 매출배합은 일정

**02** ① CVP분석은 단위당 판매가격과 원가의 행태가 관련범위 내에서 선형이라 가정한다.

**03** ④ ① 매출액을 S라 한 후 정리하면 다음과 같다.

$$[(1 - 0.8)S - ₩300,000] \times (1 - 0.2) = ₩112,000$$

$$\therefore S = ₩2,200,000$$

② 경제학적 관점(한계개념)에서 장기 손익분기도표에는 모든 비용이 원점에서 출발하므로 조업도수준이 '0'인 점을 포함하여 손익분기점이 3군데가 나타날 수 있다.

④ 레버리지도가 크다면 매출액의 변화에 대한 영업이익의 변화가 확대되는 효과가 있으므로 호경기일 때 이익 상승폭은 크지만 불경기일 때 이익 하락폭도 커지므로 타격은 더 커진다.

⑤ 이익·조업도 도표(profit-volume chart)에서 조업도가 판매량일 경우 이익선의 기울기는 단기적으로 고정원가가 일정하므로 판매량에 대한 이익의 변화는 단위당 공헌이익(= 단위당 판매가격 - 단위당 변동원가)에 의해서 결정된다.

> **point 공헌이익 vs 영업이익**
>
> 문제에서 요구하는 이익에 따라 정답이 달라질 수 있으므로 공헌이익과 영업이익을 혼동해서는 안 된다. 손익분기점분석은 단기의사결정이기 때문에 고정원가는 일정 기간 동안 변하지 않는다. 따라서 판매량에 대한 증감이익을 파악하고자 할 때는 매출액에 대한 변동원가는 필연적으로 수반되기 때문에 공헌이익(= 매출액 − 변동원가)으로 측정한다. 그러나 간혹 특정 판매량에 대한 영업이익을 묻는 문제에서는 주어진 고정원가를 차감하여야 영업이익을 구할 수 있다.

**04** ⑤  ㄱ, ㄴ, ㄷ, ㄹ, ㅁ 모두 옳은 설명이다.

> **point 영업레버리지도(DOL)**
>
> 영업레버리지는 고정원가로 인하여 매출액의 변화율에 대한 영업이익의 변화율이 확대되는 효과를 말하며 이를 측정하는 지표를 영업레버리지도(DOL)라 한다.
>
> $$\frac{\text{영업이익변화율}}{\text{매출액변화율}} = \frac{\text{공헌이익}}{\text{영업이익}} = \frac{\text{공헌이익}}{\text{공헌이익 − 고정원가}}$$
>
> 위 식의 제일 마지막 식을 보면 영업레버리지도의 범위는 다음과 같다.
>
> $$1 \leq DOL \leq \infty$$
>
> 즉, 고정원가가 없을 경우 1이 되고, 영업이익이 "0"인 손익분기점 부근에서 무한대가 된다. 또한 매출액이 증가할수록 고정원가가 미치는 영향이 작아지므로 DOL은 감소한다.

> **참고 안전한계 vs 안전한계율**
>
> 안전한계는 기업의 안전성을 측정하는 지표이며 안전한계를 비율로 환산한 것이 안전한계율이다.
>
> 1. 안전한계
>
> > • 안전한계 판매량 = 현재(예상) 판매량 − 손익분기점 판매량
> > • 안전한계 매출액 = 현재(예상) 매출액 − 손익분기점 매출액
>
> 2. 안전한계율
>
> $$\frac{\text{안전한계 판매량}}{\text{현재(예상) 판매량}} = \frac{\text{안전한계 매출액}}{\text{현재(예상) 매출액}} = \frac{\text{영업이익}}{\text{공헌이익}} = \frac{1}{\text{영업레버리지도}}$$
>
> 즉, 안전한계율과 영업레버리지도는 서로 역수의 관계에 있다.

**05** ④  총원가 중에서 고정원가의 비중이 클수록 영업레버리지도는 커진다.

**06** ④ (1) 재무레버리지도란 이자비용으로 인하여 영업이익변화율보다 당기순이익변화율이 확대되는 효과이다.

$$DFL = \frac{EBIT변화율}{영업이익변화율} = \frac{영업이익}{영업이익 - 이자비용}$$

(2) 이자보상비율은 EBIT에 의해 이자가 얼마나 보상되고 있는지를 평가하는 지표이며, "EBIT ÷ 이자비용"으로 표시된다. 위 DFL의 식에서 분자와 분모에 각각 이자비용을 나누어 주면, 다음과 같다.

$$DFL = \frac{영업이익/이자비용}{(영업이익 - 이자비용)/이자비용} = \frac{이자보상비율}{이자보상비율 - 1}$$

(3) 이자보상비율이 100% 이상일지라도 기업의 부채비율이 상승하면 이자보상비율이 달라지게 되며, 궁극적으로 DFL이 변화하게 된다.

**07** ① 변동원가계산하에서의 고정원가는 기간비용처리되므로 생산량과 판매량이 달라도 손익분기점은 동일하다.

> **point** 생산량과 판매량이 다른 경우 손익분기점(전부원가계산 손익분기점)
>
> 1. 생산량과 판매량이 동일한 경우에는 전부원가계산과 변동원가계산에서 고정원가는 모두 당기 비용처리되므로 손익분기점은 동일하다. 하지만, 생산량과 판매량이 다른 경우 변동원가계산에서는 여전히 당기발생 고정제조간접원가가 모두 당기비용처리되므로 손익분기점은 동일하지만 전부원가계산에서의 고정제조간접원가는 당기 판매량분만 비용처리된다. 따라서 손익분기점이 달라질 수 있다.
>
> 2. 생산량과 판매량이 동일한 경우 손익분기점 판매량
>
> > (p − vc) × 손익분기점 판매량 − FC = 0
>
> 3. 생산량과 판매량이 다른 경우 손익분기점 판매량
>    고정제조간접원가 중 당기 판매량분만 비용처리되므로 등식은 다음과 같다.
>
> > (@p − @vc − @foh) × 손익분기점 판매량 − 고정판매관리비 = 0
>
> 따라서 생산량과 판매량이 다른 경우 생산량의 변화에 따라 전부원가계산 손익분기점은 달라진다.

**08** ③ 손익분기 매출액은 이익이 0이므로 법인세의 영향을 받지 않는다.

> **point**
>
> 생산량과 판매량이 다른 경우 변동원가계산 손익분기점은 변화가 없지만 전부원가계산은 생산량이 증가함에 따라 단위당 고정제조간접원가가 작아지므로 손익분기점이 낮아진다.

**09** ④ (1) 손익분기점 매출액

$$\frac{\text{고정원가}}{\text{공헌이익률}} = \frac{\text{₩}1,600,000}{40\%} = \text{₩}4,000,000$$

(2) 안전한계율

$$\frac{\text{매출액} - \text{손익분기점 매출액}}{\text{매출액}} = \frac{\text{₩}5,000,000 - \text{₩}4,000,000}{\text{₩}5,000,000}$$

$$= \frac{\text{영업이익}}{\text{공헌이익}} = \frac{\text{₩}5,000,000 \times 40\% - \text{₩}1,600,000}{\text{₩}5,000,000 \times 40\%} = 20\%$$

---

**point** 안전한계율

안전한계율은 다음의 두 가지 방법으로 모두 계산가능하며, 영업레버리지도의 역수이다.

$$\frac{\text{매출액} - \text{손익분기점 매출액}}{\text{매출액}} = \frac{\text{영업이익}}{\text{공헌이익}} = \frac{1}{\text{영업레버리지도}}$$

---

**10** ④ (1) 손익구조

|     | 1월 | 2월 |
| --- | --- | --- |
| p | ₩500(100%) | ₩450(100%) |
| vc | 300(60%) | 270(60%) |
| cm | ₩200(40%) | ₩180(40%) |
| FC | ₩500,000 | ₩600,000 |
| 당기순이익 | ₩60,000 | ₩72,000 |

(2) 문제에서 당기순이익은 세후당기순이익을 의미하므로 기본등식에 자료를 대입하면 매출액을 구할 수 있다.

① 1월 제품 매출액(S)

$(0.4S - ₩500,000) \times (1 - 0.4) = ₩60,000$

∴ S = ₩1,500,000

② 2월 제품 매출액(S)

$(0.4S - ₩600,000) \times (1 - 0.4) = ₩72,000$

∴ S = ₩1,800,000

**11** ① (1) 손익구조

| | |
|---|---|
| p | ₩100 |
| vc | 75$^{*1}$ |
| cm | ₩25 |
| FC | ₩600,000$^{*2}$ |

$^{*1}$ ₩55 + ₩20 = ₩75
$^{*2}$ 총고정원가(감가상각비 ₩240,000 포함)
    ₩400,000 + ₩200,000 = ₩600,000

(2) 손익분기점 판매량

$$\frac{총고정원가}{단위당\ 공헌이익} = \frac{₩600,000}{₩25} = 24,000개$$

(3) 현금흐름분기점 판매량(법인세 무시)

₩25Q - (₩600,000 - ₩240,000) = 0

∴ Q = 14,400개

(4) 현금흐름분기점 판매량(법인세 고려)

(₩25Q - ₩600,000) × (1 - 0.4) + ₩240,000 = 0

∴ Q = 8,000개

---

**point** 손익분기점 vs 현금흐름분기점

1. 손익분기점분석에서 손익분기점(발생주의)과 현금흐름분기점(현금주의)의 차이는 감가상각비만이 비현금유출비용이라고 가정하므로 다음의 관계가 성립한다.

| 발생주의: | 수익 | – | 비용 | = | 이익 |
|---|---|---|---|---|---|
| | ‖ | ‖ | ← 감가상각비 → | | ‖ |
| 현금주의: | 현금유입 | – | 현금유출 | = | 순현금흐름 |

∴ (세후)회계적 이익 + 감가상각비 = (세후)순현금흐름

2. (세후)순현금흐름을 다음과 같이 구할 수도 있다(제12장 자본예산 참고).

(세후)현금영업이익 + 감가상각비 × 법인세율 = (세후)순현금흐름

---

**12** ② (1) 복수제품에 대한 자료정리

|  | 제품 A | 제품 B |
|---|---|---|
| p | ₩100[*1] | ₩60 |
| vc | 50[*2] | 30 |
| cm | ₩50 | ₩30 |
| FC | ₩21,600 | ⟸ 고정원가가 제품별로 구분되지 않으므로 복수제품 CVP분석 |
| 판매수량 | 300개 | 700개 |

[*1] 단위당 판매가격

$$\frac{총매출액}{판매수량} = \frac{₩30,000}{300개} = ₩100$$

[*2] 단위당 변동원가

$$\frac{총변동원가}{판매수량} = \frac{₩15,000}{300개} = ₩50$$

(2) 꾸러미당 공헌이익

제품 A와 제품 B의 매출배합이 3 : 7이므로 꾸러미당 공헌이익은 다음과 같다.

₩50 × 3 + ₩30 × 7 = ₩360

(3) 목표이익꾸러미수(Q)

꾸러미수를 기준으로 기본등식에 대입하면 목표꾸러미수를 구할 수 있다.

(₩360 × Q - ₩21,600) × 0.6 = ₩15,120

∴ Q = 130개

(4) 제품별 판매수량

꾸러미당 제품 A와 제품 B가 각각 3 : 7의 비율로 구성되어 있으므로, 제품별 판매수량을 구하면 다음과 같다.

① 제품 A: 130개 × 3 = 390개
② 제품 B: 130개 × 7 = 910개

**13** ① "회계적 이익 + 감가상각비 = 순현금흐름"의 관계를 이용하여 다음을 구할 수 있다.

(1) 현금흐름분기꾸러미수(Q)

$$\underbrace{\text{₩}360 \times Q - \text{₩}21,600}_{\text{회계적 이익}} + \underbrace{\text{₩}3,600}_{\text{감가상각비}} = \underbrace{\text{₩}0}_{\text{순현금흐름}}$$

∴ Q = 50개

(2) 제품별 판매수량

꾸러미당 제품 A와 제품 B가 각각 3 : 7의 비율로 구성되어 있으므로, 제품별 판매수량을 구하면 다음과 같다.

① 제품 A: 50개 × 3 = 150개
② 제품 B: 50개 × 7 = 350개

---

**point 복수제품 CVP분석**

1. 복수제품 CVP분석의 해결방안은 다음과 같다.
   ① 등식법
   ② 꾸러미(묶음)법
   ③ 가중평균공헌이익법
   ④ 가중평균공헌이익률법

2. 이 중 가장 일반적인 방법이 꾸러미(묶음)법이지만 매출배합의 성격에 따라 접근방법을 달리하는 것이 바람직하다.
   ① **수량배합**: 등식법, 꾸러미(묶음)법, 가중평균공헌이익법
   ② **금액배합**: 가중평균공헌이익률법
   즉, 배합비율이 금액배합(매출액구성비)으로 주어질 경우 가중평균공헌이익률은 금액배합비율로 계산하여야 하므로 주의를 요한다.

---

**14** ⑤ (1) 손익구조

매출액을 S라 하면, 다음과 같이 정리할 수 있다.

| | 20×1년 | | 20×2년 |
|---|---|---|---|
| p | S | 변경 | S |
| vc | 0.6S | ⇒ | 0.7S |
| cm | 0.4S | | 0.3S |
| FC | ₩1,000,000 | | ₩1,200,000 |
| 목표이익률 | 0.2S | | 0.15S |

(2) 20×1년 목표매출액(S)

$0.4S - ₩1,000,000 = 0.2S$

∴ $S = ₩5,000,000$

(3) 20×2년 목표매출액(S)

$0.3S - ₩1,200,000 = 0.15S$

∴ $S = ₩8,000,000$

(4) 매출액 증가분

$₩8,000,000 - ₩5,000,000 = ₩3,000,000$


**15** ③ (1) 손익구조

| | |
|---|---|
| 매출액 | ₩200,000(100%) |
| 변동원가 | 120,000(60%) |
| 공헌이익 | ₩80,000(40%) |
| 고정원가 | 60,000 |
| 세전이익 | ₩20,000 |
| 법인세(20%) | 4,000 |
| 세후이익 | ₩16,000 |

(2) 지문 해설

① 손익분기점 매출액: $₩60,000 ÷ 0.4 = ₩150,000$

② 안전한계율(M/S비율): 영업이익(₩20,000) ÷ 공헌이익(₩80,000) = 25%

③ 영업레버리지도(DOL): 공헌이익(₩80,000) ÷ 영업이익(₩20,000) = 4

④ $(₩200,000 × 0.4 - ₩60,000) × (1 - 0.2) = ₩16,000$

⑤ 다음 두 가지 방법으로 구할 수 있다.

    a. DOL 이용: $₩16,000 × (1 + 0.1 × 4) = ₩22,400$

    b. 등식 이용: $\{₩200,000 × (1 + 0.1) × (1 - 0.6) - ₩60,000\} × (1 - 0.2) = ₩22,400$

    ∴ $₩22,400 - ₩16,000 = ₩6,400$ 증가

**16** ④ (1) 손익구조

| | |
|---|---|
| p | ₩500 |
| vc | 300 |
| cm | ₩200(cmr: 0.4) |
| FC | ₩150,000 |

(2) 지문 해설
① 손익분기점 판매량: ₩150,000 ÷ ₩200 = 750단위
② 영업레버리지도(DOL): ₩200,000 ÷ ₩50,000 = 4
∴ 매출액이 1/2로 감소하면, ₩50,000 × (1 - 0.5 × 4) = ₩(50,000) 순손실이 발생한다.
③ 목표판매량(Q): ₩200Q - ₩150,000 = ₩80,000
∴ Q = 1,150단위
④ 목표이익률 달성을 위한 매출액(S): 0.4S - ₩150,000 = 0.2S
∴ S = ₩750,000
⑤ 세후목표이익을 달성하기 위한 매출액(S): (0.4S - ₩150,000) × (1 - 0.3) = ₩70,000
∴ S = ₩625,000

**17** ⑤ (1) 손익구조

| | 5,000대 이하 | 5,000대 초과 |
|---|---|---|
| 단위당 판매가격 | ₩10,000 | ₩10,000 |
| 단위당 변동원가 | 8,000 | 8,000 |
| 단위당 공헌이익 | ₩2,000 | ₩2,000 |
| 고정원가 | ₩8,500,000 | ₩11,000,000 |

(2) 세전목표이익
세후순이익 ₩1,450,000은 세율 25% 적용 부분(₩750,000)과 세율 30% 적용 부분(₩700,000)으로 구분할 수 있으므로 세전목표이익은 다음과 같이 산출할 수 있다.
₩750,000 ÷ (1 - 0.25) + ₩700,000 ÷ (1 - 0.3) = ₩2,000,000

(3) 세전목표이익분석
① 5,000대 이하 구간: ₩2,000 × Q - ₩8,500,000 = ₩2,000,000, Q = 5,250(✕)
② 5,000대 초과 구간: ₩2,000 × Q - ₩11,000,000 = ₩2,000,000, Q = 6,500(○)
∴ 목표판매량: 6,500대

**18** ③ (1) 손익구조

| | | |
|---|---|---|
| 단위당 판매가격 | ₩100,000 ÷ 100단위 = | ₩1,000 |
| 단위당 변동원가 | ₩100,000 ÷ 125단위 = | 800 |
| 단위당 공헌이익 | | ₩200 |

(2) 목표판매수량(Q)

$$안전한계율(37.5\%) = \frac{영업이익}{공헌이익} = \frac{₩200 × Q - ₩100,000}{₩200 × Q}$$

∴ Q = 800단위

**19** ④ (1) 손익구조

| | |
|---|---|
| 1매당 판매가격 | ₩30,000 |
| 1매당 변동원가 | 2,000(= ₩30,000 × 3% + ₩1,100) |
| 단위당 공헌이익 | ₩28,000 |

(2) 주당 고정원가

| | |
|---|---|
| 연료비 | ₩7,000,000(= ₩700,000/편도 × 2회 × 5회/주) |
| 임차료 및 공항사용료 | 4,800,000 |
| 급여 등 | 7,800,000 |
| 여유조업도 | ₩19,600,000 |

(3) 손익분기점 항공권 수량

$$\frac{₩19,600,000}{₩28,000} = 700매$$

**20** ⑤ (1) 손익구조

| | 제품 A | 제품 B | 제품 C |
|---|---|---|---|
| 수량배합 | 2 | 3 | 5 |
| 단위당 판매가격 | ₩10 | ₩12 | ₩14 |
| 단위당 변동원가 | 6 | 4 | 8 |
| 단위당 공헌이익 | ₩4 | ₩8 | ₩6 |
| 고정원가 | ₩2,480 | | |

(2) 꾸러미당 공헌이익(꾸러미법 적용)

₩4 × 2 + ₩8 × 3 + ₩6 × 5 = ₩62

(3) 손익분기점 꾸러미수(Q)

₩62 × Q - ₩2,480 = 0

∴ Q = 40꾸러미

(4) 제품 C의 손익분기점 매출액

40꾸러미 × 5 × ₩14 = ₩2,800

**21** ③ (1) 가중평균공헌이익률(k)

₩7,000,000 × k - ₩1,750,000 = ₩700,000

∴ k = 0.35

(2) 제품 A의 매출액 배합비율(a)

0.35 = 0.5a + 0.3 × (1 - a)

∴ a = 0.25

(3) 제품별 매출액

① 제품 A: ₩7,000,000 × 0.25 = ₩1,750,000

② 제품 B: ₩7,000,000 - ₩1,750,000 = ₩5,250,000

**22** ⑤ (1) 손익구조

|  | 노동집약적 | 자본집약적 |
|---|---|---|
| 단위당 판매가격 | ₩600 | ₩600 |
| 단위당 변동원가 | ₩300 + ₩50 | ₩250 + ₩50 |
| 단위당 공헌이익 | ₩250 | ₩300 |
| 고정원가 | ₩2,100,000 + ₩1,400,000 | ₩3,100,000 + ₩1,400,000 |

(2) 노동집약적 생산방법하에서의 손익분기점 판매량(A)

₩250A - ₩3,500,000 = ₩0

∴ A = 14,000단위

(3) 두 생산방법 간에 영업이익의 차이가 발생하지 않는 판매량(B)

₩250B - ₩3,500,000 = ₩300B - ₩4,500,000

∴ B = 20,000단위

**23** ① (1) 손익구조

| 단위당 판매가격 | ₩6,000 |
|---|---|
| 단위당 변동원가 | 4,800(= ₩3,200 + ₩1,600) |
| 단위당 공헌이익 | ₩1,200 |
| 고정원가 | ₩448,800(= ₩242,000 + ₩206,800)* |

* 감가상각비 ₩136,800 포함

(2) 세후현금흐름분기점 판매량(A)

(₩1,200A - ₩448,800) × (1 - 0.25) + ₩136,800 = ₩0

∴ A = 222단위

(3) 판매량이 1,000개인 경우의 세후영업이익(B)

(1,000개 × ₩1,200 - ₩448,800) × (1 - 0.25) = ₩563,400

**24** ⑤ (1) 고정원가

$$영업레버리지도(3) = \frac{공헌이익}{영업이익} = \frac{₩700,000 × 54\%}{₩700,000 × 54\% - 고정원가}$$

∴ 고정원가 = ₩252,000

(2) 손익구조

| 매출액 | ₩700,000 |
|---|---|
| 변동원가 | 322,000(= ₩700,000 × 0.46) |
| 공헌이익 | ₩378,000(= ₩700,000 × 0.54) |
| 고정원가 | 252,000(= ₩378,000 - ₩126,000) |
| 영업이익 | ₩126,000(= ₩378,000 ÷ DOL) |

(3) 광고비 증가 후 영업이익

₩700,000 × 1.1 × 0.54 - (₩252,000 + ₩30,000) = ₩133,800

**25** ③    (1) 변동비율

(₩215,670,000 + ₩40,390,000) ÷ ₩365,800,000 = 70%

(2) 손익구조

|  | 저녁식사 | 점심식사 |
|---|---|---|
| 단위당 가격 | ₩4,000 | ₩2,000 |
| 단위당 변동원가 | 2,800 | 1,400 |
| 단위당 공헌이익 | ₩1,200 | ₩600 |
| 고정원가 | ₩51,240,000 | |

(3) 묶음당 공헌이익

저녁식사와 점심식사의 배합비율은 1 : 2이므로, 묶음당 공헌이익은 다음과 같다.

₩1,200 × 1 + ₩600 × 2 = ₩2,400

(4) 손익분기점 묶음수

① 연간 손익분기점 묶음수(Q): ₩2,400 × Q - ₩51,240,000 = 0

∴ Q = 21,350묶음

② 일별 손익분기점 묶음수: 21,350묶음 ÷ 305일 = 70명

∴ 일별 손익분기점에 도달하기 위한 점심식사 인원: 140명


**26** ②    (1) 재료원가 절감액

① 저녁식사: ₩2,800 × 25% × 30% = ₩210

② 점심식사: ₩1,400 × 25% × 30% = ₩105

(2) 손익구조

|  | 저녁식사 | 점심식사 |
|---|---|---|
| 단위당 판매가격 | ₩4,000 | ₩2,000 |
| 단위당 변동원가 | 2,590 | 1,295 |
| 단위당 공헌이익 | ₩1,410 | ₩705 |
| 고정원가 | ₩51,240,000 | |

(3) 묶음당 공헌이익

₩1,410 × 1 + ₩705 × 2 = ₩2,820

(4) 목표이익 묶음수

① 연간 목표이익 묶음수(Q): ₩2,820 × Q - ₩51,240,000 = ₩14,987,700

∴ Q = 23,485묶음

② 일별 목표이익 묶음수: 23,485묶음 ÷ 305일 = 77명

∴ 일별 손익분기점에 도달하기 위한 저녁식사 인원: 77명

**27** ① (1) 고정원가

손익분기점에서의 제품 B 판매량이 300개이므로 제품 A 판매량은 700개이다. 따라서, 손익분기점
에서의 공헌이익은 다음과 같다.
700개 × ₩20 + 300개 × ₩40 = ₩26,000
손익분기점에서 공헌이익과 고정원가는 일치하므로 고정원가는 ₩26,000이다.

(2) 제품 C 추가 후 목표이익분석
① 단위당 평균공헌이익: ₩20 × 0.6 + ₩40 × 0.1 + ₩30 × 0.3 = ₩25
② 목표이익 판매량(Q): ₩25 × Q - ₩26,000 = ₩4,000
∴ Q = 1,200개

(3) 제품 C의 판매수량
1,200개 × 0.3 = 360개


**28** ① (1) 톤당 공헌이익

| | | |
|---|---|---|
| 매출 | ₩3,000 × 0.4 + ₩5,000 × 0.6 = | ₩4,200 |
| 변동원가 | ₩2,000 + ₩200 + ₩1,200 × 0.6 = | (2,920) |
| 공헌이익 | | ₩1,280 |

(2) 손익분기 총톤수
$$\frac{₩70,000 + ₩58,000}{₩1,280} = 100톤$$

(3) 제품별 손익분기점 판매량

① 제품 A: $100톤 × \dfrac{400kg}{400kg + 600kg} = 40톤$

② 제품 B: $100톤 × \dfrac{600kg}{400kg + 600kg} = 60톤$


**29** ⑤ (1) 손익구조

| | |
|---|---|
| 단위당 판매가격 | ₩150 |
| 단위당 변동원가 | 50(= ₩10 + ₩15 + ₩25) |
| 단위당 공헌이익 | ₩100 |
| 총고정원가 | ₩40,000(= ₩20[*1] × 2,000단위) |

[*1] ₩14 + ₩6 = ₩20

(2) 세후목표이익분석
(₩100 × Q - ₩30,000[*2]) × (1 - 0.2) - ₩10,000[*2] = ₩16,000

[*2] 고정원가 중 ₩10,000은 손금불산입한다.

∴ 제품 판매수량(Q): 625단위

해커스 객관식 세무회계관리회계

제9장

CVP분석

제9장 정답 및 해설 **341**

**30** ① (1) 고정원가($x$)

    ₩70,000 × 0.2 - $x$ = ₩(21,000)

    ∴ $x$ = ₩35,000

(2) 가격과 원가구조

| | 변경 전 | 변경 후 |
|---|---|---|
| 단위당 판매가격 | ₩100 | P |
| 단위당 변동원가 | 80 | ₩80 |
| 단위당 공헌이익 | ₩20 | P - ₩80 |
| 고정원가 | ₩35,000 | ₩50,000 |

    [(P - ₩80) × 1,000개 - ₩50,000] × (1 - 30%) = ₩28,000

    ∴ P = ₩170

**31** ② ① 이익 = 총공헌이익 - 고정원가

    = 판매량 × 단위당 공헌이익 - 손익분기판매량 × 단위당 공헌이익

    = $Q_c$ × 단위당 공헌이익 - $Q_a$ × 단위당 공헌이익

    = ($Q_c$ - $Q_a$) × 단위당 공헌이익

② 영업레버리지도 = $\dfrac{1}{\text{안전한계율}}$

    $S_c$에서의 안전한계율 = $\dfrac{\text{안전한계}}{\text{매출액}}$ = $\dfrac{\text{매출액 - 손익분기매출액}}{\text{매출액}}$

    = $\dfrac{S_c - S_b}{S_c}$

    따라서, 영업레버리지도는 $\dfrac{S_c}{S_c - S_b}$이다. (틀림)

③ A기업과 B기업의 안전한계율(margin of safety ratio)의 차이

    • A기업의 안전한계율 = $\dfrac{S_c - S_a}{S_c}$

    • B기업의 안전한계율 = $\dfrac{S_c - S_b}{S_c}$

    따라서, 안전한계율(margin of safety ratio)의 차이는 $\dfrac{S_a - S_b}{S_c}$이다.

④ 두 기업의 판매가격이 동일하므로 두 기업의 공헌이익 차이는 단위당 변동원가 차이에 $Q_c$를 곱하여 계산할 수 있다.

⑤ 두 기업의 판매가격이 동일하고 A기업의 변동원가가 B기업의 변동원가보다 크므로 B기업의 공헌이익률이 A기업의 공헌이익률보다 크다.

---

**point**

1. 판매단가와 고정원가가 동일하므로 수익선과 고정원가선은 동일하며 단위당 변동원가가 다르므로 변동원가선의 기울기가 다르다.

2. 영업레버리지도는 안전한계율의 역수이다.

---

**32** ⑤ (1) 원가함수추정

① 20×1년

| | 총원가(Y) | = | 고정원가(a) | + | 변동원가(b × X) |
|---|---|---|---|---|---|
| 하반기 | ₩1,650,000 | = | a | + | b × 300단위 |
| 상반기 (-) | 1,200,000 | = | a | + | b × 200단위 |
| | ₩450,000 | = | | | b × 100단위 |

$b = \dfrac{₩450,000}{100단위} = ₩4,500$이므로, 이를 하반기 자료에 대입하면 다음과 같다.

$₩1,650,000 = a + ₩4,500 × 300단위$

$\therefore a = ₩300,000$

② 20×2년

| | 총원가(Y) | = | 고정원가(a) | + | 변동원가(b × X) |
|---|---|---|---|---|---|
| 하반기 | ₩1,900,000 | = | a | + | b × 400단위 |
| 상반기 (-) | 1,725,000 | = | a | + | b × 350단위 |
| | ₩175,000 | = | | | b × 50단위 |

$b = \dfrac{₩175,000}{50단위} = ₩3,500$이므로, 이를 하반기 자료에 대입하면 다음과 같다.

$₩1,900,000 = a + ₩3,500 × 400단위$

$\therefore a = ₩500,000$

(2) 가격과 원가구조(연기준)

| | 20×1년 | 20×2년 |
|---|---|---|
| p | ₩7,500 | ₩7,500 |
| vc | 4,500 | 3,500 |
| cm | ₩3,000 | ₩4,000 |
| FC | ₩600,000(= ₩300,000 × 2) | ₩1,000,000(= ₩500,000 × 2) |

(3) 영업레버리지도

$$영업레버리지도 = \frac{공헌이익}{공헌이익 - 고정원가}$$

① 20×1년: $\dfrac{500단위 × ₩3,000}{500단위 × ₩3,000 - ₩600,000} = 1.67$

② 20×2년: $\dfrac{750단위 × ₩4,000}{750단위 × ₩4,000 - ₩1,000,000} = 1.5$

(4) 안전한계율

$$안전한계율 = \frac{공헌이익 - 고정원가}{공헌이익}$$

① 20×1년: $\dfrac{500단위 \times ₩3,000 - ₩600,000}{500단위 \times ₩3,000} = 0.6$

② 20×2년: $\dfrac{750단위 \times ₩4,000 - ₩1,000,000}{750단위 \times ₩4,000} = 0.67$

(5) 손익분기점 판매량

$$손익분기점\ 판매량 = \frac{고정원가}{공헌이익}$$

① 20×1년: $\dfrac{₩600,000}{₩3,000} = 200단위$

② 20×2년: $\dfrac{₩1,000,000}{₩4,000} = 250단위$

∴ 손익분기점 판매량은 50단위 증가하였다.

**33** ③ (1) 손익구조

|  | 제품 A | 제품 B | 제품 C |
|---|---|---|---|
| 단위당 판매가격 | ₩100 | ₩150 | ₩100 |
| 단위당 변동원가 | 60 | 75 | 30 |
| 단위당 공헌이익 | ₩40 | ₩75 | ₩70 |
| 고정원가 | | ₩520,000 | |

(2) 고정제조간접원가($x$)

$$영업레버리지도(5) = \frac{공헌이익}{영업이익} = \frac{₩40 \times 2,500단위 + ₩75 \times 5,000단위 + ₩70 \times 2,500단위}{(₩40 \times 2,500단위 + ₩75 \times 5,000단위 + ₩70 \times 2,500단위) - x}$$

∴ $x$ = ₩520,000

(3) 꾸러미당 공헌이익(꾸러미법 적용)

₩40 × 1 + ₩75 × 2 + ₩70 × 1 = ₩260

(4) 손익분기점 꾸러미수(Q)

₩260 × Q - ₩520,000 = 0

∴ Q = 2,000

(5) 제품 C의 손익분기점 매출액

2,000 × 1 × ₩100 = ₩200,000

**34** ③ (1) 객실당 하루 임대 공헌이익

$\qquad$ ₩400 - ₩30 = ₩370

(2) 기타원가

- 보수유지 및 관리비: 객실당 하루 ₩125
- 관리보조원 급여: 주당 ₩2,500
- 관리자급여와 감가상각비: 연간 ₩1,370,000

(3) 연간 손익분기 임대객실(Q)

$\qquad$ ₩370Q - ₩125 × 100개 × 7일 × 20주 - ₩2,500 × 20주 - ₩1,370,000 = ₩0

$\qquad$ ⇒ Q = 8,567.567개

(4) 일 손익분기 임대객실

$$\frac{8,567.567개}{20주 × 7일} ≒ 61.2개$$

$\qquad$ ∴ 객실임대율: 61.2%

---

**별해**

[1] 주당 수익과 비용

주당 임대객실을 Q라 한 후 정리하면 다음과 같다.

- 주당 공헌이익: (₩400 - ₩30) × Q × 7일 = ₩2,590Q
- 주당 비용: ₩125 × 100개 × 7일 + ₩2,500 = ₩90,000

[2] 손익분기 임대객실(Q)

(2,590Q - ₩90,000) × 20주 - ₩1,370,000 = ₩0

$\qquad$ ∴ Q = 61.2개

---

**point**

조업도는 각 객실의 하루 임대이므로 하루 임대에 대한 공헌이익을 먼저 계산하고 해당 기간의 나머지 원가는 고정원가로 처리한다.

---

**35** ③ 손익분기점 판매량을 Q라 한 후 정리하면 다음과 같다.

(₩10,000 - ₩6,000) × 300단위 + (₩9,000 - ₩6,000) × (Q - 300단위) - ₩1,500,000 = 0

∴ 손익분기점 판매량(Q): 400단위

---

**point**

300단위를 기준으로 한 판매가격이 비선형인 CVP분석이다. 손익분기점분석으로 법인세율은 고려할 필요가 없다.

---

**36** ⑤ (1) 손익구조

|  | 변경 전 | 변경 후 |
|---|---|---|
| 매출액 | ₩100,000 | S |
| 변동매출원가 | 45,000(0.45) | 0.45S |
| 변동판매관리비 | 18,000(0.18) | 0.15S |
| 공헌이익 | ₩37,000(0.37) | 0.4S |
| 고정원가 | 19,000 | ₩27,000 |
| 영업이익 | ₩18,000 | ₩18,000 |

(2) 목표이익분석

$0.4 \times S - ₩27,000 = ₩18,000$

∴ 매출액(S): ₩112,500

> **point**
>
> 판매대리점과 내부판매원의 손익구조를 계산한 후, 내부판매원을 선택한 경우의 목표이익분석을 진행한다.

**37** ① (1) 공헌이익률(A)과 고정원가(B)

$(₩3,000,000 \times A - B) \times (1 - 0.25) = ₩360,000$

$\rightarrow ₩3,000,000 \times A - B = ₩480,000$

$40\% = \dfrac{₩3,000,000 \times A - B}{₩3,000,000 \times A}$

$\rightarrow ₩1,800,000 \times A = B$

$\Rightarrow A = 0.4, \ B = ₩720,000$

(2) 현금흐름분기점 매출액(S)

$(0.4 \times S - ₩720,000) \times (1 - 0.25) + ₩216,000^* = 0$

$^*$ ₩720,000 × 30% = ₩216,000

∴ S: ₩1,080,000

> **point**
>
> 매출액이 제시된 상태에서 세후이익과 안전한계율을 이용하여 공헌이익률과 고정원가를 추정할 수 있다.

**38** ① (1) 고정원가

① 현재 상태 가중평균공헌이익: ₩300 × 20% + ₩200 × 80% = ₩220

② 고정원가: ₩220 × (600단위 + 2,400단위) = ₩660,000

(2) 제품 Z 추가 시 가중평균공헌이익

₩300 × 30% + ₩200 × 20% + ₩220 × 50% = ₩240

(3) 제품 Y 손익분기점 판매량

① 손익분기점 총판매량: $\dfrac{₩660,000}{₩240}$ = 2,750단위

② 제품 Y 손익분기점 판매량: 2,750단위 × 20% = 550단위

---

**point**

제시된 자료를 이용하여 고정원가를 계산한 후 제품 Z를 추가할 경우 새로운 배합비율을 이용하여 손익분기점을 계산한다.

**회계사·세무사·경영지도사 단번에 합격!**
해커스 경영아카데미 cpa.Hackers.com

# 제10장

# 관련원가분석

핵심 이론 요약

객관식 연습문제

정답 및 해설

# 핵심 이론 요약

## 01 의사결정유형

| | | |
|---|---|---|
| **특별주문수락** | 유리한 면 | 매출 증가: 주문수량 × 가격 |
| | 불리한 면 | ① 비용 증가: 주문수량 × 변동원가<br>☑ 단, 추가적으로 변동원가 및 고정원가에 대한 특별한 언급이 있는지 확인해야 함<br>② 설비필요: 설비를 확보(구입 또는 임차)하거나 기존판매 일부를 포기<br>☑ 단, 여유설비가 있었다면 여유설비로 인한 기회비용을 고려해야 함 |
| **부품의 자가제조**<br>(외부구입<br>⇒ 자가제조) | 유리한 면 | 구입비용 감소: 기존구입수량 × 단가 |
| | 불리한 면 | ① 비용 증가: 생산수량 × 변동원가<br>☑ 단, 추가적으로 변동원가 및 고정원가에 대한 특별한 언급이 있는지 확인해야 함<br>② 설비필요: 설비를 확보(구입 또는 임차)하거나 기존판매 일부를 포기<br>☑ 단, 여유설비가 있었다면 여유설비로 인한 기회비용을 고려해야 함 |
| **부품의 외부구입**<br>(자가제조<br>⇒ 외부구입) | 유리한 면 | ① 비용 감소: 기존생산수량 × 변동원가<br>☑ 단, 추가적으로 변동원가 및 고정원가에 대한 특별한 언급이 있는지 확인해야 함<br>② 설비활용: 임대수익 또는 타제품 생산에 활용하여 수익 창출 가능 |
| | 불리한 면 | 구입비용 증가: 구입수량 × 단가 |
| **보조부문용역**<br>**외부구입** | 유리한 면 | ① 비용 감소: 기존용역생산수량 × 변동원가<br>☑ 단, 존속하는 보조부문의 일부 변동원가가 절감될 수 있으며, 고정원가에 대한 특별한 언급이 있는지 확인해야 함<br>② 설비활용: 임대수익 또는 타제품 생산에 활용하여 수익 창출 가능 |
| | 불리한 면 | 구입비용 증가: 용역구입수량 × 단가<br>☑ 단, 상호용역수수관계에 따라 필요한 용역 일부가 감소할 수 있음 |
| **제품라인폐지** | 유리한 면 | ① 비용 감소: 기존생산수량 × 변동원가<br>☑ 단, 추가적으로 변동원가 및 고정원가에 대한 특별한 언급이 있는지 확인해야 함<br>② 설비활용: 임대수익 또는 타제품 생산에 활용하여 수익 창출 가능 |
| | 불리한 면 | 매출 감소: 기존판매수량 × 가격<br>☑ 단, 제품믹스효과로 인하여 타제품의 매출액이 감소할 수 있음 |

## 02 단기의사결정에서의 자료정리

```
단위당 판매가격          ×××
단위당 변동원가     (-)   ×××      별도 언급이 없는 한 관련원가
단위당 공헌이익          ×××

총고정원가              ×××      별도 언급이 없는 한 비관련원가
최대조업도              ×××      여유조업도 여부 확인
```

## 03 증분접근법 기본모형

```
증분수익              ×××      수익 +, 수익 -
증분비용        (-)   ×××      비용 +, 비용 -
증분손익              ×××
```

## 04 제한된 상황에서의 의사결정

### (1) 자원에 제약이 있는 상황

① 단일 제약자원: 자원당 공헌이익을 기준으로 우선순위를 결정함

$$\text{제한된 자원당 공헌이익} = \frac{\text{단위당 공헌이익}}{\text{단위당 소비되는 자원}}$$

② 복수 제약자원: 제약요인이 복수인 경우 도해법을 이용하여 최적 해를 도출함
- 최대화 문제(이익극대화): 최대 사용가능한 자원하에서 최대 제품생산배합 결정
- 최대화 문제(비용극소화): 최소 충족해야 할 조건하에서 최소 재료투입배합 결정

### (2) 생산능력에 제약이 있는 상황(제약이론)

① 스루풋공헌이익: 생산으로 인한 이익증가분

$$\text{스루풋공헌이익} = \text{매출액} - \text{직접재료원가}$$

☑ 최종이익에 미치는 영향을 분석하는 경우 문제에 따라 추가적으로 발생하는 변동원가(예 변동판매관리비)가 제시되어 있다면 반영해야 함

② 제약이론의 도입목적: 병목이 발생하는 공정을 파악한 후 병목현상을 완화·개선하여 산출량 극대화하기 위함 → 효과성 강조

# 객관식 연습문제

★ : 꼭 풀어봐야 할 필수문제
📝 : 심화된 내용을 학습할 수 있는 고급문제

**01** 한국 복사집의 복사능력은 시간당 1,800부이다. 준비시간 및 용지 재공급시간으로 인해 하루 실가 동시간은 7시간이다. 대학주변에는 난립되어 있는 복사집들 간의 경쟁이 극심한 편이다. 따라서 고객이 원하는 시간 준수는 필수사항이다. 이 복사집의 1일 복사수요량은 10,000부이다. 가격은 1부당 ₩40이고, 총변동원가는 ₩16이다. 그런데 한 고객이 하루의 업무시작시점에 찾아와서 5,000부의 복사물을 업무마감시간까지 1부당 ₩32에 복사해 달라고 요구하였다. 이 특별주문의 수락 또는 기각 여부와 관련하여 예상되는 순이익의 효과는?   [세무사 이]

① 기각하는 경우와 수락하는 경우에 순이익의 차이는 없다.
② 기각하는 경우가 ₩62,400의 순이익이 작다.
③ 기각하는 경우가 ₩62,400의 순이익이 크다.
④ 기각하는 경우가 ₩22,400의 순이익이 작다.
⑤ 기각하는 경우가 ₩22,400의 순이익이 크다.

**02** (주)경기는 갑제품을 단위당 ₩15에 판매하고 있는데, 갑제품의 단위당 제조원가는 직접재료원가 ₩3, 직접노무원가 ₩2, 변동제조간접원가 ₩2, 고정제조간접원가 ₩1이다. 변동판매관리비는 매출액의 20%이고 연간 고정판매관리비는 ₩5,000이다. 회사는 연초에 외부로부터 갑제품 1,000단위를 단위당 ₩10에 구입하겠다는 특별주문을 접수하였다. 동 특별주문의 수락이 회사의 이익에 미치는 영향은 얼마인가? (단, 회사는 충분한 잉여생산능력을 보유하고 있다)

① ₩1,000 증가    ② ₩1,000 감소    ③ ₩1,250 증가
④ ₩1,250 감소    ⑤ ₩1,350 증가

**03** 북한강전자(주)는 계산기를 제조하여 개당 ₩2,000에 판매하고 있다. 북한강전자(주)의 생산능력은 매기 12,000개이며, 이때 개당 생산원가는 직접재료원가 ₩750, 직접노무원가 ₩550, 제조간접원가 ₩480(변동원가 75%, 회피불능고정원가 25%)이다. 해외바이어가 방문하여 2,500개의 계산기를 특별주문하였다. 이 특별주문에 따른 유일한 판매비용은 운송료로 개당 ₩100이 소요된다. 현재 북한강전자(주)는 7,200개를 생산·판매하여 정상적인 판매경로를 통하여 판매하고 있다. 북한강전자(주)가 이 특별주문과 관련하여 받아야 하는 최소금액은 얼마인가?                [세무사 00]

① ₩1,760            ② ₩2,000            ③ ₩1,660
④ ₩1,780            ⑤ ₩1,820

**04** (주)성도는 연간 최대생산량이 10,000단위인 생산설비를 보유하고 있으며, 당기에 제품 단위당 ₩500의 판매가격에 8,000단위의 제품을 판매할 수 있을 것으로 예상하고 있다. 현재의 생산설비에 의한 (주)성도의 제품 단위당 변동제조원가는 ₩300이다. (주)성도가 당기에 예상판매량을 1,000단위 줄이고 제품 3,000단위를 판매할 수 있는 특별주문을 고려한다면, 이러한 특별주문 제품의 단위당 최저판매가격은 얼마인가? (단, (주)성도가 판매하는 모든 제품의 변동판매관리비는 단위당 ₩80이다)                [회계사 09]

① ₩500            ② ₩420            ③ ₩400
④ ₩380            ⑤ ₩300

**05** 전주회사는 부품 A를 자가제조하고 있다. 10,000개 자가제조 시 단위당 원가는 다음과 같다.

| | |
|---|---|
| 직접재료원가 | ₩480 |
| 직접노무원가 | 700 |
| 변동제조간접원가 | 320 |
| 고정제조간접원가 | 1,000 |
| 총원가 | ₩2,500 |

대구상사는 전주회사에게 부품 A를 단위당 ₩2,300에 연간 10,000개를 납품하겠다고 제의하였다. 전주회사가 수락 시 부품 A의 생산시설을 임대함으로써 연 ₩5,000,000의 임대료수익을 얻을 수 있다. 외부에서 구입으로 A제품에 배부된 고정제조간접원가 중 ₩600을 회피할 수 있다면 다음 중 옳은 것은?                [회계사 94]

① 외부구입 ₩3,000,000 유리            ② 외부구입 ₩7,000,000 유리
③ 자가제조 ₩2,000,000 유리            ④ 자가제조 ₩3,000,000 유리
⑤ 외부구입 ₩2,000,000 유리

**06** (주)한국완구는 매년 완구생산에 필요한 부품인 모터 3,000개 중 일부를 자체생산하고, 나머지 부족한 부분은 외주로 충당하고 있다. 자체생산은 모터부서에서 담당하며 연간 총 2,000개의 모터를 생산한다. 모터 1개당 변동제조원가는 ₩55이며, 모터부서의 총고정원가는 연간 ₩150,000이다. 자체생산 시 발생하는 모터부서의 총고정원가 중 80%만이 모터부서 폐지 시 회피가능한 원가이다. 외주로 조달하는 모터는 연간 총 1,000개이다. 당기 초 외주업체는 전격적으로 모터의 판매가격을 모터 1개당 ₩120에서 ₩100으로 인하하였다. 이에 따라 (주)한국완구는 기업 내 모터부서를 폐지하고, 모터 3,000개를 전량 외주업체에서 구매할 것을 검토하기 시작하였다. 이에 모터부서는 부서 폐지를 막기 위한 자구방안으로 단위당 변동제조원가 ₩10과 회피가능고정원가 ₩10,000을 동시에 절감하였다. 만약 (주)한국완구가 외주업체로부터 모터 3,000개 전량을 구입할 경우 (주)한국완구의 순이익에 미치는 영향은 얼마인가? (단, 모터부서의 최대생산능력은 자구방안과 관계없이 항상 2,000개이다)

① ₩0
② ₩10,000 증가
③ ₩30,000 증가
④ ₩40,000 증가
⑤ ₩40,000 감소

**07** 대한직업소개소는 현재 연간 6,000건의 직업을 소개해 주고 있다. 1건의 직업소개에 소요되는 변동원가는 ₩2,000이고 연간 총고정원가는 ₩3,000,000으로 추정된다. 그런데 국세직업소개소에서 연간 6,000건 전부에 대한 직업소개를 대행해 주겠다고 제의를 해왔다. 이와 같이 국세직업소개소의 제의를 수락할 경우에 기존의 연간 총고정원가 중 ₩1,400,000이 감소할 것으로 예상된다. 국세직업소개소는 대행수수료로서 연간 ₩13,000,000을 요구해왔다. 이와 같은 국세직업소개소의 제의를 수락하는 것이 대한직업소개소의 영업이익에 미치는 영향으로 옳은 것은?　　　　　[세무사 08]

① ₩600,000 감소
② ₩600,000 증가
③ ₩1,000,000 증가
④ ₩1,000,000 감소
⑤ ₩400,000 증가

**08** (주)한국은 현재 A, B, C 세 가지 제품을 생산·판매하고 있다. 이 제품의 금년 예상매출 관련 수치는 다음과 같다.

| 구분 | A | B | C | 합계 |
|---|---|---|---|---|
| 매출액 | ₩4,000 | ₩2,000 | ₩3,000 | ₩9,000 |
| 매출원가 | | | | |
| 직접재료원가 | (1,000) | (400) | (400) | (1,800) |
| 직접노무원가 | (1,200) | (300) | (200) | (1,700) |
| 제조간접원가 | (2,000) | (900) | (2,000) | (4,900) |
| 매출총이익 | ₩(200) | ₩400 | ₩400 | ₩600 |

제조간접원가는 세 제품에 매출액기준으로 배부된 고정제조간접원가 ₩3,600을 포함하며, 어느 한 제품의 생산을 포기한다 하더라도 줄일 수 없는 원가이다. 나머지는 모두 변동제조간접원가이다. 이 기업은 A제품에 손실이 발생하므로 생산을 중단하려고 한다. A제품 생산을 중단할 때, A제품 관련 시설과 공간의 대체적 활용가치는 없다. A제품 생산을 중단하면, 기업 전체 매출총이익은 어떻게 변하는가?

[회계사 96]

① ₩200 증가 　　② ₩1,400 감소 　　③ ₩1,800 감소
④ ₩1,000 감소 　　⑤ ₩1,200 증가

**09** (주)한국은 완제품 생산에 필요한 부품 A를 자가제조하고 있다. 부품 A의 연간 필요량 1,000단위를 제조하는 데 소요되는 단위당 원가는 변동제조원가 ₩480, 고정제조원가 ₩160이다. 회사는 외부 공급업자로부터 단위당 ₩600에 1,000단위의 부품 A를 공급하겠다는 제의를 받았다. 회사가 이 제의를 받아들이면 설비 중 일부를 부품 B의 생산에 전환할 수 있으므로 연간 ₩90,000의 원가를 절약할 수 있다. 또한 고정제조원가 중 ₩100,000은 부품 A의 생산에만 관련된 원가여서 외부구입하면 이의 발생도 회피할 수 있다. 회사는 외부공급업자의 제의를 수락해야 하는가 또는 거절해야 하는가?

① 수락한다. 외부구입이 ₩70,000의 증분이익을 가져오므로 외부에서 구입해야 한다.
② 거절한다. 자가제조가 ₩30,000의 증분이익을 가져오므로 자가제조를 계속해야 한다.
③ 수락한다. 외부구입이 ₩150,000의 증분이익을 가져오므로 외부에서 구입해야 한다.
④ 거절한다. 자가제조가 ₩20,000의 증분이익을 가져오므로 자가제조를 계속해야 한다.
⑤ 수락한다. 외부구입이 ₩10,000의 증분이익을 가져오므로 외부에서 구입해야 한다.

**10** (주)한국의 생산부서 담당이사는 지난 수개월간의 제조간접원가에 대한 회귀추정 결과 다음과 같은 제조간접원가 회귀추정식을 도출하였다.

> 제조간접원가 = ₩50,000 + ₩12,000 × 뱃치 + ₩40 × 직접노동시간

이 중 원가동인에 비례하지 않는 원가는 고정원가로 간주한다. 뱃치당 처리규모는 1,000단위이며, 원가정보는 다음과 같다. 회사의 유휴생산능력은 충분하다고 가정한다.

> (1) 직접재료원가: 개당 ₩10
> (2) 직접노동시간: 개당 0.5시간, 직접노무원가 임률은 시간당 ₩20이다.
> (3) 제조간접원가: 제조간접원가 회귀추정식에 의한 값을 이용한다.

당사는 외부로부터 제품 1,000개를 단위당 ₩50에 납품해 달라는 특별주문을 받았다. 생산부서 담당이사의 회귀추정식에 의할 경우 회사는 특별주문을 수락할 것인가? 만약 수락한다면 회사의 영업이익은 얼마나 증감하는가?

① 수락, ₩2,000 증가    ② 수락, ₩20,000 증가    ③ 거절, ₩2,000 감소
④ 거절, ₩20,000 감소    ⑤ 무차별하다.

**11** (주)경주는 단일종류의 제품을 생산·판매하고 있다. 20×1년도의 연간 예상판매량은 7,000단위이다. 단위당 예상판매가격은 ₩200이다. 연간 예상판매량 7,000단위에 근거한 단위당 변동원가는 다음과 같다.

| | |
|---|---|
| 직접재료원가 | ₩60 |
| 직접노무원가 | 40 |
| 변동제조간접원가 | 24 |
| 변동판매비 및 관리비 | 10 |
| 합계 | ₩134 |

예상판매량 7,000단위를 기준으로 한 단위당 고정제조간접원가는 ₩22이며, 단위당 고정판매비 및 관리비는 ₩15이다. 회사가 7,000단위에 대한 예산을 작성한 후에 외국의 수입상으로부터 단위당 ₩170에 2,000단위를 구입하겠다는 특별주문을 받았다. 연간 최대조업도가 8,000단위인 경우 이 특별주문을 수락하기 위한 최소판매가격은 얼마인가?

① ₩145    ② ₩124    ③ ₩128
④ ₩134    ⑤ ₩167

★
**12** (주)제아는 청소기와 공기청정기를 생산하고 있다. 제품생산과 관련된 정보는 다음과 같다.

| 구분 | 청소기 | 공기청정기 |
|---|---|---|
| 최대 판매가능수량 | 6,000개 | 9,000개 |
| 단위당 공헌이익 | ₩50 | ₩60 |
| 단위당 소요기계시간 | 2시간 | 3시간 |

생산에 투입가능한 최대 기계시간이 33,000시간이라고 할 때, 추가적인 설비투자 없이 최적 생산량을 생산한다면 (주)제아가 달성할 수 있는 최대 공헌이익은 얼마인가? [회계사 08]

① ₩369,600  ② ₩690,000  ③ ₩720,000
④ ₩780,000  ⑤ ₩840,000

**13** 한 기업이 두 제품 X, Y를 생산한다. 각 제품 및 기타 투입자원에 관련된 자료는 다음과 같다.

| 구분 | X | Y | 최대사용능력(월) |
|---|---|---|---|
| 단위당 공헌이익 | ₩6 | ₩8 | - |
| 단위당 생산시간 | 6시간 | 9시간 | 36시간 |
| 단위당 투입재료 | 6kg | 3kg | 24kg |

위 자료를 이용하여 월간 달성가능한 최대 공헌이익을 구하시오.

① ₩32  ② ₩34  ③ ₩44
④ ₩48  ⑤ ₩80

★
**14** (주)울산은 A, B, C 세 종류의 제품을 생산·판매하고 있다. 20×1년 (주)울산의 제품별 손익을 살펴본 결과 다음과 같이 나타났다.

| 항목 | A제품 | B제품 | C제품 | 합계 |
|---|---|---|---|---|
| 매출액 | ₩1,000,000 | ₩2,000,000 | ₩1,000,000 | ₩4,000,000 |
| 변동원가 | 500,000 | 1,800,000 | 700,000 | 3,000,000 |
| 공헌이익 | ₩500,000 | ₩200,000 | ₩300,000 | ₩1,000,000 |
| 고정원가 | 200,000 | 400,000 | 200,000 | 800,000 |
| 이익 | ₩300,000 | (₩200,000) | ₩100,000 | ₩200,000 |

경영자는 손실을 보이고 있는 B제품의 생산 중단을 고려하고 있으며, 이에 대한 자료를 다음과 같이 수집하였다. 총고정원가 ₩800,000은 각 제품의 매출액에 비례하여 배부한 것이며, B제품 생산 중단 시 총고정원가의 10%는 회피가능하고, 또한 C제품의 매출액이 20% 감소할 것으로 예상된다. (주)울산이 B제품의 생산을 중단할 경우 회사 전체 이익은 얼마나 감소하는가? [세무사 10]

① ₩120,000 ② ₩150,000 ③ ₩170,000
④ ₩180,000 ⑤ ₩200,000

★
**15** (주)국세는 현재 제품 생산에 필요한 부품 10,000단위를 자가제조하여 사용하고 있는데, 최근에 외부의 제조업자가 이 부품을 전량 납품하겠다고 제의하였다. (주)국세가 이러한 제의에 대한 수락 여부를 검토하기 위하여 원가자료를 수집한 결과, 10,000단위의 부품을 제조하는 데 발생하는 총 제조원가는 다음과 같으며, 최대로 허용 가능한 부품의 단위당 구입가격은 ₩330으로 분석되었다.

| | |
|---|---|
| 직접재료원가 | ₩1,800,000 |
| 직접노무원가 | 700,000 |
| 변동제조간접원가 | 500,000 |
| 고정제조간접원가 | 500,000 |
| 총제조원가 | ₩3,500,000 |

이 경우, (주)국세가 제의에 수락한다면 회피가능한 고정제조간접원가로 추정한 최소금액은 얼마인가?
[세무사 12]

① ₩150,000 ② ₩200,000 ③ ₩250,000
④ ₩300,000 ⑤ ₩500,000

**16** (주)국세는 야구공을 생산·판매하고 있으며, 월간 최대생산능력은 30,000단위이다. (주)국세가 생산하는 야구공의 단위당 원가자료는 다음과 같다.

| | |
|---|---|
| • 직접재료원가 | ₩200 |
| • 직접노무원가 | 100 |
| • 변동제조간접원가 | 50 |
| • 고정제조간접원가 | 100 |
| • 변동판매비와 관리비 | 25 |
| • 고정판매비와 관리비 | 30 |

(주)국세는 현재 정상주문에 대해 단위당 ₩500의 가격으로 판매를 하고 있는데, 최근 해외사업자로부터 할인된 가격으로 3,000단위를 구입하겠다는 특별주문을 받았다. (주)국세가 이 주문을 수락할 경우에는 생산능력의 제한으로 인하여 기존 정상주문 중 1,200단위의 판매를 포기해야 한다. 그러나 특별주문 수량에 대한 단위당 변동판매비와 관리비는 ₩5만큼 감소할 것으로 예상하고 있다. (주)국세가 해외사업자의 특별주문에 대하여 제시할 수 있는 단위당 최저판매가격은 얼마인가?

[세무사 12]

① ₩370        ② ₩375        ③ ₩420
④ ₩425        ⑤ ₩500

(주)세무는 세 가지 제품인 A, B, C를 생산·판매하고 있다. 세 가지 제품 각각에 대해 예상되는 월 생산 및 판매와 관련된 자료는 다음과 같다.

| | 제품 A | 제품 B | 제품 C |
|---|---|---|---|
| 단위당 변동제조원가 | ₩40.80 | ₩45.10 | ₩45.00 |
| 단위당 고정제조원가 | 19.80 | 27.70 | 21.00 |
| 단위당 총제조원가 | ₩60.60 | ₩72.80 | ₩66.00 |
| 단위당 기계소요시간 | 1.25시간 | 2.50시간 | 1.80시간 |
| 단위당 판매가격 | ₩73.00 | ₩87.00 | ₩84.00 |
| 단위당 변동판매관리비 | ₩2.20 | ₩1.90 | ₩3.00 |
| 월 예상 시장수요량 | 1,000단위 | 3,000단위 | 3,000단위 |

세 가지 제품에 대한 시장의 수요는 충분하여 월 예상 시장수요량을 생산하면 모두 판매가 가능하다고 가정한다. (주)세무의 월 최대 사용가능한 기계시간은 13,650시간이다. (주)세무의 영업이익을 극대화할 수 있는 월 최적 제품배합은? [세무사 14]

| | 제품 A | 제품 B | 제품 C |
|---|---|---|---|
| ① | 600단위 | 3,000단위 | 3,000단위 |
| ② | 1,000단위 | 3,000단위 | 2,720단위 |
| ③ | 1,000단위 | 2,800단위 | 3,000단위 |
| ④ | 1,000단위 | 3,000단위 | 3,000단위 |
| ⑤ | 800단위 | 2,900단위 | 3,000단위 |

**18** (주)세무는 기존제품에 추가하여 새로운 제품 F(단위당 변동제조원가 ₩34)를 생산·판매하려고 한다. 이 경우 기존제품의 총공헌이익이 연간 ₩80,000 감소할 것으로 예상된다. 제품 F를 생산하면, 연간 총고정제조간접원가 중 ₩55,000이 제품 F에 배부되며, 기존에 납부하던 연간 유휴토지부담금 ₩25,000이 전액 면제된다. 제품 F를 판매할 경우, 판매대리점에 지급하는 기존제품에 대한 연간 고정판매비를 ₩35,000만큼 줄이는 대신에 제품 F의 판매비를 단위당 ₩4씩 지급하게 된다. 제품 F의 연간 판매량이 4,000단위로 예상될 때, (주)세무의 연간 총손익에 변화가 없으려면 제품 F의 단위당 판매가격은? [세무사 17]

① ₩13      ② ₩23      ③ ₩35

④ ₩43      ⑤ ₩55

**19** (주)세무는 제품 A, 제품 B 및 제품 C를 생산하여 판매한다. 이 세 제품에 공통으로 필요한 재료 K를 품귀현상으로 더 이상 구입할 수 없게 되었다. (주)세무의 재료 K 보유량은 3,000kg이며, 재료 K가 소진되면 제품 A, 제품 B 및 제품 C는 더 이상 생산할 수 없다. (주)세무는 각 제품의 사전계약 물량을 의무적으로 생산하여야 하며, 사전계약 물량과 별도로 추가 최대수요량까지 각 제품을 판매할 수 있다. (주)세무의 관련 자료가 다음과 같을 때, 최대의 공헌이익 총액(사전계약 물량 포함)은? [세무사 17]

| 구분 | 제품 A | 제품 B | 제품 C |
|---|---|---|---|
| 사전계약 물량 | 100단위 | 100단위 | 300단위 |
| 추가 최대수요량 | 400단위 | 100단위 | 1,500단위 |
| 단위당 판매가격 | ₩100 | ₩80 | ₩20 |
| 공헌이익률 | 24% | 25% | 60% |
| 단위당 재료 K 사용량 | 3kg | 5kg | 2kg |

① ₩19,000      ② ₩19,500      ③ ₩20,000

④ ₩20,500      ⑤ ₩21,000

**20** (주)세무는 보조부문 A, B와 제조부문 P, Q를 운영하고 있으며, 각 부문의 용역수수관계와 각 보조부문에서 발생한 원가는 다음과 같다.

| 사용부문 제공부문 | 보조부문 | | 제조부문 | | 용역생산량 |
|---|---|---|---|---|---|
| | A | B | P | Q | |
| A | 10% | 40% | 20% | 30% | 1,000단위 |
| B | 20% | 10% | 40% | 30% | 2,000단위 |

• 보조부문 A의 원가: ₩50,000 + ₩70 × 1,000단위
• 보조부문 B의 원가: ₩30,000 + ₩150 × 2,000단위

(주)세무는 현재 운영하고 있는 보조부문을 폐쇄하는 방안을 고려하던 중, (주)한국으로부터 보조부문 A가 생산하던 용역을 단위당 ₩150에, (주)대한으로부터는 보조부문 B가 생산하던 용역을 단위당 ₩200에 공급하겠다는 제의를 받았다. (주)세무가 보조부문의 용역을 외부에서 구입하더라도 각 보조부문에서 발생하는 고정원가를 회피할 수 없다. 다음 설명 중 옳은 것은?　　　　[세무사 18]

① (주)세무는 보조부문 A와 B를 계속해서 유지하는 것이 유리하다.
② (주)세무가 보조부문 A를 폐쇄하고 (주)한국의 제의를 수락할 경우, 영업이익이 ₩7,000 증가한다.
③ (주)세무가 보조부문 B를 폐쇄하고 (주)대한의 제의를 수락할 경우, 영업이익이 ₩20,000 감소한다.
④ (주)세무가 보조부문 A의 용역을 외부로부터 구입할 경우, 지불할 수 있는 최대가격은 단위당 ₩120이다.
⑤ (주)세무가 보조부문 B의 용역을 외부로부터 구입할 경우, 지불할 수 있는 최대가격은 단위당 ₩170이다.

**21** (주)세무는 두 종류의 제품 A와 B를 생산·판매한다. 두 제품의 월간 예상 판매 및 원가자료는 다음과 같다.

| 항목 | | 제품 A | 제품 B |
|---|---|---|---|
| 제품 단위당 | 판매가격 | ₩50 | ₩45 |
| | 변동제조원가 | 32 | 25 |
| | 고정제조간접원가 | 5 | 7 |
| | 변동판매관리비 | 8 | 5 |
| | 고정판매관리비 | 2 | 2 |
| 기계시간당 생산량 | | 4단위 | 2단위 |
| 월간 예상수요량 | | 120단위 | 80단위 |

(주)세무의 월간 최대 사용가능한 기계시간은 50시간이다. (주)세무가 영업이익을 극대화할 수 있는 월 최적 제품배합은? (단, 월간 고정원가 총액은 일정하다) [세무사 18]

|  | 제품 A | 제품 B |
|---|---|---|
| ① | 40단위 | 80단위 |
| ② | 60단위 | 70단위 |
| ③ | 80단위 | 60단위 |
| ④ | 100단위 | 50단위 |
| ⑤ | 120단위 | 40단위 |

(주)한국은 일반형과 고급형으로 분류되는 두 종류의 정수기를 생산·판매하고 있다. 일반형과 고급형 정수기 한 단위를 생산하는 데 소요되는 기계시간은 각각 1시간과 2시간이다. 이 회사가 매월 사용가능한 최대 기계시간은 총 6,000시간이다. (주)한국이 20×1년 3월에 대해 예측한 일반형과 고급형 정수기의 판매가격, 원가 및 시장수요량에 관한 자료는 다음과 같다.

| 항목 | 일반형 | 고급형 |
|---|---|---|
| 단위당 판매가격 | ₩42 | ₩64 |
| 단위당 변동원가 | 26 | 40 |
| 단위당 고정원가 | 6 | 6 |
| 단위당 총원가 | 32 | 46 |
| 시장수요량 | 2,500단위 | 1,500단위 |

(주)한국은 20×1년 3월의 판매예측에 포함하지 않았던 한 고객으로부터 고급형 정수기 500단위를 단위당 ₩74의 가격에 20×1년 3월 중에 구입하고자 하는 특별주문을 받았다. (주)한국이 이 고객의 특별주문을 수락할 경우 해당 제품의 단위당 변동원가에 미치는 영향은 없다. (주)한국이 이 고객의 특별주문을 수락할 경우, 20×1년 3월 영업이익은 얼마만큼 증가하게 될 것인가? [회계사 14]

① ₩6,000 　　　　　② ₩9,000 　　　　　③ ₩11,000
④ ₩14,000 　　　　　⑤ ₩17,000

**23** (주)한국은 두 개의 보조부문(부문 S₁과 부문 S₂)과 두 개의 제조부문(부문 P₁과 부문 P₂)을 사용하여 제품을 생산하고 있다. 20×1 회계연도에 각 보조부문이 생산하여 타부문에 제공할 용역의 양과 보조부문의 원가에 대한 예산자료는 다음과 같다.

---

(1) 보조부문의 용역생산량과 타부문에 제공할 용역량

| 보조부문 | 보조부문의 용역생산량 | 각 보조부문이 타부문에 제공할 용역량 | | | |
|---|---|---|---|---|---|
| | | $S_1$ | $S_2$ | $P_1$ | $P_2$ |
| $S_1$ | 200단위 | – | 40단위 | 100단위 | 60단위 |
| $S_2$ | 200단위 | 100단위 | – | 20단위 | 80단위 |

(2) 보조부문의 원가

| 구분 | 부문 $S_1$ | 부문 $S_2$ |
|---|---|---|
| 간접재료원가(변동원가) | ₩560,000 | ₩80,000 |
| 감독자급여(고정원가) | 80,000 | 80,000 |
| 감가상각비(고정원가) | 200,000 | 240,000 |
| 계 | ₩840,000 | ₩400,000 |

---

20×0년 말 (주)한국은 (주)대한으로부터 현재 부문 S₂에서 제공하고 있는 용역을 단위당 ₩1,400에 공급해 주겠다는 제안을 받았다. 만약 이 제안을 20×1년 초에 수락할 경우 (주)한국은 부문 S₂의 간접재료원가를 회피할 수 있으며 부문 S₂의 감독자급여를 50%만큼 절감할 수 있다. 그리고 부문 S₂의 설비는 타사에 임대하여 연간 ₩24,000의 수익을 얻을 수 있다. 만약 20×1년 초에 (주)한국이 (주)대한의 제안을 수락함으로써 부문 S₂를 폐쇄하고 (주)대한으로부터 용역을 구입하기로 결정하는 경우, 이러한 결정은 (주)한국의 20×1 회계연도 이익에 어떠한 영향을 미치게 될 것인가?

[회계사 15]

① ₩1,000 증가  ② ₩2,000 증가  ③ ₩3,000 증가
④ ₩4,000 증가  ⑤ ₩5,000 증가

**24** (주)세무의 최대생산능력은 5,000개이다. 정규시장에 1개당 ₩200에 4,000개 판매할 것으로 예상된다. 한 번에 50개씩 묶음(batch) 생산하며, 4,000개를 생산하는 경우 원가는 다음과 같다.

| | |
|---|---:|
| 생산량에 따라 변하는 변동원가 | ₩240,000 |
| 묶음수에 따라 변하는 변동원가 | 80,000 |
| 고정원가 | 400,000 |
| | ₩720,000 |

1개당 ₩130에 1,500개를 구입하겠다는 특별주문을 받았다. 특별주문에 대해서는 100개씩 묶음 생산하며, 특별주문은 전량을 수락하거나 거절해야 한다. 이 특별주문을 수락하는 경우 (주)세무의 이익은 얼마나 증가 또는 감소하는가?                                    [세무사 19]

① ₩75,000 증가      ② ₩30,000 증가      ③ ₩20,000 증가
④ ₩20,000 감소      ⑤ ₩75,000 감소

**25** (주)한국은 정밀기계를 위한 특수필터와 가정의 전자제품용 일반필터를 생산하여 판매하고 있다. 20×1년도 (주)한국의 제품 생산량과 단위당 자료는 다음과 같다.

| 구분 | 특수필터 | 일반필터 |
|---|---|---|
| 생산량 | 2,000개 | 6,000개 |
| 판매가격 | ₩500 | ₩300 |
| 직접재료원가 | 150 | 100 |
| 직접노무원가 | 60 | 80 |
| 변동제조간접원가 | 90 | 60 |
| 변동판매관리비 | 50 | 30 |

(주)한국의 연간 최대조업도는 21,000기계시간이며, 20×1년도 변동제조간접원가는 기계시간당 ₩30이었다. (주)한국의 매년 생산량과 판매량은 동일한 것으로 가정한다. (주)한국은 특수필터 제품에 대한 판매활동을 강화하여 특수필터와 일반필터의 매출배합을 2 : 3으로 변경하는 것을 고려하고 있다. 매출배합의 변경은 오직 특수필터 제품의 변동판매관리비에만 영향을 준다. 특수필터와 일반필터의 전체 판매량을 8,000단위로 하고 매출배합을 변경할 경우 두 제품의 판매로 인한 총공헌이익이 매출배합 변경 전과 동일하다면 특수필터 제품의 단위당 변동판매관리비는 얼마인가?

[회계사 09]

① ₩50      ② ₩65      ③ ₩75
④ ₩85      ⑤ ₩95

**26** (주)대한은 연속된 공정 A와 B를 거쳐서 완제품을 생산한다. 완제품의 단위당 판매가격은 ₩50이다. 직접재료원가 이외의 운영원가는 모두 고정원가로 간주한다. 20×1년의 공정별 생산 및 원가자료는 다음과 같다.

| 항목 | 공정 A | 공정 B |
|---|---|---|
| 시간당 생산능력 | 15단위 | 10단위 |
| 연간 이용가능시간 | 2,000시간 | 2,000시간 |
| 연간 생산량 | 20,000단위 | 20,000단위 |
| 단위당 직접재료원가 | ₩10 | ₩10 |
| 연간 고정운영원가 | ₩120,000 | ₩140,000 |

(주)대한은 공정 B의 종료단계에서 품질검사를 실시한다. 당기 중에 공정 B에서 불량품 100단위가 생산되었다면, 불량품 100단위로 인해 영업이익은 얼마나 감소하는가? (단, (주)대한의 기초 및 기말재고자산은 없으며, 불량품은 전량 폐기된다) [회계사 19]

① ₩2,000  ② ₩2,500  ③ ₩3,000
④ ₩4,000  ⑤ ₩5,000

(주)한국은 사무용 복합기 A모델과 B모델을 생산하여 판매하고 있으며 두 모델의 단위당 자료는 다음과 같다.

| | A모델 | B모델 |
|---|---|---|
| 직접재료원가 | ₩225,000 | ₩340,000 |
| 직접노무원가 | 150,000 | 140,000 |
| 변동제조간접원가 | 50,000 | 60,000 |
| (기계시간당 ₩10,000) | | |
| 고정제조간접원가 | 90,000 | 80,000 |
| 단위당 제조원가 | ₩515,000 | ₩620,000 |
| 판매가격 | ₩600,000 | ₩720,000 |

(주)한국의 최대조업도는 월 8,000기계시간이며, 현재 시장의 월간수요량은 A모델 1,000단위, B모델 800단위이다.

**27** 위 자료에 근거할 때 (주)한국이 영업이익을 극대화할 수 있는 제품배합은 무엇인가?

| | A모델 | B모델 |
|---|---|---|
| ① | 1,000 단위 | 800 단위 |
| ② | 1,000 | 500 |
| ③ | 700 | 800 |
| ④ | 500 | 800 |
| ⑤ | 800 | 600 |

**28** 회사는 새로운 거래처로부터 A모델 300단위를 구매하겠다는 특별주문을 받았다. 회사가 기존의 영업이익을 유지하면서 수락할 수 있는 최소판매가격은 얼마인가? (단, 특별주문에 대해서는 단위당 ₩15,000의 판매비가 발생한다)

① ₩590,000      ② ₩600,000      ③ ₩620,000

④ ₩630,000      ⑤ ₩650,000

※ 다음은 **29 ~ 30**에 관한 자료이다.

(주)대한은 휴대폰에 장착되는 전지를 생산한다. 회사는 현재 생산시설용량(월 8,000직접노무시간)의 75%를 가동하고 있다. 최근 회사는 (주)한국전자로부터 개당 ₩700에 5,000개의 전지를 1개월 안에 납품해 달라는 특별주문을 받았다. 전지의 개당 제조원가는 다음과 같다.

| | |
|---|---:|
| 직접재료원가 | ₩200 |
| 직접노무원가(개당 0.5직접노무시간) | 300 |
| 제조간접원가 | 200 |
| 개당 제조원가 | ₩700 |

회사의 직접재료원가와 직접노무원가는 변동원가이다. 제조간접원가 중 변동제조간접원가는 직접노무시간당 ₩240이다. 회사는 향후 수개월 동안 월 6,000직접노무시간(8,000직접노무시간의 75%)의 조업도를 유지하기에 충분한 경상주문을 받아놓고 있다. 경상주문품의 판매가격은 개당 ₩1,000이다.

**29** 회사가 5,000개의 특별주문을 수락할 경우, 일부 경상주문을 포기함으로 인한 기회비용(opportunity cost)은 얼마인가?

① ₩500,000        ② ₩380,000        ③ ₩300,000

④ ₩190,000        ⑤ ₩150,000

**30** 회사가 5,000개의 특별주문을 수락할 경우 증분손익은 얼마인가?

① 증분손실 ₩300,000      ② 증분손실 ₩150,000      ③ 증분이익 ₩0

④ 증분이익 ₩210,000      ⑤ 증분이익 ₩20,000

※ 다음은 31 ~ 32에 관한 자료이다.

(주)한국은 단일제품을 생산·판매하는 회사이며 제품의 단위당 판매가격은 ₩120으로 결정하였고 단위당 재료원가와 노무원가는 다음과 같다.

| 구분 | 금액 |
|------|------|
| 단위당 재료원가 | ₩20 |
| 단위당 노무원가 | 30 |

또한, 제조간접원가(y)에 대한 회귀추정식은 다음과 같다.

$$y = ₩57,500 + ₩20 \cdot x_1 + ₩2,000 \cdot x_2 + ₩500 \cdot x_3$$

단, $x_1$: 생산량
$x_2$: 생산준비횟수
$x_3$: 재료이동횟수

회사가 예상하는 생산준비횟수는 5회이며, 재료이동횟수는 25회이다.

**31** 위 자료를 이용하여 손익분기점 판매수량을 구하시오.

① 1,400단위      ② 1,600단위      ③ 1,800단위
④ 2,000단위      ⑤ 2,300단위

**32** 회사는 외부로부터 제품 1,000단위를 단위당 ₩90에 구입하겠다는 특별주문을 접수하였다. 동 특별주문의 수락이 회사의 이익에 미치는 영향은 얼마인가? 회사는 충분한 잉여생산능력을 보유하고 있다(단, 특별주문에 대한 생산준비는 1회당 250단위씩 처리하며 재료이동은 1회당 50단위씩 처리한다).

① ₩1,500 증가      ② ₩1,500 감소      ③ ₩2,000 증가
④ ₩2,000 감소      ⑤ ₩2,500 증가

**33** (주)한국은 두 개의 지원부서, 즉 엔지니어링부서와 전산부서를 운영하고 있다. 개별 지원부서 가동시간 중 70%는 제품 생산부서를 위해 사용되고, 나머지 30%는 타 지원부서를 위해 사용된다. 엔지니어링부서와 전산부서의 변동원가는 가동시간당 각각 ₩10과 ₩15이고, 고정원가는 연간 ₩2,000과 ₩3,000이 각각 소요된다. 제품 생산부서는 연간 1,000개의 제품을 생산하고, 이를 위해 두 지원부서로부터 각각 700시간의 지원을 받는다. 따라서 두 지원부서는 연간 1,000시간을 각각 가동한다. 그런데 (주)한국은 엔지니어링 지원업무를 외부 용역업체에 맡기는 방안을 검토하고 있다. 만약 외부 용역업체에 맡긴다면, 기존 엔지니어링부서의 운영에 소요되는 연간 고정원가 ₩2,000을 절감할 수 있고, 전산부서는 엔지니어링부서에 지원하던 서비스를 제공하지 않아도 된다. 한 외부 용역업체가 시간당 ₩12에 엔지니어링 용역을 제공하겠다고 제의하였다. (주)한국이 이 제의를 받아들일 경우 증분손익은 얼마인가? [회계사 07]

① 증분손실 ₩2,000  ② 증분이익 ₩0  ③ 증분이익 ₩4,500
④ 증분이익 ₩2,000  ⑤ 증분이익 ₩5,580

**34** (주)한국은 다음과 같은 3가지 제품을 동일한 생산라인에서 기계작업을 통하여 생산·판매하고 있다. 생산·판매와 관련된 자료는 다음과 같다.

| 구분 | A제품 | B제품 | C제품 |
|---|---|---|---|
| 단위당 판매가격 | ₩500 | ₩350 | ₩500 |
| 단위당 변동원가 | 200 | 100 | 100 |
| 단위당 기계소요시간 | 2시간 | 1시간 | 2시간 |
| 월간 시장수요 | 150개 | 270개 | 40개 |

(주)한국의 월간 최대 기계가동시간은 450시간이며 월 ₩40,000의 고정원가가 발생한다. 현재 (주)한국은 기계를 가장 효율적으로 가동하고 있으며, 새로운 D제품을 생산라인에 추가할지를 고려하고 있다. D제품의 단위당 변동원가는 ₩300이며 단위당 기계소요시간은 4시간이다. (주)한국이 생산한 제품은 모두 판매할 수 있으며, D제품을 추가하여도 판매가격과 원가의 변동은 없다. D제품을 생산라인에 추가하여서 영업이익을 증가시키고자 한다면, D제품의 단위당 판매가격은 최소한 얼마를 초과하여야 하는가? [세무사 09]

① ₩700  ② ₩800  ③ ₩900
④ ₩1,000  ⑤ ₩1,100

**35** (주)한국은 세 가지 제품 A, B, C를 생산·판매하고 있으며 변동제조간접원가를 활동기준원가계산을 이용하여 제품별로 배부하고 있다.

(1) 활동 및 활동별 원가동인

| 활동 | 원가동인 | 원가동인 배부율 |
|---|---|---|
| 기계가동 | 기계시간 | ₩5.0 |
| 품질검사 | 노무시간 | 0.8 |
| 재료처리 | 재료수량 | 1.2 |

(2) 제품별 단위당 가격 및 원가자료

| 활동 | A | B | C |
|---|---|---|---|
| 판매가격 | ₩40 | ₩50 | ₩70 |
| 직접재료원가 | 9 | 12 | 18 |
| 직접노무원가 | 11 | 14 | 16 |
| 기계시간 | 0.4시간 | 0.8시간 | 1시간 |
| 노무시간 | 10시간 | 5시간 | 15시간 |
| 재료수량 | 5kg | 10kg | 10kg |

(3) 제품별 예상 시장수요량

| A | B | C |
|---|---|---|
| 12,000단위 | 15,000단위 | 10,000단위 |

세 가지 제품에 대한 시장의 수요는 충분하여 생산하면 모두 판매가 가능하다. 또한, 회사의 최대 사용가능한 기계시간은 10,000시간이다. 회사의 영업이익을 극대화할 수 있는 최적 제품배합은?

|  | A | C |
|---|---|---|
| ① | 12,000단위 | 5,200단위 |
| ② | 12,000단위 | 5,600단위 |
| ③ | 13,000단위 | 5,200단위 |
| ④ | 13,000단위 | 5,600단위 |
| ⑤ | 15,000단위 | 5,200단위 |

**36** (주)한국은 X와 Y공정을 통하여 도자기를 생산·판매하고 있다. 각 공정의 종료시점에 품질검사로 인하여 X공정은 투입량의 10%, Y공정은 투입량의 5%의 공손이 발생하며 공손의 처분가치는 없다. 품질검사를 통과한 최종합격품은 단위당 ₩1,600에 판매할 수 있다. 다음의 각 공정별 생산수량과 원가자료를 이용하여 손익분기점 판매수량을 구하시오.

| 구분 | X공정 | Y공정 |
|---|---|---|
| 최대조업도 | 10,000단위 | 12,000단위 |
| 단위당 재료원가(공정 초기투입) | ₩600 | ₩500 |
| 운영비용(고정원가) | 1,240,000 | 1,304,000 |

① 6,420단위     ② 6,500단위     ③ 6,800단위
④ 6,840단위     ⑤ 6,920단위

**37** (주)국세는 A공정과 B공정을 거쳐 가정용 공구를 생산·판매한다. 다음은 두 공정의 생산에 관한 자료이다.

| 구분 | A공정 | B공정 |
|---|---|---|
| 월 생산능력 | 10,000개 | 15,000개 |
| 착수량 단위당 변동원가 | ₩500 | ₩100 |
| 총고정원가 | 100,000 | 200,000 |

A공정에서 작업이 완료된 중간제품은 불량품을 제외하고 전량 B공정으로 대체된다. A공정이 완료된 시점에서 검사한 중간제품 중 10%가 불량품이 되며, 동 불량품은 B공정으로 대체되지 않고 전량 폐기된다. B공정이 완료된 시점에서 검사한 완제품 중 5%는 불량품이 되며, 동 불량품은 전량 폐기된다. B공정을 거친 완제품은 단위당 ₩1,500에 판매되며 수요는 무한하다. 만약 A공정의 불량률을 7%로 낮출 수 있는 새로운 작업방법을 실행하기 위해서는 월 ₩150,000의 추가비용이 필요하다면 새로운 작업방법을 수행하는 것이 회사의 월간 이익을 얼마나 증가 또는 감소시키는가?

[세무사 06]

① ₩150,000 감소     ② ₩427,500 증가     ③ ₩247,500 증가
④ ₩150,000 증가     ⑤ ₩30,000 증가

**38** (주)대한은 한복 A와 한복 B를 생산하여 판매하고 있다. 한복 A와 한복 B의 제작에 사용되는 재료인 명주와 염료는 1년에 각각 100kg과 150리터만 확보가 가능하다. 한복 A에 대한 시장수요는 무한하나, 한복 B에 대한 시장수요는 연간 70단위이다. 단위당 공헌이익 및 생산 관련 재료 사용량이 다음과 같을 때 최적 제품배합에 의한 총공헌이익은 얼마인가? [회계사 13]

| 구분 | 한복 A | 한복 B |
|---|---|---|
| 단위당 공헌이익 | ₩3,000 | ₩1,000 |
| 단위당 명주 사용량 | 1kg | 1kg |
| 단위당 염료 사용량 | 2리터 | 1리터 |

① ₩225,000      ② ₩200,000      ③ ₩160,000
④ ₩150,000      ⑤ ₩100,000

**39** (주)백두는 A, B, C 세 단계의 연속된 생산공정을 통해 완제품을 생산한다. (주)백두는 매년 600단위의 제품을 생산하여 단위당 ₩5,000에 시장에서 모두 판매한다. 금년에 (주)백두는 (주)한라로부터 완제품 400단위를 단위당 ₩4,000에 납품해 줄 것을 추가로 요구받았다. 이 주문은 400단위 모두를 수락하거나 아니면 거절해야 한다. 완제품기준으로 표시된 공정별 연간 생산능력, 생산량 및 단위당 변동원가는 다음과 같다.

| 구분 | A공정 | B공정 | C공정 |
|---|---|---|---|
| 공정별 연간 생산능력 | 1,000단위 | 800단위 | 900단위 |
| 공정별 연간 생산량 | 600단위 | 600단위 | 600단위 |
| 공정별 단위당 변동원가 | ₩500 | ₩1,000 | ₩1,500 |

(주)백두가 (주)한라의 주문을 받아들일 경우 영업이익은 얼마나 증가(또는 감소)하는가? (단, 외부 공급업체로부터 B공정에서 생산된 것과 동일한 부품을 단위당 ₩3,000에 무제한 공급받을 수 있다고 가정한다) [회계사 13]

① ₩50,000 증가      ② ₩50,000 감소      ③ ₩400,000 증가
④ ₩400,000 감소      ⑤ 증감 없음

**40** (주)한국은 사업부 A와 사업부 B를 운영하는 유통기업이다. (주)한국의 회계담당자는 20×1년도 회사 전체 손익계산서와 각 사업부의 부문별 손익계산서를 다음과 같이 작성하였다.

| 구분 | 회사 전체 | 사업부 A | 사업부 B |
|---|---|---|---|
| 매출액 | ₩200,000 | ₩80,000 | ₩120,000 |
| 매출원가 | 130,000 | 40,000 | 90,000 |
| 매출총이익 | 70,000 | 40,000 | 30,000 |
| 판매관리비 | 62,000 | 24,800 | 37,200 |
| 영업이익(손실) | 8,000 | 15,200 | (7,200) |

위의 주어진 자료를 이용하여, (주)한국은 경영관리 의사결정목적으로 원가행태에 입각한 공헌이익 접근법에 따라 회사 전체 손익계산서와 각 사업부에 대한 부문손익계산서를 작성하고자 한다. 이를 위해 (주)한국이 추가로 수집한 자료는 다음과 같다. (주)한국의 20×1년도 매출원가는 변동원가이며, 판매관리비에 포함된 판매수수료는 매출액의 10%에 해당하며 변동원가이다. 나머지 원가 및 비용항목은 모두 고정원가이다. 다음은 20×1년도 고정원가의 구성내역이다.

| | |
|---|---|
| 사업부 A 혹은 사업부 B의 운영을 중단하더라도<br>계속해서 발생할 것으로 예상되는 원가 | ₩14,000 |
| 사업부 A의 운영을 중단하게 되면 회피가능한 원가 | 22,000 |
| 사업부 B의 운영을 중단하게 되면 회피가능한 원가 | 6,000 |
| 계 | ₩42,000 |

다음 중 옳지 않은 설명은?                                                    [회계사 17]

① 사업부 A의 부문이익(segment margin)은 ₩10,000이다.
② 사업부 B의 부문이익(segment margin)은 ₩12,000이다.
③ 회사 전체의 공헌이익률은 25%이며 손익분기매출액은 ₩168,000이다.
④ 사업부 A의 공헌이익률은 40%이며 손익분기매출액은 ₩42,000이다.
⑤ 사업부 B의 공헌이익률은 15%이며 손익분기매출액은 ₩40,000이다.

**41** (주)한국은 제품 A와 제품 B를 생산·판매하고 있다. 제품 A와 제품 B 각각에 대한 연간 최대조업도 100,000단위의 활동수준에서 예상되는 20×1년도 생산 및 판매와 관련된 자료는 다음과 같다.

| 구분 | 제품 A | 제품 B |
|---|---|---|
| 단위당 판매가격 | ₩120 | ₩80 |
| 단위당 변동원가 | | |
| 직접재료원가 | ₩30 | ₩12 |
| 직접노무원가 | ₩20 | ₩15 |
| 변동제조간접원가 | ₩7 | ₩5 |
| 변동판매관리비 | ₩12 | ₩8 |
| 단위당 고정원가 | | |
| 추적가능 고정제조간접원가 | ₩16 | ₩18 |
| 공통고정원가 | ₩15 | ₩10 |
| 단위당 총원가 | ₩100 | ₩68 |
| 연간 최대생산능력 | 100,000단위 | 100,000단위 |

제품별 추적가능 고정제조간접원가는 해당 제품의 생산을 중단하면 회피가능하나, 공통고정원가는 제품 A 혹은 제품 B의 생산을 중단해도 계속해서 발생한다. (주)한국은 20×1년 초에 향후 1년 동안 제품 A 80,000단위와 제품 B 60,000단위를 생산·판매하기로 계획하였다. 그런데 (주)한국이 기존의 계획을 변경하여 20×1년에 제품 B를 생산하지 않기로 한다면, 제품 A의 20×1년도 연간 판매량은 원래 계획한 수량보다 15,000단위 증가할 것으로 예측된다. (주)한국이 20×1년에 제품 B의 생산을 전면 중단할 경우, 이익에 미치는 영향은?                    [회계사 17]

① ₩165,000 감소      ② ₩165,000 증가      ③ ₩240,000 증가
④ ₩265,000 감소      ⑤ ₩265,000 증가

**42** (주)대한은 제품 A를 생산하며, 연간 최대생산능력은 10,000단위이다. (주)대한은 20×1년 초에 제품 A의 예상수요량인 9,500단위를 생산·판매하기로 하고 종합예산을 편성하였다. 제품 A의 단위당 판매가격과 원가예산은 다음과 같다.

| 항목 | 단위당 금액 |
|---|---|
| 판매가격 | ₩40 |
| 직접재료원가 | 12 |
| 직접노무원가 | 5 |
| 제조간접원가 | 8 |
| 변동판매비 | 2 |

단위당 제조간접원가에는 단위당 변동원가 ₩5과 단위당 고정원가 ₩3(10,000단위 기준)이 포함되어 있다. 예산편성 직후에 (주)대한은 (주)민국으로부터 제품 A 1,000단위를 단위당 ₩30에 공급해 달라는 특별주문을 받았다. (주)민국의 특별주문량 1,000단위는 전량 수락하거나 거절해야 한다. (주)대한이 (주)민국에 제품 A를 판매할 경우에는 단위당 변동판매비의 50%를 절감할 수 있다. 한편, (주)대한은 (주)만세로부터 제품 A와 동일한 제품을 단위당 ₩25에 필요한 만큼 공급받을 수 있다. (주)대한이 (주)민국의 주문을 수락하면 (주)대한의 예산 영업이익은 얼마나 증가 또는 감소하는가? (단, (주)대한은 이익을 극대화하고자 한다) [회계사 19]

① ₩4,000 감소  ② ₩4,000 증가  ③ ₩5,500 감소
④ ₩5,500 증가  ⑤ ₩6,000 증가

**43** (주)세무는 단일제품 A를 생산·판매하며, 관련범위 내 연간 최대생산능력은 10,000단위이다. (주)세무는 현재 제품 A 7,500단위를 생산하여 단위당 판매가격 ₩400으로 정규시장에 모두 판매한다. 최근 (주)세무는 (주)한국으로부터 단위당 가격 ₩350에 제품 A 3,000단위를 구입하겠다는 특별주문을 받았다. (주)한국의 특별주문은 전량 수락하든지 기각하여야 하며, 특별주문수락 시 정규시장 판매를 일부 포기하여야 한다. 제품 A의 단위당 직접재료원가는 ₩80, 단위당 직접노무원가는 ₩120, 단위당 변동판매관리비는 ₩0이며, 조업도 수준에 따른 총제조간접원가는 다음과 같다.

| 조업도수준 | 총제조간접원가 |
| --- | --- |
| 최대생산능력의 55% | ₩1,755,000 |
| 최대생산능력의 65% | 1,865,000 |
| 최대생산능력의 75% | 1,975,000 |
| 최대생산능력의 80% | 2,030,000 |

(주)세무가 (주)한국의 특별주문을 수락한다면, 증가 또는 감소할 영업이익은? (단, 변동제조간접원가의 추정은 고저점법을 이용한다) [세무사 16]

① ₩30,000 감소     ② ₩45,000 감소     ③ ₩75,000 증가
④ ₩90,000 증가     ⑤ ₩120,000 증가

**44** (주)대한은 연속된 공정 A와 B를 거쳐서 완제품을 생산한다. (주)대한은 매년 500단위의 제품을 생산하여 기존시장에서 단위당 ₩3,000에 전부 판매한다. 당기에 (주)대한은 새로운 거래처인 (주)민국으로부터 완제품 150단위를 단위당 ₩2,500에 공급해 달라는 주문을 받았다. 이 주문은 완제품 150단위를 모두 수락하거나 거절해야 한다. 공정별 연간 생산능력, 연간 생산량 및 단위당 변동원가는 다음과 같다.

| 구분 | 공정 A | 공정 B |
| --- | --- | --- |
| 연간 생산능력 | 550단위 | 600단위 |
| 연간 생산량 | 500단위 | 500단위 |
| 단위당 변동원가 | ₩700 | ₩1,000 |

(주)대한은 외부공급업체로부터 공정 A에서 생산된 것과 동일한 부품을 단위당 ₩1,500에 필요한 만큼 공급받을 수 있다. (주)대한이 (주)민국의 주문을 수락하면 (주)대한의 당기순이익은 얼마나 증가(또는 감소)하는가? (단, (주)대한은 상기 주문과 관련된 기회원가를 최소화하고자 한다) [회계사 18]

① ₩5,000 증가     ② ₩8,000 감소     ③ ₩10,000 감소
④ ₩15,000 증가     ⑤ ₩80,000 증가

**45** (주)세무는 20×1년 연간 최대생산량이 8,000단위인 생산설비를 보유하고 있다. (주)세무는 당기에 제품 7,000단위를 단위당 ₩1,000에 판매할 것으로 예상하며, 단위당 변동제조원가는 ₩500, 단위당 변동판매관리비는 ₩100이다. (주)세무는 거래처로부터 제품 2,000단위를 판매할 수 있는 특별주문을 받았으며, 단위당 변동제조원가와 단위당 변동판매관리비는 변화가 없다. 이 특별주문을 수락한다면, 예상 판매량 중 1,000단위를 포기해야 한다. 이때, 특별주문 제품의 단위당 최저판매가격은?                                  [세무사 20]

① ₩500                  ② ₩600                  ③ ₩800
④ ₩900                  ⑤ ₩1,000

**46** (주)세무는 제품 A와 제품 B를 생산하고 있는데, (주)대한으로부터 제품 A 전량을 단위당 ₩18에 공급하는 제안을 받았다. 이 제안을 검토하기 위해 (주)세무의 회계부서에서 분석한 제품 A에 대한 원가자료는 다음과 같다.

| 구분 | 단가 | 1,000단위 |
|------|------|-----------|
| 직접재료원가 | ₩5 | ₩5,000 |
| 직접노무원가 | 4 | 4,000 |
| 변동제조간접원가 | 1 | 1,000 |
| 감독자급여 | 3 | 3,000 |
| 특수기계 감가상각비 | 2 | 2,000 |
| 공통간접원가배분액 | 5 | 5,000 |
| 제조원가 합계 | ₩20 | ₩20,000 |

제품 A를 생산하지 않을 경우 제품 A 감독자는 추가비용 없이 해고가능하고, 특수기계는 제품 A 제조에만 사용되는 전용기계이다. 공통간접원가는 공장임대료 등으로 제품 A 생산라인을 폐쇄하더라도 감소하지 않는다. 제품 A를 생산하지 않을 경우 그에 대한 여유생산 능력으로 제품 B를 추가 생산할 수 있는데, 이로 인해 증가되는 수익은 ₩5,000이고 증가되는 원가는 ₩3,000이다. (주)세무가 (주)대한의 제안을 받아들이면 자가생산하는 것보다 얼마나 유리(불리)한가?        [세무사 21]

① ₩3,000 유리          ② ₩3,000 불리          ③ ₩4,000 유리
④ ₩4,000 불리          ⑤ ₩5,000 불리

(주)대한은 제품에 사용되는 부품 A를 자가제조하고 있으나, 외부공급업체로부터 부품 A와 동일한 제품을 구입하는 방안을 검토 중이다. (주)대한의 회계팀은 아래의 자료를 경영진에게 제출하였다.

| 구분 | 부품 A 1단위당 금액 |
|---|---|
| 직접재료원가 | ₩38 |
| 직접노무원가 | 35 |
| 변동제조간접원가 | 20 |
| 감독관급여 | 40 |
| 부품 A 전용제조장비 감가상각비 | 39 |
| 공통관리비의 배분 | 41 |

(1) 매년 10,000개의 부품 A를 생산하여 모두 사용하고 있다.
(2) 만일 외부에서 부품 A를 구입한다면 감독관급여는 회피가능하다.
(3) 부품 A 전용제조장비는 다른 용도로 사용하거나 외부 매각이 불가능하다.
(4) 공통관리비는 회사 전체의 비용이므로 외부구입 여부와 관계없이 회피가 불가능하다.
(5) 만일 부품 A를 외부에서 구입한다면, 제조에 사용되던 공장부지는 다른 제품의 생산을 위해서 사용될 예정이며, 연간 ₩240,000의 공헌이익을 추가로 발생시킨다.

(주)대한의 경영진은 부품 A를 자가제조하는 것이 외부에서 구입하는 것과 영업이익에 미치는 영향이 무차별하다는 결론에 도달하였다. 이 경우 외부공급업체가 제시한 부품 A의 1단위당 금액은 얼마인가? [회계사 21]

① ₩93  ② ₩117  ③ ₩133
④ ₩157  ⑤ ₩196

# 정답 및 해설

## 정답

| | | | | | | | | | | | | | | | | | | | |
|---|---|---|---|---|---|---|---|---|---|---|---|---|---|---|---|---|---|---|---|
| 01 | ④ | 02 | ① | 03 | ① | 04 | ② | 05 | ① | 06 | ① | 07 | ⑤ | 08 | ② | 09 | ① | 10 | ③ |
| 11 | ⑤ | 12 | ③ | 13 | ② | 14 | ④ | 15 | ④ | 16 | ③ | 17 | ③ | 18 | ④ | 19 | ③ | 20 | ② |
| 21 | ⑤ | 22 | ③ | 23 | ④ | 24 | ② | 25 | ⑤ | 26 | ⑤ | 27 | ② | 28 | ① | 29 | ② | 30 | ⑤ |
| 31 | ② | 32 | ③ | 33 | ⑤ | 34 | ③ | 35 | ① | 36 | ④ | 37 | ③ | 38 | ① | 39 | ① | 40 | ④ |
| 41 | ② | 42 | ④ | 43 | ③ | 44 | ④ | 45 | ③ | 46 | ② | 47 | ④ | | | | | | |

## 해설

**01** ④ 조업도가 수량이 아닌 경우 조업도부터 정리하는 것이 좋다. 본 문제의 조업도는 "부"수이며, 실가동시간 7시간에 해당하는 부수는 12,600부(= 1,800부 × 7시간)이다.

(1) 손익구조

| | 기존 | 특별주문(5,000부) |
|---|---|---|
| p | ₩40 | ₩32 |
| vc | 16 | 16 |
| cm | ₩24 | ₩16 |

(2) 증분손익

| | | |
|---|---|---|
| 증분수익 | | |
| 　매출 증가 | 5,000부 × ₩32 = | ₩160,000 |
| 증분비용 | | |
| 　변동원가 증가 | 5,000부 × ₩16 = | (80,000) |
| 　기존판매 감소 | 2,400부* × ₩24 = | (57,600) |
| 증분이익 | | ₩22,400 |

*  조업도 부족분에 대한 기존판매분 감소

| | |
|---|---|
| 최대조업도 | 12,600부 |
| 현재생산량 | 10,000 |
| 여유조업도 | 2,600부 |
| 특별주문량 | 5,000 |
| 부족조업도 | (2,400)부 |

∴ 2,400부만큼 기존판매가 감소한다.

**02** ① (1) 손익구조

| | |
|---|---:|
| p | ₩10 |
| vc | 9* |
| cm | ₩1 |

* 단위당 변동원가 = 직접재료원가 + 직접노무원가 + 변동제조간접원가 + 변동판매관리비
= ₩3 + ₩2 + ₩2 + ₩10 × 0.2 = ₩9

(2) 증분손익
회사가 잉여생산능력을 충분히 보유하고 있으므로 기회비용은 없다.

| | | |
|---|---|---:|
| 증분수익 | | |
| 매출 증가 | 1,000단위 × ₩10 = | ₩10,000 |
| 증분비용 | | |
| 변동원가 증가 | 1,000단위 × ₩9 = | (9,000) |
| 증분이익 | | ₩1,000 |

∴ 특별주문을 수락하면 ₩1,000만큼 이익이 증가한다.

**03** ① (1) 손익구조

| | |
|---|---:|
| p | ₩2,000 |
| vc | 1,760* |
| cm | ₩240 |

* 단위당 변동원가 = 직접재료원가 + 직접노무원가 + 변동제조간접원가 + 운송료
= ₩750 + ₩550 + ₩480 × 0.75 + ₩100 = ₩1,760

(2) 특별주문과 관련하여 받아야 하는 최소금액
특별주문(2,500개)이 여유조업도(12,000개 - 7,200개 = 4,800개) 이내이므로 기회비용은 없다.

| | | |
|---|---|---:|
| 증분수익 | | |
| 매출 증가 | 2,500개 × P = | 2,500P |
| 증분비용 | | |
| 변동원가 증가 | 2,500개 × ₩1,760 = | ₩(4,400,000) |
| 증분이익 | | 2,500P - ₩4,400,000 ≥ 0 |

∴ P ≥ ₩1,760이므로, 이 특별주문과 관련하여 받아야 하는 최소금액은 ₩1,760이다.

**04** ② (1) 손익구조

| p | ₩500 |
|---|---|
| vc | 380$^*$ |
| cm | ₩120 |

$^*$ 단위당 변동원가 = 변동제조원가 + 변동판매관리비
= ₩300 + ₩80 = ₩380

(2) 특별주문 제품의 단위당 최저판매가격

증분수익
매출 증가　　　　　　　　　3,000단위 × P =　　　　　　3,000P
증분비용
변동원가 증가　　　　　　　3,000단위 × ₩380 =　　　₩(1,140,000)
기존판매 감소　　　1,000단위 × (₩500 - ₩380) =　　　(120,000)
증분이익　　　　　　　　　　　　　　　　3,000P - ₩1,260,000 ≧ 0

∴ P ≧ ₩420이므로, 최저판매가격은 ₩420이다.

**05** ① (1) 자가생산할 경우 제조원가

| | | |
|---|---|---|
| 변동제조원가 | 직접재료원가 | ₩480 |
| | 직접노무원가 | 700 |
| | 변동제조간접원가 | 320 |
| 고정제조원가 | 고정제조간접원가 | 1,000(회피가능고정원가 ₩600) |

(2) 증분손익

증분수익
임대료수익　　　　　　　　　　　　　　　　　　　₩5,000,000
증분비용
변동원가 절감　　　　　10,000개 × ₩1,500 =　　　15,000,000
고정원가 절감　　　　　10,000개 × ₩600 =　　　　6,000,000
외부구입비용　　　　　10,000개 × ₩2,300 =　　　(23,000,000)
증분이익　　　　　　　　　　　　　　　　　　　　₩3,000,000

∴ 외부구입의 경우 ₩3,000,000만큼 이익이 증가한다.

**06** ① (1) 자가생산할 경우 제조원가

| | 변경 전 | 변경 후 |
|---|---|---|
| 단위당 변동제조원가 | ₩55 | ₩45 |
| 총고정제조원가 | 150,000(회피가능 ₩120,000) | 140,000(회피가능 ₩110,000) |

**(2) 증분손익**

모터부문의 최대생산량은 2,000개이고, 추가 1,000개에 대해서는 자가제조 시에도 외부로부터 구입하므로 비관련정보이다. 따라서, 의사결정대상 수량은 2,000개이다.

| 증분수익 | | | - |
|---|---|---|---|
| 증분비용 | | | |
| 변동원가 절감 | 2,000개 × ₩45 = | | ₩90,000 |
| 고정원가 절감 | | | 110,000 |
| 구입비용 | 2,000개 × ₩100 = | | (200,000) |
| 증분이익 | | | ₩0 |

∴ 자가제조와 외부구입 의사결정은 무차별하다.

**07** ⑤ **(1) 소개에 소요되는 비용**

| 건당 변동원가 | ₩2,000 |
|---|---|
| 연간 총고정원가 | 3,000,000(회피가능고정원가 ₩1,400,000) |

**(2) 증분손익**

| 증분수익 | | | - |
|---|---|---|---|
| 증분비용 | | | |
| 변동원가 절감 | 6,000건 × ₩2,000 = | | ₩12,000,000 |
| 고정원가 절감 | | | 1,400,000 |
| 대행수수료 | | | (13,000,000) |
| 증분이익 | | | ₩400,000 |

∴ 국세직업소개소의 제의를 수락하면 ₩400,000만큼 이익이 증가한다.

**08** ② **(1) 제조간접원가 구분**

고정제조간접원가 ₩3,600이 세 제품에 매출액기준으로 배부되어 있으므로, 다음과 같이 구분할 수 있다.

| | A | B | C | 합계 |
|---|---|---|---|---|
| 고정제조간접원가 | ₩1,600[*1] | ₩800 | ₩1,200 | ₩3,600 |
| 변동제조간접원가 | 400[*2] | 100 | 800 | 1,300 |
| 총제조간접원가 | ₩2,000 | ₩900 | ₩2,000 | ₩4,900 |

[*1] ₩3,600 × ₩4,000 ÷ ₩9,000 = ₩1,600

[*2] ₩2,000 - ₩1,600 = ₩400

**(2) 증분손익**

| 증분수익 | | |
|---|---|---|
| 매출 감소 | | ₩(4,000) |
| 증분비용 | | |
| 변동원가 절감 | ₩1,000 + ₩1,200 + ₩400 = | 2,600 |
| 증분손실 | | ₩(1,400) |

∴ A제품 생산 중단 시 기업 전체 매출총이익은 ₩1,400만큼 감소한다.

**09** ① (1) 자가생산할 경우 제조원가

| 단위당 변동제조원가 | ₩480 |
|---|---|
| 연간 총고정제조원가 | 1,000단위 × ₩160(회피가능고정원가 ₩100,000) |

(2) 증분손익

| 증분수익 | | |
|---|---|---|
| 증분수익 | | – |
| 증분비용 | | |
| 변동원가 절감 | 1,000단위 × ₩480 = | ₩480,000 |
| 고정원가 절감 | | 100,000 |
| 부품 B 원가 절감 | | 90,000 |
| 외부구입비용 | 1,000단위 × ₩600 = | (600,000) |
| 증분이익 | | ₩70,000 |

∴ 외부구입 시 ₩70,000만큼 이익이 증가한다.


**10** ③ (1) 변동원가 정리
활동기준원가계산의 변동원가는 조업도 이외의 원가동인에 따라 변동된다. 따라서 원가동인별 변동원가를 별도로 구분하여야 한다.

| 직접재료원가 | ₩10/개 | |
|---|---|---|
| 직접노무원가 | 10/개 | (= 0.5시간 × ₩20) |
| 제조간접원가 | 20/개 | (= 0.5시간 × ₩40) |
| | 12,000/뱃치 | |

(2) 증분손익

| 증분수익 | | |
|---|---|---|
| 매출 증가 | 1,000개 × ₩50 = | ₩50,000 |
| 증분비용 | | |
| 직접재료원가 증가 | 1,000개 × ₩10 = | (10,000) |
| 직접노무원가 증가 | 1,000개 × ₩10 = | (10,000) |
| 변동제조간접원가 증가 | 1,000개 × ₩20 + ₩12,000 = | (32,000) |
| 증분손실 | | ₩(2,000) |

∴ 특별주문수락 시 ₩2,000만큼 손실이 발생한다.

**11** ⑤ (1) 손익구조

| | |
|---|---:|
| p | ₩200 |
| vc | 134 |
| cm | ₩66 |

(2) 증분손익

연간 최대조업도가 8,000단위이므로 특별주문 2,000단위를 수락하면, 정규판매에서 1,000단위의 판매를 포기하여야 한다. 단위당 최소판매가격을 P라 한 후 증분손익을 구하면 다음과 같다.

| | | |
|---|---|---:|
| 증분수익 | | |
| 매출 증가 | 2,000단위 × P = | 2,000P |
| 증분비용 | | |
| 변동원가 증가 | 2,000단위 × ₩134 = | ₩(268,000) |
| 기존판매 감소 | 1,000단위 × ₩66 = | (66,000) |
| 증분이익 | | 2,000P - ₩334,000 ≥ 0 |

∴ P ≥ ₩167이므로, 특별주문을 수락하기 위한 최소판매가격은 ₩167이다.

**12** ③ 제약자원이 1개이므로 제약자원당 공헌이익을 극대화하는 제품을 생산한다.

(1) 제품별 제약자원당 공헌이익

| | 청소기 | 공기청정기 |
|---|---:|---:|
| 공헌이익 | ₩50 | ₩60 |
| 기계시간 | ÷ 2시간 | ÷ 3시간 |
| 기계시간당 공헌이익 | ₩25 | ₩20 |
| 우선순위 | 1순위 | 2순위 |

(2) 생산수량 결정

| | | 기계시간 | | 잔여시간 |
|---|---|---|---:|---:|
| 1순위 | 청소기 | 6,000개 × 2시간 = | 12,000시간 | 21,000시간 |
| 2순위 | 공기청청기 | 7,000개 × 3시간 = | 21,000 | (21,000) |
| | | | 33,000시간 | - 시간 |

(3) 달성할 수 있는 최대 공헌이익

6,000개 × ₩50 + 7,000개 × ₩60 = ₩720,000

---

**point 제약자원 의사결정**

1. 제약된 자원의 수에 따른 풀이방법은 다음과 같다.
   ① 1개: 제약자원당 공헌이익 극대화
   ② 복수: 선형계획법[심플렉스법, 도해법]

2. 제약된 자원이 복수인 경우 도해법으로 해결할 수 있으며, 최근에는 제약자원이 복수인 경우에 비하여 제약자원이 1개인 경우에 특별주문수락 의사결정, 부품의 외부구입 의사결정 등과 혼합된 문제들이 자주 출제된다.

---

**13** ② (1) 목적함수

  $z = ₩6 × X + ₩8 × Y$

 (2) 제약조건

  ① 생산시간: 6시간 × X + 9시간 × Y ≦ 36시간

  ② 투입재료: 6kg × X + 3kg × Y ≦ 24kg

  ③ X, Y ≧ 0

 (3) 최적 해

  (0, 4): (₩6 × 0) + (₩8 × 4) = ₩32

  (3, 2): (₩6 × 3) + (₩8 × 2) = ₩34

  (4, 0): (₩6 × 4) + (₩8 × 0) = ₩24

  ∴ 월간 달성가능한 최대 공헌이익: ₩34

**14** ④ 증분수익        –

 증분비용

  B제품 변동원가 절감        ₩1,800,000

  B제품 고정원가 절감    ₩800,000 × 0.1 =    80,000

  B제품 매출 감소        ₩(2,000,000)

  C제품 공헌이익 감소    ₩1,000,000 × 0.2 × 0.3 =    (60,000)

 증분손실        ₩(180,000)

 ∴ B제품의 생산을 중단할 경우 회사 전체 이익은 ₩180,000만큼 감소한다.

**15** ④ 증분수익        –

 증분비용

  직접재료원가 절감        ₩1,800,000

  직접노무원가 절감        700,000

  변동제조간접원가 절감        500,000

  고정제조간접원가 절감        P

  외부구입비용    ₩330 × 10,000단위 =    (3,300,000)

 증분이익        P − ₩300,000 ≥ 0

 ∴ 회피가능한 고정제조간접원가로 추정한 최소금액: ₩300,000

**16** ③ (1) 손익구조

|  | 정상주문 | 특별주문 |
|---|---|---|
| 단위당 판매가격 | ₩500 | P |
| 단위당 변동원가 | 375[*1] | ₩370[*2] |
| 단위당 공헌이익 | ₩125 | P - ₩370 |

[*1] ₩200 + ₩100 + ₩50 + ₩25 = ₩375

[*2] ₩375 - ₩5 = ₩370

(2) 증분손익

증분수익
   특별주문매출                               3,000단위 × P

증분비용
   변동원가 증가     ₩370 × 3,000단위 =     ₩(1,110,000)
   기존판매 포기     ₩125 × 1,200단위 =     (150,000)

증분이익                            3,000P - ₩1,260,000 ≥ 0

∴ P ≥ ₩420이므로, 단위당 최저판매가격은 ₩420이다.

**17** ③ (1) 제품별 기계소요시간당 공헌이익

|  | 제품 A | 제품 B | 제품 C |
|---|---|---|---|
| 단위당 판매가격 | ₩73 | ₩87 | ₩84 |
| 단위당 변동원가 | 43 | 47 | 48 |
| 단위당 공헌이익 | ₩30 | ₩40 | ₩36 |
| 단위당 기계소요시간 | ÷ 1.25시간 | ÷ 2.5시간 | ÷ 1.8시간 |
| 기계소요시간당 공헌이익 | ₩24 | ₩16 | ₩20 |
| 우선순위 | 1순위 | 3순위 | 2순위 |

(2) 최적 제품배합

|  | 필요시간 | 잔여시간 |
|---|---|---|
| 제품 A | 1,000단위 × 1.25시간 = 1,250 | 12,400 |
| 제품 C | 3,000단위 × 1.80시간 = 5,400 | 7,000 |
| 제품 B | 2,800단위 × 2.50시간 = 7,000 | – |

**18** ④ 제품 F의 단위당 판매가격을 P라 한 후 증분손익을 구하면 다음과 같다.

증분수익
   제품 F 매출                      4,000P
   토지부담금 면제               ₩25,000
   고정판매비 절감               35,000         4,000P + ₩60,000

증분비용
   변동원가 증가     4,000단위 × ₩34 =    ₩(136,000)
   공헌이익 감소                 (80,000)
   판매비 증가      4,000단위 × ₩4 =     (16,000)      (232,000)

증분이익                            4,000P - ₩172,000 = 0

∴ P = ₩43

**19** ③

| | 제품 A | 제품 B | 제품 C | 재료소요량 |
|---|---|---|---|---|
| 단위당 판매가격 | ₩100 | ₩80 | ₩20 | |
| 공헌이익률 | 24% | 25% | 60% | |
| 공헌이익 | ₩24 | ₩20 | ₩12 | |
| 재료 사용량 | ÷ 3kg | ÷ 5kg | ÷ 2kg | |
| 재료당 공헌이익 | 8/kg | 4/kg | 6/kg | |
| 우선순위 | 1순위 | 3순위 | 2순위 | |
| 사전계약 물량 | 100단위 | 100단위 | 300단위 | 1,400kg |
| 추가생산 | 400단위 | - | 200단위 | 1,600kg |
| 총생산량 | 500단위 | 100단위 | 500단위 | 3,000kg |

∴ 최대 공헌이익: 500단위 × ₩24 + 100단위 × ₩20 + 500단위 × ₩12 = ₩20,000

**20** ②  (1) 보조부문 A 폐쇄

| | | |
|---|---|---|
| 증분수익 | | - |
| 증분비용 | | |
| 변동원가 절감 | ₩70,000 + ₩300,000 × 0.2 = | ₩130,000 |
| 외부구입비용 | 820단위[*1] × ₩150 = | (123,000) |
| 증분이익 | | ₩7,000 |

[*1] 기존필요량 - 자가소비량 - 상호용역수수량
= 1,000단위 - 1,000단위 × 0.1 - 1,000단위 × 0.4 × 0.2 = 820단위

∴ 단위당 최대지불가능금액: $\dfrac{₩130,000}{820단위}$ = ₩158

(2) 보조부문 B 폐쇄

| | | |
|---|---|---|
| 증분수익 | | - |
| 증분비용 | | |
| 변동원가 절감 | ₩300,000 + ₩70,000 × 0.4 = | ₩328,000 |
| 외부구입비용 | 1,640단위[*2] × ₩200 = | (328,000) |
| 증분이익 | | - |

[*2] 기존필요량 - 자가소비량 - 상호용역수수량
= 2,000단위 - 2,000단위 × 0.1 - 2,000단위 × 0.2 × 0.4 = 1,640단위

∴ 단위당 최대지불가능금액: $\dfrac{₩328,000}{1,640단위}$ = ₩200

**21** ⑤

| | 제품 A | 제품 B |
|---|---|---|
| 단위당 판매가격 | ₩50 | ₩45 |
| 단위당 변동원가 | 40 | 30 |
| 단위당 공헌이익 | ₩10 | ₩15 |
| 기계시간 | ÷ 0.25시간 | ÷ 0.5시간 |
| 기계시간당 공헌이익 | ₩40 | ₩30 |
| 우선순위 | 1순위 | 2순위 |

1순위인 제품 A 120단위 생산에 필요한 시간은 "0.25시간 × 120단위 = 30시간"이므로,
잔여시간인 20시간으로 제품 B 40단위(= 20시간 ÷ 0.5시간)를 생산할 수 있다.
∴ 제품 A 120단위와 제품 B 40단위를 생산할 수 있다.

**22** ③

|  | 일반형 | 고급형 |
|---|---|---|
| 단위당 판매가격 | ₩42 | ₩64 |
| 단위당 변동원가 | 26 | 40 |
| 단위당 공헌이익 | ₩16 | ₩24 |
| 기계시간 | ÷ 1시간 | ÷ 2시간 ≤ 6,000시간 |
| 기계시간당 공헌이익 | ₩16 | ₩12 |
| 우선순위 | 1순위 | 2순위 |

(1) 여유시간

　① 일반형: 2,500단위 × 1시간 = 2,500시간

　② 고급형: 1,500단위 × 2시간 = 3,000시간

　최대 기계시간은 6,000시간이므로 현재 500시간의 여유시간이 존재한다.

(2) 특별주문으로 인한 기존판매 포기분

　특별주문 500단위 생산에 1,000시간이 필요하므로 부족한 500시간을 확보하기 위해서 고급형 250단위(= 500시간 ÷ 2시간)를 포기해야 한다.

(3) 증분손익

| 증분수익 | | |
|---|---|---|
| 　매출 증가 | 500단위 × ₩74 = | ₩37,000 |
| 증분비용 | | |
| 　변동원가 증가 | 500단위 × ₩40 = | (20,000) |
| 　기회비용 | 250단위 × ₩24 = | (6,000) |
| 증분이익 | | ₩11,000 |

∴ 특별주문을 수락할 경우 20×1년 3월 영업이익은 ₩11,000만큼 증가한다.


**23** ④

| 증분수익 | | |
|---|---|---|
| 　임대수익 증가 | | ₩24,000 |
| 증분비용 | | |
| 　$S_2$ 간접재료원가 절감 | | 80,000 |
| 　$S_2$ 감독자급여 절감 | ₩80,000 × 50% = | 40,000 |
| 　$S_1$ 간접재료원가 절감 | ₩560,000 × 20% = | 112,000 |
| 　용역구입비용 | 180단위* × ₩1,400 = | (252,000) |
| 증분이익 | | ₩4,000 |

* 용역구입 수량: 현재필요량 - 현재필요량 × 보조부문 간 상호용역수수율

= 200단위 - 200단위 × 50% × 20% = 180단위

**24** ② (1) 변동원가

① 단위당 변동원가: ₩240,000 ÷ 4,000개 = ₩60

② 묶음당 변동원가: ₩80,000 ÷ (4,000개/50개) = ₩1,000

(2) 특별주문수락 의사결정

| 증분수익 | | |
|---|---|---|
| 매출 증가 | 1,500개 × ₩130 = | ₩195,000 |
| 증분비용 | | |
| 변동원가 증가 | 1,500개 × ₩60 + 15묶음[*1] × ₩1,000 = | (105,000) |
| 500개 포기 기회비용 | | (60,000)[*2] |
| 증분이익 | | ₩30,000 |

[*1] 특별주문 묶음수: 1,500개 ÷ 100개 = 15묶음

[*2] 500개 × ₩200 - 500개 × ₩60 - (500개/50개) × ₩1,000 = ₩60,000

**25** ⑤ (1) 변경 전

| | 특수필터 | 일반필터 |
|---|---|---|
| 단위당 가격 | ₩500 | ₩300 |
| 단위당 변동원가 | 350 | 270 |
| 단위당 공헌이익 | ₩150 | ₩30 |

∴ 총공헌이익: ₩150 × 2,000개 + ₩30 × 6,000개 = ₩480,000

(2) 변경 후

단위당 변동판매관리비를 $x$라 하면 다음과 같다.

| | 특수필터 | 일반필터 |
|---|---|---|
| 단위당 가격 | ₩500 | ₩300 |
| 단위당 변동원가 | $300 + x$ | 270 |
| 단위당 공헌이익 | $₩200 - x$ | ₩30 |

⇒ $(₩200 - x) × 3,200$개 + ₩30 × 4,800개 = ₩480,000

∴ $x$ = ₩95

**26** ⑤ (1) 손익구조

| | |
|---|---|
| 단위당 판매가격 | ₩50 |
| 단위당 변동원가 | 20 |
| 단위당 공헌이익 | ₩30 |

(2) 영업이익의 감소

공헌이익 감소 + 변동원가

= 100단위 × ₩30 + 100단위 × ₩20 = ₩5,000

**별해**

불량품 수량 × 단위당 판매가격

= 100단위 × ₩50 = ₩5,000

**27** ② (1) 손익구조

| | A모델 | B모델 |
|---|---|---|
| 단위당 판매가격 | ₩600,000 | ₩720,000 |
| 단위당 변동원가 | 425,000 | 540,000 |
| 단위당 공헌이익 | ₩175,000 | ₩180,000 |
| 단위당 기계시간 | ÷ 5시간 | ÷ 6시간 |
| 기계시간당 공헌이익 | ₩35,000 | ₩30,000 |
| 우선순위 | 1순위 | 2순위 |

(2) 최적 생산배합
① A모델: 1,000단위 × 5시간 = 5,000시간
② B모델: 500단위 × 6시간 = 3,000시간


**28** ① (1) 특별주문으로 인한 B모델 판매 포기분
A모델 300단위 생산에 1,500시간이 필요하므로 부족한 1,500시간을 확보하기 위해서 B모델 250단위(= 1,500시간 ÷ 6시간)를 포기해야 한다.

(2) 최소판매가격

| 증분수익 | | |
|---|---|---|
| 매출 증가 | | $300x$ |
| 증분비용 | | |
| 변동원가 증가 | 300단위 × ₩425,000 = | ₩(127,500,000) |
| 판매비 증가 | 300단위 × ₩15,000 = | (4,500,000) |
| B모델 판매 포기 | 250단위 × ₩180,000 = | (45,000,000) |
| 증분이익 | | $300x - ₩177,000,000 ≥ 0$ |

∴ $x ≥ ₩590,000$이므로, 회사가 기존의 영업이익을 유지하면서 수락할 수 있는 최소판매가격은 ₩590,000이다.


**29** ② (1) 손익구조

| | |
|---|---|
| 단위당 판매가격 | ₩1,000 |
| 단위당 변동원가 | 620(= ₩200 + ₩300 + 0.5시간 × ₩240) |
| 단위당 공헌이익 | ₩380 |

(2) 여유조업도

| | |
|---|---|
| 최대조업도 | 8,000시간 |
| 경상조업도 | 6,000(= 8,000시간 × 0.75) |
| 여유조업도 | 2,000시간 |
| 단위당 시간 | ÷ 0.5 |
| 여유조업도 | 4,000개 |

∴ 5,000개의 특별주문을 수락하기 위하여 경상주문 1,000개 판매를 포기해야 한다.

(3) 기회비용
1,000개 × ₩380 = ₩380,000

**30** ⑤    증분수익

| | | |
|---|---|---|
| 매출 증가 | 5,000개 × ₩700 = | ₩3,500,000 |

증분비용

| | | |
|---|---|---|
| 변동원가 증가 | 5,000개 × ₩620 = | (3,100,000) |
| 기회비용 | 1,000개 × ₩380 = | (380,000) |
| 증분이익 | | ₩20,000 |

**31** ②    (1) 고정원가

$$\text{₩}57,500 + \frac{2,500단위}{500단위} \times \text{₩}2,000 + \frac{2,500단위}{100단위} \times \text{₩}500 = \text{₩}80,000$$

(2) 손익구조

| | |
|---|---|
| 단위당 판매가격 | ₩120 |
| 단위당 변동원가 | 70(= ₩20 + ₩30 + ₩20) |
| 단위당 공헌이익 | ₩50 |
| 고정원가 | ₩80,000 |

(3) 손익분기점 판매수량

$$\frac{\text{₩}80,000}{\text{₩}50} = 1,600단위$$

**32** ③    증분수익

| | | |
|---|---|---|
| 매출 증가 | 1,000단위 × ₩90 = | ₩90,000 |

증분비용

| | | |
|---|---|---|
| 변동원가 증가 | 1,000단위 × ₩70 = | (70,000) |
| 활동원가 증가 | 1,000단위 ÷ 250단위 × ₩2,000 = | (8,000) |
| | 1,000단위 ÷ 50단위 × ₩500 = | (10,000) |
| 증분이익 | | ₩2,000 |

**33** ⑤ (1) 보조부문 용역제공 현황

| 구분 | 배부기준 | 지원부서 | | 생산부서 | 합계 |
|---|---|---|---|---|---|
| | | 엔지니어링 | 전산 | 생산 | |
| 엔지니어링 | 가동시간 | – | 300시간 | 700시간 | 1,000시간 |
| 전산 | 가동시간 | 300시간 | – | 700시간 | 1,000시간 |
| 배분 전 원가 | | | | | |
| 변동원가 | | ₩10,000[*1] | ₩15,000[*2] | | |
| 고정원가 | | ₩2,000 | ₩3,000 | | |

[*1] 1,000시간 × ₩10 = ₩10,000
[*2] 1,000시간 × ₩15 = ₩15,000

(2) 외부구입 가동시간

1,000시간 - 1,000시간 × 30% × 30% = 910시간

(3) 증분손익

| | | |
|---|---|---|
| 증분수익 | | – |
| 증분비용 | | |
| 엔지니어링 변동원가 감소 | | ₩10,000 |
| 엔지니어링 고정원가 감소 | | 2,000 |
| 전산 변동원가 감소 | ₩15,000 × 30% = | 4,500 |
| 외부구입비용 | ₩12 × 910시간 = | (10,920) |
| 증분이익 | | ₩5,580 |

**34** ③ (1) 제품별 기계소요시간당 공헌이익

| | A제품 | B제품 | C제품 | D제품 |
|---|---|---|---|---|
| 단위당 판매가격 | ₩500 | ₩350 | ₩500 | P |
| 단위당 변동원가 | 200 | 100 | 100 | ₩300 |
| 단위당 공헌이익 | ₩300 | ₩250 | ₩400 | P - ₩300 |
| 단위당 기계소요시간 | ÷ 2시간 | ÷ 1시간 | ÷ 2시간 | ÷ 4시간 |
| 기계소요시간당 공헌이익 | ₩150 | ₩250 | ₩200 | |
| 우선순위 | 3순위 | 1순위 | 2순위 | |

(2) 최적 제품배합

| | 필요시간 | 잔여시간 |
|---|---|---|
| B제품 | 270개 × 1시간 = 270 | |
| | | 180 |
| C제품 | 40개 × 2시간 = 80 | |
| | | 100 |
| A제품 | 50개 × 2시간 = 100 | |
| | | – |

(3) D제품의 단위당 최소판매가격(P)

D제품의 기계소요시간당 공헌이익은 A제품의 기계소요시간당 공헌이익보다 커야 한다.

$$\frac{P - ₩300}{4시간} ≥ ₩150, \ P ≥ ₩900$$

**35** ① (1) 제품별 기계시간당 공헌이익

|  | A | B | C |
|---|---|---|---|
| 판매가격 | ₩40 | ₩50 | ₩70 |
| 직접재료원가 | 9 | 12 | 18 |
| 직접노무원가 | 11 | 14 | 16 |
| 기계가동 | 2[*1] | 4[*1] | 5[*1] |
| 품질검사 | 8[*2] | 4[*2] | 12[*2] |
| 재료처리 | 6[*3] | 12[*3] | 12[*3] |
| 공헌이익 | ₩4 | ₩4 | ₩7 |
| 기계시간 | ÷ 0.4시간 | ÷ 0.8시간 | ÷ 1시간 |
| 기계시간당 공헌이익 | ₩10 | ₩5 | ₩7 |
| 우선순위 | 1순위 | 3순위 | 2순위 |

[*1] A: 0.4시간 × ₩5 = ₩2
  B: 0.8시간 × ₩5 = ₩4
  C: 1시간 × ₩5 = ₩5
[*2] A: 10시간 × ₩0.8 = ₩8
  B: 5시간 × ₩0.8 = ₩4
  C: 15시간 × ₩0.8 = ₩12
[*3] A: 5kg × ₩1.2 = ₩6
  B: 10kg × ₩1.2 = ₩12
  C: 10kg × ₩1.2 = ₩12

(2) 최적 제품배합

|  | 필요시간 | 잔여시간 |
|---|---|---|
| A | 12,000단위 × 0.4시간 = 4,800 | 5,200 |
| C | 5,200단위 × 1시간 = 5,200 | - |

∴ 회사의 영업이익을 극대화할 수 있는 최적 제품배합: 제품 A 12,000단위, 제품 C 5,200단위


**36** ④ (1) 손익구조

| 단위당 판매가격 | ₩1,368(= ₩1,600 × 90% × 95%) |
|---|---|
| 단위당 변동원가 | 1,050(= ₩600 + ₩500 × 90%) |
| 단위당 공헌이익 | ₩318 |
| 고정원가 | ₩2,544,000(= ₩1,240,000 + ₩1,304,000) |

(2) 투입량기준 손익분기점 판매수량($x$)

₩318 × $x$ - ₩2,544,000 = ₩0
∴ $x$ = 8,000단위

(3) 산출량기준 손익분기점 판매수량
투입량 8,000단위에 대한 산출량: 8,000단위 × 90% × 95% = 6,840단위

**37** ③   (1) 불량률 낮출 경우 B공정 투입량

10,000개 × (10% − 7%) = 300개 증가

(2) 증분손익

| | | |
|---|---:|---:|
| 증분수익 | | |
| 매출 증가 | 300개 × 95% × ₩1,500 = | ₩427,500 |
| 증분비용 | | |
| B공정 변동원가 증가 | 300개 × ₩100 = | (30,000) |
| 추가비용 | | (150,000) |
| 증분이익 | | ₩247,500 |

**38** ①   (1) 목적함수

MAX: ₩3,000 × A + ₩1,000 × B

(2) 제약조건

① 명주: 1 × A + 1 × B ≤ 100kg

② 염료: 2 × A + 1 × B ≤ 150리터

③ 한복 B:       B ≤ 70단위

④ A, B ≥ 0

(3) 실행가능영역

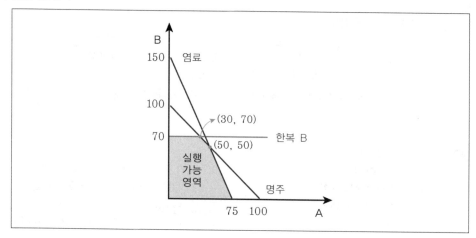

(4) 최적 해

(75, 0): ₩3,000 × 75단위 + ₩1,000 × 0단위 = ₩225,000(*)

(50, 50): ₩3,000 × 50단위 + ₩1,000 × 50단위 = ₩200,000

(30, 70): ₩3,000 × 30단위 + ₩1,000 × 70단위 = ₩160,000

(0, 70): ₩3,000 × 0단위 + ₩1,000 × 70단위 = ₩70,000

∴ 최적 제품배합에 의한 총공헌이익: ₩225,000

**39** ① **(1)** 특별주문수락 전 영업이익

600단위 × (₩5,000 - ₩3,000) = ₩1,200,000

**(2)** 특별주문수락 후 영업이익

① 공정별 생산량

B공정의 생산품은 외부로부터 구입할 수 있으나, C공정의 생산능력이 900단위이므로 공정별 생산량 자료는 다음과 같다.

| | A공정 | B공정 | C공정 |
|---|---|---|---|
| 자가생산 | 800단위[*] | 800단위 | 900단위 |
| 외부구입 | - | 100단위 | - |

[*] B공정의 부품을 외부로부터 구입하면 A공정은 100단위만큼 생산할 필요가 없다.

② 특별주문수락 후 영업이익

| | | | |
|---|---|---|---|
| 매출액 | | | |
| 　외부시장 | 500단위 × ₩5,000 = | ₩2,500,000 | |
| 　특별주문 | 400단위 × ₩4,000 = | 1,600,000 | ₩4,100,000 |
| 변동원가 | | | |
| 　A공정 | 800단위 × ₩500 = | ₩400,000 | |
| 　B공정 | 800단위 × ₩1,000 + 100단위 × ₩3,000 = | 1,100,000 | |
| 　C공정 | 900단위 × ₩1,500 = | 1,350,000 | 2,850,000 |
| 영업이익 | | | ₩1,250,000 |

∴ 특별주문수락 후 영업이익: ₩1,250,000 - ₩1,200,000 = ₩50,000 증가

---

**point**

B공정과 C공정이 제약공정이지만 B공정의 부품은 외부로부터 구입할 수 있으므로 C공정만이 제약공정이다. 또한, B공정에서 생산된 부품을 구입하는 경우 A공정과 B공정은 연속공정이므로 해당 수량만큼은 A공정 가공이 불필요하다.

---

**40** ④ **(1)** 회사 전체 변동원가

₩130,000 + ₩200,000 × 10% = ₩150,000

**(2)** 회사 전체 고정원가

₩62,000 - ₩200,000 × 10% = ₩42,000

**(3)** 회사 전체 및 각 사업부 손익계산서

| | 회사 전체 | 사업부 A | 사업부 B |
|---|---|---|---|
| 매출액 | ₩200,000 | ₩80,000 | ₩120,000 |
| 변동원가 | (150,000) | (48,000)[*1] | (102,000)[*1] |
| 공헌이익 | ₩50,000 | ₩32,000 | ₩18,000 |
| 고정원가 | (42,000) | (22,000)[*2] | (6,000)[*2] |
| 영업이익 | ₩8,000 | ₩10,000 | ₩12,000 |

[*1] A: ₩40,000 + ₩80,000 × 10% = ₩48,000

　　B: ₩90,000 + ₩120,000 × 10% = ₩102,000

[*2] 사업부별 회피가능고정원가

(4) 사업부 A의 공헌이익률과 손익분기매출액

① 공헌이익률: ₩32,000 ÷ ₩80,000 = 40%

② 손익분기매출액: $\dfrac{고정원가}{공헌이익률} = \dfrac{₩22,000}{0.4} = ₩55,000$

> **point**
>
> 경영관리 의사결정목적의 사업부문 손익계산서는 사업부문별 매출, 변동원가 및 회피가능고정원가를 기준으로 작성한다.

**41** ② (1) 제품별 손익구조

|  | 제품 A | 제품 B |
|---|---|---|
| 단위당 판매가격 | ₩120 | ₩80 |
| 단위당 변동원가 | 69 | 40 |
| 단위당 공헌이익 | ₩51 | ₩40 |
| 추적가능 고정원가 | ₩16 | ₩18 |

(2) 증분손익

증분수익

| 제품 B 변동원가 절감 | ₩40 × 60,000단위 = | ₩2,400,000 | |
|---|---|---|---|
| 제품 B 고정원가 절감 | ₩18 × 100,000단위 = | 1,800,000 | |
| 제품 A 판매 증가 | ₩51 × 15,000단위 = | 765,000 | ₩4,965,000 |

증분비용

| 제품 B 매출 감소 | ₩80 × 60,000단위 = | ₩4,800,000 | (4,800,000) |
|---|---|---|---|
| 증분이익 | | | ₩165,000 |

∴ 제품 B 생산 중단 시 증분이익: ₩165,000

> **point** 특정 제품라인폐지 시 타제품 판매 감소
>
> 제품 B 생산을 중단한다면 제품 B 60,000단위에 대한 공헌이익이 감소한다. 또한, 단위당 고정원가는 최대조업도인 100,000단위를 기준으로 설정되므로 100,000단위에 대한 회피가능한 고정원가가 감소한다.

**42** ④ (1) 기존판매량 500단위 포기

증분수익

| 특별주문매출 | 1,000단위 × ₩30 = | ₩30,000 |
|---|---|---|

증분비용

| 추가생산 | 1,000단위 × (₩22[*1] + ₩1[*2]) = | (23,000) |
|---|---|---|
| 기존판매 포기 | 500단위 × (₩40 - ₩24[*3]) = | (8,000) |
| 증분손실 | | ₩(1,000) |

[*1] ₩12 + ₩5 + ₩5 = ₩22

[*2] ₩2 × 0.5 = ₩1

[*3] ₩12 + ₩5 + ₩5 + ₩2 = ₩24

(2) 외부구입 후 판매

| 증분수익 | | |
|---|---|---|
| 특별주문매출 | 1,000단위 × ₩30 = | ₩30,000 |
| 증분비용 | | |
| 자가생산 | 500단위 × (₩22 + ₩1) = | (11,500) |
| 외부구입 | 500단위 × (₩25 + ₩1) = | (13,000) |
| 증분이익 | | ₩5,500 |

∴ 외부로부터 구입하는 것이 유리하며, 이때 증분이익은 ₩5,500이다.

---

**point 기존판매 감소 또는 외부구입 후 판매**

특별주문을 수락하기 위하여 기존판매를 포기하거나 외부로부터 구입 후 판매하는 두 대안 중 선택해야 한다. 또한, 외부로부터 구입하는 경우 변동판매비를 추가로 고려해야 한다.

---

**43** ③ (1) 기존판매량 포기

주문량 - 여유조업도

= 3,000단위 - (10,000단위 - 7,500단위) = 500단위

(2) 단위당 변동제조간접원가

고정제조원가와 단위당 변동제조간접원가를 각각 a, b라 한 후 정리하면 다음과 같다.

- 최대조업도: ₩2,030,000 = a + b × 8,000단위
- 최저조업도: ₩1,755,000 = a + b × 5,500단위

⇒ 단위당 변동제조간접원가(b) = ₩110

(3) 단위당 변동제조원가

₩80 + ₩120 + ₩110 = ₩310

(4) 특별주문의사결정

| 증분수익 | | |
|---|---|---|
| 매출 | ₩350 × 3,000단위 = | ₩1,050,000 |
| 증분비용 | | |
| 변동제조원가 증가 | ₩310 × 3,000단위 = | (930,000) |
| 기존판매 포기 | 500단위 × (₩400 - ₩310) = | (45,000) |
| 증분이익 | | ₩75,000 |

---

**point**

관련원가분석은 변동원가와 고정원가 구분이 선행되어야 하며 고저점법을 이용하여 단위당 변동제조간접원가를 구할 수 있다.

---

**44** ④ 증분수익

| | | |
|---|---|---|
| 매출 증가 | ₩2,500 × 150단위 = | ₩375,000 |
| 기존판매 감소 | (₩3,000 - ₩700 - ₩1,000) × 50단위 = | (65,000) ₩310,000 |

증분비용

| | | |
|---|---|---|
| 변동원가 증가(자가생산) | (₩700 + ₩1,000) × 100단위 = | (170,000) |
| 변동원가 증가(외부구입) | (₩1,500 + ₩1,000) × 50단위 = | (125,000) (295,000) |

증분이익 ₩15,000

---

**point**

공정 A와 공정 B 모두 제약공정이지만 공정 A의 부품은 외부로부터 구입할 수 있어 공정 B만 제약공정이다. 공정 B의 여유능력은 100단위이므로 150단위를 추가로 생산하기 위해서 기존 50단위 판매를 포기해야 한다. 또한, 공정 A의 부품을 외부로부터 구입하는 경우 구입원가를 별도로 고려해야 한다.

---

**45** ③ (1) 손익구조

| | |
|---|---|
| 단위당 판매가격 | ₩1,000 |
| 단위당 변동원가 | 600 |
| 단위당 공헌이익 | ₩400 |

| | |
|---|---|
| 최대생산량 | 8,000 단위 |
| 현재판매량 | 7,000 |
| 여유조업도 | 1,000 단위 |

(2) 특별주문수락 의사결정

증분수익

| | |
|---|---|
| 매출 | 2,000단위 × P |

증분비용

| | | |
|---|---|---|
| 변동원가 감소 | ₩600 × 2,000단위 = | ₩(1,200,000) |
| 기존판매 포기 | ₩400 × 1,000단위 = | (400,000) |

증분이익 2,000P - ₩1,600,000 ≥ 0

∴ 단위당 최저판매가격(P): ₩800

---

**point**

여유조업도는 1,000단위이므로 특별주문 수량 2,000단위를 수락하기 위하여 기존판매량 중 1,000 단위를 포기해야 한다.

---

**46** ②  증분수익

| | | |
|---|---|---|
| 제품 B 생산 | ₩5,000 - ₩3,000 = | ₩2,000 |
| 증분비용 | | |
| 변동원가 감소 | | 10,000 |
| 감독자급여 감소 | | 3,000 |
| 구입비용 | ₩18 × 1,000단위 = | (18,000) |
| 증분손실 | | ₩(3,000) |

> **point**
>
> 외부구입의 경우 변동원가 및 일부 고정원가를 절감할 수 있으므로 고정원가 중 절감할 수 있는 원가를 파악하고, 여유설비를 활용하여 임대수익 또는 타제품에 활용하여 얻을 수 있는 수익도 고려해야 한다.

**47** ④  증분수익

| | | |
|---|---|---|
| 공헌이익 증가 | | ₩240,000 |
| 증분비용 | | |
| 변동제조원가 감소 | ₩93 × 10,000개 = | 930,000 |
| 감독관급여 감소 | ₩40 × 10,000개 = | 400,000 |
| 구입금액 | ₩P × 10,000개 = | (10,000P) |
| 증분이익 | | ₩1,570,000 - 10,000P = 0 |

∴ 외부공급업체가 제시한 부품 A의 1단위당 금액(P): ₩157

> **point**
>
> 자가제조를 중단하는 경우 고정원가 중 회피가능원가를 고려해야 하며 해당 설비를 임대하거나 타제품 생산에 활용하여 수익을 창출할 수 있다.

**회계사 · 세무사 · 경영지도사 단번에 합격!**
**해커스 경영아카데미 cpa.Hackers.com**

# 제11장

# 대체가격결정

핵심 이론 요약

객관식 연습문제

정답 및 해설

# 핵심 이론 요약

## 01 의의

| 대체거래(이전거래) | 사업부 간에 이루어지는 내부거래 |
|---|---|
| 대체가격(이전가격) | 사업부 간에 거래되는 재화나 용역의 가격 |

## 02 대체가격결정 시 고려사항

(1) 목표일치성

(2) 성과평가

(3) 자율성

(4) 공공기관에 대한 재정관리

## 03 대체가격의 실제적 적용방법

(1) 시장가격기준

다음 조건이 충족되면 가장 이상적인 기준이다.

① 완전경쟁시장

② 가격정보입수 용이

③ 자율성 보장

(2) 변동(전부)원가기준

① 실제원가를 적용한다면 공급사업부의 비능률적인 요소가 구매사업부로 전가되므로, 표준원가 또는 예산원가로 설정해야 함

② 대체로 인한 증분이익이 구매사업부로 이전되므로, 원가에 일정액을 가산하는 원가가산기준이 필요함

(3) 협상가격기준

사업부 간의 협상을 통하여 대체가격을 결정하는 것을 말한다.

## 04 대체가격의 일반적 지침

**(1) 공급사업부:** 판매행위(매출 ⇒ 최소대체가격)

$$\text{최소대체가격} = \text{단위당 증분원가} + \text{대체 시 단위당 기회원가}^{*1}$$

[*1] ① 여유조업도가 없는 경우: 외부판매기회 포기 또는 설비 확보에 필요한 지출
     ② 여유조업도가 있는 경우: 여유조업도 활용수익(임대수익, 타제품 생산 활용)

**(2) 구매사업부:** 구매행위(매입 ⇒ 최대대체가격)

$$\text{최대대체가격} = \text{Min}[\text{단위당 지불가능금액}^{*2}, \text{단위당 외부구입가격}^{*3}]$$

[*2] 추가가공 후 판매하는 경우: 최종판매가격 - 추가원가

[*3] 구매사업부는 외부구입기회가 있으므로 내부대체 시 외부구입가격과 비교해야 한다.

## 05 대체거래가 회사 전체 이익에 미치는 영향

$$\text{대체로 인한 회사 전체 이익} = \text{대체수량} \times (\text{최대대체가격} - \text{최소대체가격})$$

## 06 일반적인 가격결정모형

**(1) 경제학적 접근방법**

이익이 극대화되는 수량은 증분개념을 이용한 한계수익과 한계비용이 일치하는 점이다.

**(2) 회계학적 접근방법**

① 제조원가접근법(전부원가접근법)

$$\text{가격} = \text{단위당 전부원가} + \text{단위당 전부원가} \times \frac{\text{판매관리비} + \text{목표이익}}{\text{전부원가}}$$

② 변동원가접근법

$$\text{가격} = \text{단위당 변동원가} + \text{단위당 변동원가} \times \frac{\text{고정원가} + \text{목표이익}}{\text{변동원가}}$$

③ 총원가접근법

$$\text{가격} = \text{단위당 총원가} + \text{단위당 총원가} \times \frac{\text{목표이익}}{\text{총원가}}$$

# 객관식 연습문제

★ : 꼭 풀어봐야 할 필수문제
☑ : 심화된 내용을 학습할 수 있는 고급문제

★
**01** (주)서울은 분권화된 사업부 甲과 乙을 이익중심점으로 설정하고 있다. 사업부 甲에서 생산되는 제품 A는 사업부 乙에 대체하거나 외부시장에 판매할 수 있으며, 관련 원가자료가 다음과 같이 제시되어 있다.

| | |
|---|---|
| • 단위당 외부판매가격 | ₩45 |
| • 단위당 변동원가 | 30(변동판매관리비 포함) |
| • 연간 고정원가 | 1,000,000 |
| • 연간 최대생산능력 | 100,000단위 |

사업부 乙은 제품 A를 주요부품으로 사용하여 완제품을 생산하고 있으며, 공급처는 자유로이 선택할 수 있다. 현재 사업부 甲은 100,000단위의 제품 A를 생산하여 전부 외부시장에 판매하고 있으며, 사업부 乙에서는 연간 50,000단위의 제품 A를 단위당 ₩42의 가격으로 외부공급업자로부터 구입하고 있다. 만일 사업부 甲이 제품 A를 사업부 乙에 사내대체한다면 단위당 ₩8의 판매비와 관리비를 절감할 수 있다고 할 때, 제품 A의 사내대체가격 범위를 결정하시오.    [세무사 01]

① ₩15과 ₩22 사이      ② ₩22과 ₩30 사이      ③ ₩30과 ₩37 사이
④ ₩37과 ₩42 사이      ⑤ ₩42과 ₩45 사이

**02** (주)대한은 무선비행기 생산부문과 엔진 생산부문으로 구성되어 있다. 엔진 생산부문에서는 무선비행기 생산에 사용하는 엔진을 자체생산하며, 엔진 1개당 ₩100의 변동원가가 발생한다. 외부업체가 (주)대한의 무선비행기 생산부문에 연간 사용할 20,000개의 엔진을 1개당 ₩90에 납품하겠다고 제의했다. 이 외부납품 엔진을 사용하면 무선비행기 생산부문에서는 연간 ₩100,000의 고정원가가 추가로 발생한다. 엔진 생산부문은 자체생산 엔진을 외부에 판매하지 못한다. 각 부문이 부문이익을 최대화하기 위하여 자율적으로 의사결정을 한다면 사내대체가격의 범위에 대한 설명으로 옳은 것은?    [세무사 09]

① 사내대체가격이 ₩85에서 ₩100 사이에 존재한다.
② 사내대체가격이 ₩90에서 ₩100 사이에 존재한다.
③ 사내대체가격이 ₩95에서 ₩100 사이에 존재한다.
④ 사내대체가격의 범위는 존재하지 않는다.
⑤ 엔진 생산부문 사내대체가격의 하한은 ₩95이다.

**03** 경성회사는 A, B 두 개의 사업부를 가지고 있다. 사업부 A는 부품을 생산하여 사업부 B에 대체하거나 외부에 판매할 수 있다. 완제품을 생산하는 사업부 B는 부품을 사업부 A에서 매입하거나 외부시장에서 ₩8,500에 매입할 수 있다. 사업부 A와 B의 단위당 자료는 다음과 같다.

| 사업부 A | | 사업부 B | |
|---|---|---|---|
| 부품의 외부판매가격 | ₩9,000 | 최종제품의 외부판매가격 | ₩20,000 |
| 변동원가 | 6,000 | 추가변동원가 | 3,000 |
| 고정원가 | 2,000 | 고정원가 | 5,000 |

A, B 두 사업부 사이의 대체가격결정과 관련된 다음의 설명 중 옳은 것은?  [세무사 98]

① 사업부 A는 부품을 외부에 단위당 ₩9,000에 팔 수 있으므로 사업부 B에 ₩9,000 이하로 공급해서는 안 된다.

② 사업부 A에 유휴생산능력이 있을 때에는 ₩6,000 ~ ₩9,000의 범위 내에서 어떤 대체가격을 결정하느냐에 따라 회사 전체의 이익이 영향을 받는다.

③ 사업부 A에 유휴생산능력이 없으며 사업부 B가 외부에서 부품을 단위당 ₩8,500에 매입할 수 있더라도 회사 전체의 이익을 위해서 두 사업부는 거래를 해야 한다.

④ 사업부 B가 사업부 A 이외에서 부품을 구입할 수 없다면 사업부 A는 유휴생산능력이 없더라도 외부판매를 줄이고 B사업부에 부품을 판매하는 것이 회사 전체의 이익에 도움이 된다.

⑤ 사업부 B는 사업부 A로부터 부품을 단위당 ₩12,000 이하로 매입하면 이익을 얻을 수 있으므로 ₩12,000 이하의 가격으로 사내대체하는 것이 유리하다.

**04** 홍익회사는 두 개의 사업부 X와 Y로 이루어져 있다. X사업부는 부품을 생산하여 이를 Y사업부와 기업 외부에 판매하고 있다. 사업부 간의 대체가격은 단위당 변동제조원가와 기회비용의 합을 기초로 하여 결정된다. 다음은 X사업부의 생산 및 판매에 관한 자료이다.

| 최대조업도 | 월 4,000단위 |
|---|---|
| 단위당 시장판매가격 | ₩2,000 |
| 단위당 변동제조원가 | 800 |
| 단위당 고정제조원가 | 200(4,000단위 기준) |

X사업부가 기업 외부에 월 3,600단위를 확실하게 판매할 수 있는 상황에서 Y사업부가 월 1,000단위의 부품을 꼭 대체해 줄 것을 요청해 온 경우, 다음 중 X사업부가 요구해야 할 최소한의 단위당 대체가격은 얼마인가? (단, Y사업부도 이를 기업 외부에서 구입하는 경우에는 단위당 ₩2,000을 지급하고 있다)

① ₩800  ② ₩1,280  ③ ₩1,300
④ ₩1,520  ⑤ ₩2,000

★
**05** (주)세무는 사업부 A와 사업부 B를 이익중심점으로 운영하고 있다. 사업부 B는 사업부 A에 고급형 제품 X를 매월 10,000단위 공급해 줄 것을 요청하였다. 사업부 A는 현재 일반형 제품 X를 매월 50,000단위 생산·판매하고 있으나, 고급형 제품 X를 생산하고 있지 않다. 회계부서의 원가분석에 의하면 고급형 제품 X의 단위당 변동제조원가는 ₩120, 단위당 포장 및 배송비는 ₩10으로 예상된다. 사업부 A가 고급형 제품 X 한 단위를 생산하기 위해서는 일반형 제품 X 1.5단위의 생산을 포기하여야 한다. 일반형 제품 X는 현재 단위당 ₩400에 판매되고 있으며, 단위당 변동제조원가와 단위당 포장 및 배송비는 각각 ₩180과 ₩60이다. 사업부 A의 월 고정원가 총액은 사업부 B의 요청을 수락하더라도 변동이 없을 것으로 예상된다. 사업부 A가 현재와 동일한 월간 영업이익을 유지하기 위해서는 사업부 B에 부과해야 할 고급형 제품 X 한 단위당 최소판매가격은 얼마인가? (단, 사업부 A의 월초재고 및 월말재고는 없다)                              [세무사 14]

① ₩220  ② ₩270  ③ ₩290
④ ₩370  ⑤ ₩390

**06** (주)세무는 분권화된 A사업부와 B사업부가 있다. A사업부는 반제품 M을 최대 3,000단위 생산할 수 있으며, 현재 단위당 판매가격 ₩600으로 2,850단위를 외부에 판매하고 있다. B사업부는 A사업부에 반제품 M 300단위를 요청하였다. A사업부 반제품 M의 단위당 변동원가는 ₩300(변동판매관리비는 ₩0)이며, 사내대체를 하여도 외부판매가격과 단위당 변동원가는 변하지 않는다. A사업부는 사내대체를 전량 수락하든지 기각하여야 하며, 사내대체 수락 시 외부시장 판매를 일부 포기하여야 한다. A사업부가 사내대체 전 이익을 감소시키지 않기 위해 제시할 수 있는 최소사내대체가격은? [세무사 16]

① ₩350                      ② ₩400                          ③ ₩450

④ ₩500                      ⑤ ₩550

**07** 대한회사의 부품생산부문은 최대생산량인 360,000단위를 생산하여 외부시장에 전량 판매하고 있다. 부품생산부문의 관련 정보는 다음과 같다.

| 단위당 외부판매가 | ₩100 |
| --- | --- |
| 단위당 변동제조원가 | 58 |
| 단위당 변동판매비 | 8 |
| 단위당 고정제조원가 | 14 |
| 단위당 고정관리비 | 10 |

단위당 고정원가는 최대생산량 360,000단위 기준의 수치이다. 부품생산부문의 이익을 극대화시키기 위해 사내대체를 허용할 수 있는 단위당 최소사내대체가격은 얼마인가? (단, 사내대체물에 대해서는 변동판매비가 발생하지 않는다) [세무사 08]

① ₩58                       ② ₩66                           ③ ₩90

④ ₩92                       ⑤ ₩100

**08** (주)서울은 A사업부와 B사업부를 운영하고 있다. A사업부는 매년 B사업부가 필요로 하는 부품 1,000개를 단위당 ₩2,000에 공급한다. 동 부품의 단위당 변동원가는 ₩1,900이며 단위당 고정원가는 ₩200이다. 다음 연도부터 A사업부가 부품 단위당 공급가격을 ₩2,200으로 인상할 계획을 발표함에 따라, B사업부도 동 부품을 외부업체로부터 단위당 ₩2,000에 구매하는 것을 고려하고 있다. B사업부가 외부업체로부터 부품을 단위당 ₩2,000에 공급받는 경우 A사업부가 생산설비를 다른 생산활동에 사용하면 연간 ₩150,000의 현금운영원가가 절감된다. [회계사 06]

(1) A사업부가 부품을 B사업부에 공급하는 경우, 대체가격(transfer price)은 얼마인가? (단, 대체가격은 대체시점에서 발생한 단위당 증분원가와 공급사업부의 단위당 기회원가의 합계로 결정한다)

(2) B사업부가 부품을 외부업체로부터 공급받는 경우, (주)서울의 연간 영업이익 증가(감소)는 얼마인가?

|   | (1) | | (2) | |
|---|---|---|---|---|
| ① | 대체가격 | ₩2,050 | 영업이익 감소 | ₩50,000 |
| ② | 대체가격 | ₩2,050 | 영업이익 증가 | ₩50,000 |
| ③ | 대체가격 | ₩2,100 | 영업이익 감소 | ₩200,000 |
| ④ | 대체가격 | ₩2,100 | 영업이익 증가 | ₩50,000 |
| ⑤ | 대체가격 | ₩2,200 | 영업이익 증가 | ₩100,000 |

**09** 서울회사는 분권화된 사업부 A와 사업부 B를 이익중심점으로 설정하고 있다. 사업부 A는 중간제품을 생산하고 있는데, 연간 생산량의 20%를 사업부 B에 대체하고 나머지는 외부시장에 판매하고 있다. 사업부 A의 연간 최대생산능력은 10,000단위로서 전량을 외부시장에 판매할 수 있다. 사업부 A에서 생산되는 중간제품의 변동제조원가는 단위당 ₩450이며, 외부판매 시에만 변동판매비와 관리비가 단위당 ₩10이 발생한다. 고정원가는 생산량·판매량에 상관없이 항상 일정한 금액으로 유지된다. 사업부 A는 그동안 사업부 B에 대체해 오던 2,000단위의 중간제품을 내년도부터 단위당 ₩750의 가격으로 외부시장에 판매할 수 있게 되었다. 또한 사업부 B는 중간제품을 외부공급업자로부터 단위당 ₩820의 가격으로 구입할 수 있다. 서울회사는 사업부 경영자들에게 판매처 및 공급처를 자유로이 선택할 수 있는 권한을 부여하고 있다. 만일, 사업부 A가 사업부 B에 대체해 오던 중간제품 2,000단위를 외부시장에 판매하고 사업부 B는 외부공급업자로부터 구입한다면, 기존의 정책에 비하여 회사 전체의 입장에서는 어떤 변화가 초래되겠는가? [세무사 00]

① ₩140,000의 이익 감소를 초래한다.
② ₩160,000의 이익 감소를 초래한다.
③ ₩160,000의 이익 증가를 초래한다.
④ ₩140,000의 이익 증가를 초래한다.
⑤ 개별 사업부의 이익수치가 달라질 뿐, 회사 전체의 이익에는 변동이 초래되지 않는다.

**10** 서울회사는 X사업부와 Y사업부로 구성되어 있다. X사업부가 생산된 부품을 전량 판매하기 위한 변동제조원가와 변동판매비는 각각 단위당 ₩1,650과 ₩200이다. X사업부가 Y사업부에 부품을 판매할 경우 변동판매비를 단위당 ₩60씩 절감할 수 있다. Y사업부는 부품을 X사업부나 외부로부터 구입할 수 있으며, 외부구입 시 단위당 ₩2,100이 소요된다. 내부대체 여부와 상관없이 기업 전체의 입장에서 이익이 동일하게 발생한다면 부품의 단위당 외부판매가격은 얼마이겠는가? [회계사 97]

① ₩1,790
② ₩1,850
③ ₩2,100
④ ₩2,160
⑤ ₩2,240

(주)한국의 분권화된 사업부 A와 사업부 B는 이익중심점으로 설정되어 있다. 사업부 A는 중간제품 P를 생산하고 있다. 사업부 B는 (주)한국의 전략적 고려에 따라 지역적으로 접근이 어려운 고립지에서 중간제품 P를 이용하여 완제품 Q를 생산하며, 생산한 모든 완제품 Q를 고립지의 도매상에 납품하고 있다. 사업부 A와 사업부 B의 생산 관련 자료는 다음과 같다.

| 구분 | 사업부 A | 사업부 B |
|---|---|---|
| 단위당 변동제조원가 | ₩20 | ₩70 |
| 총고정제조원가 | ₩36,000 | ₩50,000 |
| 연간 시장판매량 | 12,000개 | 2,000개 |
| 연간 생산가능량 | 12,000개 | 3,000개 |

사업부 A가 생산·판매하는 중간제품 P의 시장가격은 ₩30이다. 그러나 사업부 B는 지역적으로 고립된 곳에 위치하여 중간제품 P를 지역 내 생산업자로부터 1개당 ₩50에 구매하고 있으며, 이 구매가격은 사업부 B의 단위당 변동제조원가 ₩70에 포함되어 있다. 완제품 Q를 1개 생산하기 위하여 중간제품 P는 1개가 사용되며, 두 사업부의 연간 시장판매량은 항상 달성가능한 것으로 가정한다.

**11** 최근 (주)한국은 사업부 B가 위치한 고립지로의 교통이 개선됨에 따라서 중간제품 P의 사내대체를 검토하기 시작하였다. 사업부 A가 사내대체를 위하여 사업부 B로 중간제품 P를 배송할 경우, 중간제품 1개당 ₩8의 변동배송원가를 사업부 A가 추가로 부담하게 된다. 사업부 B가 생산에 필요한 2,000개의 중간제품 P 전량을 사업부 A에서 구매한다고 할 때, 사내대체와 관련된 사업부 A의 기회원가와 사업부 A가 사내대체를 수락할 수 있는 최소대체가격은 얼마인가?

| | 기회원가 | 최소대체가격 |
|---|---|---|
| ① | ₩0 | ₩28 |
| ② | ₩4,000 | ₩28 |
| ③ | ₩4,000 | ₩38 |
| ④ | ₩20,000 | ₩30 |
| ⑤ | ₩20,000 | ₩38 |

**12** 사업부 B는 사업부 간의 협의 끝에 개당 ₩39의 가격으로 최대 3,000개까지 중간제품 P를 사업부 A에서 공급받게 되었다. 이에 따라 지역 내 생산업자로부터의 구매는 중단되었다. 사업부 B가 생산하여 판매하는 완제품 Q의 시장가격은 현재 ₩120이다. 최근 사업부 B는 인근지역의 지방정부로부터 완제품 Q를 ₩100의 가격에 1,000개 구매하고 싶다는 제안을 받았다. 이 특별주문을 수락할 경우, 사업부 B의 영업이익에 미치는 영향과 사업부 B의 기회원가는 각각 얼마인가?

| | 영업이익의 증감 | 기회원가 |
|---|---|---|
| ① | ₩20,000 감소 | ₩61,000 |
| ② | ₩41,000 감소 | ₩61,000 |
| ③ | ₩20,000 감소 | ₩41,000 |
| ④ | ₩30,000 증가 | ₩0 |
| ⑤ | ₩41,000 증가 | ₩0 |

**13** (주)세무는 이익중심점으로 지정된 A, B 두 개의 사업부로 구성되어 있다. A사업부는 부품을 생산하고, B사업부는 부품을 추가가공하여 완제품을 생산하여 판매한다. A사업부의 부품 최대생산능력은 5,000단위이고, 단위당 변동원가는 ₩100이다. A사업부는 부품의 단위당 판매가격을 ₩200으로 책정하여 외부에 3,000단위 판매하거나 단위당 판매가격을 ₩180으로 책정하여 외부에 4,000단위 판매할 수 있을 것으로 기대한다. 다만, A사업부가 외부시장에서 2가지 판매가격을 동시에 사용할 수는 없다. 이 같은 상황에서 B사업부가 A사업부에게 부품 2,000단위를 내부대체해 줄 것을 요청하였다. 2,000단위를 전량 대체하는 경우 A사업부의 단위당 최소대체가격은? [세무사 19]

① ₩80  　　　② ₩100  　　　③ ₩110
④ ₩120  　　　⑤ ₩180

※ 다음은 14 ~ 15에 관한 자료이다.

(주)한국은 분권화된 사업부 A와 사업부 B를 이익중심점으로 설정하고 있다. 사업부 A는 중간제품을 생산하고 있는데, 생산량 전량을 사업부 B에 대체하고 사업부 B는 대체된 부품을 이용하여 최종제품을 생산·판매하고 있다. 또한 사업부 B는 중간제품을 외부공급업자로부터 단위당 ₩400의 가격으로 구입할 수 있다. 사업부 A와 사업부 B의 생산 관련 자료는 다음과 같다.

| 구분 | 사업부 A | 사업부 B |
|---|---|---|
| 단위당 판매가격 | - | ₩700 |
| 단위당 변동제조원가 | ₩300 | 200(추가분) |
| 생산수량 | 6,000단위 | 6,000단위 |
| 생산가능량 | 10,000 | 6,000 |

한편, 사업부 A는 7,000단위의 중간제품을 단위당 ₩450의 가격으로 구입한다는 특별주문을 받았다.

**14** 사업부 A가 특별주문을 수락한다면 회사 전체의 입장에서 영업이익 증감액을 구하시오.

① ₩450,000 감소    ② ₩450,000 증가    ③ ₩500,000 증가

④ ₩650,000 증가    ⑤ ₩750,000 증가

**15** 사업부 A가 특별주문을 수락하고자 한다. 이와 같은 상황에서 6,000단위에 대한 최소대체가격을 구하시오.

① ₩475    ② ₩700    ③ ₩800

④ ₩850    ⑤ ₩900

**16** (주)무역은 칠레에서 와인을 생산하여 한국에서 판매한다. 칠레에는 와인의 생산사업부가, 한국에는 와인의 판매사업부가 존재한다. 한국과 칠레의 법인세율은 각각 20%와 10%이며, 한국은 칠레산 와인 수입에 대해 15%의 관세를 부과해왔다고 가정한다. 관세는 판매사업부가 부담하며, 당해 연도에 수입된 와인은 당해 연도에 모두 판매된다. 와인 생산과 관련된 단위당 변동원가와 단위당 전부원가는 각각 ₩1,000과 ₩4,000이다. 생산된 와인은 원화가격 ₩5,000에 상당하는 가격으로 칠레에서 판매 가능하며 수요는 무한하다. 판매사업부는 한국에서 이 와인을 ₩10,000에 판매하고 있으며, 국내에서 다른 도매업체로부터 동일한 와인을 ₩7,000에 필요한 양만큼 공급받을 수 있다. 한편 한국과 칠레는 FTA를 체결하고 양국 간 관세를 철폐하기로 했다. (주)무역의 세후이익을 극대화시키는 대체가격(transfer price)은 FTA 발효 이후에 발효 이전보다 얼마나 증가(또는 감소)하는가? (단, 두 나라의 세무당국은 세금을 고려하지 않았을 때 각 사업부가 이익을 극대화하기 위해 주장하는 범위 내의 가격만을 적정한 대체가격으로 인정한다. 또한 대체거래 여부에 관계없이 각 사업부는 납부할 법인세가 존재한다) [회계사 13]

① ₩6,000 증가 ② ₩6,000 감소 ③ ₩2,000 증가
④ ₩2,000 감소 ⑤ 증감 없음

(1) (주)대한은 사업부 A와 B로 구성되어 있고, 각 사업부는 이익중심점으로 운영된다. 사업부 A는 동일한 기계를 이용하여 성능이 다른 두 종류의 제품 X와 Y를 생산하며, 각 제품과 관련된 자료는 다음과 같다.

| 항목 | 제품 X | 제품 Y |
|---|---|---|
| 단위당 판매가격 | ₩40 | ₩7 |
| 단위당 직접재료원가 | ₩5 | ₩2 |
| 단위당 기타 변동제조원가 | (단위당 1시간, 시간당 ₩10) ₩10 | (단위당 0.2시간, 시간당 ₩10) ₩2 |
| 연간 외부수요량 | 20,000단위 | 30,000단위 |

*상기 표에서 시간은 기계시간을 의미함

(2) 사업부 A의 연간 고정제조간접원가는 ₩200,000이고, 연간 이용 가능한 기계시간은 25,000시간이다.

(3) 사업부 B는 제품 Q를 생산한다. 제품 Q 1단위를 생산하기 위해서는 외부업체로부터 특수부품 S 1단위를 단위당 ₩40에 구매해야 한다. 제품 Q와 관련된 자료는 다음과 같다.

| 항목 | | 제품 Q |
|---|---|---|
| 단위당 판매가격 | | ₩100 |
| 단위당 직접재료원가 | 특수부품 S | ₩40 |
| | 일반부품 G | ₩10 |
| 단위당 기타 변동제조원가 | | ₩20 |
| 연간 외부수요량 | | 3,000단위 |

(4) 사업부 B의 연간 고정제조간접원가는 ₩30,000이다. 사업부 B는 외부수요를 충족할 만큼 충분한 생산능력을 갖추고 있다.

(5) 최근에 (주)대한의 생산기술부서는 제품 Q를 생산하기 위해 특수부품 S 1단위 대신에 제품 X 1단위를 투입할 수 있으며, 이러한 부품 교체가 제품 Q의 단위당 판매가격, 단위당 일반부품 G의 원가, 단위당 기타 변동제조원가, 외부수요량에 미치는 영향은 없다고 보고하였다. (주)대한은 생산기술부서의 보고를 토대로 특수부품 S를 사업부 A의 제품 X로 교체하는 방안을 고려하고 있다.

**17** 특수부품 S를 사업부 A의 제품 X로 교체할 경우, 회사 전체의 영업이익은 얼마나 증가 또는 감소하는가?

① ₩30,000 증가  ② ₩30,000 감소  ③ ₩45,000 증가
④ ₩45,000 감소  ⑤ ₩50,000 증가

**18** 특수부품 S를 사업부 A의 제품 X로 교체할 경우, 사업부 A가 현재의 영업이익을 감소시키지 않기 위해 사업부 B에 제시할 수 있는 제품 X의 단위당 최소판매가격은 얼마인가?

① ₩18         ② ₩20         ③ ₩24

④ ₩27         ⑤ ₩30

★

**19** (주)한국은 분권화된 사업부 A와 사업부 B를 이익중심점으로 설정하고 있다. 사업부 A는 제품 X를 10,000단위만큼 생산하고 있는데 생산량 전량을 외부에 판매하고 있다. 현재 사업부는 투자수익률로 평가하는데 사업부 A의 평균영업자산은 ₩25,000,000이며, 단위당 판매가격과 단위당 변동원가는 각각 ₩1,000과 ₩600이고 고정원가는 ₩1,500,000이다. 최근 사업부 B는 사업부 A에게 제품 X 대체를 요청하였다. 만약, 사업부 A가 사업부 B에 대체한다면 평균영업자산은 ₩5,000,000만큼 증가할 것으로 예상된다. 만약, 사업부 A가 사업부 B의 요청으로 4,000단위만큼을 대체하려고 한다면 사업부 A의 최소대체가격을 구하시오.

① ₩1,120         ② ₩1,125         ③ ₩1,130

④ ₩1,135         ⑤ ₩1,140

**20** (주)세무는 사업부 A와 B를 이익중심점으로 두고 있다. 사업부 A는 부품 S를 생산하여 사업부 B에 대체하거나 외부에 판매할 수 있으며, 사업부 B는 완제품 생산을 위해 필요한 부품 S를 사업부 A에서 구입하거나 외부에서 구입할 수 있다. 부품 S 1,000단위를 대체하는 경우 사업부 A의 단위당 최소대체가격은 ₩160이다. 부품 S 1,000단위를 내부대체하면 대체하지 않는 것에 비해 회사 전체 이익이 ₩50,000 증가한다. 이 경우 부품 S 1,000단위에 대한 사업부 B의 단위당 최대대체가격 (M)과 대체로 인하여 증가하는 이익을 두 사업부가 균등하게 나눌 수 있는 대체가격(E)의 합(M + E)은?

[세무사 23]

① ₩370         ② ₩380         ③ ₩385

④ ₩390         ⑤ ₩395

# 정답 및 해설

## 정답

| 01 ④ | 02 ④ | 03 ④ | 04 ④ | 05 ④ | 06 ③ | 07 ④ | 08 ② | 09 ② | 10 ④ |
|---|---|---|---|---|---|---|---|---|---|
| 11 ⑤ | 12 ⑤ | 13 ③ | 14 ⑤ | 15 ① | 16 ③ | 17 ① | 18 ⑤ | 19 ② | 20 ⑤ |

## 해설

**01** ④ (1) 손익구조

| | 공급사업부 | | 50,000단위 | 구매사업부 |
|---|---|---|---|---|
| | 외부 | 대체 | → | |
| p | ₩45 | TP | | - |
| vc | 30 | ₩30 - ₩8 | | TP ← 외부구입가격 ₩42 |
| cm | ₩15 | | | |

(2) 甲사업부(공급사업부)의 최소대체가격

현재 甲은 100,000단위의 제품 A를 생산하여 전부 외부시장에 판매하고 있으므로 여유조업도는 없다.

단위당 증분원가 + 단위당 기회원가

$$= ₩22 + \frac{50,000단위 \times ₩15}{50,000단위} = ₩37$$

> **별해**
>
> | 증분수익 | | |
> |---|---|---|
> | 매출 증가 | 50,000단위 × TP = | 50,000TP |
> | 증분비용 | | |
> | 변동원가 증가 | 50,000단위 × ₩22 = | ₩(1,100,000) |
> | 기회비용* | 50,000단위 × ₩15 = | (750,000) |
> | 증분이익 | | 50,000TP - ₩1,850,000 ≧ 0 |
>
> * 여유조업도가 없으므로 대체를 위해서는 기존판매분을 감소시켜야 한다.
> ∴ 甲사업부의 대체가격(TP) ≧ ₩37

(3) 乙사업부(구매사업부)의 최대대체가격

외부구입가격인 ₩42가 최대대체가격이다.

(4) 사내대체가격(TP)의 범위

₩37 ≦ TP ≦ ₩42

**02** ④ (1) 손익구조

엔진사업부 입장에서 외부판매기회가 없으므로, 대체로 인한 기회비용은 없다.

|  | 엔진사업부 | | 20,000개 | 무선비행기 |
|---|---|---|---|---|
|  | 외부 | 대체 | → | 사업부 |
| p | - | TP | | |
| vc | ₩100 | ₩100 | | TP ← 외부구입가격 ₩90/단위 |
|  | | | | (고정원가 ₩100,000 발생) |

(2) 엔진사업부(공급사업부)의 최소대체가격

외부판매의 기회가 없으므로 최소대체가격은 단위당 증분원가인 ₩100이다.

(3) 무선비행기사업부(구매사업부)의 최대대체가격

내부대체가격은 최소한 외부구입가격보다 낮아야 하므로, 외부구입가격인

$₩95(= ₩90 + \dfrac{₩100,000}{20,000개})$가 최대대체가격이다.

(4) 대체가격의 범위

최소대체가격(₩100)이 최대대체가격(₩95)을 상회하므로, 대체하여서는 안 된다.

∴ 사내대체가격의 범위는 존재하지 않는다.

**03** ④ (1) 손익구조

|  | 공급사업부 | | | 구매사업부 |
|---|---|---|---|---|
|  | 외부 | 대체 | → | |
| p | ₩9,000 | TP | | ₩20,000 |
| vc | 6,000 | ₩6,000 | | TP + ₩3,000 ← 외부구입가격 ₩8,500 |
| cm | ₩3,000 | | | |

(2) 지문 해설

① A사업부(공급사업부)의 최소대체가격(유휴설비가 존재하는 경우)

단위당 증분원가 + 단위당 기회원가

= ₩6,000 + ₩0 = ₩6,000

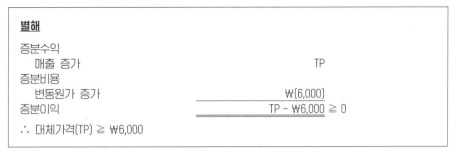

**별해**

| 증분수익 | |
|---|---|
| 매출 증가 | TP |
| 증분비용 | |
| 변동원가 증가 | ₩(6,000) |
| 증분이익 | TP - ₩6,000 ≧ 0 |

∴ 대체가격(TP) ≧ ₩6,000

② 대체로 인하여 이익이 발생하는 경우 대체가격은 회사 전체의 이익에 영향을 미치지 않고, 단지 각 사업부의 성과에만 영향을 미친다.

③ 여유조업도가 없는 경우 대체가격의 범위를 계산하면 대체하지 않는 경우가 바람직하다.

• A사업부(공급사업부)의 최소대체가격

단위당 증분원가 + 단위당 기회원가

= ₩6,000 + ₩3,000 = ₩9,000

- B사업부(구매사업부)의 최대대체가격

  B사업부의 최대대체가격은 Min[TP(₩17,000), 외부구입가격(₩8,500)]이므로, 외부구입가격인 ₩8,500이다.

  ∴ 대체를 하지 않는 것이 바람직하다.

④ B사업부에서 추가가공하여 판매하는 것이 더 유리하다.

| | 추가가공 전 | 추가가공 후 |
|---|---|---|
| 공헌이익 | ₩9,000 − ₩6,000 = ₩3,000 | ₩20,000 − ₩6,000 − ₩3,000 = ₩11,000 |

∴ 대체 후 판매하는 것이 더 유리하다.

⑤ B사업부에서의 최대대체가격은 외부구입가격인 ₩8,500이다.

---

**point 구매사업부의 최대대체가격**

구매사업부의 최대대체가격은 공급사업부로 대체받아 추가가공 후 판매하는 과정에서 지불할 수 있는 최대가격과 동일하므로 관련원가분석에서 의사결정과 동일한 방식으로 해결할 수 있다.

| | |
|---|---|
| 증분수익 | |
| 　매출 증가 | ₩20,000 |
| 증분비용 | |
| 　변동원가 증가 | (TP + ₩3,000) |
| 증분이익 | ₩20,000 − (TP + ₩3,000) ≧ 0 |

∴ 대체가격(TP) ≦ ₩17,000

---

**04** ④ (1) 손익구조

| | 공급사업부 | | 1,000단위 | 구매사업부 |
|---|---|---|---|---|
| | 외부 | 대체 | → | |
| p | ₩2,000 | TP | | − |
| vc | 800 | ₩800 | | TP ← 외부구입가격 ₩2,000 |
| cm | ₩1,200 | | | |

(2) 기준조업도가 4,000단위이고 외부판매량이 3,600단위이므로, 여유조업도는 400단위이다. 부족한 조업도 600단위(= 1,000단위 − 400단위)를 생산하기 위하여 기존판매량을 감소시켜야 한다.

(3) 공급사업부의 최소대체가격

단위당 증분원가 + 단위당 기회원가

$$= ₩800 + \frac{600단위 \times ₩1,200}{1,000단위} = ₩1,520$$

**05** ④  (1) 일반형 제품 X 단위당 공헌이익

$\text{₩}400 - \text{₩}240^{*1} = \text{₩}160$

$^{*1}$ ₩180 + ₩60 = ₩240

(2) 공급사업부의 최소판매가격

고급형 제품 X 한 단위를 생산하기 위해서 일반형 제품 X 1.5단위를 포기하여야 하므로, 일반형 제품 X 포기량은 15,000단위이다.

단위당 증분원가 + 단위당 기회원가

$= \text{₩}130^{*2} + \dfrac{15{,}000단위 \times \text{₩}160}{10{,}000단위} = \text{₩}370$

$^{*2}$ ₩120 + ₩10 = ₩130

**06** ③  최소대체가격은 "단위당 증분원가 + 단위당 기회비용"이고 300단위를 대체하기 위해서는 기존판매량을 150단위 감소시켜야 하므로, 단위당 최소대체가격을 계산하면 다음과 같다.

$\text{₩}300 + \dfrac{150단위 \times (\text{₩}600 - \text{₩}300)}{300단위} = \text{₩}450$

**07** ④  (1) 손익구조

| | 공급사업부 | | → | 구매사업부 |
|---|---|---|---|---|
| | 외부 | 대체 | | |
| p | ₩100 | TP | | - |
| vc | 66 | ₩66 - ₩8 | | TP |
| cm | ₩34 | | | |

(2) 최소대체가격

단위당 증분원가 + 단위당 기회비용$^{*}$

$= \text{₩}58 + \text{₩}34 = \text{₩}92$

$^{*}$ 여유조업도가 없으므로 대체를 위해서는 기존판매분을 감소시켜야 한다.

**08** ②  (1) 최소대체가격

단위당 증분원가 + 단위당 기회비용

$= \text{₩}1{,}900 + \dfrac{\text{₩}150{,}000}{1{,}000개} = \text{₩}2{,}050$

(2) 회사 전체 영업이익 증가분

최소대체가격은 ₩2,050이고 최대대체가격은 ₩2,000이므로, 대체를 하지 않을 경우 대체하는 경우에 비하여 ₩50,000[= 1,000개 × (₩2,000 - ₩2,050)]만큼 영업이익이 증가한다.

**09** ② (1) 손익구조

|  | 공급사업부 | | 2,000단위 | 구매사업부 |
|---|---|---|---|---|
|  | 외부 | 대체 | → |  |
| p | ₩750 | TP |  | - |
| vc | 450 + 10 | ₩450 |  | TP ← 외부구입가격 ₩820 |
| cm | ₩290 |  |  |  |

(2) 사업부 A의 최소대체가격
단위당 증분원가 + 단위당 기회비용
= ₩450 + ₩290 = ₩740

(3) 사업부 B의 최대대체가격
사업부 B에서의 최대대체가격은 외부구입가격인 ₩820이다.

(4) 회사 전체 영업이익 증감
대체로 인한 회사 전체 이익은 2,000단위 × (₩820 - ₩740) = ₩160,000이므로, 대체하지 않으면 대체하는 경우보다 ₩160,000만큼의 손실이 발생한다.

**10** ④ (1) 손익구조
X사업부의 외부판매가격을 P라 하면, 다음과 같다.

|  | 공급사업부 | | | 구매사업부 |
|---|---|---|---|---|
|  | 외부 | 대체 | → |  |
| p | P | TP |  | - |
| vc | ₩1,650 + ₩200 | ₩1,850 - ₩60 |  | TP ← 외부구입가격 ₩2,100 |
| cm | P - ₩1,850 |  |  |  |

(2) X사업부의 최소대체가격
단위당 증분원가 + 단위당 기회비용
= ₩1,790 + (P - ₩1,850)

(3) 부품 단위당 외부판매가격(P)
내부대체와 상관없이 기업 전체 이익이 동일하려면 최소대체가격과 최대대체가격이 동일해야 한다. 최대대체가격은 구매사업부의 외부구입가격인 ₩2,100이므로, 부품 단위당 외부판매가격은 다음과 같다.
₩1,790 + (P - ₩1,850) = ₩2,100
∴ P = ₩2,160

**11** ⑤ (1) 손익구조

| | A | | 2,000개 | B | |
|---|---|---|---|---|---|
| | 외부 | 대체 | → | | |
| p | ₩30 | TP | | - | |
| vc | 20 | ₩20 + ₩8 | | TP ← ₩50 + ₩20 | |
| cm | ₩10 | | | | |

(2) 기회원가
기존판매분 감소량 × 단위당 공헌이익
= 2,000개 × ₩10 = ₩20,000

(3) 최소대체가격
단위당 증분원가 + 단위당 기회비용
$= ₩28 + \dfrac{₩20,000}{2,000개} = ₩38$

**12** ⑤ (1) 손익구조

| | A | | 1,000개 | B |
|---|---|---|---|---|
| | 외부 | 대체 | → | |
| p | ₩30 | ₩39 | | ₩100 |
| vc | 20 | 20 + 8 | | 39 + 20 |
| cm | ₩10 | | | ₩41 |

(2) 기회원가
여유생산능력이 있으므로 기회원가는 없다.

(3) 영업이익
특별주문수량 × 단위당 공헌이익
= 1,000개 × ₩41 = ₩41,000

**13** ③ (1) 대체하지 않는 경우 최적 판매량
① 3,000단위: 3,000단위 × (₩200 - ₩100) = ₩300,000
② 4,000단위: 4,000단위 × (₩180 - ₩100) = ₩320,000
∴ 대체하지 않는 경우 최적 판매량: 4,000단위

(2) 대체 시 기회비용
대체 시 외부판매량은 3,000단위이므로 기회비용은 4,000단위와 3,000단위 이익차이인 ₩20,000*이다.
* (₩200 - ₩180) × (4,000단위 - 3,000단위) = ₩20,000

(3) A사업부의 단위당 최소대체가격
$₩100 + \dfrac{₩20,000}{2,000단위} = ₩110$

**14** ⑤ (1) 손익구조

| | 공급사업부 | | | 구매사업부 |
|---|---|---|---|---|
| | 외부 | 대체 | → | |
| p | P | TP | | ₩700 |
| vc | ₩300 | ₩300 | | TP + 200 ← 외부구입가격 ₩400 |
| cm | P − ₩300 | | | |

(2) 여유조업도

| | |
|---|---|
| 최대조업도 | 10,000단위 |
| 대체수량 | 6,000단위 |
| 여유조업도 | 4,000단위 |
| 특별주문량 | 7,000단위 |
| 부족조업도 | (3,000)단위 ← 대체를 포기하고 외부로부터 구입 |

(3) 증분손익

사업부 A에서 3,000단위 대체를 포기하고 외부로부터 구입한다.

| | | |
|---|---|---|
| 증분수익 | | |
| 매출 증가 | 7,000단위 × ₩450 = | ₩3,150,000 |
| 증분비용 | | |
| 변동원가 증가 | 7,000단위 × ₩300 = | (2,100,000) |
| 기회비용 | 3,000단위 × (₩400 − ₩300) = | (300,000) |
| 증분이익 | | ₩750,000 |

**15** ① (1) 특별주문을 수락하는 경우 여유조업도

| | |
|---|---|
| 최대조업도 | 10,000단위 |
| 특별주문 | 7,000단위 |
| 여유조업도 | 3,000단위 |
| 대체수량 | 6,000단위 |
| 부족조업도 | (3,000)단위 ← 대체를 위해서 특별주문을 포기 |

3,000단위를 초과하여 대체하기 위해서는 특별주문을 포기해야 한다.

(2) 공급사업부의 최소대체가격

단위당 증분원가 + 단위당 기회원가

$$= ₩300 + \frac{7,000단위 × (₩450 − ₩300)}{6,000단위} = ₩475$$

**16** ③ (1) 세금을 고려하지 않았을 경우 대체가격 범위

① 최소대체가격: ₩1,000 + (₩5,000 - ₩1,000) = ₩5,000

② 최대대체가격: Min[₩7,000, ₩10,000/1.15 = ₩8,696] = ₩7,000

⇒ 대체가격(TP)의 범위: ₩5,000 ≤ TP ≤ ₩7,000

(2) 대체가격의 변화

① FTA 전 회사 전체 세금부담액

칠레의 세금 + 한국의 세금

= (TP - ₩4,000) × 10% + TP × 15% + (₩10,000 - TP × 1.15) × 20%

= ₩1,600 + 0.02TP

⇒ 세후이익을 극대화시키는 대체가격(TP): ₩5,000

② FTA 후 회사 전체 세금부담액

칠레의 세금 + 한국의 세금

= (TP - ₩4,000) × 10% + (₩10,000 - TP) × 20%

= ₩1,600 - 0.1TP

⇒ 세후이익을 극대화시키는 대체가격(TP): ₩7,000

∴ 대체가격: ₩2,000 증가

---

**point**

세금을 고려하지 않았을 때 대체가격의 범위를 먼저 계산한 후 관세로 인한 회사 전체 세금부담액을 근거로 대체가격을 각각 계산한다.

---

**17** ① (1) 사업부 A 제품별 기계소요시간당 공헌이익

| | 제품 X | 제품 Y |
|---|---|---|
| 단위당 판매가격 | ₩40 | ₩7 |
| 단위당 변동원가 | 15 | 4 |
| 단위당 공헌이익 | ₩25 | ₩3 |
| 단위당 기계소요시간 | ÷1시간 | ÷0.2시간 |
| 기계소요시간당 공헌이익 | ₩25 | ₩15 |
| 우선순위 | 1순위 | 2순위 |

(2) 사업부 A 최적 제품배합

| | 필요시간 | 잔여시간 |
|---|---|---|
| 제품 X | 20,000단위 × 1.0시간 = 20,000 | 5,000 |
| 제품 Y | 25,000단위 × 0.2시간 = 5,000 | - |

(3) 제품 X 추가생산을 위한 기회비용

특별주문에 필요한 시간은 3,000시간이므로, 제품 Y 15,000단위(= 3,000시간 ÷ 0.2시간)를 감소시켜야 한다.

(4) 회사 전체 이익 증감

| 증분수익 | | |
|---|---|---|
| 특수부품 S 구입원가 절감 | 3,000단위 × ₩40 = | ₩120,000 |
| 증분비용 | | |
| 제품 X 변동원가 증가 | 3,000단위 × ₩15 = | (45,000) |
| 제품 Y 판매 감소 | 15,000단위 × ₩3 = | (45,000) |
| 증분이익 | | ₩30,000 |

> **point**
>
> 회사 전체 관점에서 특수부품 S 3,000단위에 대한 외부구입과 제품 X 자가제조 의사결정을 한다. 즉, 제품 X를 생산하는 경우 비용 발생과 특수부품 S의 외부구입비용 절감을 비교한다. 또한, 사업부 A는 기계시간이 제약되므로 제품 X를 생산하기 위한 기회비용 여부를 확인해야 한다.

**18** ⑤

| 증분수익 | | |
|---|---|---|
| 매출 증가 | | 3,000단위 × TP |
| 증분비용 | | |
| 제품 X 변동원가 증가 | 3,000단위 × ₩15 = | ₩(45,000) |
| 제품 Y 판매 감소 | 15,000단위 × ₩3 = | (45,000) |
| 증분이익 | | 3,000TP - ₩90,000 ≥ 0 |

∴ 제품 X 단위당 최소판매가격(TP) = ₩30

> **point**
>
> 사업부 A의 최소대체가격은 제품 X의 증분원가에 제품 Y 판매 감소로 인한 기회비용을 가산해야 한다. 또한, 최소대체가격은 사업부 B로부터 제품 X 3,000단위 특별주문을 수락하기 위한 최소판매가격과 동일하다.

**19** ② (1) 대체 전 영업이익

10,000단위 × (₩1,000 - ₩600) - ₩1,500,000 = ₩2,500,000

(2) 대체 전 투자수익률

$$\frac{₩2,500,000}{₩25,000,000} = 10\%$$

(3) 대체 후 영업이익

6,000단위 × (₩1,000 - ₩600) + 4,000단위 × (TP - ₩600) - ₩1,500,000

= 4,000단위 × TP - ₩1,500,000

(4) 최소대체가격

대체 후 투자수익률 ≥ 대체 전 투자수익률이어야 내부대체한다.

$$\frac{4,000단위 × TP - ₩1,500,000}{₩25,000,000 + ₩5,000,000} ≥ 10\%$$

∴ TP ≥ ₩1,125이므로, 최소대체가격은 ₩1,125이다.

**20** ⑤ (1) 최대대체가격(M)

1,000단위 × (M - ₩160) = ₩50,000

∴ M = ₩210

(2) 이익을 균등하게 나눌 수 있는 대체가격(E)

$$\frac{₩210 + ₩160}{2} = ₩185$$

(3) M + E

₩210 + ₩185 = ₩395

---

**point**

대체로 인한 회사 전체 이익을 이용하여 최대대체가격을 추정할 수 있다. 또한, 회사 전체 이익을 공급사업부와 구매사업부에 각각 50%씩 배분할 수 있는 대체가격을 계산한다.

---

# 제12장

# 자본예산

핵심 이론 요약

객관식 연습문제

정답 및 해설

# 핵심 이론 요약

## 01 단기의사결정과 자본예산 비교

| | 단기의사결정 | 자본예산 |
|---|---|---|
| 기간 | 단기 | 장기 |
| 의사결정기준 | 이익 | 현금 |
| 구성요소 | | |
|   (+)효과 | 수익 | 현금유입 |
|   (-)효과 | 비용 | 현금유출 |
| 평가기준 | | |
|   금액 | 이익 | 순현재가치 |
|   비율 | 이익률 | 내부수익률 |
| | | 회계적이익률[*] |
|   기간 | - | 회수기간 |
| 화폐의 시간가치 | 해당사항 없음 | 순현재가치, 내부수익률 |

[*] 회계적이익률은 회계적 이익을 기준으로 계산한다.

## 02 현금흐름 추정

### (1) 기본가정

① 현금흐름은 기초 또는 기말에 일괄 발생함

② 법인세는 현금유출로 가정함

③ 감가상각비는 비현금유출임

④ 이자 및 배당은 비현금유출임

### (2) 시간에 따른 현금흐름

① 최초투자시점

> 현금유출 = 설비 등 투자금액 + 운전자본 투자금액 - 구설비 등 처분금액[*1]

[*1] 법인세를 고려하면 처분손익에 대한 세금효과를 추가로 반영한다.
- 처분가액 – 처분이익에 대한 세금효과 + 처분손실에 대한 세금효과

② 투자기간

$$세후현금흐름 = 세후회계적\ 이익 + 감가상각비$$
$$= 세후현금영업이익^{*2} + 감가상각비 \times 법인세율$$

*2 (현금영업수익 - 현금영업비용) × (1 - 법인세율)

③ 투자종료시점

$$현금유입 = 설비\ 등\ 처분금액^{*3} + 순운전자본\ 회수금액 - 구설비\ 등\ 잔존가치(기회비용)^{*3}$$

*3 법인세를 고려하면 처분손익에 대한 세금효과를 추가로 반영한다.
- 처분가액 - 처분이익에 대한 세금효과 + 처분손실에 대한 세금효과

## (3) 법인세 존재 시 추가고려사항

세후영업현금흐름, 감가상각비 감세효과, 유형자산 처분손익에 따른 세금효과 등을 고려해야 한다.

## 03 투자안의 평가방법

### 1. 비할인모형과 할인모형 비교

| 구분 | 종류 | 현재가치 할인 | 의사결정대상 | 수익성 파악 여부 |
|------|------|------|------|------|
| 비할인모형 | 회수기간법 | X(O*1) | 현금흐름 | X*2 |
| | 회계적이익률법 | X | 회계적 이익 | O(이익률) |
| 할인모형 | 순현재가치법 | O | 현금흐름 | O(금액) |
| | 내부수익률법 | O | 현금흐름 | O(수익률) |

*1 할인된 현금흐름으로 회수기간을 계산한다.
*2 수익이 아닌 회수기간을 기준으로 평가한다.

### 2. 비할인모형

### (1) 회수기간법

기준회수기간과 비교하여 짧은 회수기간을 선택한다.

① 매년 현금유입액이 동일한 경우

$$회수기간 = \frac{투자금액}{연간\ 현금유입액}$$

② 매년 현금유입액이 다른 경우: 투자액과 매년 누적현금유입액을 비교함

### (2) 회계적이익률법

기준회계적이익률과 비교하여 높은 회계적이익률을 선택한다.

$$\text{회계적이익률} = \frac{\text{연평균회계적 이익}^{*2}}{\text{최초투자액(또는 평균투자액}^{*3})}$$

*2 연평균현금흐름 - 연평균감가상각비

*3 (최초투자액 + 잔존가치)/2

## 3. 할인모형

### (1) 순현재가치법

투자안의 순현재가치가 영(0)보다 크면 채택한다.

$$\text{순현재가치} = \sum_{t=1}^{n} \frac{\text{매년 현금흐름}}{(1+\text{할인율})^t} - \text{최초투자금액}$$

### (2) 내부수익률법

내부수익률이란, 순현재가치가 "0"이 되는 할인율 또는 현금유입 현재가치와 현금유출 현재가치가 일치하는 할인율을 말한다.

내부수익률이 투자자가 요구하는 수익률보다 크면 채택한다.

$$\text{내부수익률} = \sum_{t=1}^{n} \frac{\text{매년 현금흐름}}{(1+\text{내부수익률})^t} - \text{최초투자금액}$$

### (3) 순현재가치법의 우월성

다음과 같은 이유로 순현재가치법이 내부수익률법에 비하여 바람직하다.

① 순현재가치법의 재투자수익률 가정이 합리적임 → 순현재가치법은 자본비용, 내부수익률법은 내부수익률

② 순현재가치법은 가치합산원칙이 적용됨 → 다양한 형태의 투자만 평가·비교가 용이함

③ 내부수익률법은 복수의 내부수익률이 존재할 수 있음 → 일관된 기준으로 투자여부결정 어려움

# 객관식 연습문제

★ : 꼭 풀어봐야 할 필수문제
✎ : 심화된 내용을 학습할 수 있는 고급문제

**01** (주)한국은 현재 자본비용 이상의 투자수익률을 제공해 주는 여러 개의 투자기회를 가지고 있다. 그러나 회사는 한정된 자본을 가지고 있으며, 투자안들은 분할할 수 없다. 만약, 회사가 한정된 자본을 전부 투자하여 최대의 수익을 얻고자 한다면 다음 중 어떤 투자조합을 선택하여야 하는가?

① 순현재가치가 높은 순서로 하여 한정된 자본으로 충당할 수 있는 모든 투자조합
② 순현재가치의 합계를 최대화시키는 투자조합
③ 회수기간의 합을 최소화시키는 투자조합
④ 내부수익률의 합을 최대화시키는 투자조합
⑤ 정답 없음

**02** 다음 중 자본예산을 위해 사용되는 순현가법(NPV)과 내부수익률(IRR)에 대한 설명으로 옳은 것은?

[세무사 04]

① 내부수익률법은 복리계산을 하지 않으므로 순현가법보다 열등하다.
② 특정 투자안의 수락 타당성에 대해 두 방법은 일반적으로 다른 결론을 제공한다.
③ 내부수익률법은 현금이 할인율이 아닌, 내부수익률에 의해 재투자된다고 가정한다.
④ 내부수익률법은 순현가법과 달리, 여러 가지 수준의 요구수익률을 사용하여 분석할 수 있으므로 더 우수하다.
⑤ 순현가법은 분석시점에 초기 투자액이 없는 경우에는 사용할 수 없다.

★

**03** 다음 자료에 의하여 첫해의 평균장부가액에 의한 회계적이익률(ARR)을 계산하시오. [세무사 90]

> (1) 비영리법인이다.
> (2) 세후현금유입액은 ₩650,000이다.
> (3) 최초투자액은 ₩2,000,000이고 잔존가치는 ₩0이며 정액법으로 상각하고 내용연수는 5년이다.

① 13.88%  ② 37.5%  ③ 12.5%
④ 25%  ⑤ 20%

**04** 성공대학 학생회에서는 현재 복사비용으로 외부에 장당 ₩40씩 지불하고 있는데, 복사비용 절감을 위해 ₩5,000,000인 복사기의 구입을 고려하고 있다. 이 복사기는 2년간 사용한 후 ₩660,000에 재판매할 수 있다. 종이가격은 장당 ₩10이며 100장 복사에 10장이 낭비된다. 복사기 유지비는 연간 ₩150,000이며 그 이외 복사비 관련 비용은 없다. 편의상 올해의 현금흐름은 할인하지 않고 내년도의 현금흐름을 할인율 10%로 할인한다. 매년 복사하여야 할 수량이 100,000장일 경우, 복사기를 구입하여 사용하는 것이 2년간 복사비용을 지불하는 것에 비하여 순현재가치(NPV)의 측면에서 볼 때 얼마나 절감되는가? [회계사 96]

① ₩500,000  ② ₩750,000  ③ ₩850,000
④ ₩1,000,000  ⑤ ₩1,160,000

**05** (주)한국은 내용연수가 2년이고 잔존가치가 ₩0인 기계를 구입하려고 한다. 이 기계를 사용하면 새로운 투자기회를 가지며, 이 투자기회로부터 법인세차감 후 순현금유입액은 1차 연도에 ₩110,000이고, 2차 연도에 ₩242,000이다. (주)한국의 최저필수수익률이 10%라고 한다면 이 기계에 회사가 기꺼이 투자할 수 있는 최대금액은 얼마인가?

① ₩350,000       ② ₩300,000       ③ ₩400,000
④ ₩250,000       ⑤ ₩380,000

※ 다음 자료를 이용하여 **06 ~ 07**에 답하시오.

(1) (주)한국은 내용연수가 3년이고 잔존가치가 ₩5,000인 기계를 ₩35,000에 취득할 수도 있고, 설비 내용연수 동안 리스회사로부터 연간 ₩13,000을 지급하고 임차할 수도 있다.
(2) 기계 관련 자료는 다음과 같다.
   • 구입 또는 임차에 따른 연간 유지비는 ₩1,500이다.
   • 기계에 대한 연간 유지비는 ₩1,200이다.
   • 기계는 내용연수 종료 후에 ₩8,000에 처분할 수 있다.
   • 법인세율은 40%이다.
   • 감가상각방법은 정액법을 적용한다.
   • 최저필수수익률은 10%이다.
   • 연간 임차료 및 유지비는 매년 초에 지급되며, 기타 현금흐름은 연말에 발생하는 것으로 가정한다.
   • 할인율 10%에 대한 현가계수는 다음과 같다.

| 연도 | ₩1의 현가계수 |
|---|---|
| 1 | 0.909 |
| 2 | 0.826 |
| 3 | 0.751 |

**06** 기계처분과 관련된 현금흐름을 구하시오.

① ₩5,200       ② ₩6,800       ③ ₩3,700
④ ₩7,500       ⑤ ₩8,200

**07** 기계 구입 시 매년 감가상각비로 인하여 발생하는 감세효과를 구하시오.

① ₩4,000      ② ₩5,000      ③ ₩3,500

④ ₩6,500      ⑤ ₩2,800

**08** (주)한국은 자동화설비를 ₩50,000에 구입하려고 한다. 이 회사의 원가담당자는 설비를 도입함으로써 다음과 같은 현금운영비가 절감할 것으로 예상하고 있다. 이때의 내부수익률은 얼마인가?

[회계사 04]

| 연도 | 금액 |
|---|---|
| 1차 연도 | ₩20,000 |
| 2차 연도 | 20,000 |
| 3차 연도 | 20,000 |

| 연금의 현가표(n = 3) | | | |
|---|---|---|---|
| 8% | 9% | 10% | 11% |
| 2.577 | 2.531 | 2.487 | 2.444 |

① 9.17%      ② 9.50%      ③ 9.70%

④ 10.17%      ⑤ 10.83%

※ 다음은 **09 ~ 10**에 관한 자료이다.

> (주)한국은 현재 사용하고 있는 기계를 새로운 기계로 교체할 것을 고려하고 있다. 신기계의 취득원가는 ₩60,000, 내용연수는 5년이며 잔존가치는 없다. 또한, 현재 사용하고 있는 기계의 취득원가는 ₩80,000, 잔존내용연수는 5년(취득 당시 내용연수 8년)이며 잔존가치는 없다. 신기계를 구입하는 경우 현재 사용하고 있는 기계의 처분가치는 ₩36,000이며 신기계와 구기계의 예상 영업이익은 다음과 같다.
>
> | 신기계 | 구기계 | 차이 |
> |---|---|---|
> | ₩86,000 | ₩80,000 | ₩6,000 |
>
> 회사는 기계에 대한 감가상각방법으로 정액상각법을 적용하고 있다.

**09** 신기계 대체투자안에 대한 회수기간은 얼마인가?

① 2.5년      ② 3.0년      ③ 3.5년
④ 4.0년      ⑤ 5.0년

**10** 최초순투자액을 기준으로 한 신기계 대체투자안의 회계적이익률은 얼마인가?

① 15%      ② 20%      ③ 25%
④ 28%      ⑤ 30%

**11** (주)한국은 5년 전에 기계를 4,000만원에 구입하였다. 회사는 구입 당시 이 기계를 8년 동안 사용하며 8년 후 잔존가치는 없을 것으로 예상하였다. 회사는 이 기계를 현재 2,000만원에 매각할 예정이다. 자산 처분시점에서의 현금흐름으로 적절한 금액은 얼마인가? 감가상각비는 정액법으로 계산하며 법인세율은 30%이다. [회계사 06]

① 2,000만원      ② 2,150만원      ③ 1,500만원
④ 1,850만원      ⑤ 1,650만원

**12** (주)한국은 신제품 생산에 필요한 설비를 구입하려고 한다. 설비 구입가격은 ₩300,000, 내용연수 3년, 잔존가치는 ₩30,000이며 정액상각법을 적용한다. 신제품 생산으로 인한 연간 매출액과 현금 영업비용은 각각 ₩200,000과 ₩50,000이다. 투자안에 대한 할인율은 10%이며 현가계수는 다음과 같다.

| 1년 | 2년 | 3년 |
|---|---|---|
| 0.91 | 0.83 | 0.75 |

법인세율이 30%이고 투자종료시점의 처분가치가 ₩40,000일 때 순현가를 구하시오.

① ₩56,000  ② ₩56,430  ③ ₩57,230
④ ₩58,000  ⑤ ₩58,410

**13** (주)한국은 신제품 생산에 필요한 설비를 구입하려고 한다. 설비 구입가격은 ₩90,000, 내용연수 3년, 잔존가치는 없으며 정액상각법을 적용한다. 신제품 생산으로 인한 단위당 판매가격과 변동원가는 각각 ₩100와 ₩40이다. 투자안에 대한 할인율은 10%이며 3년에 대한 연금의 현가계수는 2.5이다. 회사의 연간 고정원가가 ₩138,000인 경우 순현가를 ₩0으로 하는 연간 판매량을 구하시오.

① 2,100단위  ② 2,200단위  ③ 2,300단위
④ 2,400단위  ⑤ 2,500단위

**14** (주)세무는 온라인 교육을 확대하기 위해 새로운 온라인 강의설비를 ₩280,000에 구입할 것을 검토하고 있다. 이 설비는 향후 5년에 걸쳐 강사료, 시설관리비 등에서 ₩330,000의 현금절감효과를 가진다. 현금절감액은 연중 균일하게 발생하지만, 연도별 현금흐름은 다음과 같이 균일하지 않다. 이러한 상황에서 설비투자에 대한 회수기간은? [세무사 21]

| 연도 | 1 | 2 | 3 | 4 | 5 |
|---|---|---|---|---|---|
| 현금절감액 | ₩100,000 | ₩80,000 | ₩60,000 | ₩50,000 | ₩40,000 |

① 3.2년      ② 3.4년      ③ 3.5년

④ 3.6년      ⑤ 3.8년

**15** (주)세무는 신제품 생산을 위해 새로운 기계를 구입하려고 한다. 새로운 기계와 관련된 자료는 다음과 같다.

- 구입원가: ₩1,200,000
- 추정내용연수: 5년
- 추정잔존가액: ₩200,000
- 감가상각방법: 정액법

새로운 기계로부터 예상되는 세전영업현금흐름은 매년 ₩300,000이다. 다음 설명으로 옳은 것은? (단, 법인세율은 30%이고 회계적이익률은 세후회계적이익을 사용한다) [세무사 24 수정]

① 매년 예상되는 순현금유입액은 ₩210,000이다.

② 매년 예상되는 법인세차감후순이익은 ₩100,000이다.

③ 평균투자액은 ₩600,000이다.

④ 매년 예상되는 법인세차감전순이익은 ₩70,000이다.

⑤ 평균투자액에 대한 회계적이익률은 10%이다.

# 정답 및 해설

## 정답

01 ①  02 ③  03 ①  04 ③  05 ②  06 ②  07 ①  08 ③  09 ②  10 ③
11 ④  12 ②  13 ④  14 ⑤  15 ⑤

## 해설

01 ①  ② 자본이 한정되어 있으므로 가급적 순현재가치가 큰 순서로 투자해야 한다.
③ 회수기간법은 단지 투자금액의 회수기간을 기준으로 투자안을 평가하고 수익성을 측정하지 않으며 회수기간 이후의 수익을 무시하는 방법이다.
④ 내부수익률은 투자안의 평균수익률을 의미하며 가치가산의 원리는 성립되지 않아 내부수익률의 합계는 의미가 없는 수치이다.

02 ③  ① 내부수익률법은 복리계산한다.
② 특정 투자안의 수락 타당성에 대해 두 방법은 일반적으로 같은 결론을 제공하며, 여러 가지 대안을 비교할 경우 두 방법은 서로 다른 결론을 내릴 수 있다.
④ 내부수익률은 투자안에 대한 연평균순이익을 의미하며 투자액에 대한 자본비용과 비교하여 투자안을 선택한다.
⑤ 순현가법은 분석시점에 초기 투자액이 없는 경우에도 사용할 수 있다.

> **point** 순현가법의 우월성
>
> 1. 순현가법과 내부수익률법은 특정 투자안에 대해서는 동일한 결과를 가져오지만 서로 다른 대체안을 선택할 경우 상반되는 결과를 가져올 수 있다.
>
> 2. 이러한 경우 순현가법이 내부수익률법에 비하여 다음의 측면에 있어 좀 더 우월한 방법으로 평가된다.
>    ① 순현가법은 가치가산의 원칙이 적용됨
>    ② 내부수익률은 계산하기 어려우며, 경우에 따라 복수의 내부수익률이 발생할 수 있음
>    ③ 순현가법은 자본비용으로 재투자된다고 가정하는 반면, 내부수익률법은 내부수익률로 재투자된다고 가정하여 순현가법의 재투자수익률이 좀 더 보수적인 방법임

**03** ① **(1) 연평균순이익**

주어진 자료는 현금유입액이므로 다음 등식을 이용하여 회계적 이익으로 변경해야 한다.

> 회계적 이익 + 감가상각비 = 순현금흐름 → 순현금흐름 - 감가상각비 = 회계적 이익

₩650,000 - ₩2,000,000 ÷ 5년 = ₩250,000

**(2) 연평균투자액**

$$\frac{최초투자액 + 잔존가치}{2} = \frac{₩2,000,000 + ₩1,600,000^*}{2} = ₩1,800,000$$

* ₩2,000,000 - ₩2,000,000 × 1/5 = ₩1,600,000

**(3) 회계적이익률**

$$\frac{연평균순이익}{연평균투자액} = \frac{₩250,000}{₩1,800,000} = 13.88\%$$

---

**point** 비할인모형

1. 비할인모형은 미래현금흐름을 할인하지 않으므로 할인모형(순현가법, 내부수익률법)에 비하여 부정확한 결론을 가져올 수 있지만 적용하기 편리하고 이해하기 쉽다.

2. 비할인모형에는 회수기간법과 회계적이익률법이 있으며, 특히 회계적이익률법은 의사결정대상이 현금흐름이 아닌 회계적 이익이므로 주의해야 한다.

$$회계적이익률 = \frac{연평균회계적\ 이익(= 연평균현금흐름 - 연평균감가상각비)}{최초투자액(또는\ 평균투자액^*)}$$

* (최초투자액 + 잔존가치)/2

---

**04** ③　(1) 관련 비용 비교

|  | 외부 이용 | 복사기 구입 |
|---|---|---|
| 장당 변동원가 | ₩40 | ₩11[*1] |
| 복사기 구입비 | - | 5,000,000 |
| 복사기 재판매가치 | - | 660,000 |
| 연간 운영비 | | 150,000 |

[*1] 장당 비용 + 낭비된 부분

　= ₩10 + ₩10 × 10%[*2] = ₩11

[*2] 10장/100장 = 10%

(2) 복사기 구입 시 미래 현금흐름

|  | $CF_0$ | $CF_1$ | $CF_2$ |
|---|---|---|---|
| 설비투자 | ₩(5,000,000) | - | ₩660,000 |
| 영업현금흐름 | | ₩2,750,000[*3] | 2,750,000 |
| 할인율 | | ÷ (1 + 0)[*4] | ÷ (1 + 0.1)[*4] |
| 현재가치 | ₩(5,000,000) | ₩2,750,000 | ₩3,100,000 |

[*3] 복사기를 구입하면 외부 이용 시 발생하는 장당 변동원가 ₩40을 절감하나 장당 변동원가 ₩11과 연간 운영비 ₩150,000이 추가로 발생한다.

　(₩40 - ₩11) × 100,000장 - ₩150,000 = ₩2,750,000

[*4] 올해의 현금흐름은 할인하지 않고 내년도의 현금흐름을 할인율 10%로 할인한다.

(3) 순현재가치

　₩2,750,000 + ₩3,100,000 - ₩5,000,000 = ₩850,000

**05** ②　최대투자금액: ₩110,000 ÷ (1 + 0.1) + ₩242,000 ÷ (1 + 0.1)$^2$ = ₩300,000

**06** ②　기계처분과 관련된 현금흐름: 처분가치 - 처분이익에 대한 법인세

　= ₩8,000 - (₩8,000 - ₩5,000) × 0.4 = ₩6,800

**07** ①　매년 감가상각비로 인하여 발생하는 감세효과

　= [(₩35,000 - ₩5,000) ÷ 3년] × 0.4 = ₩4,000

**08** ③ (1) 연금현가계수(R)

$$₩20,000 × R = ₩50,000$$
$$∴ R = 2.5$$

(2) 내부수익률(IRR)

| 연금의 현가표(n = 3) | | | | |
|---|---|---|---|---|
| 8% | 9% | IRR | 10% | 11% |
| 2.577 | 2.531 | 2.5 | 2.487 | 2.444 |

$$1\% : X\% = 0.044^{*1} : 0.031^{*2}$$

$^{*1}$ 2.531 - 2.487 = 0.044
$^{*2}$ 2.531 - 2.5 = 0.031

$$⇒ X = 0.70$$
$$∴ IRR = 9.70\%$$

**09** ② (1) 최초투자액

$$₩60,000 - ₩36,000 = ₩24,000$$

(2) 매년 영업이익과 현금흐름

| | 영업이익 | 감가상각비 | 현금흐름 |
|---|---|---|---|
| 신기계 | ₩86,000 | ₩12,000 | ₩98,000 |
| 구기계 | 80,000 | 10,000 | 90,000 |
| 차이 | ₩6,000 | ₩2,000 | ₩8,000 |

(3) 회수기간

$$\frac{최초투자액}{증분현금흐름} = \frac{₩24,000}{₩8,000} = 3년$$

**10** ③ 신기계 대체투자안의 회계적이익률

$$= \frac{연평균회계적 이익}{최초순투자액} = \frac{₩6,000}{₩24,000} = 25\%$$

**11** ④ (1) 연간 감가상각비

$$\frac{₩40,000,000}{8년} = ₩5,000,000$$

(2) 처분 당시 장부가액

$$₩40,000,000 - ₩5,000,000 × 5년 = ₩15,000,000$$

(3) 처분손익

$$₩20,000,000 - ₩15,000,000 = ₩5,000,000 이익$$

(4) 처분시점의 현금흐름

$$₩20,000,000 - ₩5,000,000 × 30\% = ₩18,500,000$$

**12** ②    (1) 연간 감가상각비

$$\frac{(₩300,000 - ₩30,000)}{3년} = ₩90,000$$

(2) 연간 영업현금흐름

(₩200,000 - ₩50,000) × (1 - 30%) + ₩90,000 × 30% = ₩132,000

(3) 잔존가치

₩40,000 - (₩40,000 - ₩30,000) × 30% = ₩37,000

(4) 순현가

₩132,000 × 2.49 + ₩37,000 × 0.75 - ₩300,000 = ₩56,430

<br>

**13** ④    (1) 연간 감가상각비

$$\frac{₩90,000}{3년} = ₩30,000$$

(2) 연간 영업현금흐름

연간 판매량을 Q라 한 후, 정리하면 다음과 같다.

(₩100 - ₩40) × Q - ₩138,000 + ₩30,000

= ₩60 × Q - ₩108,000

(3) 연간 손익분기판매량

(₩60 × Q - ₩108,000) × 2.5 = ₩90,000

∴ Q = 2,400단위

<br>

**14** ⑤

| 기간 | 현금흐름 | 미회수액 |
|---|---|---|
| 1 | ₩100,000 | ₩(180,000) |
| 2 | 80,000 | (100,000) |
| 3 | 60,000 | (40,000) |
| 4 | 50,000 | 10,000 |

∴ 설비투자에 대한 회수기간: 3년 + $\dfrac{₩40,000}{₩50,000}$ = 3.8년

> **point**
>
> 현금절감액은 연중 균일하게 발생한다고 제시되어 있으므로 연간 미회수액을 계산하여 회수기간을 계산할 수 있다.

**15** ⑤ (1) 매년 감가상각비

(₩1,200,000 - ₩200,000) ÷ 5년 = ₩200,000

(2) 매년 예상되는 순현금유입액

₩300,000 × (1 - 30%) + ₩200,000 × 30% = ₩270,000

(3) 매년 예상되는 법인세차감후순이익

순현금유입액 - 감가상각비 = ₩270,000 - ₩200,000 = ₩70,000

(4) 평균투자액

$$\frac{₩1,200,000 + ₩200,000}{2} = ₩700,000$$

(5) 매년 법인세차감전순이익

세전영업현금흐름 - 감가상각비 = ₩300,000 - ₩200,000 = ₩100,000

(6) 평균투자액에 대한 회계적이익률

① 회계적 이익: 순현금유입액 - 감가상각비 = ₩270,000 - ₩200,000 = ₩70,000

② 회계적이익률: $\frac{₩70,000}{₩700,000} = 10\%$

---

**point**

세전영업현금흐름과 법인세를 이용하여 세후영업현금흐름을 계산할 수 있다. 또한, 회계적 이익과 현금흐름의 차이는 감가상각비이다.

---

# 제13장

# 종합예산

핵심 이론 요약

객관식 연습문제

정답 및 해설

# 핵심 이론 요약

## 01 예산의 종류

| 고정예산 | 연초 예상 판매량을 기준으로 설정된 예산 |
|---|---|
| 변동예산 | 실제 조업도를 기준으로 사후에 설정된 예산 |
| 참여예산 | 조직의 모든 구성원들이 참여하여 설정하는 예산 |
| 원점예산 | 과거 예산을 고려하지 않고 모든 항목을 원점에서부터 설정하는 예산 |
| 연속갱신예산 | 일정 기간이 경과함에 따라 새로운 기간의 예산을 추가하는 예산 |

## 02 종합예산의 종류

### (1) 판매(매출액)예산

$$판매예산 = 예상판매량 \times 예상판매가격$$

### (2) 제조(생산량)예산

$$제조예산 = 목표판매량 + 기말제품재고^{*1} - 기초제품재고^{*1}$$

[*1] 목표재고 확인(예 다음 달 판매량의 일정 비율)

### (3) 제조원가예산

① 직접재료원가예산

$$직접재료원가예산 = 목표생산량 \times 단위당 \ 직접재료원가$$

② 직접노무원가예산

$$직접노무원가예산 = 목표생산량 \times 단위당 \ 직접노무원가$$

③ 제조간접원가예산

$$제조간접원가예산 = 고정제조간접원가예산 + 변동제조간접원가예산^{*2}$$

[*2] 목표생산량 × 단위당 변동제조간접원가예산

## (4) 매출원가예산

> 매출원가예산 = 기초제품재고 + 당기제품제조원가 – 기말제품재고

## (5) 판매관리비예산

> 판매관리비예산 = 고정판매관리비예산 + 변동판매관리비예산[3]

[3] 목표판매량 × 단위당 변동판매관리비예산

## (6) 주요 현금예산

| 주요 현금유입항목 | 주요 현금유출항목 |
|---|---|
| • 현금매출<br>• 매출채권 회수(회수일정 검토) | • 현금매입<br>• 매입채무 지급(지급일정 검토) |

# 03 기타 고려사항

## (1) 변동제조원가예산과 변동판매관리비예산의 비교

변동제조원가예산은 목표생산량에 비례하여 결정되며, 변동판매관리비예산은 목표판매량에 비례하여 결정된다.

## (2) 원재료구입예산과 제조예산

원재료, 재공품 및 제품의 목표재고 여부를 확인해야 한다.

★ : 꼭 풀어봐야 할 필수문제

 : 심화된 내용을 학습할 수 있는 고급문제

★

**01** 다음 중 예산과 관련된 설명으로 옳지 않은 것은? [세무사 09]

① 운영예산(Operating Budget)은 다음 예산연도의 운영계획을 나타내며, 예산대차대조표(또는 예산재무상태표)에 총괄된다.

② 종합예산(Master Budget) 편성의 첫 단계는 판매량 예측이다.

③ 연속갱신예산(Rolling Budget)제도는 예산기간 말에 근시안적으로 판단하는 것을 방지하는 효과가 있다.

④ 참여예산(Participative Budget)제도를 운영하는 경우에는 예산수립 참여자의 악용가능성에 대비하여야 한다.

⑤ 영기준예산(Zero-based Budget)제도를 운영하는 경우에는 예산편성을 위한 노력이 많이 든다.

**02** 예산에 관한 다음 설명 중 옳지 않은 것은? [회계사 16]

① 고정예산(정태예산)은 단 하나의 조업도수준에 근거하여 작성되므로 성과평가목적으로 적합한 것이 아니다.

② 변동예산은 일정범위의 조업도수준에 관한 예산이며 성과평가목적을 위해 실제원가를 실제 조업도수준에 있어서의 예산원가와 비교한다.

③ 원점기준예산이란 과거의 예산에 일정비율만큼 증가 또는 감소한 예산을 수립하는 것이 아니라 예산을 원점에서 새로이 수립하는 방법이다.

④ 예산과 관련된 종업원들이 예산편성과정에 참여하는 참여예산의 문제점 중 하나는 예산슬랙(budgetary slack)이 발생할 가능성이 높다는 것이다.

⑤ 종합예산은 조직의 각 부문활동에 대한 예산이 종합된 조직 전체의 예산이며 변동예산의 일종이다.

**03** 회사는 20×1년 중에 25,000단위의 제품을 판매하였으며, 제품 1단위의 생산에 4kg의 원재료가 소요된다. 재고자산계정의 기초재고와 기말재고수량이 다음과 같을 때 회사가 20×1년 중에 구입한 원재료수량은 얼마인가?

| 구분 | 기초 | 기말 |
| --- | --- | --- |
| 원재료 | 70,000 kg | 10,000 kg |
| 재공품 | - | - |
| 제품 | 12,000 단위 | 37,000 단위 |

① 140,000kg      ② 150,000kg      ③ 135,000kg
④ 120,000kg      ⑤ 130,000kg

★
**04** 태양회사는 제품 단위당 4g의 재료를 사용한다. 재료 1g당 가격은 ₩0.8이며, 다음 분기 재료 사용량의 25%를 분기 말 재고로 유지한다. 분기별 생산량은 다음과 같다. 1분기의 재료구입액은 얼마인가? [세무사 05]

| 구분 | 1분기 | 2분기 |
| --- | --- | --- |
| 실제생산량(= 목표생산량) | 24,000단위 | 35,000단위 |

① ₩84,500      ② ₩85,600      ③ ₩86,400
④ ₩87,200      ⑤ ₩88,800

**05** 20×1년 1월부터 3월까지의 대한회사의 예상 상품매출액은 다음과 같다.

| 월 | 예상매출액 |
|---|---|
| 1월 | ₩3,500,000 |
| 2 | 4,100,000 |
| 3 | 3,800,000 |

매월 기말재고액은 다음 달 예상매출원가의 25%이며, 상품의 매출총이익률은 30%이다. 2월의 예상 상품매입액은 얼마인가? [세무사 08]

① ₩2,467,500      ② ₩2,817,500      ③ ₩2,625,000

④ ₩3,010,000      ⑤ ₩4,672,500

★
**06** 가나(주)는 한 종류의 상품을 구입하여 판매한다. 20×1년 1월의 매출액은 ₩100,000이고 2월과 3월의 매출액이 각각 ₩150,000, ₩120,000이 될 것으로 예상하고 있다. 이 회사의 매출원가는 매출액의 60%이며 상품은 현금으로 구매한다. 1월 31일의 재고자산은 ₩18,000이고 매월 말의 적정재고량은 다음 달 판매량의 20%이다. 이 회사의 매출액 중 30%는 판매한 달에 회수되고 70%는 판매한 다음 달에 회수된다. 20×1년 2월에 판매비와 관리비로 ₩8,500이 현금으로 지불된 다면 2월 중 현금증가예상액은 얼마인가? [회계사 99]

① ₩(97,500)      ② ₩(37,500)      ③ ₩14,500

④ ₩20,100      ⑤ ₩100,500

★

**07** (주)종로는 모든 매출을 신용매출로 하고 있는데 매출채권은 매출액에 대해 판매가 이루어진 달에 30%, 판매가 이루어진 다음 달에 50%, 판매가 이루어진 다다음 달에 15%가 회수되며, 나머지는 회수가 어려운 것으로 판단된다고 한다. 20×1년 4월 1일 매출채권의 잔액은 ₩520,000인데 이 중 2월 판매분이 ₩100,000, 3월 판매분이 ₩420,000이다. 20×1년도 4월 중 (주)종로는 매출액이 ₩700,000으로 예상된다. (주)종로가 현금예산 편성 시 4월 중에 회수되리라고 예상하는 현금은 얼마인가?

① ₩595,000      ② ₩585,000      ③ ₩575,000
④ ₩565,000      ⑤ ₩555,000

**08** 상품매매기업인 (주)세무의 20×1년 2분기 월별 매출액 예산은 다음과 같다.

| 구분 | 4월 | 5월 | 6월 |
|---|---|---|---|
| 매출액 | ₩480,000 | ₩560,000 | ₩600,000 |

(주)세무의 월별 예상 매출총이익률은 45%이다. (주)세무는 월말재고로 그 다음 달 매출원가의 30%를 보유하는 정책을 실시하고 있다. (주)세무의 매월 상품매입 중 30%는 현금매입이며, 70%는 외상매입이다. 외상매입대금은 매입한 달의 다음 달에 전액 지급된다. 매입에누리, 매입환출, 매입할인 등은 발생하지 않는다. 상품매입과 관련하여 (주)세무의 20×1년 5월 예상되는 현금지출액은 얼마인가?

[세무사 14]

① ₩231,400      ② ₩243,060      ③ ₩264,060
④ ₩277,060      ⑤ ₩288,420

제13장

종합예산

해커스 객관식 占원가관리회계

★

**09** (주)세무의 외상매출대금은 판매 당월(첫째 달)에 60%, 둘째 달에 35%, 셋째 달에 5% 회수된다. 20×1년 12월 31일 재무상태표의 매출채권 잔액은 ₩70,000이며, 이 중 ₩60,000은 20×1년 12월 판매분이고, ₩10,000은 20×1년 11월 판매분이다. 20×2년 1월에 현금매출 ₩80,000과 외상매출 ₩350,000이 예상될 때, 매출과 관련된 20×2년 1월의 현금유입액과 1월 말 매출채권 잔액은?

[세무사 17]

| | 현금유입액 | 매출채권 잔액 |
|---|---|---|
| ① | ₩335,000 | ₩145,000 |
| ② | ₩345,000 | ₩145,000 |
| ③ | ₩345,000 | ₩147,500 |
| ④ | ₩352,500 | ₩145,000 |
| ⑤ | ₩352,500 | ₩147,500 |

✏

**10** (주)한국제조의 판매부서는 분기별 예산판매량을 다음과 같이 보고하였다.

| 분기 | 분기별 예산판매량 |
|---|---|
| 20×1년 1분기 | 8,000단위 |
| 20×1년 2분기 | 6,500단위 |
| 20×1년 3분기 | 7,000단위 |
| 20×1년 4분기 | 7,500단위 |
| 20×2년 1분기 | 8,000단위 |

(주)한국제조의 20×1년 1분기 초 제품의 재고량은 1,600단위이며, 제품의 각 분기 말 재고량은 다음 분기 예산판매량의 20% 수준을 유지하고 있다. (주)한국제조는 제품 한 단위를 생산하는 데 0.35직접노무시간이 소요될 것으로 예상하고 있으며, 직접노무인력에게 시간당 ₩10의 정규 임금을 지급할 계획이다. (주)한국제조는 직접노무인력을 정규직원으로 고용하고 있어 매 분기마다 최소한 2,600직접노무시간에 해당하는 임금을 보장하여야 한다. 즉, 이 회사는 직접노무인력을 신축성 있게 조정할 수 없기 때문에 매 분기마다 필요한 직접노무시간이 2,600시간 미만이 되더라도 2,600시간에 해당하는 임금을 지급해야 한다. 그러나 분기에 필요한 직접노무시간이 2,600시간을 초과하면 초과시간에 대해서는 정규 임금의 1.5배를 지급하여야 한다. (주)한국제조의 20×1년 회계연도 직접노무원가 예산금액은 얼마인가?

[회계사 15]

① ₩105,870  ② ₩106,325  ③ ₩107,175
④ ₩108,350  ⑤ ₩109,450

★
**11** (주)세무는 단일제품 A를 생산하는데 연간 최대생산능력은 70,000단위이며, 20×1년에 제품 A를 45,000단위 판매할 계획이다. 원재료는 공정 초에 전량 투입(제품 A 1단위 생산에 4kg 투입)되며, 제조과정에서 공손과 감손 등으로 인한 물량 손실은 발생하지 않는다. 20×1년 초 실제재고와 20×1년 말 목표재고는 다음과 같다.

| 구분 | 20×1년 초 | 20×1년 말 |
|---|---|---|
| 원재료 | 4,000kg | 5,000kg |
| 재공품 | 1,500단위(완성도 60%) | 1,800단위(완성도 30%) |
| 제품 | 1,200단위 | 1,400단위 |

재공품 계산에 선입선출법을 적용할 경우, (주)세무가 20×1년에 구입해야 하는 원재료(kg)는?

[세무사 16]

① 180,000kg
② 182,000kg
③ 183,000kg
④ 184,000kg
⑤ 185,600kg

**12** (주)한국은 20×1년 3월 현금유입액을 추정하고자 한다. 외상매출은 판매한 달 70%, 판매한 다음 달 20%, 판매한 다다음 달 5%가 회수되며 나머지는 회수할 수 없다. 20×1년 1/4분기 매출액에 대한 자료는 다음과 같다.

| 구분 | 1월 | 2월 | 3월 |
|---|---|---|---|
| 현금매출 | ₩12,000 | ₩15,000 | ₩20,000 |
| 외상매출 | 25,000 | 30,000 | 32,000 |
| 합계 | ₩37,000 | ₩45,000 | ₩52,000 |

위의 자료를 이용하여 20×1년 3월 현금유입액을 구하시오.

① ₩49,250
② ₩49,300
③ ₩49,350
④ ₩49,600
⑤ ₩49,650

(주)한국은 모든 상품을 외상으로 판매하며 매출채권은 판매한 달 60%, 판매한 다음 달 30%, 판매한 다다음 달 7%가 회수되며 나머지는 회수불가능한 것으로 처리하고 있다. 또한, 매입도 모두 외상으로 매입하며 매입채무에 대해서 2%의 할인을 받기 위하여 다음 달 모두 지급하고 있다. 5월의 기타 현금 지출비용은 ₩12,000이며 지난 5개월 동안의 매입과 매출은 다음과 같다.

| 구분 | 매입 | 매출 |
| --- | --- | --- |
| 1월 | ₩72,000 | ₩86,000 |
| 2월 | 80,000 | 96,000 |
| 3월 | 85,000 | 100,000 |
| 4월 | 105,000 | 120,000 |
| 5월 | 115,000 | 135,000 |

**13** 5월의 현금회수액을 구하시오.

① ₩124,000  ② ₩128,000  ③ ₩130,000
④ ₩134,000  ⑤ ₩142,000

**14** 5월의 현금지급액을 구하시오.

① ₩102,000  ② ₩105,000  ③ ₩110,000
④ ₩114,900  ⑤ ₩120,000

**15** (주)국세는 월간예산을 수립하고 있다. 다음 자료를 이용하여 추정한 (주)국세의 20×2년 2월 말 현금잔액은 얼마인가?

[세무사 12]

재무상태표
20×2년 1월 1일 현재

자산
  현금 ₩28,000
  매출채권(순액) 78,000
  상품 104,000
  유형자산(장부금액) 1,132,000
총자산 ₩1,342,000

부채 및 자본
  매입채무 ₩200,000
  자본금 800,000
  이익잉여금 342,000
총부채 및 자본 ₩1,342,000

- 상품의 20×2년 1월 매출액은 ₩260,000, 2월 매출액은 ₩230,000, 그리고 3월 매출액은 ₩210,000으로 각각 추정하고 있다. 모든 매출은 외상으로 이루어지며, 매출채권은 판매한 달에 55%, 다음 달에 40%가 현금으로 회수되고, 5%는 대손처리되어 판매한 당월의 비용으로 처리한다.
- 월별 매출총이익률은 20%이다.
- 상품의 월말재고액은 다음 달 예상매출원가의 50%로 유지한다.
- 모든 매입은 외상으로 이루어지며 매입채무는 매입한 다음 달에 전액 현금으로 상환한다.
- 기타 운영비 ₩21,700은 매월 현금으로 지급한다.
- 감가상각비는 연간 ₩17,000이다.
- 세금은 무시한다.

① ₩18,400     ② ₩27,300     ③ ₩28,100
④ ₩40,100     ⑤ ₩40,800

★

**16** 손세정제를 제조하는 (주)세무의 20×1년도 직접재료예산과 관련된 자료는 다음과 같다.

| | 1분기 | 2분기 | 3분기 | 4분기 |
|---|---|---|---|---|
| • 판매예산에 따른 각 분기별 제품판매량 | | | | |
| | 1,000통 | 3,000통 | 5,000통 | 2,000통 |

(1) 각 분기별 기말목표 제품재고량은 다음 분기 판매량의 20%로 한다.
(2) 각 분기별 기말목표 재료재고량은 다음 분기 제품 생산량에 필요한 재료량의 10%로 한다.
(3) 손세정제 1통을 만드는 데 20kg의 재료가 필요하다.
(4) 재료의 구입단가는 kg당 ₩2이다.

이를 바탕으로 구한 2분기의 직접재료구매예산액은? [세무사 21]

① ₩106,000      ② ₩124,000      ③ ₩140,000
④ ₩152,000      ⑤ ₩156,000

**17** (주)대한의 20×2년 1월부터 4월까지의 예상 상품매출액은 다음과 같다.

| 월 | 예상 매출액 |
|---|---|
| 1월 | ₩4,000,000 |
| 2월 | 5,000,000 |
| 3월 | 6,000,000 |
| 4월 | 7,000,000 |

(주)대한은 20×1년 동안 월말재고액을 다음 달 예상 매출원가의 10%(이하 재고비율)로 일정하게 유지하였다. 만약 20×2년 초부터 재고비율을 20%로 변경·유지한다면, 20×2년 3월 예상 상품매입액은 재고비율을 10%로 유지하는 경우에 비해 얼마나 증가하는가? (단, (주)대한의 매출총이익률은 30%로 일정하다고 가정한다) [회계사 21]

① ₩50,000      ② ₩60,000      ③ ₩70,000
④ ₩80,000      ⑤ ₩90,000

**18** (주)세무는 상품매매기업으로 20×4년 3분기 월별 매출액 예산은 다음과 같다.

| | 7월 | 8월 | 9월 |
|---|---|---|---|
| 매출액 | ₩300,000 | ₩400,000 | ? |

(주)세무는 월말재고로 그 다음 달 매출원가의 20%를 보유하는 정책을 실시하고 있다. (주)세무의 월별 예상매출총이익률은 30%이다. (주)세무의 매월 상품매입 중 40%는 현금매입이며, 60%는 외상매입이다. 외상매입대금은 매입한 달의 다음 달에 전액 지급된다. 매입에누리, 매입환출, 매입할인 등은 발생하지 않는다. (주)세무의 20×4년 8월 상품매입과 관련하여 예상되는 현금지출액이 ₩254,800일 때, 9월 예상되는 매출액은? [세무사 24]

① ₩450,000      ② ₩475,000      ③ ₩500,000

④ ₩525,000      ⑤ ₩550,000

# 정답 및 해설

## 정답

| 01 | ① | 02 | ⑤ | 03 | ① | 04 | ② | 05 | ② | 06 | ④ | 07 | ② | 08 | ⑤ | 09 | ⑤ | 10 | ② |
|----|----|----|----|----|----|----|----|----|----|----|----|----|----|----|----|----|----|----|----|
| 11 | ③ | 12 | ⑤ | 13 | ① | 14 | ④ | 15 | ④ | 16 | ③ | 17 | ③ | 18 | ⑤ | | | | |

## 해설

**01** ① 운영예산(Operating Budget)은 다음 예산연도의 운영계획을 나타내며, 예산포괄손익계산서에 총괄된다.

**02** ⑤ 종합예산(master budget)이란 기업 전체의 공식적인 행동계획을 화폐로 측정한 것으로 판매예산, 구매예산, 판매관리비예산, 현금예산 등을 기초로 하여 예산손익계산서와 예산재무상태표를 유기적으로 수립한 예산이다. 따라서 좀 더 의미 있는 비교를 위해서 사후에 설정되는 변동예산과는 그 의미가 다르다.

**03** ①

| | 원재료 | | |
|----|----|----|----|
| 기초 | 70,000kg | 사용 | 200,000kg |
| 매입 | $x$ | 기말 | 10,000 |
| | 210,000kg | | 210,000kg |

| | 제품 | | |
|----|----|----|----|
| 기초 | 12,000단위 | 판매 | 25,000단위 |
| 완성 | 50,000 | 기말 | 37,000 |
| | 62,000단위 | | 62,000단위 |

(1) 당기 생산에 필요한 원재료 투입량
   50,000단위 × 4kg = 200,000kg

(2) 당기 원재료매입수량($x$)
   70,000kg + $x$ = 200,000kg + 10,000kg
   ∴ $x$ = 140,000kg

**04** ② (1) 1분기 원재료 T-계정

| | 원재료(1분기) | | |
|----|----|----|----|
| 기초 | ₩19,200[*2] | 사용 | ₩76,800[*3] |
| 매입 | $x$ | 기말 | 28,000[*1] |
| | ₩104,800 | | ₩104,800 |

[*1] 기말원재료재고: 다음 분기(2분기) 사용량 × 25%
   = 35,000단위 × 4g × ₩0.8 × 25% = ₩28,000

[*2] 기초원재료재고: 당분기(1분기) 사용량 × 25%
   = 24,000단위 × 4g × ₩0.8 × 25% = ₩19,200

[*3] 당분기(1분기) 사용량
   24,000단위 × 4g × ₩0.8 = ₩76,800

(2) 1분기 재료구입액($x$)

　　$\text{₩}19,200 + x = \text{₩}104,800$

　　$\therefore x = \text{₩}85,600$

**05**　②　(1) 2월 상품 T-계정

상품(2월)

| 월초 | $\text{₩}717,500^{*2}$ | 판매 | $\text{₩}2,870,000^{*3}$ |
|------|------|------|------|
| 매입 | $x$ | 월말 | $665,000^{*1}$ |
| | $\text{₩}3,535,000$ | | $\text{₩}3,535,000$ |

*1 월말상품재고: 다음 달(3월) 예상매출원가 × 25%

　= $\text{₩}3,800,000 × 70\% × 25\% = \text{₩}665,000$

*2 월초상품재고: 당월(2월) 예상매출원가 × 25%

　= $\text{₩}4,100,000 × 70\% × 25\% = \text{₩}717,500$

*3 당월(2월) 예상매출원가

　$\text{₩}4,100,000 × 70\% = \text{₩}2,870,000$

(2) 2월 상품매입액($x$)

　　$\text{₩}717,500 + x = \text{₩}3,535,000$

　　$\therefore x = \text{₩}2,817,500$

---

**point 매출원가율 vs 매출총이익률**

손익계산서

|  | 매출액 | × × × |
|------|------|------|
| (-) | 매출원가 | × × × |
|  | 매출총이익 | × × × |

따라서, 다음과 같은 등식이 성립된다.

$$\text{매출액} = \text{매출원가} + \text{매출총이익}$$

⇒ 양변을 매출액으로 나눈다

$$\frac{\text{매출액}}{\text{매출액}} = \frac{\text{매출원가}}{\text{매출액}} + \frac{\text{매출총이익}}{\text{매출액}}$$

⇒ 정리하면 다음과 같다.

$$1 = \text{매출원가율} + \text{매출총이익률}$$

다음의 등식도 실전에서 많이 활용되므로 숙지해야 한다.

- 1 = 변동원가율 + 공헌이익률
- 1 = 감손율 + 수율

**06** ④ (1) 매출채권 회수 및 매입채무 지급일정

| | 당월 | 차월 |
|---|---|---|
| 매출채권 회수 | 30% | 70% |
| 매입채무 지급 | 100% | – |

(2) 월별 매출 및 매출원가

| | 1월 | 2월 | 3월 |
|---|---|---|---|
| 매출 | ₩100,000 | ₩150,000 | ₩120,000 |
| 매출원가 | ₩100,000 × 0.6 = ₩60,000 | ₩150,000 × 0.6 = ₩90,000 | ₩120,000 × 0.6 = ₩72,000 |

(3) 2월 상품 T-계정

상품(2월)

| 월초 | ₩18,000[*2] | 판매 | ₩90,000 |
|---|---|---|---|
| 매입 | $x$ | 월말 | 14,400[*1] |
| | ₩104,400 | | ₩104,400 |

[*1] 월말상품재고: 다음 달(3월) 매출원가 × 20%
= ₩72,000 × 20% = ₩14,400

[*2] 월초상품재고: 당월(2월) 매출원가 × 20%
= ₩90,000 × 20% = ₩18,000

(4) 2월 상품매입액($x$)

₩18,000 + $x$ = ₩104,400

∴ $x$ = ₩86,400

(5) 2월 현금증가예상액

| 현금유입액 | | |
|---|---|---|
| 매출채권 회수 | ₩150,000 × 30% + ₩100,000 × 70% = | ₩115,000 |
| 현금유출액 | | |
| 상품매입액 | | (86,400) |
| 판매관리비 | | (8,500) |
| 현금증가액 | | ₩20,100 |

**07** ②

| | (1) 월초 매출채권 | (2) 미회수비율 | (3) 매출액 [= (1) ÷ (2)] | 회수비율 | 회수금액 |
|---|---|---|---|---|---|
| 2월 매출분 | ₩100,000 | 20% | ₩500,000 | 15% | ₩75,000 |
| 3월 매출분 | 420,000 | 70% | 600,000 | 50% | 300,000 |
| 4월 매출분 | – | | 700,000 | 30% | 210,000 |
| | ₩520,000 | | | | ₩585,000 |

**08** ⑤ (1) 월별 매출원가

　　　4월: ₩480,000 × (1 - 45%) = ₩264,000

　　　5월: 560,000 × (1 - 45%) = 308,000

　　　6월: 600,000 × (1 - 45%) = 330,000

(2) 월별 재고현황

4월

| | | | |
|---|---|---|---|
| 월초 | ₩79,200 | 사용 | ₩264,000 |
| 매입 | 277,200 | 월말 | 92,400(= ₩308,000 × 30%) |
| | ₩356,400 | | ₩356,400 |

5월

| | | | |
|---|---|---|---|
| 월초 | ₩92,400 | 사용 | ₩308,000 |
| 매입 | 314,600 | 월말 | 99,000(= ₩330,000 × 30%) |
| | ₩407,000 | | ₩407,000 |

(3) 5월 예상 현금지출액

　　4월 매입액 × 70% + 5월 매입액 × 30%

　　= ₩277,200 × 70% + ₩314,600 × 30% = ₩288,420

**09** ⑤ (1) 1월 현금유입액

| | | | |
|---|---|---|---|
| 당월분 | 현금매출 | | ₩80,000 |
| | 외상매출 | ₩350,000 × 0.6 = | 210,000 |
| 전월분 | 외상매출 | ₩60,000 ÷ 0.4 × 0.35 = | 52,500 |
| 전전월분 | 외상매출 | ₩10,000 ÷ 0.05 × 0.05 = | 10,000 |
| | | | ₩352,500 |

(2) 1월 말 매출채권 잔액

| | | | |
|---|---|---|---|
| 당월분 | 외상매출 | ₩350,000 × 0.4 = | ₩140,000 |
| 전월분 | 외상매출 | ₩60,000 ÷ 0.4 × 0.05 = | 7,500 |
| | | | ₩147,500 |

**10** ②  (1) 분기별 직접노무시간

① 20×1년 1분기

<table>
<tr><td colspan="4" align="center">제품(1분기)</td></tr>
<tr><td>기초</td><td align="right">1,600</td><td>판매</td><td align="right">8,000</td></tr>
<tr><td>생산</td><td align="right">7,700</td><td>기말</td><td align="right">1,300(= 6,500단위 × 20%)</td></tr>
<tr><td></td><td align="right">9,300</td><td></td><td align="right">9,300</td></tr>
</table>

⇒ 7,700단위 × 0.35시간 = 2,695시간

② 20×1년 2분기

<table>
<tr><td colspan="4" align="center">제품(2분기)</td></tr>
<tr><td>기초</td><td align="right">1,300</td><td>판매</td><td align="right">6,500</td></tr>
<tr><td>생산</td><td align="right">6,600</td><td>기말</td><td align="right">1,400(= 7,000단위 × 20%)</td></tr>
<tr><td></td><td align="right">7,900</td><td></td><td align="right">7,900</td></tr>
</table>

⇒ 6,600단위 × 0.35시간 = 2,310시간

③ 20×1년 3분기

<table>
<tr><td colspan="4" align="center">제품(3분기)</td></tr>
<tr><td>기초</td><td align="right">1,400</td><td>판매</td><td align="right">7,000</td></tr>
<tr><td>생산</td><td align="right">7,100</td><td>기말</td><td align="right">1,500(= 7,500단위 × 20%)</td></tr>
<tr><td></td><td align="right">8,500</td><td></td><td align="right">8,500</td></tr>
</table>

⇒ 7,100단위 × 0.35시간 = 2,485시간

④ 20×1년 4분기

<table>
<tr><td colspan="4" align="center">제품(4분기)</td></tr>
<tr><td>기초</td><td align="right">1,500</td><td>판매</td><td align="right">7,500</td></tr>
<tr><td>생산</td><td align="right">7,600</td><td>기말</td><td align="right">1,600(= 8,000단위 × 20%)</td></tr>
<tr><td></td><td align="right">9,100</td><td></td><td align="right">9,100</td></tr>
</table>

⇒ 7,600단위 × 0.35시간 = 2,660시간

(2) 직접노무원가 예산금액

| | 필요시간 | 보장시간 | 초과시간 | 보장임금 | 초과임금 | 합계 |
|---|---|---|---|---|---|---|
| 1분기 | 2,695 | 2,600 | 95 | 2,600 × ₩10 = ₩26,000 | 95 × ₩10 × 1.5 = ₩1,425 | ₩27,425 |
| 2분기 | 2,310 | 2,600 | – | 2,600 × ₩10 = ₩26,000 | – | 26,000 |
| 3분기 | 2,485 | 2,600 | – | 2,600 × ₩10 = ₩26,000 | – | 26,000 |
| 4분기 | 2,660 | 2,600 | 60 | 2,600 × ₩10 = ₩26,000 | 60 × ₩10 × 1.5 = ₩900 | 26,900 |
| | | | | | | ₩106,325 |

**11** ③ 구입해야 하는 원재료(kg)를 k라 한 후 정리하면 다음과 같다.

| 제품 | | | |
|---|---|---|---|
| 기초 | 1,200 | 판매 | 45,000 |
| 완성*1 | 45,200 | 기말 | 1,400 |
| | 46,400 | | 46,400 |

| 재공품 | | | |
|---|---|---|---|
| 기초 | 1,500(60%) | 완성*1 | 45,200 |
| 투입*2 | 45,500 | 기말 | 1,800(30%) |
| | 47,000 | | 47,000 |

| 원재료 | | | |
|---|---|---|---|
| 기초 | 4,000 | 사용 | 182,000(= 45,500단위*2 × 4kg) |
| 매입 | k | 기말 | 5,000 |
| | 187,000 | | 187,000 |

*1 당기완성수량: 당기판매수량 + 기말제품 − 기초제품

= 45,000단위 + 1,400단위 − 1,200단위 = 45,200단위

*2 당기투입량: 당기완성수량 + 기말재공품 − 기초재공품

= 45,200단위 + 1,800단위 − 1,500단위 = 45,500단위

∴ k = 183,000kg

**12** ⑤ 3월 현금유입액

| | | | |
|---|---|---|---|
| 현금매출 | 3월 | | ₩20,000 |
| 외상매출 | 3월 | ₩32,000 × 70% = | 22,400 |
| | 2월 | ₩30,000 × 20% = | 6,000 |
| | 1월 | ₩25,000 × 5% = | 1,250 |
| | | | ₩49,650 |

**13** ① 5월 현금회수액

| | | |
|---|---|---|
| 5월 | ₩135,000 × 60% = | ₩81,000 |
| 4월 | ₩120,000 × 30% = | 36,000 |
| 3월 | ₩100,000 × 7% = | 7,000 |
| | | ₩124,000 |

**14** ④ 5월 현금지급액

| | | |
|---|---|---|
| 4월 매입 | ₩105,000 × 98% = | ₩102,900 |
| 기타 지출 | | 12,000 |
| | | ₩114,900 |

**15** ④　(1) 1월 상품매입액

상품(1월)

| | | | |
|---|---|---|---|
| 월초 | ₩104,000[*2] | 판매 | ₩208,000[*1] |
| 매입 | 196,000 | 월말 | 92,000[*3] |
| | ₩300,000 | | ₩300,000 |

[*1] ₩260,000 × (1 − 20%) = ₩208,000

[*2] ₩208,000 × 50% = ₩104,000

[*3] ₩230,000 × (1 − 20%) × 50% = ₩92,000

(2) 2월 말 현금잔액

| | | |
|---|---|---|
| 월초현금 | | ₩28,000 |
| 현금유입 | | |
| 　월초매출채권 회수 | ₩78,000 | |
| 　1월분 매출채권 회수 | ₩260,000 × (55% + 40%) = 247,000 | |
| 　2월분 매출채권 회수 | ₩230,000 × 55% = 126,500 | 451,500 |
| 현금유출 | | |
| 　월초매입채무 지급 | ₩200,000 | |
| 　1월분 매입채무 지급 | 196,000 | |
| 　기타 월운영비 | ₩21,700 × 2개월 = 43,400 | (439,400) |
| 월말현금 | | ₩40,100 |

**16** ③ (1) 2분기 생산량

<table>
<tr><td colspan="4" align="center">제품(2분기)</td></tr>
<tr><td>기초</td><td align="right">600</td><td>판매</td><td align="right">3,000</td></tr>
<tr><td>생산</td><td align="right">3,400</td><td>기말</td><td align="right">1,000 (= 5,000통 × 0.2)</td></tr>
<tr><td></td><td align="right">4,000</td><td></td><td align="right">4,000</td></tr>
</table>

(2) 2분기 사용량

3,400통 × 20kg = 68,000kg

(3) 3분기 생산량

<table>
<tr><td colspan="4" align="center">제품(3분기)</td></tr>
<tr><td>기초</td><td align="right">1,000</td><td>판매</td><td align="right">5,000</td></tr>
<tr><td>생산</td><td align="right">4,400</td><td>기말</td><td align="right">400 (= 2,000통 × 0.2)</td></tr>
<tr><td></td><td align="right">5,400</td><td></td><td align="right">5,400</td></tr>
</table>

(4) 3분기 사용량

4,400통 × 20kg = 88,000kg

(5) 2분기 재료재고

88,000kg × 10% = 8,800kg

(6) 2분기 재료구입량

<table>
<tr><td colspan="4" align="center">재료(2분기)</td></tr>
<tr><td>기초</td><td align="right">6,800</td><td>사용</td><td align="right">68,000</td></tr>
<tr><td>구입</td><td align="right">70,000</td><td>기말</td><td align="right">8,800</td></tr>
<tr><td></td><td align="right">76,800</td><td></td><td align="right">76,800</td></tr>
</table>

(7) 직접재료구매예산액

70,000kg × ₩2 = ₩140,000

---

**point**

2분기 직접재료 사용량은 2분기 생산량에 필요한 직접재료이다. 또한, 1분기 직접재료 기말재고는 2분기 직접재료 사용량의 10%이고 2분기 직접재료 기말재고는 3분기 직접재료 사용량의 10%이다.

**17** ③ (1) 월별 매출원가
- 3월: ₩6,000,000 × 70% = ₩4,200,000
- 4월: ₩7,000,000 × 70% = ₩4,900,000

(2) 3월 상품매입액

① 재고비율 10%

상품(3월)

| | | | |
|---|---|---|---|
| 기초 | ₩420,000 | 판매 | ₩4,200,000 |
| 매입 | 4,270,000 | 기말 | 490,000 (= ₩4,900,000 × 10%) |
| | ₩4,690,000 | | ₩4,690,000 |

② 재고비율 20%

상품(3월)

| | | | |
|---|---|---|---|
| 기초 | ₩840,000 | 판매 | ₩4,200,000 |
| 매입 | 4,340,000 | 기말 | 980,000 (= ₩4,900,000 × 20%) |
| | ₩5,180,000 | | ₩5,180,000 |

(3) 예상 상품매입액: ₩70,000(= ₩4,340,000 - ₩4,270,000)만큼 증가

---

**point**

상품재고는 원가이므로 제시된 매출액을 매출총이익률을 이용하여 매출원가로 변경한다. 재고비율이 각각 10%, 20%인 경우의 상품매입액은 3월 상품계정을 이용하여 계산할 수 있다.

---

**18** ⑤ (1) 월별 매출원가

① 7월: ₩300,000 × (1 - 30%) = ₩210,000

② 8월: ₩400,000 × (1 - 30%) = ₩280,000

(2) 월별 월초재고

① 7월: ₩210,000 × 20% = ₩42,000

② 8월: ₩280,000 × 20% = ₩56,000

(3) 7월 매입($x$)

재고자산(7월)

| 월초 | ₩42,000 | 판매 | ₩210,000 |
|---|---|---|---|
| 매입 | $x$ | 월말 | 56,000 |
| | ₩266,000 | | ₩266,000 |

∴ 7월 매입($x$) = ₩224,000

(4) 8월 매입

8월 현금지출 = 8월 매입 × 40% + 7월 매입 × 60%

₩254,800 = 8월 매입 × 40% + ₩224,000 × 60%

∴ 8월 매입 = ₩301,000

(5) 8월 말 재고($y$)

재고자산(8월)

| 월초 | ₩56,000 | 판매 | ₩280,000 |
|---|---|---|---|
| 매입 | 301,000 | 월말 | $y$ |
| | ₩357,000 | | ₩357,000 |

∴ 8월 말 재고($y$) = ₩77,000

(6) 9월 예상매출액

① 9월 매출원가: ₩77,000 ÷ 20% = ₩385,000

② 9월 매출액: ₩385,000 ÷ 70% = ₩550,000

---

**point**

8월 말 재고를 이용하여 9월 매출원가를 추정할 수 있으며, 매출원가율을 활용하여 매출액을 계산할 수 있다. 또한, 월초재고는 당월 매출원가의 20%이다.

# 제14장

# 책임회계제도

핵심 이론 요약

객관식 연습문제

정답 및 해설

# 핵심 이론 요약

## 01 성과평가와 관련된 원가

| | |
|---|---|
| 부문 통제가능원가 | 평가대상 O |
| 부문 통제불능원가 | 평가대상 X |

## 02 책임중심점의 종류

| 구분 | 책임대상 | 성과분석 |
|---|---|---|
| 원가중심점(Cost center) | 표준원가(SQ × SP) | 원가차이분석 |
| 수익중심점(Revenue center) | 예산매출(BQ × BP) | 매출차이분석 |
| 이익중심점(Profit center) | 이익(수익 및 원가) | 원가차이, 매출차이분석 |
| 투자중심점(Investment center) | 이익 및 투자효율성 | 투자수익률(ROI), 잔여이익(RI), 경제적부가가치(EVA) |

## 03 원가중심점의 총차이

### (1) 변동제조원가

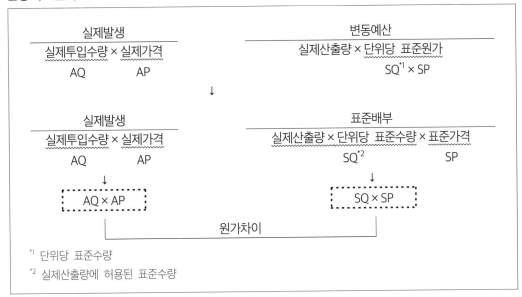

*1 단위당 표준수량
*2 실제산출량에 허용된 표준수량

### (2) 고정제조간접원가

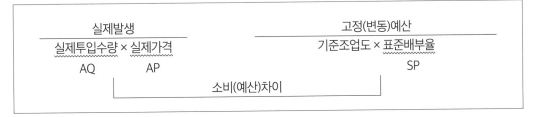

### (3) 복수생산요소의 원가차이

① 배합차이(mix variance): 실제배합과 표준배합의 차이
② 수율차이(yield variance): 실제수율과 표준수율의 차이

## 04 수익중심점의 총차이

### (1) 매출가격차이와 매출조업도차이

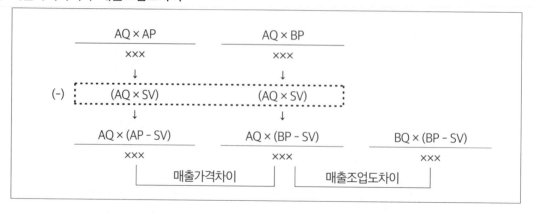

### (2) 복수제품의 매출차이

매출조업도차이를 다음의 두 가지로 구분할 수 있다.

① 매출배합차이(sales mix variance): 실제 총수량을 기준으로 실제배합과 예산배합의 차이가 공헌이익에 미치는 영향

② 매출수량차이(sales quantity variance): 예산배합을 기준으로 실제수량과 예산수량의 차이가 공헌이익에 미치는 영향

### (3) 매출수량차이의 통제가능성

매출수량차이를 통제가능 여부에 따라 다음의 두 가지로 구분할 수 있다.

① 시장점유율차이(market share variance): 실제 규모를 기준으로 실제점유율과 예산점유율의 차이가 공헌이익에 미치는 영향

② 시장규모차이(market size variance): 예산점유율을 기준으로 실제규모와 예산규모의 차이가 공헌이익에 미치는 영향

## 05 투자중심점 성과평가

### (1) 투자수익률(ROI)

$$투자수익률 = \frac{영업이익}{투자금액}$$

$$\rightarrow 듀폰(DuPont)분석 \ 투자수익률 = \frac{영업이익}{매출액} \times \frac{매출액}{투자금액}$$

$$= 매출이익률 \times 자산회전율$$

① 투자안 투자수익률 > 기존 투자수익률: 투자안 채택
② 투자안 투자수익률 < 기존 투자수익률: 투자안 기각

### (2) 잔여이익(RI)

$$잔여이익 = 영업이익 - 투자금액 \times 최저필수수익률^{*1}$$

[*1] 최저필수수익률은 자본비용으로 해당 투자중심점의 위험을 추가로 고려하여 결정한다.

① 잔여이익 > 영(0): 투자안 채택
② 잔여이익 < 영(0): 투자안 기각

### (3) 경제적부가가치(EVA)

$$경제적부가가치 = 세후영업이익^{*2} - 투하자본^{*3} \times 가중평균자본비용^{*4}$$

[*2] 조정 후 영업이익
[*3] 투자금액 중 자본비용이 발생하는 항목을 의미한다.
[*4] 타인자본비용과 자기자본비용을 가중평균하여 결정한다.

① 경제적부가가치 > 영(0): 투자안 채택
② 경제적부가가치 < 영(0): 투자안 기각

★ : 꼭 풀어봐야 할 필수문제
 : 심화된 내용을 학습할 수 있는 고급문제

★

**01** 분권화와 책임회계, 성과평가와 관련하여 다음의 설명 중에서 가장 적절한 것은? [세무사 02]

① 분권화(decentralization)로부터 얻을 수 있는 효익으로 내부이전가격의 신속한 결정을 들수 있다.

② 원가중심점은 특정 원가의 발생에만 통제책임을 지는 책임중심점으로 판매부문이 한 예가될 수 있다.

③ 하부경영자가 자신의 성과측정치를 극대화할 때 기업의 목표도 동시에 극대화될 수 있도록하부경영자의 성과측정치를 설정해야 하는데, 이를 목표일치성(goal congruence)이라고한다.

④ 잔여이익(residual income)이 갖고 있는 준최적화(sup-optimization)의 문제점을 극복하기 위하여 투자수익률이라는 개념이 출현하였다.

⑤ 투자수익률법은 투자규모가 다른 투자중심점을 상호 비교하기가 어렵다는 문제점이 있는반면에 잔여이익법에는 이런 문제점이 없다.

**02** 다음 중 분권화된 조직에서의 책임회계제도, 대체가격, 투자중심점, 성과평가 등과 관련된 설명으로옳지 않은 것은? [세무사 05]

① 책임회계제도는 조직의 자원이 어느 기능을 위하여 사용되었는가보다는 누가 사용하였는가에 관심을 둔다.

② 이익중심점이란 수익과 비용 모두에 대하여 책임이 부여된 조직의 하위단위 또는 부문을말한다.

③ 잔여이익(residual income)이란 투자중심점이 사용하는 영업자산으로부터 당해 투자중심점이 획득하여야 하는 최소한의 이익을 초과하는 영업이익을 말한다.

④ 조직의 하위부문 사이에 재화를 주고받을 경우 각 하위부문에 대한 공정한 성과평가를 하려면 공급부문의 변동원가에 근거하여 대체가격을 설정하는 것이 바람직하다.

⑤ 투자수익률(return on investment)이란 수익성지표의 일종으로서 이는 투하된 자본금액에대한 이익의 비율로 나타낸다.

**03** 투자중심점(investment center)의 투자성과 평가지표에 관한 다음의 설명 중 가장 타당하지 않은 것은? [회계사 09]

① 투자수익률(return on investment: ROI)은 투하자본에 대한 투자이익의 비율을 나타내는 수익성지표이며, 매출이익률에 자산회전율을 곱하여 계산할 수 있다.

② 투자수익률은 기업의 여러 투자중심점의 성과를 비교하는 데 유용할 수 있지만, 투자수익률의 수준이 투자중심점 경영자의 성과평가기준으로 사용될 경우에는 목표불일치 문제를 야기할 수 있다.

③ 잔여이익에 의한 투자중심점 성과평가는 투자수익률에 의한 준최적화 문제를 해결할 수 있으며, 각기 다른 투자규모의 투자중심점들의 성과를 잔여이익에 의하여 직접적으로 비교평가할 수 있는 장점이 있다.

④ 경제적부가가치(economic value added: EVA)는 세후영업이익에서 투하자본에 대한 자본비용을 차감하여 계산할 수 있다.

⑤ 경제적부가가치의 관점에서는 영업이익이 당기순이익보다 기업의 경영성과를 평가하는 데 유용한 지표라고 본다.

※ 다음 자료를 이용하여 **04 ~ 05**에 답하시오. [회계사 09]

20×1년도에 (주)진성은 직접재료 A와 직접재료 B를 배합하여 100개의 단일제품을 생산하였으며 표준원가계산제도를 사용하고 있다. 직접재료의 표준원가 및 관련 자료는 다음과 같다(단, 기초 및 기말의 재고자산은 없는 것으로 가정한다)

| 구분 | 직접재료 A | 직접재료 B |
|------|-----------|-----------|
| 표준구입가격 | ₩100/kg | ₩150/kg |
| 표준사용량 | 25kg/제품 1개 | 25kg/제품 1개 |
| 실제구입가격 | ₩120/kg | ₩130/kg |
| 가격차이 | ₩48,000(불리) | ₩32,000(유리) |

★
**04** 직접재료의 수량차이를 배합차이와 수율차이로 구분하면 직접재료 A의 배합차이는 얼마인가?

① ₩40,000(불리)  ② ₩40,000(유리)  ③ ₩20,000(유리)

④ ₩50,000(불리)  ⑤ ₩50,000(유리)

**05** 직접재료의 수량차이를 배합차이와 수율차이로 구분하면 직접재료 B의 수율차이는 얼마인가?

① ₩75,000(유리)  ② ₩75,000(불리)  ③ ₩125,000(유리)

④ ₩60,000(유리)  ⑤ ₩60,000(불리)

※ 다음은 **06 ~ 07**에 관련된 자료이다.  [회계사 87]

(주)서울은 세 종류의 원재료 A, B, C를 사용하여 단일제품 X를 생산하고 있다. 제품 X 8kg을 제조하는 데 소요되는 원재료별 표준투입량(SQ)과 표준구입단가(SP)는 다음과 같다.

| 원재료 | SQ | SP |
|---|---|---|
| A | 4kg | ₩100 |
| B | 3 | 90 |
| C | 3 | 80 |

당월 제품 X의 생산량은 180kg이며, 원재료별 실제투입량(AQ)과 실제구입단가(AP)는 다음과 같다.

| 원재료 | AQ | AP |
|---|---|---|
| A | 60kg | ₩120 |
| B | 40 | 80 |
| C | 80 | 60 |

**06** 당월 원재료배합차이(material mix variance)를 구하시오.

① ₩230 유리  ② ₩350 유리  ③ ₩380 유리

④ ₩580 유리  ⑤ ₩600 유리

**07** 당월 원재료수율차이(material yield variance)를 구하시오.

① ₩4,095 유리    ② ₩5,318 유리    ③ ₩2,756 유리
④ ₩5,300 유리    ⑤ ₩6,540 유리

**★**

**08** (주)영도의 표준원가 및 실제원가에 관한 자료는 다음과 같다.

| | |
|---|---|
| (1) 단위당 표준원가 | |
| 직접재료 A(3단위, ₩4) | ₩12 |
| 직접재료 B(2단위, ₩5) | 10 |
| 직접노무원가(2시간, ₩5) | 10 |
| 변동제조간접원가(2시간, ₩8) | 16 |
| 고정제조간접원가(2시간, ₩7) | 14 |
| | ₩62 |
| (2) 실제원가발생액 | |
| 원재료 사용 A(20,000단위, ₩5) | ₩100,000 |
| 원재료 사용 B(15,000단위, ₩5) | 75,000 |
| 직접노무원가(13,000시간, ₩6) | 78,000 |
| 변동제조간접원가 | 100,000 |
| 고정제조간접원가 | 95,000 |

한편, 고정제조간접원가예산은 ₩90,000이고, 실제생산량은 5,000단위, 기초재공품은 없다. 기말 재공품 수량은 800단위(60% 완성), 재료는 공정시점에 투입된다. 재료 A와 B의 표준배합비율은 3 : 2이다. 위의 자료에 근거한 비율분석의 결과가 잘못된 것은?

① 직접재료원가 배합차이는 ₩1,000(불리)이다.
② 직접노무원가 능률차이는 ₩10,200(불리)이다.
③ 변동제조간접원가 능률차이는 ₩16,000(불리)이다.
④ 고정제조간접원가 예산차이는 ₩5,000(불리)이다.
⑤ 고정제조간접원가 조업도차이는 ₩13,280(불리)이다.

**09** 대한회사는 A와 B의 두 제품을 생산·판매하고 있다. 예산에 의하면 제품 A의 단위당 공헌이익은 ₩20이고, 제품 B의 단위당 공헌이익은 ₩4이다. 20×1년 예산매출수량은 제품 A가 800단위, 제품 B가 1,200단위로 총 2,000단위였다. 그러나 실제매출수량은 제품 A가 500단위, 제품 B가 2,000단위로 총 2,500단위였다. 대한회사의 20×1년 매출배합차이와 매출수량차이를 계산하면 각각 얼마인가?

[세무사 08]

| | 매출배합차이 | 매출수량차이 |
|---|---|---|
| ① | ₩8,000 유리 | ₩5,200 불리 |
| ② | 8,000 유리 | 5,200 유리 |
| ③ | 5,200 불리 | 8,000 불리 |
| ④ | 5,200 유리 | 8,000 불리 |
| ⑤ | 8,000 불리 | 5,200 유리 |

※ 다음 자료를 읽고 **10~11**에 답하시오.

(주)한국은 제품 A와 제품 B를 판매하고 있다. 제품과 관련된 자료는 다음과 같다.

| 구분 | 제품 A | | 제품 B | |
|---|---|---|---|---|
| | 예산 | 실제 | 예산 | 실제 |
| 판매량 | 1,000개 | 900개 | 2,000개 | 2,400개 |
| 공헌이익 | ₩20 | ₩21 | ₩50 | ₩45 |

회사는 제품의 판매시장에서 10%의 점유를 달성할 것을 목표로 예산을 수립하였다.

★
**10** 매출배합차이와 매출조업도차이는 각각 얼마인가?

| | 매출배합차이 | 매출조업도차이 |
|---|---|---|
| ① | ₩6,000 유리 | ₩18,000 유리 |
| ② | ₩6,000 불리 | ₩18,000 불리 |
| ③ | ₩6,000 유리 | ₩12,000 유리 |
| ④ | ₩6,000 불리 | ₩12,000 불리 |
| ⑤ | ₩8,000 유리 | ₩12,000 불리 |

★
**11** 실제시장규모가 26,400개로 판명된 경우, 시장점유율차이와 시장규모차이는 각각 얼마인가?

| | 시장점유율차이 | 시장규모차이 |
|---|---|---|
| ① | ₩26,400 유리 | ₩14,400 불리 |
| ② | ₩26,400 불리 | ₩14,400 유리 |
| ③ | ₩16,000 유리 | ₩12,000 유리 |
| ④ | ₩26,000 불리 | ₩12,000 불리 |
| ⑤ | ₩18,000 유리 | ₩12,000 불리 |

★
**12** 서울회사는 20×1년 1월 1일 새 기계를 구입하였다. 이 기계의 잔존가치는 없으며 정액법기준으로 10년에 걸쳐서 감가상각을 한다. 새 기계는 향후 10년간 영업활동과 관련하여 매년 법인세비용차감전 ₩3,300,000의 현금유입을 창출할 수 있을 것으로 기대되고 있다. 투자자본에 대한 투자수익률 (법인세비용차감전기준)이 10%로 예상될 경우, 새 기계의 취득원가를 구하시오.　　[세무사 99]

① ₩33,000,000　　　　② ₩27,500,000　　　　③ ₩12,500,000
④ ₩15,000,000　　　　⑤ ₩16,500,000

**13** (주)서울의 A부문의 회계자료는 다음과 같다.

| 매출 | ₩1,000,000 |
|---|---|
| 변동원가 | 600,000 |
| 고정원가(추적가능원가) | 100,000 |
| 평균투자자본 | 200,000 |
| 부가이자율(최저필수수익률) | 6% |

위의 자료를 이용하여 잔여이익을 구하면 얼마인가?　　[세무사 01]

① ₩168,000　　　　② ₩202,000　　　　③ ₩288,000
④ ₩312,000　　　　⑤ ₩420,000

**14** (주)서울에는 A와 B의 두 개의 사업부가 있는데 다음은 성과평가와 관련된 자료이다.

| 구분 | A부문 | B부문 |
|------|-------|-------|
| 투자액 | 2,000억원 | 4,000억원 |
| 순이익 | 400억원 | 720억원 |

(주)서울의 자본비용은 10%이다. (주)서울이 사업부의 평가를 투자수익률, 잔여이익으로 평가하는 경우 어떠한 평가가 이루어지겠는가? [세무사 00]

① 투자수익률로 평가하는 경우에는 A부문, 잔여이익으로 평가하는 경우에는 B부문이 각각 더 우수한 결과가 나온다.
② 투자수익률로 평가하는 경우에는 B부문, 잔여이익으로 평가하는 경우에는 A부문이 각각 더 우수한 결과가 나온다.
③ A부문이 투자수익률이나 잔여이익 모두 더 우수하다는 결과가 나온다.
④ B부문이 투자수익률이나 잔여이익 모두 더 우수하다는 결과가 나온다.
⑤ A부문과 B부문 모두 성과 차이가 없다.

**15** 투자중심점인 사업부 X는 ₩300,000을 투자하여 ₩75,000의 영업이익을 획득하였다. 사업부 X는 기존의 수익성이 당분간 계속될 것으로 예상하고 있다. 한편, 사업부 X의 최저필수수익률은 20%인데, 현재 사업부 X는 ₩140,000을 투자하면 ₩30,800의 영업이익을 달성할 수 있는 새로운 투자기회를 검토하고 있다. 다음의 보기 중 옳지 않은 것은 어느 것인가?

① 신규투자 전 사업부 X의 투자수익률은 25%이다.
② 신규투자 후 사업부 X의 투자수익률은 약 24%이다.
③ 신규투자 전 사업부 X의 잔여이익은 ₩15,000이다.
④ 신규투자 후 사업부 X의 잔여이익은 ₩17,800이다.
⑤ 사업부 X의 성과평가기준이 투자수익률인 경우에 신규투자안의 투자수익률이 사업부의 최저필수수익률 20%를 상회하므로 목표불일치현상은 나타나지 않을 것이다.

**16** 투자중심점으로 운영되는 (주)한국은 최근 A라는 기계장치를 구입하고자 한다. 동 기계장치의 취득원가는 ₩50,000이다. 투자액 중 40%는 부채로, 60%는 자기자본으로 조달하며 부채에 대한 이자율은 10%, 주주의 기대수익률이 15%이다. 기록되는 모든 장부가액은 시장가치와 일치한다. 이 투자로 인해 생산되는 신제품 X로부터 예상되는 영업이익은 ₩80,000이며 법인세율이 40%라고 할 때, 이 기계장치로 인하여 증가되는 경제적부가가치(EVA)는 얼마인가?

① ₩20,000　　　　　② ₩24,300　　　　　③ ₩35,700
④ ₩40,300　　　　　⑤ ₩42,300

**17** (주)한국은 상호대체가 가능한 두 종류의 노무등급인 고급노무인력과 저급노무인력을 제조공정에 투입하여 제품을 생산한다. 이 회사는 표준원가계산제도를 사용하여 직접노무원가에 대해 매월 실제원가와 표준원가의 차이를 분석하고자 한다. 이를 위한 20×1년 2월의 각 노무등급별 표준직접노무원가에 관한 자료는 다음과 같다.

| 구분 | 표준임률 | 실제생산량에 허용된 표준노무시간 |
| --- | --- | --- |
| 고급노무인력 | ₩20 | 200시간 |
| 저급노무인력 | ₩12 | 200시간 |

20×1년 2월의 각 노무등급별 실제임률과 실제로 사용된 직접노무시간은 다음과 같다.

| 구분 | 실제임률 | 실제 사용된 직접노무시간 |
| --- | --- | --- |
| 고급노무인력 | ₩21 | 220시간 |
| 저급노무인력 | ₩13 | 160시간 |

(주)한국의 20×1년 2월 직접노무원가의 배합차이와 수율차이는 각각 얼마인가?　　　　[회계사 14]

| | 배합차이 | 수율차이 |
| --- | --- | --- |
| ① | ₩280 유리 | ₩300 유리 |
| ② | ₩280 유리 | ₩300 불리 |
| ③ | ₩240 불리 | ₩300 유리 |
| ④ | ₩240 불리 | ₩320 유리 |
| ⑤ | ₩240 불리 | ₩320 불리 |

**18** (주)한국의 엔진사업부는 단일의 제품을 생산·판매하는 투자중심점이다. (주)한국의 최근 몇 해 동안의 투자수익률(ROI)은 평균 20%이며, 자본비용(즉, 최저필수수익률)은 15%이다. 다음은 20×1 회계연도 (주)한국의 엔진사업부에 관한 예산자료이다.

| | |
|---|---|
| 엔진사업부의 연간 총고정원가 | ₩200,000 |
| 제품 단위당 변동원가 | ₩100 |
| 제품의 연간 생산·판매량 | 1,000단위 |
| 엔진사업부에 투자된 평균영업자산 | ₩500,000 |

(주)한국의 CEO는 엔진사업부 경영자의 성과평가측정치로 투자수익률 혹은 잔여이익(residual income)을 고려 중이다. 만약 투자수익률이 채택되는 경우, 엔진사업부 경영자가 불리한 평가를 받지 않기 위해서는 20×1 회계연도에 20% 이상의 투자수익률을 달성하여야 한다. 만약 잔여이익이 채택되는 경우, 20×1 회계연도에 엔진사업부가 음(-)의 잔여이익을 창출하게 되면 유리한 성과평가를 받을 수 없게 된다. (주)한국이 엔진사업부의 성과평가측정치로 투자수익률 혹은 잔여이익을 사용하게 되는 각각의 경우에 대해, 엔진사업부 경영자가 20×1 회계연도에 불리한 평가를 받지 않기 위해 책정하여야 하는 제품 단위당 최소평균판매가격은 얼마인가? [회계사 15]

| | 투자수익률을 사용하는 경우 | 잔여이익을 사용하는 경우 |
|---|---|---|
| ① | ₩375 | ₩380 |
| ② | ₩375 | ₩390 |
| ③ | ₩375 | ₩400 |
| ④ | ₩400 | ₩375 |
| ⑤ | ₩400 | ₩390 |

동남컨설팅의 모든 컨설팅용역은 책임연구원 1명과 보조연구원 2명이 수행하고 있다. 동남컨설팅의 컨설팅용역 수행에 관한 20×1년 1월과 2월의 예산과 실제 자료는 다음과 같다.

| 구분 | 책임연구원 1명당 | 보조연구원 1명당 |
|---|---|---|
| 시간당 예산공헌이익 | ₩100,000 | ₩50,000 |
| 매월 예산투입시간 | 140시간 | 180시간 |
| 1월 실제투입시간 | ? | 171시간 |
| 2월 실제투입시간 | ? | 153시간 |

동남컨설팅의 모든 연구원이 컨설팅용역을 수행하는 데 실제 투입한 총시간은 20×1년 1월과 2월에 각각 450시간씩인 것으로 파악되었다. 컨설팅용역 수행에 투입된 시간에 의할 경우, 공헌이익을 기준으로 계산한 책임연구원과 보조연구원의 1월과 2월 매출배합차이는 각각 얼마인가?

[회계사 11]

| | 20×1년 1월 | | 20×1년 2월 | |
|---|---|---|---|---|
| | 책임연구원 | 보조연구원 | 책임연구원 | 보조연구원 |
| ① | ₩1,800,000 불리 | ₩900,000 유리 | ₩1,800,000 유리 | ₩900,000 불리 |
| ② | ₩900,000 불리 | ₩1,800,000 유리 | ₩900,000 불리 | ₩1,800,000 유리 |
| ③ | ₩1,800,000 유리 | ₩900,000 불리 | ₩1,800,000 불리 | ₩900,000 유리 |
| ④ | ₩900,000 유리 | ₩1,800,000 불리 | ₩900,000 유리 | ₩1,800,000 불리 |
| ⑤ | ₩1,800,000 유리 | ₩900,000 유리 | ₩1,800,000 불리 | ₩900,000 불리 |

**20** (주)한국이 판매부문의 20×1년도 성과평가목적으로 작성한 예산과 실적치를 대비한 자료는 다음과 같다.

| 구분 | 고정예산 | 실적치 |
|---|---|---|
| 판매량 | 25,000단위 | 27,500단위 |
| 매출액 | ₩250,000 | ₩253,000 |
| 변동원가 | | |
| 제조원가 | 148,500 | 153,450 |
| 판매관리비 | 39,000 | 44,550 |
| 공헌이익 | ₩62,500 | ₩55,000 |
| 고정원가 | | |
| 제조원가 | 12,500 | 15,000 |
| 판매관리비 | 27,500 | 30,000 |
| 영업이익 | ₩22,500 | ₩10,000 |

(주)한국의 CEO는 20×1년도 실제판매량이 목표판매량보다 10% 증가하였는데도 불구하고 영업이익은 오히려 감소한 원인을 파악하고자 한다. 이를 위해 매출가격차이(sales price variance)와 매출수량차이(매출조업도차이: sales volume variance)를 계산하면 각각 얼마인가? (단, U는 불리한 차이, F는 유리한 차이를 의미한다) [회계사 16]

|  | 매출가격차이 | 매출수량차이 |
|---|---|---|
| ① | ₩22,000 U | ₩6,250 F |
| ② | ₩22,000 U | ₩6,500 F |
| ③ | ₩22,000 U | ₩6,750 F |
| ④ | ₩20,000 U | ₩6,500 F |
| ⑤ | ₩20,000 U | ₩6,750 F |

**21** (주)한국연수원은 다양한 강좌를 개설하여 운영하고 있다. 이와 관련하여 연수원 관리자는 연수원 운영에 대한 월별 예산편성과 성과보고서 작성을 위해 다음 두 가지 원가동인을 식별하였다.

> (1) 매월 개설된 강좌 수
> (2) 매월 개설된 모든 강좌에 등록된 학생의 수

(주)한국연수원에서 매월 예상하는 원가 및 비용 관련 자료는 다음과 같다.

| 구분 | 강좌당 변동원가 | 학생당 변동원가 | 월 고정원가 |
|---|---|---|---|
| 강사료 | ₩3,000 | - | - |
| 강의실 소모품비 | - | ₩260 | - |
| 임차료와 보험료 | - | - | ₩6,300 |
| 기타일반관리비 | ₩145 | ₩4 | ₩4,100 |

20×1년 2월 초 3개의 강좌가 개설되며 총 45명의 학생이 등록할 것으로 예상된다. 또한 각 강좌에 등록한 학생 1인당 평균 ₩800의 수익이 예상된다. 20×1년 2월에 실제로 3개의 강좌가 개설되었으나, 3개의 강좌에 실제로 등록한 학생 수는 총 42명이었다. (주)한국연수원의 20×1년 2월 실제 운영결과는 다음과 같다.

| 구분 | 실제결과 |
|---|---|
| 총수익 | ₩32,400 |
| 강사료 | 9,000 |
| 강의실 소모품비 | 8,500 |
| 임차료와 보험료 | 6,000 |
| 기타일반관리비 | 5,300 |

(주)한국연수원 관리자가 20×1년 2월 말 작성한 성과보고서에 포함되는 영업이익 변동예산차이는?

[회계사 17]

① ₩685 유리　　　② ₩685 불리　　　③ ₩923 유리
④ ₩1,608 유리　　⑤ ₩1,668 불리

**22** (주)대한은 20×2년 초에 작업공정을 개선하였다. 두 회계기간 동안 생산량, 직접재료원가와 직접노무원가는 다음과 같다.

| 구분 | 20×1년 | 20×2년 |
|------|--------|--------|
| 생산량 | 100단위 | 150단위 |
| 직접재료원가 | 1,000kg × ₩15 = ₩15,000 | 1,200kg × ₩20 = ₩24,000 |
| 직접노무원가 | 2,000시간 × ₩5 = ₩10,000 | 2,500시간 × ₩8 = ₩20,000 |

20×1년을 기준으로, 20×2년에 생산성변동으로 인한 직접재료원가 및 직접노무원가 변화는 총 얼마만큼 유리(또는 불리)한가? (단, 가격변동효과를 제거하기 위해 생산성변동효과는 20×2년도 가격으로 평가한다) [회계사 18]

① ₩3,000 유리
② ₩4,800 불리
③ ₩5,000 불리
④ ₩8,200 유리
⑤ ₩10,000 유리

(주)대한은 20×1년도 고정예산과 실제결과를 비교하기 위해 다음과 같은 손익계산서를 작성하였다.

| 구분 | 고정예산 | 실제결과 |
|---|---|---|
| 판매량 | 10,000단위 | 12,000단위 |
| 매출액 | ₩500,000 | ₩624,000 |
| 변동원가 | | |
| 제조원가 | ₩250,000 | ₩360,000 |
| 판매관리비 | 50,000 | 84,000 |
| 공헌이익 | ₩200,000 | ₩180,000 |
| 고정원가 | | |
| 제조원가 | ₩15,000 | ₩19,000 |
| 판매관리비 | 25,000 | 25,000 |
| 영업이익 | ₩160,000 | ₩136,000 |

(주)대한의 경영자는 20×1년도 실제 판매량이 고정예산 판매량보다 20% 증가하였으나, 영업이익은 오히려 15% 감소한 원인을 파악하고자 한다. 다음 설명 중 옳지 않은 것은? (단, (주)대한은 20×1년도에 12,000단위를 생산·판매할 수 있는 용량(capacity)을 확보하고 있다) [회계사 18]

① 매출조업도차이(sales-volume variance)는 ₩40,000만큼 유리하다.
② 변동예산차이(flexible-budget variance)는 ₩84,000만큼 불리하다.
③ 매출가격차이(selling-price variance)는 ₩24,000만큼 유리하다.
④ 고정원가 소비차이(fixed overhead spending variance)는 ₩4,000만큼 불리하다.
⑤ 고정예산차이(static-budget variance)는 ₩24,000만큼 불리하다.

**24** (주)대한의 A사업부는 단일제품을 생산 및 판매하는 투자중심점이다. A사업부에 대해 요구되는 최저필수수익률은 15%, 가중평균자본비용은 10%, 그리고 법인세율은 40%이다. 다음은 20×3년도 (주)대한의 A사업부에 관한 예산자료이다.

- A사업부의 연간 총고정원가는 ₩400,000이다.
- 제품 단위당 판매가격은 ₩550이다.
- 제품 단위당 변동원가는 ₩200이다.
- 제품의 연간 생산 및 판매량은 각각 2,000단위이다.
- A사업부에 투자된 평균영업자산과 투하자본은 각각 ₩1,000,000이다.

A사업부의 잔여이익(RI)과 경제적부가가치(EVA)는 각각 얼마인가? [회계사 23]

| | 잔여이익 | 경제적부가가치 |
|---|---|---|
| ① | ₩150,000 | ₩80,000 |
| ② | ₩150,000 | ₩90,000 |
| ③ | ₩150,000 | ₩100,000 |
| ④ | ₩140,000 | ₩80,000 |
| ⑤ | ₩140,000 | ₩90,000 |

**25** (주)한국의 투자중심점인 A사업부의 지난해 영업과 관련된 자료는 다음과 같다.

| 매출액 | ₩1,000,000 |
|---|---|
| 총변동원가 | 300,000 |
| 공헌이익 | 700,000 |
| 총고정원가 | 500,000 |
| 영업이익 | 200,000 |
| 평균영업자산 | 625,000 |

A사업부가 새로운 투자기회를 고려하지 않는다면, A사업부의 당기 성과와 평균영업자산은 지난해와 동일한 수준을 유지할 것이다. 그러나 당기에 A사업부가 고려 중인 투자안에 연간 평균 ₩120,000만큼 투자하게 되면, 이 새로운 투자안으로부터 예상되는 연간 수익, 원가 및 공헌이익률 관련 자료는 다음과 같다.

| 매출액 | ₩200,000 |
|---|---|
| 총고정원가 | 90,000 |
| 공헌이익률 | 60% |

투자안의 채택 여부를 결정할 때 회사 전체와 각 사업부에 적용되는 최저필수수익률은 15%이다. 만약 A사업부가 새로운 투자안을 채택한다면, A사업부의 올해 예상되는 잔여이익(residual income)은 얼마인가? [회계사 16]

① ₩106,250
② ₩110,450
③ ₩118,250
④ ₩121,450
⑤ ₩124,450

★
**26** (주)세무는 사무실용과 가정용 공기청정기를 판매한다. 다음은 (주)세무의 20×1년 예산과 실제결과에 대한 자료이다.

(1) 20×1년 예산

| 제품 | 단위당 판매가격 | 단위당 변동원가 | 판매수량 |
|---|---|---|---|
| 사무실용 공기청정기 | ₩180 | ₩120 | 30,000대 |
| 가정용 공기청정기 | ₩135 | ₩90 | 90,000대 |

(2) 20×1년 실제결과

| 제품 | 단위당 판매가격 | 단위당 변동원가 | 판매수량 |
|---|---|---|---|
| 사무실용 공기청정기 | ₩165 | ₩112.5 | 37,800대 |
| 가정용 공기청정기 | ₩120 | ₩82.5 | 88,200대 |

20×1년도 공기청정기의 전체 실제시장규모는 1,050,000대이며, (주)세무의 시장점유율차이는 ₩1,023,750(유리)이다. (주)세무가 예상한 20×1년도 전체 공기청정기의 시장규모는? [세무사 20]

① 857,143대      ② 923,077대      ③ 1,100,000대
④ 1,150,000대      ⑤ 1,200,000대

**27** (주)세무는 사업부의 성과를 평가하기 위해 각 사업부의 경제적부가가치(EVA)를 계산하고자 한다. 사업부 중 한 곳인 중부사업부와 관련된 자료는 다음과 같다.

- 총자산: ₩400,000
- 투자수익률(ROI): 30%
- 유동부채: ₩100,000

(주)세무의 두 가지 자금원천 중 하나인 타인자본의 시장가치는 ₩400,000이고, 그에 대한 이자율은 10%이다. 나머지 원천인 자기자본의 시장가치는 ₩600,000이고 그에 대한 자본비용은 15%이다. 투자수익률 계산 시 총자산과 세전영업이익을 사용하였다. 각 사업부의 경제적부가가치 계산은 기업 전체의 가중평균자본비용을 적용하며, 경제적부가가치를 계산하기 위한 세전영업이익은 투자수익률 계산 시의 영업이익과 동일하였다. (주)세무에게 적용되는 법인세율이 20%일 때, 중부사업부의 경제적부가가치는? [세무사 24]

① ₩57,400      ② ₩58,000      ③ ₩58,400
④ ₩59,000      ⑤ ₩59,400

# 정답 및 해설

## 정답

| | | | | | | | | | | | | | | | | | | | |
|---|---|---|---|---|---|---|---|---|---|---|---|---|---|---|---|---|---|---|---|
| 01 | ③ | 02 | ④ | 03 | ③ | 04 | ① | 05 | ① | 06 | ③ | 07 | ① | 08 | ③ | 09 | ⑤ | 10 | ① |
| 11 | ① | 12 | ⑤ | 13 | ③ | 14 | ① | 15 | ⑤ | 16 | ⑤ | 17 | ④ | 18 | ④ | 19 | ① | 20 | ① |
| 21 | ③ | 22 | ⑤ | 23 | ② | 24 | ① | 25 | ③ | 26 | ⑤ | 27 | ⑤ | | | | | | |

## 해설

**01** ③
① 분권화(decentralization)에서 자율성을 강조하게 되면 내부이전가격결정 의사결정이 지연될 수 있다.
② 원가중심점은 제조부문이 그 예가 될 수 있으며, 판매부문은 수익중심점으로 설정될 수 있다.
④ 준최적화(sup-optimization)현상은 투자수익률이 가지고 있는 문제점으로서 해결방안으로는 잔여이익(residual income)과 경제적부가가치(economic value added)가 있다.
⑤ 투자수익률법은 평가대상의 수익률에 의하여 평가하기 때문에 투자규모가 다른 투자중심점을 적절하게 평가할 수 있다.

**02** ④
공급부문의 변동원가를 기준으로 대체가격을 설정하면 공급부문의 생산에 필요한 증분원가만을 보장받기 때문에 대체로 인한 이익은 모두 구매부문으로 이전된다.

**03** ③
잔여이익의 장점은 준최적화현상을 방지할 수 있지만, 투자규모가 다를 경우 일반적으로 투자규모가 상대적으로 큰 투자안의 잔여이익이 더 크게 나타나므로 적절한 평가가 이루어지지 않을 수 있다.

**04** ① **(1) 자료정리**

|  | SQ | SP |
|---|---|---|
| 직접재료 A | 25kg | ₩100/kg |
| 직접재료 B | 25 | 150 |

**(2) 가격차이**

|  | AQ × AP | | AQ × SP | |
|---|---|---|---|---|
| 직접재료 A | 2,400kg[*1] × ₩120 = | ₩288,000 | 2,400kg[*1] × ₩100 = | ₩240,000 |
| 직접재료 B | 1,600kg[*2] × ₩130 = | 208,000 | 1,600kg[*2] × ₩150 = | 240,000 |
|  |  | ₩496,000 |  | ₩480,000 |

가격차이 ₩16,000 불리

[*1] 직접재료 A 실제사용량(AQ)

직접재료 A의 가격차이가 ₩48,000 불리이므로, AQ(A) × (₩120 - ₩100) = ₩48,000

∴ AQ(A) = 2,400kg

[*2] 직접재료 B 실제사용량(AQ)

직접재료 B의 가격차이가 ₩32,000 유리이므로, AQ(B) × (₩150 - ₩130) = ₩32,000

∴ AQ(B) = 1,600kg

**(3) 배합차이**

|  | AQ × SP | | Total AQ × BM × SP | |
|---|---|---|---|---|
| 직접재료 A | 2,400kg × ₩100 = | ₩240,000 | 4,000kg × 0.5[*3] × ₩100 = | ₩200,000 |
| 직접재료 B | 1,600kg × ₩150 = | 240,000 | 4,000kg × 0.5 × ₩150 = | 300,000 |
|  | 4,000kg | ₩480,000 | 4,000kg | ₩500,000 |

배합차이 ₩20,000 유리

[*3] 직접재료 A의 상대적 배합비율: 25kg ÷ (25kg + 25kg) = 0.5

∴ 직접재료 A의 배합차이: ₩240,000 - ₩200,000 = ₩40,000 불리

**05** ①

|  | Total AQ × BM × SP | | SQ × SP | |
|---|---|---|---|---|
| 직접재료 A | 4,000kg × 0.5 × ₩100 = | ₩200,000 | 100개 × 25kg × ₩100 = | ₩250,000 |
| 직접재료 B | 4,000kg × 0.5 × ₩150 = | 300,000 | 100개 × 25kg × ₩150 = | 375,000 |
|  | 4,000kg | ₩500,000 | 5,000kg | ₩625,000 |

수율차이 ₩125,000 유리

∴ 직접재료 B의 수율차이: ₩300,000 - ₩375,000 = ₩75,000 유리

**06** ③

|  | AQ × SP | | Total AQ × BM × SP | |
|---|---|---|---|---|
| A | 60kg × ₩100 = | ₩6,000 | 180kg × 0.4[*1] × ₩100 = | ₩7,200 |
| B | 40kg × ₩90 = | 3,600 | 180kg × 0.3[*2] × ₩90 = | 4,860 |
| C | 80kg × ₩80 = | 6,400 | 180kg × 0.3[*3] × ₩80 = | 4,320 |
|  | 180kg | ₩16,000 | 180kg | ₩16,380 |

원재료배합차이 ₩380 유리

[*1] 원재료 A의 상대적 배합비율: 4kg ÷ (4kg + 3kg + 3kg) = 0.4

[*2] 원재료 B의 상대적 배합비율: 3kg ÷ (4kg + 3kg + 3kg) = 0.3

[*3] 원재료 C의 상대적 배합비율: 3kg ÷ (4kg + 3kg + 3kg) = 0.3

**07** ①

| | Total  AQ × BM × SP | | | SQ × SP | |
|---|---|---|---|---|---|
| A | 180kg × 0.4 × ₩100 = | ₩7,200 | 225kg × 0.4 × ₩100 = | | ₩9,000 |
| B | 180kg × 0.3 × ₩90 = | 4,860 | 225kg × 0.3 × ₩90 = | | 6,075 |
| C | 180kg × 0.3 × ₩80 = | 4,320 | 225kg × 0.3 × ₩80 = | | 5,400 |
| | 180kg | ₩16,380 | 225kg* | | ₩20,475 |

원재료수율차이 ₩4,095 유리

* 실제산출량에 허용된 표준투입량
  표준수율이 80%(= 8kg ÷ 10kg)이므로, 생산량 180kg에 대한 표준투입량은 180kg ÷ 80% = 225kg이다.

**08** ③ (1) 직접재료원가 차이

| | AQ × AP | AQ × SP(AM) | AQ × SP(BM) | SQ × SP |
|---|---|---|---|---|
| A | 20,000 × ₩5 = ₩100,000 | 20,000 × ₩4 = ₩80,000 | 35,000 × 3/5 × ₩4 = ₩84,000 | 5,800 × 3 × ₩4 = ₩69,600 |
| B | 15,000 × ₩5 = ₩75,000 | 15,000 × ₩5 = ₩75,000 | 35,000 × 2/5 × ₩5 = ₩70,000 | 5,800 × 2 × ₩5 = ₩58,000 |
| 계 | ₩175,000 | ₩155,000 | ₩154,000 | ₩127,600 |

가격차이 ₩20,000 불리 ┃ 배합차이 ₩1,000 불리 ┃ 수율차이 ₩26,400 불리

능률차이 27,400 불리

(2) 직접노무원가 차이

| AQ × AP | AQ × SP | SQ × SP |
|---|---|---|
| 13,000시간 × ₩6 | 13,000시간 × ₩5 | 5,480단위* × 2시간 × ₩5 |
| = ₩78,000 | = ₩65,000 | = ₩54,800 |

가격차이 ₩13,000 불리 ┃ 능률차이 ₩10,200 불리

* 가공원가의 완성품환산량: 완성품 + 기말재공품 × 완성도
  = 5,000단위 + 800단위 × 60% = 5,480단위

(3) 변동제조간접원가 차이

| AQ × AP | AQ × SP | SQ × SP |
|---|---|---|
| | 13,000시간 × ₩8 | 5,480단위 × 2시간 × ₩8 |
| ₩100,000 | = ₩104,000 | = ₩87,680 |

소비차이 ₩4,000 유리 ┃ 능률차이 ₩16,320 불리

(4) 고정제조간접원가 차이

| 실제 | 예산 | SQ × SP |
|---|---|---|
| | | 5,480단위 × 2시간 × ₩7 |
| ₩95,000 | ₩90,000 | = ₩76,720 |

예산차이 ₩5,000 불리 ┃ 조업도차이 ₩13,280 불리

---

**point** 표준종합원가계산

재공품이 없는 경우에는 당기 투입량과 산출량이 동일하므로 원가요소별 실제산출량 단위는 동일하지만, 재공품이 존재할 경우 당기 투입량과 산출량이 상이하므로 원가요소별 실제산출량이 달라진다. 즉, 재공품이 존재할 경우 실제산출량은 원가요소별 완성품환산량으로 이해하면 된다.

[예] 투입량 1,000단위, 완성품 500단위, 기말재공품 500단위(완성도 50%)인 경우
원재료는 1,000단위만큼 투입되고 가공원가는 750단위(= 500단위 + 500단위 × 50%)만큼 투입되었으므로 실제산출량에 허용된 표준투입량계산에 있어서 원재료는 1,000단위 × 단위당 SQ로 하고, 가공원가는 750단위 × 단위당 SQ로 해야 한다.

**09** ⑤

| | AQ × (BP − SV) | Total AQ × BM × (BP − SV) | BQ × (BP − SV) |
|---|---|---|---|
| A | 500 × ₩20 = ₩10,000 | 2,500 × 0.4[*1] × ₩20 = ₩20,000 | 800 × ₩20 = ₩16,000 |
| B | 2,000 × ₩4 = 8,000 | 2,500 × 0.6[*2] × ₩4 = 6,000 | 1,200 × ₩4 = 4,800 |
| | 2,500     ₩18,000 | 2,500     ₩26,000 | 2,000     ₩20,800 |

매출배합차이 ₩8,000 불리     매출수량차이 ₩5,200 유리

[*1] 제품 A 배합비율: 800단위 ÷ (800단위 + 1,200단위) = 0.4
[*2] 제품 B 배합비율: 1,200단위 ÷ (800단위 + 1,200단위) = 0.6

---

**point 원가차이분석 vs 매출차이분석**

원가차이분석과 매출차이분석은 분석에 대한 논리는 동일하다. 다만, 용어와 결과에 대한 해석에 차이가 있으므로 주의해서 구분하여야 한다.

① 용어의 차이

| 표준원가 | SQ(표준수량) | Q = 원가요소량 |
|---|---|---|
| | SP(표준단가) | P = 원가요소가격 |
| 예산매출액 | BQ(예산판매량) | Q = 판매량 |
| | BP(예산판매가격) | P = 판매가격 |

② 결과 해석의 차이

| 원가차이분석 | 실제 < 표준 | 유리한 차이 |
|---|---|---|
| | 실제 > 표준 | 불리한 차이 |
| 매출차이분석 | 실제 < 예산 | 불리한 차이 |
| | 실제 > 예산 | 유리한 차이 |

---

**10** ①

| | AQ × (BP − SV) | Total AQ × BM × (BP − SV) | BQ × (BP − SV) |
|---|---|---|---|
| A | 900 × ₩20 = ₩18,000 | 3,300 × 1/3 × ₩20 = ₩22,000 | 1,000 × ₩20 = ₩20,000 |
| B | 2,400 × ₩50 = 120,000 | 3,300 × 2/3 × ₩50 = 110,000 | 2,000 × ₩50 = 100,000 |
| | 3,300     ₩138,000 | 3,300     ₩132,000 | 3,000     ₩120,000 |

매출배합차이 ₩6,000 유리     매출수량차이 ₩12,000 유리

매출조업도차이 ₩18,000 유리

**11** ①

| 실제규모 × 실제점유율<br>× 예산평균공헌이익 | 실제규모 × 예산점유율<br>× 예산평균공헌이익 | 예산규모 × 예산점유율<br>× 예산평균공헌이익 |
|---|---|---|
| 26,400개 × 12.5% × ₩40[*] | 26,400개 × 10% × ₩40[*] | 30,000개 × 10% × ₩40[*] |
| = ₩132,000 | = ₩105,600 | = ₩120,000 |

시장점유율차이 ₩26,400 유리 ┃ 시장규모차이 ₩14,400 불리

[*] 예산평균공헌이익(BACM): 제품별 예산공헌이익을 매출배합비율에 따라 가중평균한 공헌이익을 의미한다.

(1,000개 × ₩20 + 2,000개 × ₩50) ÷ 3,000개 = ₩40

---

**point 매출가격차이의 공헌이익접근법**

1. 매출가격차이는 다음과 같이 계산된다.

| AQ × AP<br>[실제판매량 × 실제판매가격]<br>×××  | AQ × BP<br>[실제판매량 × 예산판매가격]<br>××× |
|---|---|
| [–] AQ × SV | [–] AQ × SV |
| AQ × (AP – SV)<br>[실제판매량 × 실제공헌이익]<br>××× | AQ × (BP – SV)<br>[실제판매량 × 예산공헌이익]<br>××× |

2. 주의할 점은 실제공헌이익의 정확한 의미는 "실제판매가격 – 실제변동원가"가 아니고 "실제판매가격 – 표준변동원가"이다. 따라서 매출차이분석에서 실제변동원가는 의미 없는 정보이다.

---

**12** ⑤ 새 기계의 취득원가를 $x$라 한 후 정리하면 다음과 같다.

(1) 회계적 이익

현금흐름 – 감가상각비

= ₩3,300,000 – 0.1$x$

(2) 투자수익률(ROI)

$$\frac{\text{회계적 이익}}{\text{투자액}} = \frac{\text{₩3,300,000} - 0.1x}{x} = 0.1$$

∴ $x$ = ₩16,500,000

**13** ③    잔여이익(RI): 영업이익 - 투자액 × 최저필수수익률

$$= (₩1,000,000 - ₩600,000 - ₩100,000) - ₩200,000 × 6\% = ₩288,000$$

**14** ①

| | A부문 | B부문 |
|---|---|---|
| 투자수익률 | ₩400억 ÷ ₩2,000억 = 20% | ₩720억 ÷ ₩4,000억 = 18% |
| 잔여이익 | ₩400억 - ₩2,000억 × 0.1 = ₩200억 | ₩720억 - ₩4,000억 × 0.1 = ₩320억 |

∴ 투자수익률은 A부문이, 잔여이익은 B부문이 각각 더 우수하다.

> **point** 투자수익률 vs 잔여이익
>
> 투자수익률과 잔여이익은 상호 간의 장단점을 보완하는 것으로 두 방법을 비교하는 문제가 자주 출제된다. 두 방법의 장단점은 다음과 같다.
>
> | 구분 | 장점 | 단점 |
> |---|---|---|
> | 투자수익률 | 수익성이 비율로 표시되므로 투자규모를 고려한 평가가 가능하다. | 가치가산의 원칙이 적용되지 않고 준최적화현상이 발생할 수 있다. |
> | 잔여이익 | 수익성이 금액으로 표시되므로 가치가산의 원칙이 적용되고 준최적화현상이 발생하지 않는다. | 절대금액을 기준으로 평가하기 때문에 투자규모를 고려하지 못한다. |

**15** ⑤

| | 투자 전 | 신투자안 | 투자 후 | 의사결정 |
|---|---|---|---|---|
| 투자수익률 | $\dfrac{₩75,000}{₩300,000} = 0.25$ | $\dfrac{₩30,800}{₩140,000} = 0.22$ | $\dfrac{₩75,000 + ₩30,800}{₩300,000 + ₩140,000} = 0.24$ | 기각 |
| 잔여이익 | ₩15,000[*1] | ₩2,800[*2] | ₩17,800[*3] | 수락 |

[*1] ₩75,000 - ₩300,000 × 0.2 = ₩15,000

[*2] ₩30,800 - ₩140,000 × 0.2 = ₩2,800

[*3] (₩75,000 + ₩30,800) - (₩300,000 + ₩140,000) × 0.2 = ₩17,800

**16** ⑤ (1) 가중평균자본비용

$$\frac{\text{자기자본}}{\text{총자본}} \times \text{자기자본 요구수익률} + \frac{\text{타인자본}}{\text{총자본}} \times \text{타인자본 요구수익률} \times (1 - \text{법인세율})$$

= 60% × 15% + 40% × 10% × (1 - 40%) = 11.4%

(2) 경제적부가가치

세후영업이익 - 투하자본 × 가중평균자본비용

= ₩80,000 × (1 - 40%) - ₩50,000 × 11.4% = ₩42,300

**17** ④

|  | AQ × SP | Total AQ × BM × SP | SQ × SP |
|---|---|---|---|
| 고급 | 220시간 × ₩20 = ₩4,400 | 380시간 × 0.5 × ₩20 = ₩3,800 | 200시간 × ₩20 = ₩4,000 |
| 저급 | 160시간 × ₩12 = ₩1,920 | 380시간 × 0.5 × ₩12 = ₩2,280 | 200시간 × ₩12 = ₩2,400 |
|  | ₩6,320 | ₩6,080 | ₩6,400 |

배합차이 ₩240 불리   수율차이 ₩320 유리

**18** ④ 최소평균판매가격을 P라 한 후 계산하면 다음과 같다.

(1) 투자수익률(ROI)을 사용하는 경우

$$\frac{\text{영업이익}}{\text{투자액}} = \frac{1,000단위 \times (P - ₩100) - ₩200,000}{₩500,000} = 20\%$$

∴ P = ₩400

(2) 잔여이익(RI)을 사용하는 경우

영업이익 - 투자액 × 최저필수수익률

= 1,000단위 × (P - ₩100) - ₩200,000 - ₩500,000 × 15% = ₩0

∴ P = ₩375

**19** ① (1) 자료정리

| | BQ | | BP - SV | AQ | |
|---|---|---|---|---|---|
| | | | | 1월 | 2월 |
| 책임연구원 | 140시간 | (28%) | ₩100,000 | 108시간[3] | 144시간[5] |
| 보조연구원 | 360시간[1] | (72%) | 50,000 | 342시간[2] | 306시간[4] |
| | 500시간 | | | 450시간 | 450시간 |

[1] 180시간 × 2명 = 360시간

[2] 171시간 × 2명 = 342시간

[3] 450시간 - 342시간 = 108시간

[4] 153시간 × 2명 = 306시간

[5] 450시간 - 306시간 = 144시간

(2) 1월 배합차이

| | AQ × (BP - SV) | Total AQ × BM × (BP - SV) |
|---|---|---|
| 책임연구원 | 108시간 × ₩100,000 = ₩10,800,000 | 450시간 × 0.28 × ₩100,000 = ₩12,600,000 |
| 보조연구원 | 342시간 × ₩50,000 = 17,100,000 | 450시간 × 0.72 × ₩50,000 = 16,200,000 |
| | ₩27,900,000 | ₩28,800,000 |

∴ 1월 연구원별 배합차이는 책임연구원과 보조연구원 각각 ₩1,800,000 불리, ₩900,000 유리

(3) 2월 배합차이

| | AQ × (BP - SV) | Total AQ × BM × (BP - SV) |
|---|---|---|
| 책임연구원 | 144시간 × ₩100,000 = ₩14,400,000 | 450시간 × 0.28 × ₩100,000 = ₩12,600,000 |
| 보조연구원 | 306시간 × ₩50,000 = 15,300,000 | 450시간 × 0.72 × ₩50,000 = 16,200,000 |
| | ₩29,700,000 | ₩28,800,000 |

∴ 2월 연구원별 배합차이는 책임연구원과 보조연구원 각각 ₩1,800,000 유리, ₩900,000 불리

> **point**
>
> 보조연구원이 2명이므로 2명에 해당하는 시간을 적용하고 실제 총투입시간에서 보조연구원 투입시간을 차감하여 책임연구원 시간을 계산한다.

**20** ① (1) 자료정리

| AQ | AP - SV | BP - SV | BQ |
|---|---|---|---|
| 27,500단위 | ₩9.2[1] - ₩7.5[2] = ₩1.7 | ₩10[3] - ₩7.5[2] = ₩2.5 | 25,000단위 |

[1] AP(실제판매가격): ₩253,000 ÷ 27,500단위 = ₩9.2

[2] SV(표준변동원가): ₩187,500 ÷ 25,000단위 = ₩7.5

[3] BP(예산판매가격): ₩250,000 ÷ 25,000단위 = ₩10

(2) 매출차이분석

| AQ × (AP - SV) | AQ × (BP - SV) | BQ × (BP - SV) |
|---|---|---|
| 27,500단위 × (₩9.2 - ₩7.5) | 27,500단위 × (₩10 - ₩7.5) | 25,000단위 × (₩10 - ₩7.5) |
| = ₩46,750 | = ₩68,750 | = ₩62,500 |
| 매출가격차이 ₩22,000 U | | 매출수량차이 ₩6,250 F |

**21** ③

|  | 실제결과 | 변동예산 |
|---|---|---|
| 총수익 | ₩32,400 | ₩33,600(= ₩800 × 42명) |
| 강사료 | (9,000) | (9,000)(= ₩3,000 × 3개) |
| 강의실 소모품비 | (8,500) | (10,920)(= ₩260 × 42명) |
| 임차료와 보험료 | (6,000) | (6,300) |
| 기타일반관리비 | (5,300) | (4,703)(= ₩145 × 3개 + ₩4 × 42명 + ₩4,100) |
| 영업이익 | ₩3,600 | ₩2,677 |

∴ 영업이익 변동예산차이: ₩923 유리(= ₩3,600 - ₩2,677)

---

**point**

변동예산은 실제조업도에 근거하여 사후에 설정하는 예산으로 실제조업도는 강좌 3개와 학생 수 42명이다.

---

**22** ⑤   (1) 직접재료원가

생산성중립수량: 1,000kg × (150단위/100단위) = 1,500kg

| 기준연도성과 | 성장요소반영성과 | 가격요소반영성과 | 분석연도성과 |
|---|---|---|---|
| 1,000kg × ₩15 | 1,500kg × ₩15 | 1,500kg × ₩20 | 1,200kg × ₩20 |
| = ₩15,000 | = ₩22,500 | = ₩30,000 | = ₩24,000 |

               ₩7,500 불리       ₩7,500 불리       ₩6,000 유리

(2) 직접노무원가

생산성중립수량: 2,000시간 × (150단위/100단위) = 3,000시간

| 기준연도성과 | 성장요소반영성과 | 가격요소반영성과 | 분석연도성과 |
|---|---|---|---|
| 2,000시간 × ₩5 | 3,000시간 × ₩5 | 3,000시간 × ₩8 | 2,500시간 × ₩8 |
| = ₩10,000 | = ₩15,000 | = ₩24,000 | = ₩20,000 |

               ₩5,000 불리       ₩9,000 불리       ₩4,000 유리

(3) 생산성효과

   ① 직접재료원가: (1,200kg - 1,500kg) × ₩20 = ₩6,000 유리

   ② 직접노무원가: (2,500시간 - 3,000시간) × ₩8 = ₩4,000 유리

   ∴ 생산성변동으로 인한 직접재료원가 및 직접노무원가 변화는 총 ₩10,000만큼 유리하다.

---

**point**

1. 생산성요인(Productivity Component)은 생산성의 변화에 대한 영업이익의 변화를 의미한다. 즉, 분석연도의 투입량과 생산성중립수량과의 차이를 분석연도의 가격을 사용하여 계산한다.

2. 생산성중립수량(PNQ)

$$\text{생산성중립수량(PNQ)} = \text{기준연도 투입량} \times \frac{\text{분석연도의 생산량}}{\text{기준연도의 생산량}}$$

---

**23** ② ① 매출조업도차이

| AQ × (BP - SV) | | BQ × (BP - SV) |
|---|---|---|
| 12,000단위 × (₩50 - ₩30) | | 10,000단위 × (₩50 - ₩30) |
| = ₩240,000 | | = ₩200,000 |
| | ₩40,000 유리 | |

② 변동예산차이

실제 판매량인 12,000단위에 근거한 변동예산을 설정해야 하며 고정원가의 경우 고정예산과 변동예산은 동일하다.

| | 실제결과 | 변동예산 |
|---|---|---|
| 판매량 | 12,000단위 | 12,000단위 |
| 매출액 | ₩624,000(= ₩52 × 12,000단위) | ₩600,000(= ₩50 × 12,000단위) |
| 변동원가 | (444,000)(= ₩360,000 + ₩84,000) | (360,000)(= ₩30 × 12,000단위) |
| 공헌이익 | ₩180,000 | ₩240,000 |
| 고정원가 | (44,000)(= ₩19,000 + ₩25,000) | (40,000)(= ₩15,000 + ₩25,000) |
| 영업이익 | ₩136,000 | ₩200,000 |

∴ 변동예산차이: ₩64,000 불리

③ 매출가격차이

| AQ × (AP - SV) | | AQ × (BP - SV) |
|---|---|---|
| 12,000단위 × (₩52 - ₩30) | | 12,000단위 × (₩50 - ₩30) |
| = ₩264,000 | | = ₩240,000 |
| | ₩24,000 유리 | |

④ 고정원가 소비차이

고정원가예산과 실제발생금액의 차이를 말한다.

₩44,000 - ₩40,000 = ₩4,000 불리

⑤ 고정예산차이

₩160,000 - ₩136,000 = ₩24,000 불리

---

**point**

1. **매출차이분석:** 실제매출과 고정예산상 매출을 비교
   ☑ 매출차이분석에서 표준변동원가(SV)에는 변동판매관리비를 포함함
2. **원가차이분석:** 실제원가와 변동예산상 원가를 비교

---

**24** ① (1) 잔여이익(RI) = 영업이익 - 투자액 × 최저필수수익률

= 2,000단위 × (₩550 - ₩200) - ₩400,000 - ₩1,000,000 × 15% = ₩150,000

(2) 경제적부가가치(EVA) = 세후영업이익 - 투하자본 × 가중평균자본비용

= [2,000단위 × (₩550 - ₩200) - ₩400,000] × (1 - 40%) - ₩1,000,000 × 10%

= ₩80,000

---

**point 잔여이익과 경제적부가가치**

잔여이익은 최저필수수익률(15%)을 적용하고 경제적부가가치는 가중평균자본비용(10%)을 적용한다.

---

**25** ③

| | 영업이익 | 평균영업자산 |
|---|---|---|
| 채택 전 | ₩200,000 | ₩625,000 |
| 신투자 | 30,000[*] | 120,000 |
| 채택 후 | ₩230,000 | ₩745,000 |

[*] ₩200,000 × 60% - ₩90,000 = ₩30,000

∴ 잔여이익: ₩230,000 - ₩745,000 × 15% = ₩118,250

---

**point**

투자 전 잔여이익과 새로운 투자안을 가산한 투자 후 잔여이익을 계산한다.

---

**26** ⑤ (1) 예산평균공헌이익(BACM)

₩60 × 0.25 + ₩45 × 0.75 = ₩48.75

(2) 예산점유율($x$)

| 실제규모 × 실제점유율 × BACM | 실제규모 × 예산점유율 × BACM |
|---|---|
| 1,050,000대 × 12%[*] × ₩48.75 | 1,050,000대 × $x$% × ₩48.75 |
| = ₩6,142,500 | = ₩5,118,750 |

₩1,023,750 유리

[*] (37,800대 + 88,200대) ÷ 1,050,000대 = 12%

∴ 예산점유율($x$): 10%(= ₩5,118,750 ÷ ₩48.75 ÷ 1,050,000대)

(3) 예상시장규모($y$)

$y$ × 10% = 120,000대

∴ 예상시장규모($y$): 1,200,000대

---

**point**

매출수량차이는 시장점유율차이와 시장규모차이로 구분할 수 있다. 복수제품의 경우 매출수량차이는 매출배합이 일정한 상태에서 전체 수량에 대한 차이이므로 예산평균공헌이익(BACM)을 계산한 후 규모와 점유율에 대한 차이를 구분할 수 있다.

---

**27** ⑤ (1) 세전영업이익

₩400,000 × 30% = ₩120,000

(2) 가중평균자본비용

$$\frac{₩600,000}{₩1,000,000} × 15\% + \frac{₩400,000}{₩1,000,000} × 10\% × (1 - 20\%) = 0.122$$

(3) 경제적부가가치

₩120,000 × (1 - 20%) - (₩400,000 - ₩100,000) × 0.122 = ₩59,400

---

**point**

총자산과 투자수익률을 이용하여 세전영업이익을 계산할 수 있다.

---

# 제15장

# 불확실성하의 의사결정

핵심 이론 요약

객관식 연습문제

정답 및 해설

## 01 불확실성하의 의사결정

### (1) 성과표 작성

| 대안 \ 상황 | $S_1$ (P) | $S_2$ (1 - P) |
|---|---|---|
| $A_1$ | 성과 | 성과 |
| $A_2$ | 성과 | 성과 |

① S(state of nature): 발생가능한 상황

② A(alternatives): 선택가능한 대안

③ P(probability): 확률

### (2) 최적 행동대안 선택기준

① 기대가치기준

$$기대가치 = \Sigma(각 \ 상황별 \ 성과 \times 해당 \ 상황별 \ 확률)$$

② 기대효용기준: 기대가치에 위험에 대한 태도(위험회피형, 위험중립형, 위험선호형)를 고려한 의사결정으로, 위험중립형의 경우 기대가치기준과 결과가 동일함

$$기대효용 = \Sigma(각 \ 상황별 \ 효용 \times 해당 \ 상황별 \ 확률)$$

③ 기대비용극소화: 기회손실표, 차이조사결정

### (3) 정보를 활용한 의사결정

① 완전정보의 기대가치: 완전정보를 얻기 위한 최대지불가능금액으로 예측오차원가의 기대가치와 같음

$$완전정보의 \ 기대가치 = 완전정보하의 \ 기대성과 - 기존정보하의 \ 기대가치$$

② 불완전정보의 기대가치: 불완전정보를 얻기 위한 최대지불가능금액

$$불완전정보의 \ 기대가치 = 불완전정보하의 \ 기대성과 - 기존정보하의 \ 기대가치$$

## 02 차이조사결정: 기대비용극소화

| 대안 \ 상황 | 정상공정<br>(P) | 비정상공정<br>(1 - P) |
|---|---|---|
| 조사 O | 조사비용 | 조사비용 + 개선비용 |
| 조사 X | -* | 공정이상손실 |

* 조사를 하지 않았으나 공정이 정상이므로 비용은 발생하지 않는다.

## 03 확률분포를 이용한 CVP분석

### (1) 확률분포
① 이산확률분포(discrete probability distribution)
② 연속확률분포(continuous probability distribution): 정규분포, 균일분포

### (2) 표준정규분포(Z분포)
평균($\mu$)을 0으로 표준편차($\sigma$)는 1이 되도록 표준화한 것으로, Z값은 다음과 같이 계산한다.

$$Z = \frac{X - \mu}{\sigma}$$

## 04 재고관리비용

### (1) 경제적 1회 주문량(EOQ)
재고주문비용과 재고유지비용을 최소화할 수 있는 1회 주문수량을 말한다.

$$EOQ = \sqrt{\frac{2 \times 총수요량(D) \times 1회\ 주문비용(O)}{단위당\ 유지비용}}$$

### (2) 재주문점(ROP)
재고를 재주문해야 할 현재의 재고수준을 말한다.

$$재주문점(ROP) = 1일\ 사용량 \times 조달기간 + 안전재고$$

## 05 적시생산시스템(JIT)

### (1) 의의
필요한 부품을 필요한 수량만큼 원하는 시점에서 공급받는 생산방식을 말한다.

### (2) 목적
재고 최소화(과다재고, 과다인력 방지)를 목적으로 한다.

### (3) JIT의 기본개념
① 무재고시스템
② 수요견인시스템
③ 칸반시스템
④ 도요타시스템
⑤ 셀생산시스템(다기능 작업자, 업무표준화)

### (4) JIT가 관리회계에 미친 영향
① 원가흐름의 가정이 필요 없음
② 원가의 추적가능성 향상
③ 회계처리의 단순화(역류원가계산)

# 객관식 연습문제

★ : 꼭 풀어봐야 할 필수문제

☑ : 심화된 내용을 학습할 수 있는 고급문제

**01** 불확실성하의 의사결정에 대한 설명 중 옳지 않은 것은? [회계사 96]

① 완전정보는 정보취득원가와 상관없이 항상 취득할 가치가 있다.

② 불확실성은 발생가능한 상황에 대한 확률로 나타낸다.

③ 완전정보의 기대가치는 불완전정보의 기대가치보다 항상 크거나 같다.

④ 완전정보를 가지고 최적의 의사결정을 하면 예측오류의 오차는 발생하지 않는다.

⑤ 불완전정보는 미래상황에 대한 불확실성을 완전히 없애지 못하는 정보이다.

**02** 다음의 자료를 이용하여 완전정보의 기대가치를 구하시오. [회계사 98]

| 구분 | 상황 | | | |
|------|--------|--------|--------|--------|
| | S1(0.1) | S2(0.2) | S3(0.3) | S4(0.4) |
| A1 | ₩100 | ₩(60) | ₩80 | ₩40 |
| A2 | 80 | (40) | 120 | 20 |
| A3 | 120 | (70) | 60 | 20 |

① ₩56  ② ₩38  ③ ₩44

④ ₩24  ⑤ ₩12

★
**03** (주)한국은 원가차이에 대한 조사 여부를 결정하기 위해 다음과 같은 정보를 갖고 있다.

| | |
|---|---|
| • 원가차이를 조사하는 데 소요되는 추정원가 | ? |
| • 생산공정에 이상이 있을 경우 수정하는 비용 | ₩1,500,000 |
| • 생산공정에 이상이 있음에도 수정하지 않음으로써 발생하는 미래손실추정액의 현재가치 | 6,000,000 |
| • 정상상태일 확률 | 70% |

만약, 회사가 조사를 하고자 한다면, 조사비용으로 지출할 수 있는 최대금액을 구하시오.

[세무사 91]

① ₩1,000,000  ② ₩2,000,000  ③ ₩1,350,000
④ ₩2,500,000  ⑤ ₩3,000,000

**04** (주)금성의 전자동 생산공정은 가끔 제품의 불량률이 높은 비정상상태를 일으키고 있다. 제품의 불량률로 인한 손실은 ₩1,000,000이며, 조사비용은 ₩300,000이 소요된다. 조사 후 비정상적인 상태를 교정하는 비용은 ₩400,000이다. 공정을 조사하든 안 하든 무차별한 결과를 가져오는 정상상태에 있을 확률은 얼마인가?

[회계사 93]

① 0.4  ② 0.6  ③ 0.5
④ 0.45  ⑤ 0.65

**05** 회사는 제품 A를 현재의 생산라인에 추가하려고 한다. 제품 A의 판매가격은 ₩10으로 예측되며, 이 제품을 제조하는 데 연간 총고정제조원가 ₩900,000이 들고, 단위당 변동제조원가는 ₩7이 들 것으로 추정된다. 과거 경험을 기초로 제품 A에 대한 수요와 그 확률분포는 다음과 같이 예측된다.

| 수요(수량) | 확률 |
|---|---|
| 100,000 이상  200,000 미만 | 0.1 |
| 200,000 이상  300,000 미만 | 0.2 |
| 300,000 이상  400,000 미만 | 0.4 |
| 400,000 이상  500,000 미만 | 0.2 |
| 500,000 이상 | 0.1 |

만일, 이 회사가 제품 A를 추가하는 경우 제품 A로부터 손익분기점 이상의 매출을 달성할 확률은 얼마인가?

[세무사 99]

① 0.1  ② 0.3  ③ 0.4
④ 0.7  ⑤ 0.9

**06** 다음은 (주)대한의 매출 관련 예상 자료이다.

| 매출액 | ₩240,000 |
|---|---|
| 총변동원가 | ₩135,000 |
| 총고정원가 | ₩40,000 |
| 판매량 | 3,000단위 |

추가판촉행사에 ₩10,000을 투입한다면, 예상 판매량이 400단위 증가할 확률이 60%, 200단위 증가할 확률이 40%이다. 이 판촉행사를 실시하면 영업이익의 기대치가 어떻게 변하는가?

[세무사 09]

① ₩1,000 감소      ② ₩1,200 감소      ③ ₩1,500 감소

④ ₩1,200 증가      ⑤ ₩1,500 증가

**07** 서울산업은 갑과 을, 두 제품 중 하나를 생산하려 한다. 각 제품의 관련 자료는 다음과 같다.

| 구분 | 갑 | 을 |
|---|---|---|
| 단위당 예상 판매가격 범위 | ₩50 ~ ₩150 | ₩50 ~ ₩100 |
| 단위당 변동원가 | ₩20 | ₩30 |
| 총고정원가 | ₩16,000 | ₩24,000 |
| 예상판매량(= 생산량) | 200단위 | 400단위 |

판매가격이 예상범위 내에서 균일분포(uniform distribution)로 발생한다면 어느 제품이 이익을 발생시킬 확률이 얼마나 더 큰가?

[세무사 05]

① 갑이 30% 더 크다.      ② 갑이 20% 더 크다.      ③ 갑이 10% 더 크다.

④ 을이 10% 더 크다.      ⑤ 을이 30% 더 크다.

※ 다음 자료를 이용하여 08 ~ 09에 답하시오.

(주)한국은 최근 개발에 성공한 신제품을 생산하기 위해서, 제조기계 甲과 乙 둘 중 하나를 구입하려고 한다. 甲과 乙기계는 그 성능에 있어 약간의 차이가 있기 때문에 이익에 기여하는 정도가 다르다. 아래의 자료는 두 기계의 수요량(생산량)의 변동에 따른 예상이익의 성과표이다.

| 구분 | 수요량 | |
|---|---|---|
| | 1,000단위(40%) | 2,000단위(60%) |
| 甲기계 | ₩9,000 | ₩20,000 |
| 乙기계 | 8,000 | 22,000 |

★
**08** 만일 (주)한국이 제품의 수요량 변동을 정확히 예측할 수 있도록 하는 완전정보를 얻을 수 있다면, 이 정보의 대가로써 지급할 수 있는 최대한의 금액은 얼마인가?

① ₩400  ② ₩600  ③ ₩800
④ ₩1,200  ⑤ ₩1,600

★
**09** (주)한국이 제품의 수요량 변동을 정확히 예측할 수 없고 외부전문가로부터 정보를 얻고자 한다. 수요량에 대한 정보의 신뢰도가 1,000단위일 경우 90%, 2,000단위일 경우 80%라면, 외부전문가로부터 정보획득에 따른 최대지불가능금액은 얼마인가? (단, 소수점 이하 반올림하시오)

① ₩90  ② ₩700  ③ ₩150
④ ₩230  ⑤ ₩120

**10** (주)목포는 갑회사로부터 유휴설비를 1년간 임대해 달라는 요청을 받았다. (주)목포는 설비 임대료와 관련하여 다음과 같이 두 가지 대안을 제시받았다.

> • 대안 1: 갑회사의 연간 제품판매량 × ₩40 + ₩50,000
> • 대안 2: 갑회사의 연간 제품판매량 × ₩70

갑회사의 1년간 판매량이 1,000단위일 확률이 40%이며, 2,000단위일 확률이 60%라고 한다. (주)목포의 입장에서 기대이익을 극대화하려면 어느 대안을 선택해야 하며, 그 기대임대료는 얼마인가?
[세무사 10]

① 대안 2, ₩104,000  ② 대안 2, ₩130,000  ③ 대안 2, ₩90,000
④ 대안 1, ₩112,000  ⑤ 대안 1, ₩114,000

**11** (주)대한은 제품 A와 제품 B 중 어느 것을 생산·판매할 것인지 결정하기 위해 외부경제연구소로부터 시장상황에 대한 예측정보를 얻으려고 한다.

(1) (주)대한은 미래의 시장상황을 호황과 불황으로 나누고, 외부경제연구소의 예측정보를 얻기 전에 각 상황에 대한 확률과 영업이익을 다음과 같이 예상하였다.

| 대안 | 시장상황 | |
|---|---|---|
| | 호황(확률: 60%) | 불황(확률: 40%) |
| 제품 A | ₩1,200 | ₩900 |
| 제품 B | 850 | 1,100 |

(2) 외부경제연구소는 시장상황에 대해 호황이라고 예측하는 정보(R1) 또는 불황이라고 예측하는 정보(R2)를 제공한다.

(3) (주)대한은 시장상황에 대해 사전에 예상한 확률과 외부경제연구소의 예측정확도를 고려하여 각 정보(R1과 R2)가 제공될 확률을 계산하였다. 각각의 정보가 제공될 확률, 정보가 주어졌을 때의 최적 대안 및 최적 대안의 기대영업이익은 다음과 같다.

| 구분 | R1 | R2 |
|---|---|---|
| 정보가 제공될 확률 | 56% | 44% |
| 최적 대안 | 제품 A | 제품 B |
| 최적 대안의 기대영업이익 | ₩1,157 | ₩1,032 |

(주)대한이 외부경제연구소의 예측정보에 대해 지불할 수 있는 최대금액은 얼마인가? [회계사 18]

① ₩10  ② ₩12  ③ ₩22
④ ₩55  ⑤ ₩80

**12** (주)한국은 단일제품을 생산·판매하고 있다. 예상판매량은 100단위이며 총고정원가는 ₩100,000 이다. 목표이익 ₩50,000을 달성하기 위한 확률을 구하시오(단, 제품의 단위당 공헌이익은 ₩1,000에서 ₩3,000까지의 균일분포를 이루고 있다).

① 60%  ② 65%  ③ 70%
④ 75%  ⑤ 80%

**13** (주)한국은 기념품을 생산한다. 1억원의 고정원가로 100만개를 생산·판매하는데 판매가격은 단위당 ₩100에서 ₩500 사이로 결정될 것이고, 단위당 변동원가는 ₩100에서 ₩200 사이에서 결정될 것인데 불확실하다. 단위당 판매가격과 변동원가는 균일분포(uniform distribution)을 가지는데 서로 독립적으로 결정된다. 이익이 발생할 확률은 얼마인가?                [회계사 00]

① 60%  ② 87.5%  ③ 75%
④ 66.6%  ⑤ 62.5%

**14** (주)한국은 재고 관련 비용을 최소화하는 재고관리정책을 취하고 있다. 다음의 자료를 이용하여 단위당 재고유지비용을 구하시오.

| | |
|---|---|
| • 연간 재고수요량 | 10,000단위 |
| • 경제적 1회 주문량 | 100단위 |
| • 1회 주문비용 | ₩4 |

① ₩4  ② ₩5  ③ ₩6
④ ₩7  ⑤ ₩8

**15** 도시락 제조회사인 (주)한국은 (주)대한으로부터 주문의뢰는 받았으나 주문량은 확정되지 않아 주문량에 대해서 다음과 같이 추정하고 있다.

| 10,000단위 | 20,000단위 | 30,000단위 | 40,000단위 |
|:---:|:---:|:---:|:---:|
| 20% | 40% | 30% | 10% |

도시락 판매가격은 단위당 ₩450이며 제조원가는 단위당 ₩200이다. 판매되지 않은 도시락은 모두 폐기되며 주문과 생산은 10,000단위로 이루어진다. (주)한국이 판매량에 대한 완전정보를 획득할 수 있다면 지불할 수 있는 최대금액을 구하시오.

① ₩1,500,000  ② ₩1,600,000  ③ ₩1,650,000

④ ₩1,750,000  ⑤ ₩1,850,000

**16** (주)한국은 단일제품을 대량생산하여 판매하고 있다. 제품의 단위당 판매가격과 단위당 변동원가는 각각 ₩1,200과 ₩800이며 최대생산능력은 월 8,000단위이다. 다음 달 판매량은 6,000단위로 예상되어 여유조업도를 활용하여 새로운 제품을 추가하려고 한다. 새로운 제품의 예상판매량은 1,200단위이며 단위당 예상판매가격과 단위당 예상 변동원가는 각각 ₩900과 ₩800이다. 또한, 새로운 제품을 생산하는 과정에서 기존설비를 활용하지 못할 경우에 추가설비를 임차하는 데에 ₩160,000의 비용이 추가될 수 있으며 추가설비를 활용하지 못할 확률이 30%이다. 회사가 새로운 제품 추가 여부를 결정하기 위해 기존설비의 활용 여부에 대한 정보를 얻기 위하여 지불할 수 있는 최대금액을 구하시오.

① ₩12,000  ② ₩13,000  ③ ₩14,000

④ ₩15,000  ⑤ ₩16,000

**17** (주)한국은 두 가지 제품 A와 B를 생산·판매하고 있으며 제품 A의 평균판매량과 판매량의 표준편차는 각각 600단위와 120단위인 정규분포를 이루고 있다. 또한, 제품 A의 단위당 판매가격과 단위당 변동원가는 각각 ₩300과 ₩100이며 총고정원가는 ₩120,000이다. 제품 A 판매로 인하여 영업이익 ₩24,000을 달성하기 위한 확률을 구하시오(단, 제품 A와 제품 B는 동일한 확률분포를 가지며 제품 B의 평균판매량과 판매량의 표준편차는 각각 800단위와 100단위이고 700단위 이상 판매할 확률은 68%이다).

① 32%         ② 36%         ③ 40%
④ 45%         ⑤ 48%

**18** (주)한국은 새로운 생산설비를 도입하면서 자본집약적인 경우와 노동집약적인 경우의 두 가지 대안을 생각하고 있다. 각 대안의 원가구조는 다음과 같다.

| 원가 | 자본집약적인 설비 | 노동집약적인 설비 |
|---|---|---|
| 고정원가 | ₩1,000,000 | ₩200,000 |
| 단위당 변동원가 | 4,000 | 7,000 |

설비를 도입한 후 월 예상생산량과 그 확률이 다음과 같다고 할 때 원가최소화를 목표로 하는 (주)한국이 월 예상판매량에 관한 불확실한 정보 때문에 입게 될 경제적 손실은 얼마인가?

[회계사 05]

| 생산량(단위) | 100 | 200 | 300 | 400 |
|---|---|---|---|---|
| 확률(%) | 40 | 30 | 20 | 10 |

① ₩60,000         ② ₩260,000         ③ ₩1,540,000
④ ₩1,600,000      ⑤ ₩1,800,000

**19** (주)국세는 도시락을 단위당 판매가격 ₩1,000에 판매하려 한다. 단위당 변동원가는 ₩500이며 월간 고정원가는 ₩750,000이다. 도시락의 수요량은 불확실하지만 정규분포를 이룰 것으로 보이며 월간 기대판매량은 2,100개, 표준편차는 400개로 예상한다. 도시락 판매로 인해 이익이 발생할 확률은? (단, 아래의 표준정규분포표를 이용하여 계산하시오) [세무사 06]

| Z | P(Z <) | Z | P(Z <) | Z | P(Z <) |
|---|---|---|---|---|---|
| 0.5 | 0.69 | 1.0 | 0.84 | 1.5 | 0.93 |
| 2.0 | 0.98 | 2.5 | 0.994 | 3.0 | 0.999 |

① 7%  ② 69%  ③ 84%
④ 93%  ⑤ 98%

★
**20** (주)한국은 기념품을 생산하는 회사이다. 기념품의 판매가격은 단위당 ₩100이며 회사의 현재 설비의 최대생산능력은 150,000단위이다. 100,000개를 생산하는 경우 기념품의 단위당 원가구조는 다음과 같다.

| | |
|---|---|
| • 직접재료원가 | ₩20 |
| • 직접노무원가 | 30 |
| • 변동제조간접원가 | 10 |
| • 고정제조간접원가 | 15 |

회사는 위의 원가구조가 미래에도 동일할 것으로 보며 올해의 판매량도 100,000개일 것으로 예측하고 있다. 최근에 미국의 한 기업이 기념품을 개당 ₩70에 구입할 수 있는지를 문의해 왔다. 회사의 예측에 따르면 미국회사가 50,000개를 구입할 확률은 20%이고 40,000개를 구입할 확률이 40%이며 30,000개를 구입할 확률은 40%이다. 미국에 대한 수출은 신규판매로서 기존의 국내시장에는 영향이 없을 것으로 기대된다. 만일 회사가 미국회사의 제의를 거절하면 유휴설비를 이용하여 ₩350,000의 이익을 올릴 수 있다. 회사가 미국회사의 제의를 받아들이는 경우 기대이익의 증감은? [세무사 02]

① ₩30,000 증가  ② ₩50,000 감소  ③ ₩300,000 증가
④ ₩500,000 감소  ⑤ 증감 없음

**21** (주)세무는 기계 A, B 중 하나를 구입하고, 이를 사용하여 신제품을 생산하려 한다. 관련 자료를 근거로 작성한 성과표(payoff table)는 다음과 같다. 성과표에서 P(S)는 확률을 의미하고, 금액은 이익을 의미한다.

| 상황<br>대안 | $S_1$ = 호황<br>$P(S_1)$ = 0.4 | $S_2$ = 불황<br>$P(S_2)$ = 0.6 |
| --- | --- | --- |
| 기계 A | ₩9,000 | ₩1,000 |
| 기계 B | 7,000 | K |

기계 A의 기대이익이 기계 B의 기대이익보다 더 크며, 호황일 때는 기계 A의 이익이 더 크고 불황일 때는 기계 B의 이익이 더 크다. 완전정보의 기대가치(EVPI)가 ₩600인 경우, 성과표에서 K는 얼마인가?

[세무사 23]

① ₩1,500

② ₩2,000

③ ₩2,200

④ ₩2,300

⑤ ₩2,500

**22** (주)대한은 제품 A를 생산하여 판매하려고 한다. 제품 A의 단위당 제조원가는 ₩200이며, 단위당 판매가격은 ₩500이다. 제품 A는 판매되지 못하면 전량 폐기처분해야 하며, 미리 생산한 제품 A가 전량 판매된 후에는 추가로 생산하여 판매할 수 없다. (주)대한이 예상한 제품 A의 판매량은 다음과 같다.

| 판매량 | 확률 |
| --- | --- |
| 500개 | 0.4 |
| 600개 | 0.3 |
| 700개 | 0.3 |

제품 A의 판매량에 관하여 완전한 예측을 해주는 완전정보시스템이 있다면, 다음 설명 중 옳은 것은?

[회계사 23]

① 기존정보하의 기대가치는 ₩155,000이다.

② 기존정보하에서는 생산량이 700개인 대안을 선택할 것이다.

③ 완전정보하의 기대가치는 ₩17,000이다.

④ 완전정보의 기대가치는 ₩177,000이다.

⑤ 기존정보하에서 기대가치가 가장 큰 대안을 선택하였고 실제로 제품 A가 500개 판매된 경우 예측오차의 원가는 ₩20,000이다.

**23** (주)대한은 단일제품을 생산하며 20×1년의 판매가격 및 원가자료는 다음과 같다.

| 항목 | 단위당 금액 |
|---|---|
| 판매가격 | ₩50 |
| 변동제조원가 | 20 |
| 변동판매비 | 5 |

고정제조원가와 고정판매비는 각각 ₩20,000과 ₩10,000이다. (주)대한의 경영자는 판매촉진을 위해 인터넷 광고를 하려고 한다. 인터넷 광고물 제작에는 ₩5,000의 고정판매비가 추가로 지출된다. 인터넷 광고를 하지 않을 경우 판매량은 1,200단위와 1,800단위 사이에서 균등분포(uniform distribution)를 이루고, 인터넷 광고를 하면 판매량은 1,500단위와 2,000단위 사이에서 균등하게 분포한다. (주)대한이 인터넷 광고를 함으로써 기대영업이익은 얼마나 증가 또는 감소하는가?

[회계사 19]

① ₩0  
② ₩1,250 증가  
③ ₩1,250 감소  
④ ₩2,250 증가  
⑤ ₩2,250 감소

**24** (주)세무는 기존에 생산 중인 티셔츠 제품계열에 새로운 색상인 하늘색과 핑크색 중 한 가지 제품을 추가할 것을 고려 중이다. 추가될 제품은 현재의 시설로 생산가능하지만, 각각 ₩200,000의 고정원가 증가가 요구된다. 두 제품의 판매단가는 ₩10, 단위당 변동원가는 ₩8으로 동일하다. 마케팅부서는 두 제품의 시장수요에 대해 다음과 같은 확률분포를 제공하였다.

| 수요량 | 기대확률 | |
|---|---|---|
| | 하늘색 | 핑크색 |
| 50,000단위 | 0.0 | 0.1 |
| 100,000 | 0.2 | 0.1 |
| 200,000 | 0.2 | 0.2 |
| 300,000 | 0.4 | 0.2 |
| 400,000 | 0.2 | 0.4 |

(주)세무의 기대영업이익을 최대화하는 관점에서 두 제품 중 상대적으로 유리한 제품과 유리한 영업이익 차이를 모두 올바르게 나타낸 것은?

[세무사 21]

① 핑크색, ₩30,000  
② 하늘색, ₩32,000  
③ 핑크색, ₩34,000  
④ 하늘색, ₩36,000  
⑤ 핑크색, ₩38,000

**25** (주)대한은 월드컵에서 한국 축구팀이 우승하면, 10억원 상당의 경품을 증정하는 이벤트를 실시할 예정이다. 동 경품 이벤트의 홍보효과로 인해 (주)대한의 기대현금유입액은 한국 축구팀의 우승 여부에 관계없이 3억원이 증가할 것으로 예상된다. (주)대한은 경품 이벤트에 대비하는 보험상품에 가입할 것을 고려하고 있다. 동 보험상품 가입 시 한국 축구팀이 월드컵에서 우승하는 경우, 보험사가 10억원의 경품을 대신 지급하게 된다. 동 상품의 보험료는 1억원이며, 각 상황에 따른 기대현금흐름은 다음과 같다.

| 구분 | 기대현금흐름(보험료 제외) | |
|---|---|---|
| | 월드컵 우승 성공 | 월드컵 우승 실패 |
| 보험 가입 | 3억원 | 3억원 |
| 보험 미가입 | (-)7억원 | 3억원 |

한국 축구팀이 월드컵에서 우승할 가능성이 최소한 몇 퍼센트(%)를 초과하면 (주)대한이 보험상품에 가입하는 것이 유리한가? (단, 화폐의 시간가치는 고려하지 않는다)  [회계사 21]

① 5%  ② 10%  ③ 20%
④ 30%  ⑤ 40%

# 정답 및 해설

## 정답

| 01 | ① | 02 | ⑤ | 03 | ③ | 04 | ③ | 05 | ④ | 06 | ④ | 07 | ① | 08 | ① | 09 | ⑤ | 10 | ⑤ |
|---|---|---|---|---|---|---|---|---|---|---|---|---|---|---|---|---|---|---|---|
| 11 | ③ | 12 | ④ | 13 | ⑤ | 14 | ⑤ | 15 | ③ | 16 | ① | 17 | ① | 18 | ① | 19 | ④ | 20 | ① |
| 21 | ② | 22 | ⑤ | 23 | ② | 24 | ① | 25 | ② | | | | | | | | | | |

## 해설

**01** ① 완전정보를 취득하기 위하여 지출되는 비용보다 완전정보로 인하여 증가되는 기대이익이 더 커야 한다.

**02** ⑤ (1) 완전정보하의 기대가치

₩120 × 0.1 + ₩(40) × 0.2 + ₩120 × 0.3 + ₩40 × 0.4 = ₩56

(2) 기존정보하의 기대가치

| | S1(0.1) | S2(0.2) | S3(0.3) | S4(0.4) | 기대가치 |
|---|---|---|---|---|---|
| A1 | ₩100 | ₩(60) | ₩80 | ₩40 | ₩38 |
| A2 | 80 | (40) | 120 | 20 | 44 (선택) |
| A3 | 120 | (70) | 60 | 20 | 24 |

(3) 완전정보의 기대가치

완전정보하의 기대가치 - 기존정보하의 기대가치

= ₩56 - ₩44 = ₩12

**03** ③ 조사비용을 $x$라 한 후 정리하면 다음과 같다.

| | 공정상태 | | 기대가치 |
|---|---|---|---|
| | 정상(0.7) | 비정상(0.3) | |
| 조사 O | $x$ | $x$ + ₩1,500,000 | $0.7x + (x + ₩1,500,000) × 0.3$ |
| 조사 × | – | ₩6,000,000 | ₩6,000,000 × 0.3 |

$0.7x + (x + ₩1,500,000) × 0.3 ≤ ₩6,000,000 × 0.3$이므로, $x ≤ ₩1,350,000$이다.

∴ 조사비용으로 지출할 수 있는 최대금액: ₩1,350,000

**04** ③ 공정이 정상상태일 확률을 P라 한 후 정리하면 다음과 같다.

| | 공정상태 | | 기대가치 |
|---|---|---|---|
| | 정상(P) | 비정상(1 - P) | |
| 조사 O | ₩300,000 | ₩300,000 + ₩400,000 | ₩300,000P + ₩700,000 × (1 - P) |
| 조사 × | - | ₩1,000,000 | ₩1,000,000 × (1 - P) |

∴ ₩300,000P + ₩700,000 × (1 - P) = ₩1,000,000 × (1 - P)이므로, P = 0.50이다.


**05** ④ (1) 손익분기점 판매량(Q)

(₩10 - ₩7)Q - ₩900,000 = 0

∴ Q = 300,000단위

(2) 손익분기점 이상의 매출을 달성할 확률

300,000단위 이상 판매할 확률을 의미한다.

0.4 + 0.2 + 0.1 = 0.7


**06** ④ (1) 손익구조

| | |
|---|---|
| p | ₩80(= ₩240,000 ÷ 3,000단위) |
| vc | 45(= ₩135,000 ÷ 3,000단위) |
| cm | ₩35 |
| FC | ₩40,000 |

(2) 판촉행사 후 기대영업이익 변화

판촉 전 영업이익: 3,000단위 × ₩35 - ₩40,000 = ₩65,000

판촉 후 기대영업이익: 3,320단위[*] × ₩35 - (₩40,000 + ₩10,000) = ₩66,200

[*] 판촉 후 기대판매량: (3,000단위 + 400단위) × 0.6 + (3,000단위 + 200단위) × 0.4 = 3,320단위

∴ 기대영업이익: ₩1,200(= ₩66,200 - ₩65,000)만큼 증가


**07** ① 판매가격이 균일분포이므로 변동원가, 총고정원가 및 판매량을 기초로 손익분기점 판매가격을 계산할 수 있다.

(1) 손익분기점 달성을 위한 판매가격(P)

① 갑: (P - ₩20) × 200단위 - ₩16,000 = ₩0, P = ₩100

② 을: (P - ₩30) × 400단위 - ₩24,000 = ₩0, P = ₩90

(2) 이익을 발생시킬 확률

① 갑: $\dfrac{₩150 - ₩100}{₩150 - ₩50} = 0.5$

② 을: $\dfrac{₩100 - ₩90}{₩100 - ₩50} = 0.2$

∴ 이익을 발생시킬 확률은 갑이 30% 더 크다.

**08** ①   (1) 완전정보하의 기대가치

        ₩9,000 × 0.4 + ₩22,000 × 0.6 = ₩16,800

  (2) 기존정보하의 기대가치

| | 1,000단위(40%) | 2,000단위(60%) | 기대가치 |
|---|---|---|---|
| 甲기계 | ₩9,000 | ₩20,000 | ₩15,600 |
| 乙기계 | 8,000 | 22,000 | 16,400(선택) |

  (3) 완전정보의 기대가치

      완전정보하의 기대가치 − 기존정보하의 기대가치

      = ₩16,800 − ₩16,400 = ₩400


**09** ⑤   (1) 불완전정보하의 기대가치

    ① 결합확률표

| | 수요량 | | 확률 |
|---|---|---|---|
| | 1,000단위(40%) | 2,000단위(60%) | |
| 1,000단위(90%) | 0.9 × 0.4 = 0.36 | 0.2 × 0.6 = 0.12 | 0.48 |
| 2,000단위(80%) | 0.1 × 0.4 = 0.04 | 0.8 × 0.6 = 0.48 | 0.52 |

    ② 정보별 기대가치

      a. 1,000단위(48%)

| | 수요량 | | 기대가치 |
|---|---|---|---|
| | 1,000단위(0.36/0.48) | 2,000단위(0.12/0.48) | |
| 甲기계 | ₩9,000 | ₩20,000 | ₩11,750(선택) |
| 乙기계 | 8,000 | 22,000 | 11,500 |

      b. 2,000단위(52%)

| | 수요량 | | 기대가치 |
|---|---|---|---|
| | 1,000단위(0.04/0.52) | 2,000단위(0.48/0.52) | |
| 甲기계 | ₩9,000 | ₩20,000 | ₩19,154 |
| 乙기계 | 8,000 | 22,000 | 20,923(선택) |

    ∴ 불완전정보하의 기대가치: ₩11,750 × 0.48 + ₩20,923 × 0.52 = ₩16,520

  (2) 기존정보하의 기대가치: ₩16,400

  (3) 불완전정보의 기대가치

      불완전정보하의 기대가치 − 기존정보하의 기대가치

      = ₩16,520 − ₩16,400 = ₩120


**10** ⑤

| | 1,000단위(0.4) | 2,000단위(0.6) | 기대가치 |
|---|---|---|---|
| 대안 1 | ₩90,000[*1] | ₩130,000 | ₩114,000[*2] (선택) |
| 대안 2 | 70,000 | 140,000 | 112,000 |

[*1] 1,000단위 × ₩40 + ₩50,000 = ₩90,000

[*2] ₩90,000 × 0.4 + ₩130,000 × 0.6 = ₩114,000

∴ 기대이익을 극대화하려면 대안 1을 선택해야 하며, 이때의 기대임대료(기대가치)는 ₩114,000이다.

**11** ③ (1) 불완전정보하의 기대가치

$$₩1,157 × 0.56 + ₩1,032 × 0.44 = ₩1,102$$

(2) 기존정보하의 기대가치

| | 호황(60%) | 불황(40%) | 기대가치 |
|---|---|---|---|
| A | ₩1,200 | ₩900 | ₩1,080[1] (선택) |
| B | 850 | 1,100 | 950[2] |

[1] ₩1,200 × 0.6 + ₩900 × 0.4 = ₩1,080
[2] ₩850 × 0.6 + ₩1,100 × 0.4 = ₩950

(3) 불완전정보의 기대가치(예측정보에 대해 지불할 수 있는 최대금액)

$$₩1,102 - ₩1,080 = ₩22$$

**12** ④ (1) 목표공헌이익($x$)

$$100단위 × x - ₩100,000 = ₩50,000$$
$$∴ x = ₩1,500$$

(2) 목표이익을 달성할 확률

$$\frac{₩3,000 - ₩1,500}{₩3,000 - ₩1,000} = 75\%$$

**13** ⑤ (1) 손익분기점 공헌이익

$$\frac{총고정원가}{총판매량} = \frac{₩100,000,000}{1,000,000개} = ₩100$$

(2) 판매가격과 변동원가의 확률분포

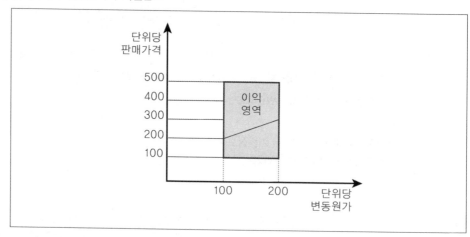

(3) 이익이 발생할 확률

$$\frac{₩100 × ₩200 + ₩100 × ₩100 × 0.5}{₩100 × ₩400} = 62.5\%$$

**14** ⑤  재고유지비용을 $x$라 한 후 정리하면 다음과 같다.

경제적 1회 주문량(EOQ) = $\sqrt{\dfrac{2 \times 10{,}000단위 \times ₩4}{x}}$ = 100단위

∴ $x$ = ₩8

**15** ③  (1) 기존정보하의 기대가치

| | 10,000단위 (0.2) | 20,000단위 (0.4) | 30,000단위 (0.3) | 40,000단위 (0.1) | 기대가치 |
|---|---|---|---|---|---|
| 10,000단위 | ₩2,500,000 | ₩2,500,000 | ₩2,500,000 | ₩2,500,000 | ₩2,500,000 |
| 20,000단위 | 500,000 | 5,000,000 | 5,000,000 | 5,000,000 | 4,100,000(선택) |
| 30,000단위 | (1,500,000) | 3,000,000 | 7,500,000 | 7,500,000 | 3,900,000 |
| 40,000단위 | (3,500,000) | 1,000,000 | 5,500,000 | 10,000,000 | 2,350,000 |

∴ 기존정보하의 기대가치: ₩4,100,000

(2) 완전정보하의 기대가치

₩2,500,000 × 0.2 + ₩5,000,000 × 0.4 + ₩7,500,000 × 0.3 + ₩10,000,000 × 0.1
= ₩5,750,000

(3) 완전정보의 기대가치

완전정보하의 기대가치 - 기존정보하의 기대가치
= ₩5,750,000 - ₩4,100,000 = ₩1,650,000

**16** ①  (1) 기존정보하의 기대가치

| | 기존 설비활용 O(0.7) | 기존 설비활용 X(0.3) | 기대가치 |
|---|---|---|---|
| 신제품 추가 O | ₩120,000[*1] | ₩(40,000)[*2] | ₩72,000[*3] |
| 신제품 추가 X | - | - | - |

[*1] 1,200단위 × (₩900 - ₩800) = ₩120,000
[*2] 1,200단위 × (₩900 - ₩800) - ₩160,000 = ₩(40,000)
[*3] ₩120,000 × 0.7 + ₩(40,000) × 0.3 = ₩72,000

(2) 완전정보하의 기대가치

₩120,000 × 0.7 + ₩0 × 0.3 = ₩84,000

(3) 완전정보의 기대가치

완전정보하의 기대가치 - 기존정보하의 기대가치
= ₩84,000 - ₩72,000 = ₩12,000

**17** ① (1) 제품 A의 목표판매량(Q)

$$₩200 × Q - ₩120,000 = ₩24,000$$

$$∴ Q = 720단위$$

(2) 제품 A(720단위)의 Z값

$$Z = \frac{720단위 - 600단위}{120단위} = 1$$

(3) 제품 B(700단위)의 Z값

$$Z = \frac{700단위 - 800단위}{100단위} = -1$$

제품 B를 700단위 이상 판매할 확률이 68%이므로, $P(-1 ≤ Z ≤ 0) = 68\% - 50\% = 18\%$이다.

(4) 제품 A를 720단위 이상 판매할 확률

$$50\% - P(0 ≤ Z ≤ 1)$$

$$= 50\% - 18\% = 32\%$$


**18** ① (1) 기존정보하의 기대가치

| | 100(0.4) | 200(0.3) | 300(0.2) | 400(0.1) | 기대가치 |
|---|---|---|---|---|---|
| 자본 | ₩1,400,000 | ₩1,800,000 | ₩2,200,000 | ₩2,600,000 | ₩1,800,000 |
| 노동 | 900,000 | 1,600,000 | 2,300,000 | 3,000,000 | 1,600,000(선택) |

∴ 노동집약적 설비대안을 선택하고 이때 기대가치는 ₩1,600,000이다.

(2) 완전정보하의 기대가치

$$₩900,000 × 0.4 + ₩1,600,000 × 0.3 + ₩2,200,000 × 0.2 + ₩2,600,000 × 0.1$$

$$= ₩1,540,000$$

(3) 완전정보의 기대가치

완전정보하의 기대가치 - 기존정보하의 기대가치

$$₩1,540,000 - ₩1,600,000 = ₩(60,000)$$


**19** ④ (1) 손익분기점 판매량

$$\frac{₩750,000}{₩1,000 - ₩500} = 1,500개$$

(2) Z값

$$\frac{1,500개 - 2,100개}{400개} = -1.5$$

(3) 도시락 판매로 이익이 발생할 확률(P)

$$P(-1.5 < Z < 0) = 93\%$$

**20** ① (1) 기대판매량

50,000개 × 20% + 40,000개 × 40% + 30,000개 × 40% = 38,000개

(2) 의사결정

| | | |
|---|---|---|
| 증분수익 | | |
| 매출 증가 | 38,000개 × (₩70 - ₩60) = | ₩380,000 |
| 증분비용 | | |
| 기회비용 | | (350,000) |
| 증분이익 | | ₩30,000 |

---

**별해**

다음과 같이 성과표를 작성하여 의사결정할 수 있다.

(1) 성과표 작성

| 상황<br>대안 | 50,000개<br>(0.2) | 40,000개<br>(0.4) | 30,000개<br>(0.4) |
|---|---|---|---|
| 수락 | ₩500,000*1 | ₩400,000*2 | ₩300,000*3 |
| 거절 | 350,000 | 350,000 | 350,000 |

*1 50,000개 × (₩70 - ₩60) = ₩500,000

*2 40,000개 × (₩70 - ₩60) = ₩400,000

*3 30,000개 × (₩70 - ₩60) = ₩300,000

(2) 각 대안별 기대가치

① 수락: ₩500,000 × 0.2 + ₩400,000 × 0.4 + ₩300,000 × 0.4 = ₩380,000(*)

② 거절: ₩350,000 × 0.2 + ₩350,000 × 0.4 + ₩350,000 × 0.4 = ₩350,000

∴ 수락의 기대가치가 거절의 기대가치보다 ₩30,000만큼 크다.

---

**21** ② (1) 기계 A의 기대가치

₩9,000 × 0.4 + ₩1,000 × 0.6 = ₩4,200

(2) 완전정보하의 기대성과

기계 A의 기대가치 + 완전정보의 기대가치(EVPI)

= ₩4,200 + ₩600 = ₩4,800

₩9,000 × 0.4 + K × 0.6 = ₩4,800이므로, K는 ₩2,000이다.

---

**point**

기계 A의 기대가치와 완전정보의 기대가치(EVPI)를 이용하여 완전정보하의 기대성과를 추정할 수 있다. 완전정보하의 기대성과를 근거로 K를 추정할 수 있다.

**22** ⑤ (1) 기존정보하의 기대가치

|  | 500개(0.4) | 600개(0.3) | 700개(0.3) | 기대가치 |
|---|---|---|---|---|
| 500개 | ₩150,000[*1] | ₩150,000 | ₩150,000 | ₩150,000 |
| 600개 | 130,000[*2] | 180,000 | 180,000 | 160,000(선택) |
| 700개 | 110,000[*3] | 160,000 | 210,000 | 155,000 |

[*1] 500개 × (₩500 - ₩200) = ₩150,000

[*2] 500개 × (₩500 - ₩200) - 100개 × ₩200 = ₩130,000

[*3] 500개 × (₩500 - ₩200) - 200개 × ₩200 = ₩110,000

∴ 최적 의사결정은 600개일 때 기대가치 ₩160,000이다.

(2) 완전정보하의 기대가치

₩150,000 × 0.4 + ₩180,000 × 0.3 + ₩210,000 × 0.3 = ₩177,000

(3) 완전정보의 기대가치

완전정보하의 기대가치 - 기존정보하의 기대가치

= ₩177,000 - ₩160,000 = ₩17,000

(4) 500개일 때 예측오차원가

최적 선택의 결과 - 실제의사결정의 결과

= ₩150,000 - ₩130,000 = ₩20,000

---

**point 재고 폐기를 고려한 의사결정**

판매되지 못한 재고의 폐기비용은 단위당 제조원가인 ₩200이다. 따라서 판매로 인한 이익과 폐기비용을 고려하여 성과표를 작성한다.

---

**23** ② (1) 기대판매량

① 광고 전: $\dfrac{1,200단위 + 1,800단위}{2}$ = 1,500단위

② 광고 후: $\dfrac{1,500단위 + 2,000단위}{2}$ = 1,750단위

(2) 손익구조

|  | 광고 전 | 광고 후 |
|---|---|---|
| 단위당 판매가격 | ₩50 | ₩50 |
| 단위당 변동원가 | 25 | 25 |
| 단위당 공헌이익 | ₩25 | ₩25 |
| 고정원가 | ₩30,000 | ₩35,000(= ₩30,000 + ₩5,000) |
| 예상판매량 | 1,500단위 | 1,750단위 |

(3) 영업이익 비교

① 광고 전 영업이익: 1,500단위 × ₩25 - ₩30,000 = ₩7,500

② 광고 후 영업이익: 1,750단위 × ₩25 - ₩35,000 = ₩8,750

∴ 영업이익은 ₩1,250 증가한다.

**24** ① (1) 기대판매량

① 하늘색: 0 + 20,000단위 + 40,000단위 + 120,000단위 + 80,000단위 = 260,000단위
② 핑크색: 5,000단위 + 10,000단위 + 40,000단위 + 60,000단위 + 160,000단위 = 275,000단위

(2) 기대영업이익

① 하늘색: 260,000단위 × ₩2 - ₩200,000 = ₩320,000
② 핑크색: 275,000단위 × ₩2 - ₩200,000 = ₩350,000
∴ 핑크색의 기대영업이익이 ₩30,000만큼 더 크다.

**25** ② 월드컵 우승 확률을 P라 한 후 정리하면 다음과 같다.

| 구분 | 우승(P) | 실패(1 - P) |
|---|---|---|
| 보험 가입 | 2억 | 2억 |
| 보험 미가입 | -7억 | 3억 |

(1) 각 대안별 기댓값

① 보험 가입: 2억 × P + 2억 × (1 - P) = 2억
② 보험 미가입: -7억 × P + 3억 × (1 - P) = -10억 × P + 3억

(2) 우승확률

보험에 가입하는 것이 유리하려면, P값은 다음과 같이 정의할 수 있다.
-10억 × P + 3억 ≤ 2억  ⇒  P ≥ 0.1
∴ 월드컵에서 우승할 가능성이 10%를 초과하면 보험에 가입하는 것이 유리하다.

# 제16장

# 전략적 원가관리

핵심 이론 요약

객관식 연습문제

정답 및 해설

# 핵심 이론 요약

## 01 전략적 원가관리 등장배경

| 전통적 원가관리의 문제점 | 해결방안 | 전략적 원가관리 |
|---|---|---|
| 조업도기준방식으로 인하여 원가계산에 왜곡이 발생 | 원가발생원인 파악 | 활동기준원가계산, 활동기준경영 |
| 재고자산의 평가에 초점을 맞춤 | 원가절감 및 품질향상 | 적시생산시스템, 카이젠원가계산, 품질원가계산 |
| 재무보고를 위한 방식으로 적절한 원가관리를 할 수 없음 | 원가범위 확대 | 목표원가계산, 제품수명주기원가계산 |
| 활동과 기업운영과정에 대한 정보가 없음 | 핵심역량 강화 및 효율적 운영 | 가치사슬, 균형성과표, 제약이론 |

## 02 제품수명주기원가계산

(1) 의의

제품의 수명주기 동안에 발생한 모든 원가를 집계하고 상호연관성을 분석하는 원가관리기법이다.

(2) 고착원가(locked-in cost)

제품수명주기 동안 발생하는 총원가의 80% 정도가 연구·개발단계에서 결정된다.

## 03 가치사슬

| 상류원가 | 제조 이전에 발생한 활동과 관련된 원가 |
|---|---|
| 하류원가 | 제조 이후에 발생한 활동과 관련된 원가 |

## 04 균형성과표

### (1) 전통적 성과제도 문제점

① 기업의 비전 및 전략과 연결되어 있지 않음
② 회계상 과거자료에 근거하여 평가함
③ 재무적인 수치에 의존함
④ 지속적인 피드백이 부족함
⑤ 무형자산에 대한 가치를 인식하지 못함

### (2) 네 가지 관점

| 구분 | | 성과측정지표 |
|---|---|---|
| 재무적 관점 | | 영업이익률, 투자수익률, 잔여이익, 경제적부가가치 |
| 고객관점 | | 고객만족도, 시장점유율(기존고객유지율, 신규고객확보율), 고객수익성 |
| 내부프로세스 관점 | 혁신 | 신제품의 수, 신제품 수익률, 독점제품 수익률, 신제품 개발기간 |
| | 운영 | ① 시간: 고객대응시간, 정시납품성과, 제조주기효율성<br>② 품질: 불량률, 수율, 반품률<br>③ 원가: 활동기준원가계산을 이용하여 계산된 원가 |
| | 판매 후 서비스 | 현장도달시간, 수선요청건수, 불량건수, 하자보증원가 |
| 학습과 성장관점 | | ① 인적자원: 종업원의 교육수준 · 만족도 · 이직률<br>② 정보시스템: 정보시스템 활용도, 종업원당 PC수<br>③ 조직의 절차: 종업원당 제안채택률 · 보상 정도 |

### (3) 유용성

① 단순한 결과지표가 아닌 전략과 성과보상의 연결을 통한 관리적 성과평가를 추구함
② 성과지표를 통해 전략을 구체화하고 재무성과까지 인과관계를 확인할 수 있음
③ 비전과 전략에 대한 공유, 참여, 학습을 통하여 원활한 의사소통이 가능함
④ 조직의 행동과 프로세스 개선을 통하여 구성원의 역량을 강화할 수 있음

### (4) 한계점

① 비재무적 성과지표의 계량화가 어려움
② 비재무적 성과지표가 재무적 성과로 나타나는 과정에 많은 시간이 소요됨
③ 비재무적 성과지표가 재무적 성과에 미치는 정도를 정량화하기 어려움
④ 제도를 운영하는 데에 많은 시간과 비용이 요구됨

## 05 활동기준경영

### (1) 부가가치원가와 비부가가치원가

① 부가가치원가

$$부가가치원가 = 부가가치표준수량 \times 단위당 \ 표준원가$$

② 비부가가치원가

$$비부가가치원가 = (실제활동수량 - 부가가치표준수량) \times 단위당 \ 표준원가$$

### (2) 미사용활동수량차이

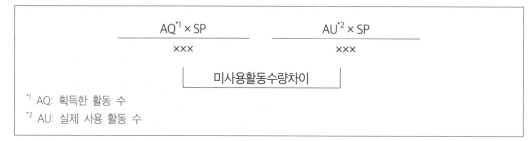

$^{*1}$ AQ: 획득한 활동 수
$^{*2}$ AU: 실제 사용 활동 수

## 06 목표원가계산

### (1) 의의

예상되는 목표가격에서 목표이익을 차감하여 목표원가를 도출하는 방법으로 연구·개발단계에서의 원가절감을 중시한다.

### (2) 원가기획

연구, 개발 및 설계단계에서 원가를 조정하고 관리하는 활동을 말한다.
[예] 가치공학, 동시설계, 게스트엔지니어링

### (3) 문제점

① 전사적 참여유도로 인한 담당자들의 마찰이 우려됨
② 원가절감을 위한 개발 지연으로 제품출시가 지연됨
③ 과도한 원가절감목표로 인한 구성원들의 불만이 커질 수 있음

## 07 카이젠원가계산

**(1) 의의**

생산단계에서의 지속적이고 점진적인 공정개선을 통한 원가절감을 모색하는 방법으로, 생산단계에서의 점진적인 원가절감을 중시한다.

**(2) 표준원가계산과의 비교**

| 구분 | 표준원가계산 | 카이젠원가계산 |
|------|------|------|
| 기능 | 원가통제기능 | 원가절감기능 |
| 지식보유자 | 관리자나 엔지니어 | 작업자 |
| 공정에 대한 관점 | 안정적 | 지속적 개선 |

## 08 품질원가계산

**(1) 의의**

적정 수준의 품질을 달성하기 위한 비용을 측정 및 평가하는 것을 말한다.

**(2) 분류**

| | | |
|------|------|------|
| 통제원가 | 예방원가 | 제품설계비용, 공급자 선정비용, 작업자 교육·훈련비용, 예방적 생산설비 유지·보수비용 |
| | 평가원가 | 원재료 검사비용, 재공품 및 제품 검사비용, 생산공정 검사비용 |
| 실패원가 | 내부실패원가 | 불량품 재작업원가, 불량품 폐기원가, 공손원가, 불량으로 인한 공정중단비용 |
| | 외부실패원가 | 보증수리비용, 고객서비스센터 운영비용, 불량품 교환비용, 손해배상비용, 기업이미지 훼손에 의한 기회비용(판매기회 상실) |

**(3) 품질원가에 대한 두 가지 관점**

① 허용품질수준관점(최적 품질수준관점)

② 무결점수준관점

# 객관식 연습문제

★ : 꼭 풀어봐야 할 필수문제
📝 : 심화된 내용을 학습할 수 있는 고급문제

★
## 01 다음의 전략적 원가관리기법에 관한 설명 중 타당한 것은? [회계사 08]

① 적시생산시스템(JIT)은 짧아진 제품수명 및 제품의 다양성에 따라 증가하는 재고관리비용 등을 감소시키는 방안으로 유용하며, 초변동원가계산법(throughput costing)을 사용하여 제품원가를 계산하여야 한다.

② 전사적 품질관리(TQM)의 도입 후 내부실패원가와 외부실패원가의 상충관계(trade-off)에 입각하여 품질원가를 분석하고, 적정한 불량률은 허용해야 하는 것으로 인식이 변화하였다.

③ 제약이론(theory of constraint)은 병목공정(bottleneck)에 의하여 전체 공정의 처리량이 제한되는 현상에 주목한 이론으로, 비효율적 재고 및 대기시간의 절감을 위하여 모든 공정을 병목공정의 처리량에 맞추어 진행할 것을 장기적인 개선책으로 제안한다.

④ 제품수명주기원가(product life-cycle cost)는 제품의 기획 및 개발·설계에서 고객서비스와 제품 폐기까지의 모든 단계에서 발생하는 원가를 의미하며, 제품수명주기원가의 상당 부분은 제품의 기획에서 설계까지 이르는 과정에서 확정된다.

⑤ 목표원가(target cost)는 시장상황의 검토를 통하여 예상되는 제품의 목표가격을 확인한 후 기업이 필요로 하는 목표이익을 차감하여 결정되며, 기존 생산공정을 유지하며 발생하는 제조원가를 고려하여 생산개시 후 결정된다.

## 02 원가관리기법과 관련한 새로운 접근방법들에 대한 설명으로서 옳은 것은? [세무사 08]

① 카이젠원가계산은 제품제조 이전단계에서의 지속적인 원가절감에 초점을 둔다.

② 목표원가계산기법은 기존의 표준원가계산과 마찬가지로 제품제조단계에서의 원가절감을 강조한다.

③ 제품수명주기원가계산은 제품제조단계에서의 원가절감을 강조한다.

④ 가치사슬원가계산에 있어서는 제품생산 이전에 발생된 활동과 관련된 원가는 물론 제품생산 이후에 발생된 활동과 관련된 원가도 분석한다.

⑤ 품질원가분석에 있어서 제품보증수리비용은 내부실패원가에 해당된다.

**03** 다음은 최신 관리회계기법에 관해 설명한 것이다. 이 중에서 적절하지 않은 표현은 어떤 것인가?

[회계사 04]

① target costing(목표원가관리 또는 원가기획)은 제품의 수명주기 중에서 연구개발 및 설계단계에 초점을 맞추는 원가관리기법이다.

② 제약자원이론에서는 직접재료원가만을 진정한 변동원가로 본다.

③ 개선원가계산(kaizen costing)은 제조단계에서의 원가절감에 초점을 맞추고 있다.

④ 품질원가계산에서 낭비, 재가공, 폐품원가 등은 외부실패원가에 해당한다.

⑤ 균형성과표(balanced scorecard)는 조직의 전략과 성과평가시스템을 연계시키는 것이 강조된다.

★
**04** 다음은 전략적 관리회계 토픽들과 관련된 문장들이다.

> a. 균형성과표(BSC: balanced scorecard)는 일반적으로 기업들이 수립된 전략의 커뮤니케이션과 실행보다는 전략의 질에 문제가 있음을 강조한다.
>
> b. BSC의 균형(balance)이란 단기와 장기, 내부와 외부, 재무와 비재무적 관점 그리고 선행 및 후행지표를 동시에 활용할 것을 강조하는 개념이다.
>
> c. 활동기준원가계산(ABC)에서는 전통적인 고정원가, 변동원가의 2분류체계에 비해 단위기준, 배치기준, 제품기준, 시설기준 4원가분류체계를 이용하는 것이 일반적이다.
>
> d. 타겟코스팅(target costing)은 제조(양산)단계에서의 지속적이고 증분적인 소규모 개선활동을 의미한다.
>
> e. 병목자원의 관리를 중요시하는 TOC(제약이론)는 효율성보다는 효과성을 강조한다.

위의 문장들 중 올바르거나 타당한 문장들만을 모은 것은?

[회계사 03]

① a, b, c  ② a, b, c, d  ③ b, e
④ b, c, e  ⑤ c, d, e

★

**05** 다음 중 다양한 원가계산방법에 대한 설명으로 올바른 것은? [회계사 05]

① 목표원가계산(Target Costing)은 표준원가계산과 동일하게 제조단계의 원가절감을 강조한다.

② 개선원가계산(Kaizen Costing)은 점진적이고 지속적인 원가절감보다는 내부프로세스의 혁신적인 변화를 추구한다.

③ 가치사슬원가계산(Supply Chain Costing)은 생산 전 활동과 관련된 원가와 생산 후 활동과 관련된 원가를 구분할 수 있다.

④ 활동기준원가계산(Activity Based Costing)은 비부가가치원가를 계산할 수 없다.

⑤ 제품수명주기원가계산(Life Cycle Costing)은 장기적 의사결정보다는 단기적 의사결정에 더욱 유용하다.

**06** 제약이론(theory of constraints)에 대한 다음의 설명 중 가장 타당하지 않은 것은? [회계사 09]

① 제약이론에서는 기업의 생산활동과 관련된 내부적 제약요인을 집중적으로 관리하고 개선하여 생산활동을 최적화하고자 한다.

② 제약이론의 생산 최적화 과정은 제약요인을 찾아 개선한 후에 또 다른 제약요인을 찾아 지속적으로 개선하는 과정을 밟는다.

③ 제약이론을 원가관리에 적용한 재료처리량공헌이익(throughput contribution)은 매출액에서 직접재료원가와 직접노무원가를 차감하여 계산한다.

④ 제약이론은 재료처리량공헌이익을 증가시키고, 투자 및 운영원가를 감소시키는 것을 목적으로 한다.

⑤ 제약이론에서는 운영원가를 단기적으로 변화시킬 수 없는 고정원가로 본다.

**07** 최근의 기업환경은 급격히 변하고 있다. 전통적 원가관리기법은 적합성을 상실하고 새로운 원가관리기법을 필요로 하고 있다. 최근의 환경변화는 고객관점을 강조할 뿐만 아니라 가치사슬관점을 강조하게 되었다. 가치사슬(value chain)과 관련된 새로운 원가관리회계시스템에 대한 다음의 설명 중 가장 옳지 않은 것은?

① 목표원가계산은 연구개발과 설계단계에서의 원가절감에 주된 관심을 두고 있다.

② 카이젠원가계산은 제조단계에서의 점진적·지속적 원가절감에 초점을 두고 있다.

③ 제약이론은 성공적인 조직경영의 장애요인이 되는 제약요소를 확인하고 관리·완화하여 장기적인 이익을 극대화하는 기법으로 성과평가시스템은 아니다.

④ 제품수명주기원가계산은 제품의 설계부터 폐기될 때까지 발생되는 모든 원가를 관리하는 기법으로 생산자관점과 사용자관점으로 분류할 수 있다.

⑤ 품질원가계산은 제품수명주기의 모든 단계에서 저품질이 조직에 미치는 원가를 계산하는 것으로 기회원가개념도 도입된다.

**08** 다음은 기업의 경쟁력을 유지하기 위한 최신 관리회계기법에 관한 설명이다. 이 중에서 가장 적절하지 않은 것을 구하시오.

① 목표원가(target costing)는 제품수명주기 중 제조단계에서의 점진적인 원가절감에 중점을 두는 원가관리기법이다.

② 제약이론(theory of constrain)은 초변동원가계산을 기초로 하여 제약공정을 해소하여 생산의 효과성을 증진시키기 위한 이론이다.

③ 가치사슬원가계산(supply chain costing)은 생산 전 활동과 관련된 원가와 생산 후 활동과 관련된 원가를 구분할 수 있다.

④ 제품수명주기원가계산(life cycle costing)은 제조 이전단계와 제조 이후단계에서 발생하는 모든 원가를 분석하며 장기적 의사결정에 보다 유용하게 사용될 수 있다.

⑤ 활동기준원가계산(activity based costing)은 공정가치분석을 통해서 부가가치원가와 비부가가치원가를 계산할 수 있다.

**09** 품질원가에 관한 설명으로 옳지 않은 것은? [세무사 15]

① 제품의 품질은 설계품질(quality of design)과 적합품질(quality of conformance)로 구분할 수 있는데, 품질원가는 생산자 품질이라 할 수 있는 설계품질과 관련된 것이다.

② 품질원가는 예방원가 및 평가원가로 구성되는 통제원가와 내부실패원가 및 외부실패원가로 구성되는 실패원가로 분류할 수 있다.

③ 품질원가에 대한 전통적인 관점에서는 통제원가와 실패원가 사이에 상충관계(trade-off)가 존재한다고 보고 있다.

④ 예방원가는 제품의 생산과정에서 불량품이 발생하지 않도록 예방하기 위하여 발생하는 원가로서 품질관리를 위한 종업원들에 대한 교육훈련비, 생산설비의 유지보수비 등이 여기에 속한다.

⑤ 품질원가는 제품에 불량이 발생하지 않도록 예방하거나 불량이 발생하는지를 검사하고 불량이 발생한 경우 초래되는 모든 원가를 의미한다.

**10** 활동기준원가계산(ABC: activity-based costing), 활동기준관리(또는 활동기준경영 ABM: activity-based management) 및 제품수명주기원가계산에 대한 다음의 설명 중 옳지 않은 것은? [회계사 14]

① 활동기준원가계산에서는 제품의 생산을 위하여 사용한 자원만을 제품원가에 포함시키고 미사용된 자원은 기간비용으로 처리한다.

② 총원가 중 간접원가가 차지하는 비중이 높고 다품종 소량생산체제를 유지하고 있는 기업의 경우 활동기준원가계산을 도입함으로써 보다 정확한 원가를 도출할 수 있다.

③ 활동기준관리를 통하여 파악된 비부가가치활동에는 검사, 이동, 대기, 저장 등의 활동이 있다.

④ 제품수명주기원가계산은 특정 제품이 고안된 시점부터 폐기되는 시점까지의 모든 원가를 식별하여 측정한다.

⑤ 제품수명주기원가는 시장상황의 검토를 통하여 예상되는 제품의 목표가격을 확인한 후 기업이 필요로 하는 목표이익을 차감하여 결정된다.

★
**11** 전략적 원가관리에 관한 설명으로 옳지 않은 것은? [회계사 15]

① 적시생산시스템(JIT)은 짧아진 제품수명 및 제품의 다양성에 따라 증가하는 재고관리비용 등을 감소시키는 방안으로 유용하며, 초변동원가계산(throughput costing)을 사용하여 제품원가를 계산한다.

② 목표원가계산(target costing)은 컴퓨터, 자동차 등 조립형 산업에서 주로 활용되는 것으로서, 시장중심의 목표원가와 생산중심의 표준원가와의 차이를 줄이려는 노력을 원가절감의 일차적 대상으로 삼고 기술개발과 디자인 등에 주력한다.

③ 품질원가계산(quality costing)은 통제원가(예방 및 평가원가)와 실패원가를 포함한 품질관련 원가를 최소화시키면서 품질수준을 최대화시키는 데 목적이 있다.

④ 카이젠원가계산(kaizen costing)은 제조단계에서의 원가절감에 초점을 맞추고 있다.

⑤ 제약이론(theory of constraints)은 기업의 목표를 달성하는 과정에서 병목공정을 파악하여 이를 집중적으로 관리하고 개선해서 기업의 성과를 높이는 방법이다.

**12** 균형성과표를 통해 알 수 없는 항목은? [세무사 01]

① 고객들의 눈에 비친 회사의 모습
② 주주들의 눈에 비친 회사의 모습
③ 내부프로세스 중 가치유발요인
④ 혁신, 변화/개선의 지속성 여부
⑤ 명료한 성과측정치와 낮은 실행비용

★
**13** 균형성과표(balanced scorecard: BSC)에 관한 다음의 설명 중 가장 타당하지 않은 것은? [회계사 09]

① 균형성과표는 재무적인 성과지표를 중심으로 하는 전통적인 성과측정제도의 문제점을 보완할 수 있는 성과측정시스템으로 인식되고 있다.

② 균형성과표는 조직의 비전과 전략을 성과지표로 구체화함으로써 조직의 전략수행을 지원한다.

③ 균형성과표의 다양한 성과지표 간의 인과관계를 통하여 조직의 전략목표 달성과정을 제시하는 성과지표의 체계를 전략지도(strategy map)라고 한다.

④ 균형성과표는 일반적으로 재무관점, 고객관점, 내부프로세스관점, 학습과 성장관점의 다양한 성과지표에 의하여 조직의 성과를 측정하고자 한다.

⑤ 균형성과표는 조직의 수익성을 최종적인 목표로 설정하기 때문에 4가지 관점의 성과지표 중에서 학습과 성장관점의 성과지표를 가장 중시한다.

**14** 다음 중 균형성과표(BSC)에 대한 설명 중에서 가장 적절하지 못한 것은?

① 재무적 관점, 고객관점, 내부프로세스관점, 학습과 성장관점에서 성과를 측정한다.
② 조직의 비전과 성과평가시스템을 연계하는 데에 의미가 있다.
③ 균형성과표의 장점은 계량화된 측정치뿐만 아니라 비계량적인 측정치도 사용한다는 것이다.
④ 재무적 관점은 경제적부가가치(EVA)로, 고객관점은 시장점유율 등으로 측정할 수 있다.
⑤ 비영리단체에서는 사용할 수 없는 성과평가방법이다.

**15** 균형성과표(Balanced Scorecard)에 대한 내용 중 옳지 않은 것은? [회계사 00]

① 재무적 관점, 고객관점, 내부프로세스관점, 학습과 성장관점에서 성과를 측정한다.
② Kaplan과 Norton에 의해 개발된 개념이다.
③ 조직의 전략과 성과평가시스템을 연계하는 점이 강조된다.
④ 재무적 관점은 경제적부가가치(EVA)로, 고객관점은 시장점유율로, 내부프로세스관점은 수율(yield rate)로 측정할 수 있다.
⑤ 균형성과표의 장점은 계량화된 객관적인 측정치만을 사용하는 것이다.

**16** 다음 중 균형성과표(BSC)에 대한 설명으로 옳지 않은 것은? [세무사 05]

① 비영리단체에서도 재무적 관점, 고객관점, 내부프로세스관점, 학습과 성장관점을 사용할 수 있다.
② 전략과 연계된 주요평가지표(KPI)를 사용한다.
③ 관점 사이의 인과관계를 전략체계도(strategy map)로 나타낸다.
④ 미국에서 시작된 기법이다.
⑤ 균형성과표는 전략의 구체화와 의사소통보다 성과보상에 초점이 맞추어진 제도이다.

**17** 다음 중 원가관리회계의 이론 및 개념들에 대한 설명으로 옳지 않은 것은? [회계사 21]

① 안전재고는 재고부족으로 인해 판매기회를 놓쳐서 기업이 입는 손실을 줄여준다.

② 제품의 품질수준이 높아지면, 실패원가가 낮아진다. 따라서 품질과 실패원가는 음(-)의 관계를 가진다.

③ 제약이론은 주로 병목공정의 처리능력 제약을 해결하는 것에 집중해서 기업의 성과를 높이는 방법이다.

④ 제품수명주기원가계산은 특정 제품이 고안된 시점부터 폐기되는 시점까지의 모든 원가를 식별하여 측정한다.

⑤ 적시생산시스템(JIT)은 재고관리를 중요하게 생각하며, 다른 생산시스템보다 안전재고의 수준을 높게 설정한다.

**18** (주)시그마는 품질원가의 측정을 위해 품질관리활동원가를 계산하고 있다. 다음에 나열된 품질 관련 활동원가 중 예방원가(prevention cost of quality)에 포함되어야 할 금액은? [회계사 01]

| 활동 | 활동원가 (또는 비용) | 활동 | 활동원가 (또는 비용) |
|---|---|---|---|
| 품질방침기획 및 선포활동 | ₩10 | 제품품질검사 및 시험활동 | ₩60 |
| 선적 전에 발견된 부적합물 재작업활동 | 20 | 원부자재 공급사 평가활동 | 70 |
| 반품 재작업활동 | 30 | 반품 재검사활동 | 80 |
| 예방적 설비보수 및 유지활동 | 40 | 품질교육 및 훈련활동 | 90 |
| 미래 판매기회 상실에 따른 기회비용 | 50 | | |

① ₩50  ② ₩80  ③ ₩140

④ ₩160  ⑤ ₩210

**19** (주)서울은 절삭공정과 조립공정을 통하여 의자를 생산하고 있다. 관련 자료는 아래와 같다.

| 구분 | 절삭공정 | 조립공정 |
|---|---|---|
| 연간 처리능력 | 1,500단위 | 1,000단위 |
| 연간 생산수량 | 1,000단위 | 1,000단위 |
| 단위당 직접재료원가 | ₩5,000(공정 초기 투입) | ₩2,000(공정 50% 시점에서 투입) |
| 단위당 고정운영원가 | ₩5,000 | ₩3,000 |

현재 의자는 단위당 ₩10,000에 판매되고 있으며, 기초 및 기말재고는 없다. (주)서울의 조립공정에서의 생산능력을 1,500단위로 변경할 수 있는 생산설비를 구입하고자 한다. 설치를 위해서 연간 ₩2,000,000이 발생된다면, 설치 후 순이익 증가분은 얼마인가?

① ₩300,000  ② ₩(300,000)  ③ ₩500,000
④ ₩(500,000)  ⑤ ₩1,000,000

**20** 대규모 가구제조업을 영위하는 서울회사는 적시생산시스템(JIT 시스템)을 채택하고자 한다. 높은 재고수준을 요하는 업종의 특성으로 이 회사의 평균재고액은 ₩75,000,000이다. 서울회사가 JIT시스템을 채택하면 현재 사용 중인 가구보관창고 2개가 더 이상 필요 없게 되며, 이 가구보관창고를 다른 회사에 임대할 경우 한 개당 연간 ₩4,000,000의 임대료를 받을 것으로 예상한다. 추가적인 원가절감요인으로 창고운영비와 재고자산손해보험료 등 연간 ₩500,000을 절감할 수 있으며, 재고수준 감소에 따라 재고자산파손비와 기업의 자금비용으로 각각 평균재고액의 1%, 5%의 원가를 절감할 수 있다. 그러나 JIT시스템은 가구의 주문횟수를 증가시켜 주문원가 ₩5,000,000이 추가적으로 발생한다. 또한 수요가 일시적으로 증가할 경우 수요에 감당하지 못하여 연간 200단위의 재고부족원가가 예상된다. 재고자산의 단위당 공헌이익은 ₩20,000이다. 서울회사가 JIT시스템을 채택할 경우 절감할 수 있는 원가를 구하시오. [세무사 03]

① ₩4,000,000  ② ₩5,000,000  ③ ₩6,000,000
④ ₩7,000,000  ⑤ ₩8,000,000

**21** (주)민국카드의 고객센터에는 50명의 직원들이 신규고객유치와 불만처리 업무를 수행하고 있다. 통상적으로 신규고객유치는 건당 6분, 불만처리 업무에는 건당 15분이 소요된다. 직원들의 정규근무시간은 1주일에 5일, 주당 40시간이며, 총근무시간은 업무수요에 따라 조절이 가능하다. 주당 정규급여는 1인당 ₩320,000이고 초과근무수당은 시간당 ₩12,000이다. 향후 1주일 동안 예상되는 1일 평균 업무수요가 다음과 같을 경우, 노무원가를 최소화하기 위해 신규로 채용해야 할 직원은 몇 명인가? [회계사 09]

| 구분 | 1일 평균 업무수요 |
|------|-------------------|
| 신규고객유치 | 1,450건 |
| 불만처리 | 1,200건 |

① 3명      ② 4명      ③ 5명
④ 6명      ⑤ 7명

★
**22** (주)대전은 20×1년 품질과 관련된 원가를 분류한 결과 다음과 같은 항목을 파악하였다.

| | | | |
|---|---|---|---|
| • 반품재작업 | ₩100억 | • 설계개선작업 | ₩200억 |
| • 사후수리(A/S) | ₩150억 | • 완성품검사 | ₩50억 |
| • 불량재공품재작업 | ₩100억 | • 고객 불량품 피해 손해배상 | ₩150억 |
| • 품질교육 | ₩100억 | | |

(주)대전의 원가담당자는 위의 항목들을 예방원가, 평가원가, 내부실패원가, 외부실패원가로 재분류한 후 구체적으로 분석한 결과, 현재 예방원가에 사용된 자원의 50%만큼을 추가로 투입하는 경우 내부실패원가를 50%, 외부실패원가를 40%씩 절감할 수 있다고 주장하였다. 원가담당자의 주장을 수용하는 경우 이익은 얼마나 증가하는가? [세무사 10]

① ₩30억      ② ₩40억      ③ ₩50억
④ ₩60억      ⑤ ₩70억

**23** (주)한국은 천안↔논산 간 신고속도로를 개통하고 통행료를 책정하기 위하여 고속도로 이용자의 입장을 반영하고자 한다. 다음 자료를 이용하여 승용차 운전자의 입장에서 새로운 고속도로 통행료로 지불하려고 하는 최대금액을 구하시오. [회계사 03]

- 종전노선의 천안↔논산 간 거리: 90km
- 새로 건설한 고속도로의 천안↔논산 간 거리: 60km
- 승용차 운전자들은 5분의 시간가치를 ₩1,000으로 평가한다.
- 승용차의 연비는 평균 10km/1리터이다.
- 휘발유는 1리터당 ₩1,400이다.
- 승용차의 고속도로상 평균속력은 시속 100km이다.

① ₩7,200  ② ₩7,000  ③ ₩6,800
④ ₩7,800  ⑤ ₩8,200

**24** (주)한국은 최종제품 생산을 위한 부품을 적시생산시스템(JIT)으로 자가생산하고 있다. 내년에 10,000개의 부품이 필요하다. 이를 위한 부품 자가생산원가는 다음과 같이 예상하고 있다.

| 총직접재료원가 | ₩60,000,000 |
|---|---|
| 총직접노무원가 | 10,000,000 |
| 총변동제조간접원가 | 20,000,000 |
| 총고정제조간접원가 | 70,000,000 |

변동제조간접원가는 직접재료의 구매주문원가를 포함하고 있고 모든 변동제조간접원가가 부품 생산과 관련되어 있다. 고정제조간접원가 중 회피불가능한 배부된 원가는 ₩50,000,000이다. 그런데 이 기업은 부품의 외부주문을 고려하고 있다. 외부구입가격은 단위당 ₩10,000이다. 추가로, 부품 구매주문을 위해 구매주문 1회당 ₩50,000이 발생하고 단위당 재고유지비용은 외부구입가격의 10%가 발생한다. 연간 주문횟수는 (주)한국이 결정할 수 있다. 자가생산을 중단하면 현재 사용하고 있는 설비를 임대함으로써 연간 ₩10,000,000의 임대료수익을 발생시킬 것이다. 내년에 부품을 자가생산하는 대신 외부주문을 한다면 부품 관련 원가를 최대한 얼마나 절감할 수 있는가? [회계사 00 수정]

① ₩9,000,000  ② ₩10,000,000  ③ ₩15,000,000
④ ₩19,000,000  ⑤ ₩20,000,000

(주)한국은 재료취급, 작업이동, 품질검사활동에 대한 부가가치표준을 설정하였으며 관련 자료는 다음과 같다.

| 활동 | 원가동인 | 실제수량 | 표준수량 | 표준단가 |
|------|----------|----------|----------|----------|
| 재료취급 | 재료수량 | 2,800 | 2,500 | ₩30 |
| 작업이동 | 이동횟수 | 1,200 | 1,000 | 50 |
| 품질검사 | 검사시간 | 3,000 | - | 20 |

실제가격은 표준단가와 같고, 품질검사인원은 총 3명이며 한 명당 검사시간은 1,000시간이다.

**25** (주)한국의 비부가가치원가를 구하시오.

① ₩70,000      ② ₩72,000      ③ ₩75,000

④ ₩76,000      ⑤ ₩79,000

**26** (주)한국이 내년에 비부가가치원가의 20%를 절감할 수 있다면 절감가능금액을 구하시오.

① ₩3,200      ② ₩3,400      ③ ₩3,600

④ ₩3,800      ⑤ ₩4,000

**27** 20×1년 1월 1일에 개업한 (주)사문은 두 종류의 제품(X, Y)을 생산하고 있다. (주)사문은 각 제품의 생산묶음(batch)마다 생산준비활동을 1회씩 수행하는데, 생산준비활동에 대한 원가동인(배부기준)은 생산준비횟수이다. 20×1년 한 해 동안 제품 X와 제품 Y의 생산량 및 생산묶음당 제품 수량은 각각 다음과 같다.

| 구분 | 제품 X | 제품 Y |
|---|---|---|
| 생산량 | 1,250개 | 800개 |
| 생산묶음당 제품 수량 | 25개 | 10개 |

한편, (주)사문은 생산준비활동 미사용능력(unused capacity)에 대한 원가(미사용 생산준비활동원가)를 계산하여 동 원가는 각 제품에 배부되지 않도록 하는 것이 관리목적상 유용할 것으로 판단하고 있다. 미사용 생산준비활동원가를 제외할 때, 제품 X와 제품 Y에 배부되는 생산준비활동원가의 합계액은 ₩1,690,000이다. 또한 미사용 생산준비활동원가를 제외할 때, 제품 X에 배부되는 생산준비활동원가는 ₩100,000만큼 줄어든다는 사실도 확인하였다. 현재의 인원과 설비로 수행할 수 있는 연간 최대생산준비횟수는 얼마인가? (단, 생산준비활동원가는 전액 고정원가이다)

[회계사 11]

① 130회      ② 140회      ③ 150회
④ 160회      ⑤ 165회

**28** (주)갑의 신제품 개발팀은 신제품을 위한 다양한 제품 사양을 개발하였다. (주)갑은 개발한 제품 사양이 모두 포함된 신제품 A를 제조할 것인지 아니면 제품 사양들 중 일부가 제외된 신제품 B를 제조할 것인지를 결정하고자 한다. 어느 신제품을 생산하여 출시하더라도 생산 및 판매와 관련된 예상고정원가 총액은 ₩2,000,000이며, 신제품의 목표이익률은 판매가격의 30%이다. 신제품 A와 신제품 B의 생산 및 판매와 관련된 추가 자료는 다음과 같다.

| 구분 | 신제품 A | 신제품 B |
|---|---|---|
| 단위당 예상판매가격 | ₩5,000 | ₩4,000 |
| 단위당 예상변동원가 | ₩2,500 | ₩1,900 |
| 예상생산·판매량 | ? | 2,500단위 |

다음 설명 중 옳지 않은 것은? [회계사 12]

① 신제품 A의 단위당 목표원가는 ₩3,500이다.

② (주)갑은 신제품 A의 단위당 목표이익을 달성하기 위해 최소한 2,000단위 이상을 생산·판매하여야 한다.

③ 신제품 B의 단위당 목표원가는 ₩2,800이다.

④ 신제품 B를 생산·판매하면 목표이익률을 달성할 수 있다.

⑤ 만약 신제품 A의 예상생산·판매량이 2,000단위 이상이면, (주)갑은 신제품 B 대신 신제품 A를 생산·판매하는 것이 유리하다.

# 정답 및 해설

## 정답

| 01 ④ | 02 ④ | 03 ④ | 04 ④ | 05 ③ | 06 ③ | 07 ③ | 08 ① | 09 ① | 10 ⑤ |
|------|------|------|------|------|------|------|------|------|------|
| 11 ① | 12 ⑤ | 13 ⑤ | 14 ⑤ | 15 ⑤ | 16 ⑤ | 17 ⑤ | 18 ⑤ | 19 ④ | 20 ① |
| 21 ③ | 22 ④ | 23 ④ | 24 ④ | 25 ⑤ | 26 ④ | 27 ③ | 28 ⑤ | | |

## 해설

**01 ④**

① 적시생산시스템은 생산의 전 과정에서 불필요한 재고의 보유를 제거하여 낭비를 줄이는 것을 목적으로 하고 있으며, 제약이론에서 초변동원가계산법을 사용한다.

② 통제원가와 실패원가의 상충관계에 입각하여 품질원가를 분석하며 적정 불량률을 허용하는 관점에서 불량률을 0으로 하는 관점으로 전환하고 있다.

③ 제약이론은 초단기적인 접근방법이며 직접재료원가 이외의 모든 제조원가는 운영비용으로 처리한다.

⑤ 목표원가는 제품의 연구·개발 및 설계에 착수하기 전에 목표원가를 설정하여 그 범위 내에서 제품설계가 이루어지도록 하는 기법이다.

> **point 품질원가**
>
> 품질원가는 품질과 관련된 원가로서 통제원가와 실패원가는 서로 상충관계에 있다.
> 1. **통제원가**: 불량방지를 위한 원가로 예방원가, 평가원가로 이루어져 있음
> 2. **실패원가**: 불량으로 인한 손실을 의미하며 내부실패원가, 외부실패원가로 이루어져 있음

**02 ④**

① 카이젠원가계산은 제품제조단계에서의 지속적이고 증분적인 원가절감에 초점을 둔다.

② 목표원가계산기법은 제품제조 이전단계에서의 원가절감을 강조한다.

③ 제품수명주기원가계산은 제품제조 이전단계에서의 원가절감을 강조하며 제품수명주기상 모든 단계별 원가의 상호관련성에 대한 분석이 가능하다.

⑤ 품질원가분석에 있어서 제품보증수리비용은 외부실패원가에 해당된다.

> **point 목표원가계산 vs 카이젠원가계산 vs 표준원가계산**
>
> 1. **목표원가계산**: 제조 이전단계에서의 원가절감을 모색하는 기법으로 원가기획(가치공학, 동시설계, 게스트엔지니어링)을 그 예로 들 수 있음
> 2. **카이젠원가계산**: 제조단계에서의 점진적 원가절감을 모색하는 방법을 말함
> 3. **표준원가계산**: 제조단계에서의 표준원가에 대한 원가통제에 주목적을 두고 있음

**03** ④ 낭비, 재가공, 폐품원가는 내부실패원가에 해당된다.


**04** ④ a. 균형성과표는 전략의 구체화와 조직원들의 의사소통을 강조한다.
　　　 d. 제조단계에서의 지속적이고 증분적인 개선활동은 카이젠원가시스템에 관한 설명이다.


**05** ③ ① 목표원가계산(Target Costing)은 제조 이전단계에서의 원가절감을 강조한다.
　　　 ② 개선원가계산(Kaizen Costing)은 점진적이고 지속적인 원가절감을 추구한다.
　　　 ④ 활동기준원가계산(Activity Based Costing)은 부가가치원가와 비부가가치원가를 계산할 수 있다.
　　　 ⑤ 제품수명주기원가계산(Life Cycle Costing)은 장기적 의사결정에 보다 유용하다.


**06** ③ 제약이론에서는 초변동원가계산법을 사용한다. 초변동원가계산은 직접재료원가만을 제품원가로 보는 원가계산방법으로 재료처리량공헌이익은 매출액에서 단위수준변동원가(직접재료원가)를 차감하여 계산한다.


**07** ③ 제약이론은 성공적인 조직경영의 장애요인이 되는 제약요소를 확인하고 관리·완화하여 장기적인 이익을 극대화하는 기법으로 초변동원가계산에 의한 성과평가시스템을 갖추는 것이 바람직하다.


**08** ① 목표원가는 제품의 수명주기 중 연구개발 및 설계단계에 중점을 두는 원가관리기법이다.


**09** ① 품질원가는 적합품질과 관련된 것이다.


**10** ⑤ 시장상황의 검토를 통하여 예상되는 제품의 목표가격을 확인한 후 기업이 필요로 하는 목표이익을 차감하여 결정되는 원가시스템은 목표원가계산이다.


**11** ① 초변동원가계산(throughput costing)은 재료원가만을 변동원가로 측정하고 나머지 비용을 운영비용으로 당기비용처리하는 방법으로 초변동원가계산을 사용하는 전략적 원가관리는 제약이론이다.

**12** ⑤ 균형성과표의 네 가지 관점은 재무적 관점, 고객관점, 내부프로세스관점, 학습과 성장관점이다.

**13** ⑤ 균형성과표는 조직의 장기적인 성장을 위하여 4가지 관점의 균형을 중시한다.

**14** ⑤ 균형성과표는 비영리단체에서도 사용할 수 있다.

**15** ⑤ 균형성과표는 계량화된 측정치뿐만 아니라 비계량화된 측정치도 사용한다.

**16** ⑤ 균형성과표는 전략의 구체화와 조직원들의 의사소통에 초점을 맞춘다.

**17** ⑤ 적시생산시스템(JIT)은 재고관리를 중요하게 생각하며, 다른 생산시스템보다 안전재고의 수준을 낮게 설정한다.

> **point**
>
> 적시생산시스템(JIT)은 주문이 들어왔을 때 제품을 생산하는 것으로, 필요한 만큼의 재고를 적시에 공급받아 재고를 최소화하는 시스템을 말한다.

**18** ⑤ 예방활동은 품질방침기획 및 선포활동, 예방적 설비보수 및 유지활동, 원부자재 공급사 평가활동, 품질교육 및 훈련활동이 있다.
　　∴ 예방원가: ₩10 + ₩40 + ₩70 + ₩90 = ₩210

**19** ④ 증분수익

| | | |
|---|---|---|
| 　매출 증가 | 500단위 × ₩10,000 = | ₩5,000,000 |
| 증분비용 | | |
| 　절삭공정 | 500단위 × ₩5,000 = | (2,500,000) |
| 　조립공정 | 500단위 × ₩2,000 = | (1,000,000) |
| 　설치비용 | | (2,000,000) |
| 증분손실 | | ₩(500,000) |

**20** ① 증분수익

| | | |
|---|---|---|
| 임대료수익 | 2개 × ₩4,000,000 = | ₩8,000,000 |

증분비용

| | | |
|---|---|---|
| 창고운영비와 보험료 절감 | | 500,000 |
| 자본비용 절감 | ₩75,000,000 × 6% = | 4,500,000 |
| 재고주문원가 | | (5,000,000) |
| 재고부족원가 | 200단위 × ₩20,000 = | (4,000,000) |
| 증분이익 | | ₩4,000,000 |

**21** ③ (1) 추가인원(추가시간)

| | | |
|---|---|---|
| 총필요시간 | 1,450건 × 6분 + 1,200건 × 15분 = | 26,700분 |
| 현재가용시간 | 50명 × 8시간 × 60분 = | (24,000분) |
| 추가필요시간 | | 2,700분 |

∴ 1일 추가필요시간: 2,700분 ÷ 60분 = 45시간

(2) 인력운영방법

5명(5명 × 8시간 = 40시간) 충원 시 5시간이 부족하므로, 추가 1명을 고용하는 방안과 기존인력을 활용하여 초과근무하는 방안이 있다.

① 인력충원: 1명 × 8시간 × ₩8,000 = ₩64,000

② 초과근무: 5시간 × ₩12,000 = ₩60,000

∴ 기존인력을 활용하여 초과근무하는 방안의 노무원가가 ₩4,000만큼 작으므로 신규 채용인원은 5명이다.

**22** ④ (1) 품질원가

| | | | |
|---|---|---|---|
| 예방원가 | ┌ 설계개선작업 | ₩200억 | |
| | └ 품질교육 | 100억 | ₩300억 |
| 평가원가 | 완성품검사 | 50억 | 50억 |
| 내부실패원가 | 불량재공품재작업 | 100억 | 100억 |
| 외부실패원가 | ┌ 반품재작업 | 100억 | |
| | ├ 사후수리(A/S) | 150억 | |
| | └ 고객 불량품 피해 손해배상 | 150억 | 400억 |

(2) 원가담당자 주장 수용 후 증분손익

| | | |
|---|---|---|
| 증분수익 | | - |
| 증분비용 | | |
| 예방원가 증가 | ₩300억 × 50% = | ₩(150)억 |
| 내부실패원가 절감 | ₩100억 × 50% = | 50억 |
| 외부실패원가 절감 | ₩400억 × 40% = | 160억 |
| 증분이익 | | ₩60억 |

∴ 원가담당자의 주장을 수용할 경우 ₩60억만큼의 이익이 증가한다.

**23** ④ (1) 절감시간

$$\frac{90km - 60km}{100km} \times 60분 = 18분$$

(2) 시간가치 절감액

$$\frac{\text{₩}1,000}{5분} \times 18분 = \text{₩}3,600$$

(3) 휘발유 절감액

$$\frac{90km - 60km}{10km} \times \text{₩}1,400 = \text{₩}4,200$$

(4) 승용차 운전자의 입장에서 새로운 고속도로 통행료로 지불하려고 하는 최대금액

₩3,600 + ₩4,200 = ₩7,800

**24** ④ (1) 경제적 1회 주문량(EOQ)

$$\sqrt{\frac{2 \times \text{연간 수요량} \times \text{1회 주문비용}}{\text{재고유지비용}}} = \sqrt{\frac{2 \times 10,000개 \times \text{₩}50,000}{\text{₩}10,000 \times 10\%}} = 1,000개$$

(2) 재고관리비용

① 주문비용: (10,000개 ÷ 1,000개) × ₩50,000 = ₩500,000

② 유지비용: (1,000개 ÷ 2) × ₩1,000* = ₩500,000

 * ₩10,000 × 10% = ₩1,000

(3) 의사결정

| | |
|---|---:|
| 증분수익 | |
|  임대료수익 | ₩10,000,000 |
| 증분비용 | |
|  직접재료원가 절감 | 60,000,000 |
|  직접노무원가 절감 | 10,000,000 |
|  변동제조간접원가 절감 | 20,000,000 |
|  고정제조간접원가 절감 | 20,000,000 |
|  외부구입비용    ₩10,000 × 10,000개 = | (100,000,000) |
|  재고관리비용 | (1,000,000) |
| 증분이익 | ₩19,000,000 |

**25** ⑤

| 활동 | 실제수량 | 표준수량 | 비부가가치수량 | 비부가가치원가 |
|---|---|---|---|---|
| 재료취급 | 2,800 | 2,500 | 300 | ₩9,000[*1] |
| 작업이동 | 1,200 | 1,000 | 200 | 10,000[*2] |
| 품질검사 | 3,000 | – | 3,000 | 60,000[*3] |
| | | | | ₩79,000 |

[*1] 300개 × ₩30 = ₩9,000

[*2] 200회 × ₩50 = ₩10,000

[*3] 3,000시간 × ₩20 = ₩60,000

**26** ④

| 활동 | 비부가가치원가 | × | 절감비율 | = | 절감액 |
|---|---|---|---|---|---|
| 재료취급 | ₩9,000 | | 20% | | ₩1,800 |
| 작업이동 | 10,000 | | 20% | | 2,000 |
| 품질검사 | 60,000 | | | | -* |
| | | | | | ₩3,800 |

* 1인을 감축하기 위해서는 ₩20,000의 원가를 절감해야 하므로 감축할 수 없다.

**27** ③

(1) 미사용 생산준비활동원가를 제외한 배부율

$$\frac{₩1,690,000}{130회^*} = ₩13,000/회$$

* 제품별 생산준비횟수

제품 X: 1,250개/25개 = 50회

제품 Y: 800개/10개 = 80회

∴ 총생산준비횟수 = 130회

(2) 연간 최대생산준비횟수

① 미사용활동원가

- 제품 X의 미사용 생산준비활동원가: ₩100,000
- 생산준비횟수당 미사용활동원가: ₩100,000 ÷ 50회 = ₩2,000/회
- 미사용활동원가: ₩2,000 × 130회 = ₩260,000

② 최대생산준비횟수

$$130회 + \frac{₩260,000}{₩13,000} = 150회$$

---

**point**

총생산준비횟수를 이용하여 배부율을 계산한 후 미사용활동원가를 배부율로 나누어 미사용활동원가에 대한 생산준비횟수를 구할 수 있다.

---

**28** ⑤

① 신제품 A의 단위당 목표원가: ₩5,000 × (1 - 0.3) = ₩3,500

② 신제품 A의 목표판매량(Q): (₩5,000 - ₩2,500) × Q - ₩2,000,000 ≥ ₩5,000 × 0.3 × Q

∴ Q ≥ 2,000단위

③ 신제품 B의 단위당 목표원가: ₩4,000 × (1 - 0.3) = ₩2,800

④ 신제품 B의 목표판매량(Q): (₩4,000 - ₩1,900) × Q - ₩2,000,000 ≥ ₩4,000 × 0.3 × Q

∴ Q ≥ 2,222단위

∴ 2,500단위를 판매할 경우 목표이익률을 달성할 수 있다.

⑤ 신제품 A의 예상생산·판매량이 2,000단위 이상인 경우 이익을 구하면 다음과 같다.

- 신제품 A의 이익(2,000단위): ₩2,500 × 2,000단위 - ₩2,000,000 = ₩3,000,000
- 신제품 B의 이익(2,500단위): ₩2,100 × 2,500단위 - ₩2,000,000 = ₩3,250,000

∴ 신제품 B를 생산·판매하는 것이 더 유리하다.

---

**point**

제품별 이익을 계산하기 위해서는 총공헌이익에서 고정원가를 차감해야 한다.

---

# 해커스
# 객관식
# 允원가관리회계

**개정 3판 1쇄 발행 2024년 8월 9일**

| | |
|---|---|
| **지은이** | 엄윤 |
| **펴낸곳** | 해커스패스 |
| **펴낸이** | 해커스 경영아카데미 출판팀 |

| | |
|---|---|
| **주소** | 서울특별시 강남구 강남대로 428 해커스 경영아카데미 |
| **고객센터** | 02-537-5000 |
| **교재 관련 문의** | publishing@hackers.com |
| **학원 강의 및 동영상강의** | cpa.Hackers.com |

| | |
|---|---|
| **ISBN** | 979-11-7244-230-9 (13320) |
| **Serial Number** | 03-01-01 |

**회계사 · 세무사 · 경영지도사 단번에 합격,**
해커스 경영아카데미 cpa.Hackers.com

**해커스 경영아카데미**

- 엄윤 교수님의 **본 교재 인강**(교재 내 할인쿠폰 수록)
- **공인회계사 · 세무사 기출문제, 시험정보/뉴스** 등 추가학습 콘텐츠
- 선배들의 성공 비법을 확인하는 **시험 합격후기**